丛书顾问

李中华　温儒敏　葛晓音　张　帆

丛书编委会

主　任　廖祥忠

成　员（以姓氏笔画为序）

李有兵　张鸿声　周月亮　逄增玉

董希平　曾白凌　蔡开松　廖祥忠

本书编委会

主　编　李中华

副主编　王威威　邓联合

编　著（以姓氏笔画为序）

王　浩　王威威　邓联合　任蜜林

李中华　廖璨璨

统　筹　彭明哲　江　力

文　史　哲　通　识　读　本　丛　书

廖祥忠｜总主编

中国哲学史
通　识　读　本

李中华◎主编

中国传媒大学出版社
·北京·

总 序

一、缘起

近年来，全国艺术类院校招生火爆，确实发现了不少好苗子。但大家也普遍感到很多学生文化素养亟待提高，创作出来的文艺作品比较肤浅，缺少深刻的内涵，有数量缺质量，有“高原”缺“高峰”。经过长时间的思考，我们认为原因主要有以下三点：一是生活阅历不够，没有积淀；二是文史哲的根基没有，或者很少；三是我们的教育也没有完全回应中华优秀传统文化的传承问题，绳短不能汲深井，浅水难以负大舟。

习近平总书记高度重视中华优秀传统文化，并将其作为治国理政的重要思想文化资源。他强调，中华优秀传统文化是中华民族的突出优势，是我们在世界文化激荡中站稳脚跟的根基。实现中华民族伟大复兴，必须结合新的时代条件传承和弘扬中华优秀传统文化。他强调，大学教育要“坚持立德树人，遵循教育规律，弘扬优良传统，扎根中国大地办大学”。干什么学什么，缺什么补什么。鉴此，中国传媒大学决定先行先试，在全国启动艺术类招生考试改革。2019年艺考初试（文化素养基础测试），我们一改以前只考语数英的情况，新增文史哲，让考生二选一。当年有约10

万艺考生,竟然近一半选择了文史哲,出乎我们的预料,也在全国引起了积极的反响。

怎样才能更好地抓住文史哲艺考这个“牛鼻子”,切实提高广大艺术类考生的文化素养?我们决定实施通识教育发展三步走战略:一是五湖四海,聘请名师名家,打造一流的文史哲通识教材;二是组建通识教育中心,以阳明书院为依托,以融媒体为手段,用人文素养修身,引导学生从中华优秀传统文化中汲取养分;三是以落地、落实新文科建设为目标,逐步建立和完善大学本科教育的文史哲知识体系及教育体系模块。近期的任务,是对艺术类考试全面改革,从2020年起,艺术类考生必须通过文史哲的考试这一关。

二、问道

打造一流的文史哲通识教材谈何容易!为此,学校多次召开专题会议,确定了“双一流”目标:一流的作者、一流的质量。

作为一校之长,我深感责任重大。我把目光聚焦到了百年名校北京大学。2019年6月26日,我和出版社曾白凌、蔡开松等同志一起前往该校,专程拜访了文史哲方面的著名学者李中华先生、温儒敏先生、张帆先生,畅谈对新文科建设的设想,交流对文史哲通识教材的看法。

北京大学哲学系博士生导师、中国哲学暨文化研究所所长、中国文化书院副院长李中华先生强调,文史哲通识教育不仅是一种文化知识的学习,更是一种文化精神的熏陶和传承。在学习中国传统文化和历史中,重要的一点是要把自己放进去,思考自己该怎么做。正如《论语》中所说:“古之学者为己,今之学者为人。”通识教材的文史哲内容不能停留在泛泛而谈的概论上。现在讲国学,核心是要解决我们内在的思想、修为和精神,这是文史哲通识教育的立足点和出发点。

北京大学语文教育研究所荣誉所长、中小学语文统编教材总主编、国家级高校教学名师温儒敏教授表示，中国传媒大学能够直接抓文史哲教材，考虑具体的事情，很难，也很难得，他积极支持。他认为考试是个指挥棒，这么多艺考生，如果中国传媒大学能带个头，带好这个头，寻找一种可行的模式，把基础教育、文化考试和思想教育、文化素养结合起来，可以说是功德无量的事情。他认为一定要建设一支高素质的教师队伍，带领学生通读、精读传统文化和世界经典原著。要先开设课程，让学生在通识教育的基础上走向经典阅读的提高过程。通识教材要在"通"字上下功夫、做文章，要打破专业的局限和条条框框，使文史哲成为不同学科都能融会贯通的基础知识教育。优秀的文艺人才、优秀的文艺作品必然与世界接轨和同步，所以，文史哲不仅要有中国传统文化的内容，也要有世界文化的精华。

北京大学历史学系主任、教育部"九五"规划教材《中国古代简史》作者张帆教授认为，通识教材要有大历史观。要在结构和体例上有创新和突破，以时间和朝代为经线，通过概论、重大事件、重要人物等有机组成部分，使历史能够全景、重点、形象地展现出来。

教授们的讲话我非常认同，也深受感动。于是我趁热打铁，当场邀请在座的名师名家出山，为中国传媒大学通识教育中心站台助阵，为传媒人传道授业解惑。教授们欣然接受了邀请。

同年12月25日上午，中国传媒大学通识教育中心成立，教授们如约前来，令人感动。尤其是李中华教授，凌晨四点从外地赶回北京，九点准时莅会，殊出意料；发完言，身体实在难以支撑，不得不提前离会，让我深感内疚。这也说明老先生对通识教育是多么重视！

会上，教授们再次就通识教育发表真知灼见。

李中华教授指出，老子讲"不出户知天下"，当今社会，传媒进入到我们每一个人的生活里。传媒对人心的塑造是一种无形的力量、软性的力量、很难量化的力量。培养什么样的人来做传媒，关系到国家和民族的命运。通识教育可以借助现代传媒的力量,传媒人尤其要重视人文素养的养成与提升。我们愿意为学校的通识教育作出努力。

温儒敏教授指出,通识教育应该注重三点:一是注重全人教育,全人教育就是正常的人格教育;二是注重博雅教育,培养更高一点的优美情感、审美情趣;三是注重专业教育,但在专业教育的过程中不应该忘记通识教育,要让专业教育和通识教育水乳交融。最重要的还是要让学生读书,比如挑选20种中外的、古典的最精要的书,让大家从中再挑选5种读,效果比请人做讲座好得多。

葛晓音教授在上一次拜访时因身体不适而未晤面,这次拨冗出席,并结合自己多年的教学实践,提出古代文学教育的三个层次:一是把握古代文学的基本知识,提高阅读古代文学作品的能力和文字表达的能力;二是提高文学感悟的能力,培养健康纯正的审美趣味;三是以古代文学的精华滋养心灵,提升精神境界,培养高尚的情操和健全的人格。

张帆教授从当前历史学科教育出发,指出通识教育不仅可以让学生立体地而不是平面地、多线条地而不是单线条地看待历史,而且也可以培养学生养成读史的习惯,提高史学素养和历史意识。

会上,四位教授言我所未言,见我所未见,面聆謦欬,如沐春风,我感受到了真正的大家风范。如何搞好通识教育,尤其是如何搞好通识教育基础性工程的建设,打造能经得起各方检验的文史哲通识教材,我的脑海里慢慢有了清晰的思路。

三、布局

在多方征求意见后,我们确定了丛书名:“文史哲通识读本丛书”,拟在2020年10月之前出齐《中国历史通识读本》《中国哲学史通识读本》《中国古代文学通识读本》《中国现代文学通识读本》这四本书。

接下来，我们进一步确定了如下撰稿原则：一是坚持立德树人的原则，以文化人，以文育人。二是书稿内容要求全面、系统、权威。“全面”是指知识构架不要有大的缺失，重要内容不要有大的遗漏。“系统”是指要注意知识的系统性、连贯性、一致性。“权威”是指材料的认可度高，所举案例，要么是经典性案例，要么是有典型意义的、有说服力的最新案例；并且，观点必须是权威的、为大家所公认的，不成熟的观点，或者不为大多数人所接受的观点，不宜收入。三是这套书不是研究性著作，而是通识读本，所以，行文要文笔流畅，通俗易懂；少用生僻的字词句，不用过于哲理化的弯弯绕的文字；要尽量使用陈述句，用字简省，表意准确，叙述概念、原理时尤应如此，以便学生爱读易记。四是应突出新文科的特点。“新文科”相对于传统文科而言，指进行学科重组、文理交叉，即把科学技术融入哲学、历史、文学等课程中，为学生提供综合性的跨学科学习。

四、希望

在2020年3月12日举行的全国高校艺术类专业考试招生工作视频会议上，我向全国高校介绍了我校艺术类招生考试改革举措及经验，得到教育部翁铁慧副部长的高度赞扬和充分肯定。这既是对我校大力推进艺考改革、取得成效的充分认可，也是对我校勇于担当、敢于实践探索的极大鼓励，令人振奋！

艺术生是文化建设的新生力量、战略储备，艺术生的文化素养决定了他们的创作水平，会影响一代甚至几代人，会影响我们的未来。艺考的导向有问题，教材、参考书不好，会误大事、出大问题。习近平总书记语重心长地说：“优秀传统文化是一个国家、一个民族传承和发展的根本，如果丢掉了，就割断了精神命脉。”文史哲是中国文化的精髓所在，根脉所系，灵魂所附，内容经过了时间的过滤、历史的淬炼，才得以一代一代传下来。

作为教育部新文科建设工作组副组长，我要站在新文科建设的高度，为提升艺考生的文化素养而努力。我们甚至设想，艺考时要考文史哲，艺考生招进来后，一、二年级还要系统地学习文史哲的基础知识，并加大对原著的阅读量，回望所来的未知，汲取往圣的智慧，为同学们将来的发展培元固本，强基铸魂。为此，中国传媒大学成立了“通识教育中心”，为有力、有恒、有制地进行通识教育做了机构性设置。不仅如此，在我校涉及招生、培养、学位、质量监控、学科专业等各个方面的研究教育综合改革中，我们在不少专业的招生中也更注意对文史哲的知识理解，对通识的贯通性认识。而且，我们特别重视对写作能力的考察，在培养环节中增加了相应课程，供大家选择。总之，我希望同学们真正学好这些课程，切实提高道德修养和人文素养，出口成诵，下笔成章，真正做到习近平总书记所说：“学以益智，学以励志，学以立德，学以修身。”让包含“忠诚、自信、包容、竞先”文化基因的新中传精神广泛传播，嵌入中传人的精神家园。请同学们一定要记住：“每一个不曾阅读的日子，都是对大学的辜负。”

古人说，作始也简，将毕也钜。我们先推出四种，待取得经验后，再推出《世界历史通识读本》《西方哲学史通识读本》《西方文学通识读本》等通识教材，让学子们既守故垒，兼通中西。

想法虽好，然孜孜汲汲，如琢如磨，奉献在您面前的这套教材成色如何，能否契合初心，说实话，我们没有把握，可谓战战兢兢，如临深渊，如履薄冰。所以，书中如有不妥及错讹处，希望您不吝赐教，我们一定俯身倾听，及时修正，使这套通识教材日臻完善。

是为序。

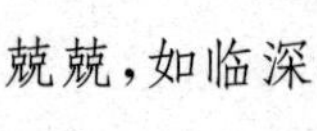

〔廖祥忠，中国传媒大学党委书记、校长，教育部新文科建设工作组副组长，

教育部高等学校动画、数字媒体专业教学指导委员会主任委员〕

目录

CONTENTS

1 导　言

第一编　先秦哲学

37 第 一 章　中国哲学的起源
44 第 二 章　孔子的哲学
52 第 三 章　老子的哲学
60 第 四 章　墨子与墨家
69 第 五 章　孟子的哲学
77 第 六 章　《易传》的哲学
87 第 七 章　庄子的哲学
96 第 八 章　惠施与公孙龙
105 第 九 章　荀子的哲学
114 第 十 章　韩非子的哲学

第二编　汉至唐代的哲学

125 第十一章　汉初的哲学思想
133 第十二章　董仲舒的哲学
142 第十三章　扬雄和王充
150 第十四章　何晏和王弼
157 第十五章　阮籍和嵇康
165 第十六章　裴頠和郭象
173 第十七章　汉至隋唐的佛教哲学
188 第十八章　汉至隋唐的道教哲学
199 第十九章　韩愈和李翱
206 第二十章　柳宗元和刘禹锡

第三编　宋至清代的哲学

215 第二十一章　周敦颐和张载
226 第二十二章　程颢和程颐
237 第二十三章　朱熹的哲学
249 第二十四章　陆九渊的哲学
259 第二十五章　陈亮和叶适
267 第二十六章　王守仁的哲学
278 第二十七章　李贽的哲学
285 第二十八章　黄宗羲和方以智
296 第二十九章　王夫之的哲学
306 第 三 十 章　颜元的哲学
313 第三十一章　戴震的哲学

第四编　近代哲学

323 第三十二章　龚自珍和魏源
334 第三十三章　严复的哲学
342 第三十四章　康有为的哲学
353 第三十五章　谭嗣同的哲学
361 第三十六章　梁启超的哲学
371 第三十七章　章太炎的哲学
381 第三十八章　孙中山的哲学

390 后　记

导 言

有哲学，才有哲学史。而“哲学”是一个译名，其西文原字出于古希腊，本是“爱智”的意思。中国古代没有“哲学”一词，但汉语“哲”字，却早在周代的钟鼎铭文中即已出现。据《说文》《尔雅》及古文献对其的解释，“哲”字亦为“智慧”的意思，但后来哲学家们对“哲学”的界说甚多。按照马克思主义哲学的看法，哲学是关于世界观的学问，是人类对自然、社会、人生和思维一般规律的认识，或简要地概括为“哲学就是认识论”。

既然哲学的本质是认识，那么哲学史就是人类的认识史。哲学史研究的是各个历史时期人们对自然界发生发展的认识，构成宇宙论或自然观；对社会历史发生发展的认识，构成社会历史观；对人生发展的认识，构成人生论，其中包括伦理学、心性论、人性论、修养论等；对思维规律的认识，构成知识论，其中包括认识论、辩证法、逻辑学等。这就是说，哲学研究的内容，也是哲学史研究的内容，其区别仅在于哲学史研究的“哲学内容”是纵向的、历史的和连续的。

因此，中国哲学史是中华民族的认识史，它以逻辑的形式记录了中华民族认识世界的经历，集中体现了中华民族的理论思维能力和哲学智慧。

一

先秦哲学，顾名思义，即在秦以前发生的哲学。它在中国哲学史上是中国哲学发生发展的第一个重要阶段。这是一个时间跨度较长的历史时期。其下限在秦统一中国之前，其上限有较大的伸缩性。对此，学术界主要有两种说法：一是以中国从原始社会进入奴隶制社会为起点，故其上限可定于夏代（公元前21世纪）；二是以文字的发明为起点，其上限可定于商代（公元前16世纪）。实际上，在对中国哲学思想起源问题的研究上，上述两项起点不能绝对化，因为任何思想的产生，都不是突然的爆发，而是一个渐进的过程。也就是说，思想的产生要早于文字的产生。

先秦哲学作为中国哲学史的起点，往往需要从其萌芽阶段说起，故其起点至少可以追溯到夏，甚至比夏更早的新石器时代。就此，我们可以把先秦哲学的发生、发展和演变分为三个阶段：萌芽期、酝酿期、产生与繁荣期。

（一）萌芽期

这是一个漫长的历史时期，按照马克思“哲学最初是在意识的宗教形式中形成”的说法，中国早期原始宗教中的自然神崇拜和灵魂不灭等观念，即最原始的哲学唯心论的萌芽。而中国古代流传的“女娲补天”“羿射九日”“精卫填海”“盘古开天”“刑天”“混沌”等神话和传说，都在一定程度上反映了原始人类对周围环境和自然界的虚幻理解及认识，同时也反映了上古人类思维发展的原始状况，这些都具有哲学萌芽的性质。中国早期人类正是在意识的宗教形式和神话幻想中经历了史前期哲学萌芽产生的历史进程。

当历史进入奴隶制社会，史前期的原始宗教和神话幻想所蕴含的思维萌芽并未结束，它随着历史发展进入了一种新的形态，即由原始宗教的多神崇拜逐渐发展为一神崇拜。这标志着原始宗教观念由自发阶段转入自为阶段，从而获得了社会属性。在其发展过程中，众神的全部自然属性和社会属性都转移到一个万能神身上。据甲骨文和古文献记载，夏代呈现的是多鬼多神的崇拜，而殷代则出现了祖先神——“帝”或“上帝”的一神崇拜。这里的“一神”多指统一神或至上神。

周王朝的建立，似乎进行了古代意义上的宗教改革，其表现是把殷人的上帝崇拜发展为对“天”的崇拜。实际上，“天”和“天命”的概念，早在殷商时即已存在，但与“帝”或“上帝”的概念相比，“天”和“天命”并不占主流地位。周人抛弃了至上神“帝”或“上帝”与殷人的血缘属性，把“帝令”换成“天命”，把具有精神意志和人格化的“天”进一步抽象化，以此作为天地万物和天下万民的最高主宰，并以有神论的天命论，大力鼓吹“福善祸淫”和“君权神授”。

与殷人的上帝崇拜相比，周人崇拜的“天”或“天命”，无疑获得了作为天地万物最后根源的主宰者的普遍性地位。这是一种思维能力的提升，也可构成寻找世界统一性的思维萌芽。

此外，能够反映西周初期中国哲学萌芽的两部文献值得我们注意：一部是《尚书·洪范》篇，其中提出了五行观念；一部是成书于殷周之际的《周易》古经。五行观念中对金、木、水、火、土五种材料性质的认识，以及《易经》中的八卦、六十四卦卦名及其含义，都具备了一定的抽象性，同时也具有一定的哲学概念和范畴的萌芽性质。特别是其中的一些卦爻辞所反映的思想，如“潜龙勿用”“亢龙有悔”“无平不陂”“无往不复”“小往大来”“大往小来”，等等，也都具备了哲学命题的性质并有物极必反的思维萌芽。

（二）酝酿期

公元前770年，西周灭亡，平王东迁，历史进入春秋时期。这一时期的历史特点主要是中国古代社会由奴隶制向封建制过渡。此即后世所谓的“礼崩乐坏”的时代，同时也是思想上新旧交替的时代。我们可以把公元前770年至公元前476年近三百年的思想发展视为中国哲学历史发展中的第一阶段——先秦哲学正式产生前的酝酿期。其内容和特点表现在四个方面。

第一是由宗教神学的天道观向自然天道观的转变。春秋以前还没有出现“天道”概念，但却实有其内容，只是这些内容都包含在宗教神学的天命观念中。天命神学认为，无论自然现象还是社会现象的出现及其变化，都是天神意志的体现，并由此决定人事的吉凶祸福。故天命内涵的主要指向，具有人格性、主宰性和神圣性以及天神所具有的根源性和必然性。随着西周末年王权的失落，作为周王朝最高意识形态的宗教神学的天命观也随之动摇。于是原有的专司观察天道的“瞽”和“史”，对天道的理解和认识也随之发生转变，即逐渐排除了“天”和“天命”的人格神含义。尽管这种转变还不够彻底，但终究出现了“天道”与“天命”相分离的思维意识，使对天道的研究走向对自然现象自身运动变化规律的了解和探寻。这已经是在运用一定的理性思维排除天道范畴中的宗教神学内容，意味着哲学的大门已经开启。实现这一转变的主要代表人物有周内史叔兴、郑国大夫子产和越国大夫范蠡等。

第二是对早期阴阳五行观念的发展。“阴阳”观念是在观察天文、气象等自然现象的变化和时节递嬗、迁移基础上产生的。早在殷周时期，人们就已经知道一年四季的轮转、风霜雨雪的降临等自然现象的变化与太阳的光照有密切关系。他们认为，轻清的气向上升腾形成天，重浊的气向下降落形成地。《周易》古经以《乾》《坤》两卦分别代表天和地，即阴阳的象征。在现存《易经》的卦爻辞中，虽然还没有形成阴阳对称的概念，但其八卦的符号，却明显地蕴含着阴阳的原始形象，如“☰”象天，“☷”象地，其中的阴阳两爻分别以“⚋”和“⚊”为代表，在后来的文字表述中，这即《周易》符号系统中的两个最基本要素，是构成中国文化中阴阳思想的源头。据《国语·周语》载，周幽王三年(公元前779年)，关中地区发生地震，周朝史官伯阳父用阴阳二气相互作用的原理解释地震的发生，认为“阳伏而不能出，阴迫而不能蒸，于是有地震”。这种解释排除了天神预设的说法，与上述的自然天道观相呼应，企图从自然界自身的变动中寻找自然现象变化的原因，已具备了哲学理性思维的能力。

与阴阳观念相联系的是“五行”说。《尚书·洪范》最早提出：“五行：一曰水，二曰火，三曰木，四曰金，五曰土。”《国语·郑语》记录了史官史伯的话：“先王以土与金木水火杂，以成百物。”这些材料说明，春秋时期的思想家把这五种物质作为构成万物的基本元素，并以此说明客观物质世界的起源和多样性的统一，这些说法已经是典型的哲学思维，与五行观念和阴阳说一起，构成后来中国哲学发展的核心范畴和重要思想基础。对阴阳五行思想作出发展的主要代表人物有周朝史官伯阳父、周太史史伯、周内史叔兴、秦国名医医和、晋太史史墨、齐国大夫晏婴等。

第三是对人神关系的新界说。对人神关系的讨论，是春秋时期人文思潮兴起的重要表现，也是哲学产生的必要条件，它构成了春秋时期人文思潮的主题。仅就《左传》所记，人神之辨主要体现在以下几个方面：

从经济事实出发说明鬼神与人事的关系，主张“先民后神”。《左传》桓公六年(公元前706年)载，隋国大夫季梁在与隋君讨论国政时提出：“夫民，神之主也。是以圣王先成民而后致力于神。”这种“先民后神”的思想，明确表现了对人力和民力的重视。用“民者神之主”来概括人与神的关系，是中国历史上的第一次，这一概括已具备了哲学命题的性质。又据《左传》庄公三十二年（公元前 662 年），虢国大夫史嚚在讨论国家兴亡时提出“国将兴，听于民；将亡，听于神”“神依人而行”的命题。这一思想表面上没有否认鬼神的存在，但认为鬼神对国家兴亡不起什么作用，真正起作用的是人事和君主的道德，并把对待鬼神的态度提升到国家兴亡的高度，其“神依人而行”的概括也同样具有哲学命题的意义。

从自然现象的变化与人事关系方面解释人的吉凶，并提出“吉凶由人”的命题。《左传》僖公十六年（公元前 664 年）载，这一年自然界发生了一些奇特现象：“陨石于宋五”“六鹢退飞过宋都”。天降陨石，水鸟倒飞，国人惊恐，以为是天神降下祸殃。宋君向大夫叔兴讨教，叔兴回答：“是阳阳之事，非吉凶所生，吉凶由人。”认为自然现象与人的吉凶都与鬼神无关。叔兴的说法阐发了伯阳父的阴阳二气说，同时扬弃了“天人感应”思想，得出“吉凶由人”的哲学命题。

从反对“人祭”和“焚巫”角度，主张“重人轻神”。《左传》僖公十九年（公元前 641 年）载，宋国大夫司马子鱼，反对宋公把抓来的鄫国国君杀死，以作为地方社神的祭品。他说：“祭祀以为人也；民，神之主也。用人，其谁飨之？”他认为祭祀的目的本来是为了人，而人又是神所依赖的，因此，“杀人以祭神”与“祭神以为人”互相矛盾，所以杀人祭神是绝不可取的，因为这颠倒了人和神的主次关系。又据《左传》僖公二十一年（公元前 639 年）载，鲁国大夫臧文仲反对鲁国国君欲杀巫尪（鼻孔向上的畸形女巫）以解除旱灾的办法。认为只要努力搞好生产，国家就会富足，根本不必求神问天，表现出清醒的理论思考和哲学意识。

第四是道德规范新探索。春秋时期，不仅天人观、天道观、人神观这些属于自然观方面的思想有了长足发展，而且在伦理观和行为规范方面也有新的建树，为稍后儒家道德哲学的确立和发展准备了条件。其中，在伦理规范和各种道德条目概念的内涵确定等方面出现了大量的论述，下面仅举一例以为代表。据《国语・周语》载，晋悼公即位前的言谈举止和品德风貌：

"夫敬,文之恭也;忠,文之实也;信,文之孚也;仁,文之爱也;义,文之制也;智,文之舆也;勇,文之帅也;教,文之施也;孝,文之本也;惠,文之慈也;让,文之材也。象天能敬,帅意能忠,思身能信,爱人能仁,利制能义,事建能智,帅义能勇,施辨能教,昭神能孝,慈和能惠,推敌能让。此十一者,夫子皆有焉。"这里,《国语》的作者提出了恭、忠、信、仁、义、智、勇、教、孝、惠、让等十一条当时所推崇的道德行为和道德条目,并分别概括了这些道德条目或概念的具体内容和意义。

《国语》一书,虽然成书于战国初期,但所依据的材料,多是春秋时代各国史官的原始记录。晋悼公在位时间为公元前572年至公元前558年,据此可以推断,上述道德条目和伦理规范,早在孔子以前即已提出,并且已经具有一定的典型性和系统性,成为后来儒家道德哲学产生的文献基础和思想前提。

(三)产生与繁荣期

当历史进入春秋末期,中国产生了两位重要的历史人物:老子和孔子。老子是中国第一位哲学家,其代表作品是《道德经》。孔子是中国第一位道德哲学家,其代表作品是死后由其弟子编定的《论语》。

老子比古希腊的哲学之父,也是古希腊的第一位哲学家泰勒斯所处年代略晚;孔子与号称古希腊大哲的苏格拉底同时或稍早。但泰勒斯与老子、苏格拉底与孔子两相对比的最大差异是:泰勒斯和苏格拉底并没有为后世留下任何哲学著作,而老子和孔子却为我们留下了《道德经》和《论语》这两部作为中国哲学产生重要标志的著作及思想,并从其产生时起,一直到今天,它们都被完好地保存下来而未发生断裂。

因此,可以说,《道德经》和《论语》这两部著作及其所表达出来的思想,具有划时代的意义,它代表了中国人在人类文明的轴心时代,对中国三代文明进行反思的理性思考。《道德经》不言天命,以"道"取代了上帝;《论语》虽言天命,却以温和改良的方式扬弃和抽离了"天命"原有的人格神的内涵,并以仁、礼等价值理性淡化了殷周以来鬼神上帝的绝对权威。故《道德经》和《论语》这两部重要文献的出现,不仅成为中国哲学正式产生的主要标志,而且为中国古代哲学思想的发展开辟了一个新的时代。同时它也表明，中国哲学在艰辛地度过漫长的萌芽期和酝酿期之后，从容地迈上了繁荣发展的康庄之路。

在孔子和老子的影响下，从孔、老生活的春秋末期至战国末期三百余年的大变革时代，先后出现了诸子百家之学。汉代司马谈在其《论六家要旨》中，把诸子百家概括为六家，即儒、墨、名、法、道、阴阳。这一概括，要比汉代刘歆的“九流十家”说更具哲学的眼光。因为这六家皆有哲学思考，且从其学派的产生到分化演变，几乎提出了中国哲学发展初期的所有问题。以孔子创立和为代表的儒家学派，以及由此分化出来的儒家八派，其中占有重要地位并在中国哲学和文化中产生重要影响的是孟子和荀子两派；以墨翟创立和为代表的墨家学派，以及由此分化出来的墨家三派，其中影响较大的是墨翟本人的思想和包括《墨辩》在内的“后期墨家”；以老子创立和为代表的道家学派，以及由此分化出来的杨朱、列子、稷下黄老、庄子等学派，其中影响较大的是老子本人以及黄老和庄子学派；以惠施、公孙龙为代表的名家学派，以及由此上溯到春秋时期的邓析和战国时期的尹文、兒说、桓团等，其中影响较大的是公孙龙的“离坚白”派；以集法家之大成的韩非为代表的法家学派，以及由此上溯和旁及的法家众多人物和学派有春秋时期的管仲、子产和战国时期的吴起、李悝、商鞅、慎到和申不害等，其中影响最大的是晋法家学派的韩非和齐法家学派的管仲。此外还有以邹衍为代表的阴阳家、以孙武为代表的兵家。这两家的思想在先秦哲学中亦有重要影响。

以上各家各自以自己的哲学思考为理论前提，发挥各自的专长，建立起自己的思想体系，呈现出哲学思想百花齐放、百家争鸣的繁荣景象，形成了多元思想相互碰撞、交流、互动和相互融合的哲学思想的大潮。

先秦哲学作为中国哲学的开端，具有自己的历史和时代特点：首先是具有根源性或原发性，即不同学派的思想、理论及其哲学思考，就其源头说，皆源于以六经为代表的三代文明。其次是具有原创性，即先秦哲学之创造，乃中国历史上首次，皆是在中国特有的经济、政治、思想、文化、文字、语言，乃至地缘、血缘、地理、气候等条件下，基于早期没有任何外来文化影响而独立地从生活、生产和社会实践中产生的。最后是具有多元性或多样性，即哲学派别繁多而各异，且派中有派，思想活跃，内容丰富，体现为哲学派别的多元、研究领域的多元和思想观点的多元。

先秦哲学是经过千年积累和悠久的历史积淀所形成的理性思维成果，其所关心和讨论的问题十分广泛，其中包括宇宙本原问题、世界统一性和规律性问题，以及天人关系、天道与人道、人性善恶、认识论、逻辑学、道德伦理、心性修养、人禽之辨、义利之辨、夷夏之辨、王霸之辨等问题，几乎涉及哲学思想的各个领域，成为后世各种思想的胚胎和基因、种子，对中国哲学的发展产生重要影响，是中国和世界哲学史上辉煌灿烂的篇章。

二

从秦统一中国，到北宋王朝的建立，其间经历了大约 1200 年，这是中国封建社会发展的初始阶段。在这一阶段中，仅从思想、文化和哲学发展的角度来观察，中国哲学度过了它有如壮丽童年般的奠基期。处于发展期的汉唐哲学，与奠基期的先秦哲学最大的不同是历史和时代变迁的步伐加快了。不同王朝政权的迁移和存灭，极大地影响到哲学思潮的变换和更迭，再加上本土哲学观念的分裂和不断更新，以及外来文化的冲击和挑战，促使哲学思维的发展呈现出较强的时代性、选择性和批判性特点。这一时期的哲学即是在上述特点的影响下，在不同哲学体系及观念之间的矛盾运动中和相互融通中艰难而曲折地向前发展。

(一)秦汉哲学

公元前 221 年，秦王朝崛起，结束了春秋战国长达 500 余年的历史过渡期和社会长期分裂的局面，建立起中国历史上第一个高度集权的封建大一统国家。与此相适应，在思想文化方面，秦王朝选择了诸子之学中的法家思想为其指导思想，这标志着战国时期哲学思想的多元交集和百家争鸣的局面结束，代以单一的法家思想为国家的意识形态，最终导致“其兴也勃焉，其亡也忽焉”的结局，其政权仅存 15 年便二世而亡。

西汉政权建立后，吸取秦亡教训，先以黄老道家为其指导思想，采取所谓清静无为的治世之策，以与汉初恢复社会生产和与民休息的国家需求相适应。在这种政策驱动下，西汉建立初期的七十年，曾出现“文景之治”的繁荣局面。这一时期有以曹参、陆贾、贾谊、司马谈等为代表的思想家，在深刻总结秦亡教训的同时，在哲学思想方面继承了先秦儒道两家的思想传统，以道家的自然天道观和清静无为的理论为基础，以儒家礼义仁爱为治世之道，把儒家仁义与道家无为杂糅在一起，改变了秦代以法家思想为指导的单一性原则。

秦以法家为主，汉初以黄老道家为主。汉武帝时代，随着生产力的发展和中央集权制的强化，再加上北方匈奴对中原的侵扰，各种社会矛盾逐渐积累和加剧。要解决这些问题，主张清静无为的黄老之学在思想理论上的指导能力明显不足，促使汉武帝采纳了董仲舒“罢黜百家，独尊儒术”的文化政策。这一改变，从总体上推动了汉代思想学术的大转型，出现了以董仲舒为代表，以阴阳五行为框架，以“天人感应”为核心的新儒家哲学体系。

董仲舒哲学体系的产生和发展，可以看作是发生在汉代的一场思想文化的综合运动。他以孔子为号召，以儒家观念为基点，吸收了诸子百家的多元思想，汇入儒家思想之大炉，这也是中国历史上企图神化孔子的一次“规模宏大的造神运动”（胡适语）。也正因为如此，董氏其人及其学说被后人称为中国思想史上的第一波新儒家。这里所谓“新”，是指董仲舒对先秦原儒的改造及其对先秦诸子思想的吸收，特别是对墨家的“天志”思想、法家的“刑名法术”思想、阴阳五行家的“五德终始”思想等的吸收。这些思想在先秦儒家中多不受重视且很少论及，而董仲舒经过对上述思想的改造、容纳和融合，把它们吸收到儒家的思想体系中，使儒家思想更具有对汉代历史发展和汉代现实政治的适应性和包容性，同时也体现了董仲舒对三代以降的文化传统和哲学思想所进行的改造和新的诠释。

董仲舒对原儒的改造和诠释，引出汉代哲学向三代天命神学复归的倾向，并由此为后来两汉之际谶纬思潮的出现和通过神化孔子而企图把孔子和儒学宗教化的努力开辟了道路。因此，董仲舒哲学在中国哲学史上的地位和作用具有双重意义：一是通过以儒学为主体的思想综合运动和对孔子的神化，确立了孔子和儒学的权威，从而加强了儒学对社会政治的指导功能。从此儒学或儒家思想登上中国的历史舞台，成为中国文化的主流、主干，并通过儒学宗教化的努力，使儒学在整个中国历史发展中具有了准宗教的性质。二是对“天”的重新解释，企图为儒家政治哲学、历史哲学和道德哲学寻求形上本体，重新把殷周以来的“天”确立为具有人格化的最高主宰，并赋予“天”以“仁爱”的新内涵。尽管董仲舒在儒学宗教化和建立“仁爱之天”的形上学两个方面都没有成功，但其对整个儒家命运的塑造，在中国历史上却产生了重大影响。

董仲舒不仅是两汉时期的哲学大家，而且是儒家公羊学大师。他在汉代的影响是全面的，其所著《春秋繁露》和《天人三策》是研究汉代哲学和文化的重要文献。

西汉帝国的发展至汉武帝达至高峰，同时也积累了大量的社会矛盾。这些社会矛盾反映在思想领域，使儒学内部产生分化，出现了今古文经学和谶纬化经学。这三种经学形态各按自己的路径向前发展，最后造就出贯通五经大义，并具有封建社会神圣法典意义的《白虎通义》一书。该书的出现，标志着儒学权威的确立和汉代儒学政治化的完成，并最终成为汉代占统治地位的官方哲学。

在以董仲舒为代表的新儒家创立新哲学体系的同时，还有一批深受先秦道家思想影响并处于在野状态下的儒家学者，他们并不满意董仲舒建立在天人感应神学目的论基础上的哲学思想。其代表人物有活跃在西汉后期的扬雄、桓谭、王充和东汉后期的王符、荀悦、仲长统等人。

在上述人物中，以正统儒学自居的扬雄，自比孟子辟异端精神，拟《周易》著《太玄》，仿《论语》著《法言》，企图建立一套有别于董仲舒的新哲学体系和伦理道德学说，把向三代天命神学复归且具准宗教性的董氏新儒学再拉回到理性和现实性的民间社会，以重新建构扬雄心目中真正符合孔子之道的新儒学。故其《太玄》一书及《法言》之旨，在扬弃和批评董氏新儒学的天人感应和神学目的论基础上，吸收了先秦道家的自然主义和自然无为的天道观，以建立“太玄”之“玄”的哲学形上学，同时又将老子的道与德的概念改造为从属于儒家伦理的具体范畴。

扬雄对汉代儒学宗教化的倾向，始终保持清醒的理性思维和孔孟原儒的人文主义，对汉代的造神运动起到了抑制作用，对后世产生重要影响。

西汉后期，随着社会矛盾的加剧，西汉政权产生危机。与此相应，在思想文化上也出现了新的趋势，其具体表现是谶纬思潮的兴起。所谓“谶”是指一种政治或宗教的神秘预言；而“纬”，则是对分散零碎的神秘预言加以系统化和理论化。其中最具典型性的莫过于儒家经典的谶纬化，出现所谓“五经六纬”之说，即把诗、书、礼、易、春秋五经，分别称“纬”，再把本已失传的《乐经》也造作出一部《乐纬》，加在一起故称“六纬”。“六纬”是对儒家经典所做的系统、全面的新解释，其解释的根据与原理多源于董仲舒的神学目的论。这也是汉代造神运动在思想上的反映。

“谶”，起源甚早，可以追溯到殷周时期。而“纬”则纯是汉代文化的产物。

扬雄的学术活动主要在西汉后期，似乎未见“六纬”的成书。按一般说法，纬起于东汉哀平之际，至王莽新朝达到高峰。王莽新朝与秦王朝一样短寿，在两汉之间只存在了 15 年，而扬雄在新莽建国的第十年便离世，因此还未来得及展开对纬书的批评。但继扬雄而起的桓谭，则正处在谶纬造作的高峰期，他著《新论》展开对谶纬神学的批判，并提出著名的“以烛火喻形神”的“烛火之喻”。东汉光武帝征其为待诏，因反对神仙不死及批判谶纬符命，他几遭处斩，最后死于贬官的路上。桓谭死时，他的思想继承者王充还不到二十岁。王充是接续桓谭激烈批评谶纬神学的汉代重要思想家和哲学家。在哲学方面，他继承的多是先秦儒家荀子一派的自然观，同时也吸收了道家的自然无为思想，并以此为武器，批判了自董仲舒以来的神学目的论和灾异谴告等谬说。

王充哲学有三个比较显著的特点：一是强烈的批判精神，其一生以“疾虚妄”为使命；二是有深刻的创新意识，不因循旧说，不拘于门派，不偏倚圣贤，一切从现实经验出发，“始者诡异”，却“终有理实”；三是有思想学术的综合能力，对先秦各家之是非、短长，皆取客观分析态度，并在此基础上吸纳百家，对儒道两家均有所超越。在学派归属上，可谓非儒非道，亦儒亦道，故能在哲学上提出新概念、新命题、新思想，使汉代哲学沿着理性方向往前发展，并为此后魏晋玄学的产生开辟了道路。

（二）魏晋南北朝时期的哲学

公元220年（庚子年）同时发生了两大历史事件：一是汉献帝退位；二是曹丕称帝。这标志着统治中国200余年的东汉政权正式退出历史舞台，历史走进魏晋南北朝时期。这一时期，从曹丕称帝起，一直到隋重新统一中国，前后历时369年，其历史特点主要表现为继秦以后的两汉400多年的统一政权结束，代之以中国历史的长期分裂。就哲学思想的发展来说，369年又可分为两个阶段：前200年为魏晋时期，其哲学思想主要以魏晋玄学为代表；后169年为南北朝时期，其哲学主要表现为儒、玄、佛、道等多元思想的相互冲突、排斥、渗透和相互吸收，最后趋于融合。

在中国历史上，一个较大王朝的灭亡，总要引起全社会的震撼，特别是引起当时知识分子对王朝灭亡原因的探讨并总结经验教训。如前所述，秦王朝建立，选择了法家思想为指导；汉初七十年选择了黄老思想为指导；汉武帝以后又选择了儒家思想为指导。随着东汉政权的灭亡、儒家名教权威衰落，信仰出现危机，新政权同样要进行新的选择，于是魏晋玄学登上历史舞台，成为魏晋南北朝时期哲学思想的主流。这一时期的哲学可分为两个阶段。

第一阶段：魏晋玄学

魏晋玄学作为魏晋南北朝时期的哲学，其主要代表人物和派别及其发展演变大致经历了四个阶段。

一是以何晏、王弼为代表的“正始玄学”阶段，也是玄学的开创期。其哲学思想的主要内容是以“有”“无”为核心，提出“以无为本”或“以无为体”的“贵无论”命题，并由此推衍出“动静”“一多”“本末”“母子”“言意”“自然与名教”等哲学范畴，用以建立起贵无论的本体论哲学体系。

二是以“竹林七贤”中的阮籍、嵇康为代表的“竹林玄学”阶段。这一时期的玄学，把正始玄学重点讨论的本体论和形上学等比较纯粹的哲学问题，转向对比较现实的养生、性情及自然与名教关系等问题的讨论，更多地关注对个体的人格独立精神自由的追求。

玄学发展的第三个阶段，一般称为“元康玄学”（西晋惠帝元康年间产生的玄学思想）。其主要代表人物有裴頠和郭象。裴頠反对玄学贵无论，主张“崇有论”；郭象则吸取贵无与崇有两派的思想，提出了具有综合性、总结性的“独化论”，并比较辩证地解决了自然与名教的对立统一关系。这一魏晋时期的时代课题，使理想与现实、此岸与彼岸、庙堂与山林、内圣与外王等看似对立的东西统一起来，把魏晋玄学推向高峰。

公元316年，西晋政权瓦解，东晋偏安政权建立，经过前三期发展的玄学思潮度过了它的鼎盛期，随后便趋于衰落，进入其发展历程中的最后一个阶段，也是它即将走向终结的阶段，一般称为“东晋玄学”。其主要代表人物是生活在东晋中期的张湛。其玄学思想主要通过对《列子》一书的注解阐发出来。其特点是对王弼贵无论与郭象独化论在思想理论上的折衷或综合，建立起独具特点的玄学“贵虚论”。①

在上述玄学发展的四个阶段中，可以看到玄学所依据的思想资料基本上来源于道家。他们企图用道家的本体论、形上学和自然主义作为儒家名教的哲学基础，以便为已走向烦琐、僵化、教条和神秘主义的汉代儒家名教寻找新的理论根据，以重新激活或恢复儒家名教对社会的治理功能。

任何社会都需要一套“名教制度”来维持社会的稳定和运转，问题在于这套名教制度要靠什么样的哲学来指导。

在玄学家看来，汉代的天人感应和谶纬神学不足以承担这一任务，而只有通过玄学家补充和发展了的道家哲学，才能完成和实现其所面临的时代课题，即如何正确处理“自然”与“名教”的关系，实际上即如何摆正儒家和道家的关系。

对此，四个阶段的玄学家各有不同的回答。正始玄学的何晏和王弼主张“名教本于自然”；竹林玄学的阮籍与嵇康提出“越名教而任自然”；元康玄学的郭象认为二者的关系是“名教即自然”；而东晋玄学的张湛则强调“任自然而顺名教”。② 这四组命题除嵇、阮主张“超越名教”外，其余各家的共同点都主张儒家名教不可废，但需要以道家的“自然”为指导，以进一步提升儒家

---

① 任继愈. 中国哲学发展史：魏晋南北朝卷[M]. 北京：人民出版社，1988：283.

② 张湛哲学中本没有这一表述，该命题是根据张湛思想归纳出来的。任继愈. 中国哲学发展史：魏晋南北朝卷[M]. 北京：人民出版社，1988：286.

名教的自然合理性。从这一角度可以得出魏晋玄学的学派属性和其基本理论的特征是“儒道互补”或“合儒道为一”。

魏晋玄学作为魏晋南北朝时期中国哲学的主要表现形式，构成中国哲学发展链条上不可或缺的重要一环，在中国哲学史上占有重要地位。第一，它突破了西汉时期天人感应神学目的论和谶纬神学的束缚，以老庄道家哲学为核心，建构出相对完整、系统的宇宙本体论思想和“言不尽意”的形上学，促进了中国哲学的理论思维水平和抽象能力的提升；第二，魏晋玄学的基本特征是“合儒道为一”，由此开创了中国哲学史“儒道互补”的新格局，推动了中国哲学在理论和方法上的全面发展，拓展了中国哲学理论的深度和广度；第三，魏晋玄学综合融通儒道，提出了“有无”“体用”“动静”“言意”“性情”“独化”以及“以无为本”“崇本息末”“守母存子”“言不尽意”“声无哀乐”“名教本于自然”等一系列哲学范畴、命题乃至方法，极大地拓展了中国哲学的逻辑视野，丰富了中国哲学的内容，为中国哲学后期发展（主要是宋明理学）开辟了道路；第四，魏晋玄学的产生和发展，对吸收和消化佛教哲学及促进儒、释、道三家的思想融合提供了理论基础和发展动力。

第二阶段：东晋南北朝的佛教和道教哲学

前文已经提到，魏晋南北朝时期的哲学可分为两个阶段：第一阶段以玄学思潮为代表，体现为中国本土哲学思想的新发展；第二阶段以佛教思想为代表，主要表现为作为外来文化的佛教传入中国后，在东晋南北朝的发轫与发展。

佛教起源于印度（现在的尼泊尔），两汉之际传入中国后，经过译经和“格义”“连类”等“嫁接”方法，至东晋南北朝时期始得到广泛传播和迅猛发展。

早在汉魏之际，随着佛教传播的深入，佛教经典的翻译也逐渐增多，佛教小乘和大乘两个系统均传入中国。玄学的盛行，对佛教思想产生重大影响。如当时般若学“六家七宗”所讨论的问题，均与玄学有密切关系。从东晋后期一直到南北朝，中国哲学的发展和知识分子的关注，逐渐由玄学转向佛学，出现了支遁、道安、慧远、僧肇、道生等著名佛教学者。

道安是“六家七宗”之一的“本无宗”的代表①，也是东晋南北朝佛教哲学的发轫者。他受玄学的影响，把“空无”、“寂静”、不变和不可认识的“本无”（即玄学讲的“以无为本”）作为宇宙的本原，表现出与玄学“以无为本”的本体论的相似性，体现为玄佛的融合。慧远著有《沙门不敬王者论》《明报应论》等，提出现报、生报、后报的“三报论”，试图解决佛教与中国传统观念不合的矛盾。他还提出“孔释不殊”的思想，主张儒佛融合。僧肇是东晋时期佛教般若学的总结者，也是佛教哲学在东晋发展的重要代表。他早期亦“志好玄学”，“每以老庄为要”。出家后，超玄释佛，别具新意。著有《肇论》（其中包括《物不迁论》《不真空论》《般若无知论》《涅槃无名论》），对后来佛教哲学的发展产生重要影响。

与上述三位佛教哲学拓展者同时稍晚的竺道生，是东晋最后一位颇具创新精神的佛教哲学家。先从慧远问学，后又师从鸠摩罗什学习佛法并参与译经。他折衷般若学与涅槃学，阐发佛性说及“顿悟成佛”义，并首倡“一阐提皆有佛性”的观点，对后来中国禅宗思想的产生与发展均产生重要影响。

东晋佛教哲学的发展，多借助于玄学和道家之力。上述四大名僧原本都是在中国本土生长起来的学者，他们所受到的文化教养或义理熏陶，又多来自中国传统文化，他们借助于以道家为骨架的玄学思维去研究本属外来文化的佛教，可谓驾轻就熟，促进了玄学与佛教哲学的互动，或由佛教吸收玄学，或用玄学的方式理解佛教，使得佛教向中国本土文化靠拢，使外来的佛教能在中土扎根并得到长足发展。这种文化导向，贯通了整个东晋时期，为中国哲学的发展注入了新的因素。

中国的道教，源于古代巫术。秦汉时期，以神仙方术与黄老道家思想相融合，主要从老庄道家中汲取了养生、重生思想和“道”的概念，推衍出一套具有中国本土特点的宗教理论。随着佛教的崛起和迅速传播，道教也迅速

---

① “六家七宗”是指东晋时期佛教般若学的派别。魏晋时期，佛教学者用玄学观点解释《般若经》，对经中所谓“空”的理解产生分歧，形成许多派别，称“六家七宗”，分别是本无宗、即色宗、识含宗、幻化宗、缘会宗、心无宗共六家，再加上本无宗的分派“本无异”派，为七宗。各宗都有代表人物，其中影响最大的为本无、即色、心无三家。

发展起来，以其早期的主要经典《太平经》为代表，先后形成了具有民间色彩的太平道、五斗米道等道教团体。汉魏以后，道教又在理论上得到较大发展，突破了其早期松散的民间宗教的形式，逐渐发展为以神仙道为中心的成熟的官方化新道教，并出现了葛洪、寇谦之、陆修静、陶弘景等著名道教理论家和实践家。

道教是在先秦道家思想影响下产生的，因此道家与道教有天然的思想联系，但二者还是有本质的差别。道家的本质属世俗哲学范畴，而道教的本质是宗教。道家不讲彼岸，也不承认有彼岸；而道教的最高教义是长生不死或肉体成仙。但由于二者有理论上的亲缘关系，因此，在东晋南北朝的哲学中，既包含道家哲学，也包含道教哲学。在一定意义上说，道教的发展，推动了道家哲学的发展；而道教哲学的发展也同样推动了道家哲学的发展。

任何事物都具有两面性，魏晋南北朝佛道二教兴起的同时，也引起了作为外来文化的佛教与本土文化的儒道之间的矛盾和冲突，由此展开了儒、释、道三教之间的长期争论。这些争论贯穿于整个南北朝，并一直延续到唐宋。

(三)隋唐哲学

公元 589 年，隋王朝建立，由此结束了魏晋南北朝长达近四百年的分裂局面，中国重新获得统一。但隋朝政权仅存 30 年的时间，便被唐朝取代。

唐代是中国历史上社会发展水平较高的时期。其在经济、政治、宗教、文学、诗歌、艺术，乃至科技、军事、国际关系等方面都发展到历史的巅峰。与此相适应，唐代的思想文化及其哲学的发展，也呈现出它所特有的精神面貌和思想特点。其中最明显的特点是“三教鼎立”，即儒释道三教并行是唐代哲学的总趋势。

但实际上三教势力也并非完全对等，三教中佛教影响最大，道教和道家次之，而儒家影响最小。①

所以出现上述情况，原因很复杂，仅从哲学思想角度观察，佛教经典的

---

① 任继愈. 中国哲学发展史：隋唐卷[M]. 北京：人民出版社，1994：19.

数量及哲学思维的细密都超过儒家。特别是在心性论方面,从汉末到魏晋南北朝近四百年的时间里,儒家在哲学理论特别是在心性方面处于停滞状态。因为魏晋玄学兴起后,有所谓"老庄当涂"而"儒墨之迹见鄙"之论,儒家思想受到压抑。先是玄学大兴,接着便是佛教崛起,儒家在整个四百年中处于低潮。因此,在哲学方面,"汉代哲学致力于宇宙万物生成的探索,魏晋玄学进而探索世界的本体。由本体论再进一步探索,即进入心性论领域。隋唐佛教讨论的心性问题,其范围甚广,钻研功力也极深。它涉及人类心理活动、感觉经验、道德观、认识论、宗教实践(修养方法)等诸多方面,都有创造性的见解。隋唐哲学最突出的贡献在于把心性论研究推向新的高度"。① 也就是说,把哲学心性论推向新高度的工作,多半都是由唐代佛教完成的。

1. 唐代的佛教哲学

唐代佛教各宗派的形成,推动了佛教内部宗教理论的深化,出现了一大批既精通中国传统哲学,又能熟练地把握和运用佛教思维方式的中国本土佛教理论大家。如确立了天台宗基本教义的该宗第四祖(也是天台宗的实际创立者)智顗,他强调"一切诸法,皆由心生"和"一心三观""三谛圆融"的佛教哲学命题及"性恶"说、"止观"说等,突出了天台宗佛教哲学注重"心性"、强调"反观"的思想特点,对其他佛教宗派都有重要影响。

以玄奘和其弟子窥基为代表的法相唯识宗,强调"八识"论、"种子说"、"缘生论"及"三性三无性"说,主张"心外无法""万法唯实"等一套细密繁芜的佛教哲学理论,以为其真如佛性的出世哲学作论证。其学说在唐初曾风靡一时,因烦琐及与中国本土思想不合,不久便走向衰落。但其佛教哲学的逻辑范畴细密、佛教理论精深,对中国世俗哲学的理论思维产生了很大影响。

以实际创始人法藏为代表的华严宗,是中国佛教哲学最具代表性的一个宗派。其佛教哲学的突出特点是对佛教哲学心性论的本体论证,提出"性起说"和"法界缘起说",以及"理事相即""六相圆融""事事无碍"等重要的佛教哲学命题,其中包括了华严宗佛教哲学的整体观和无碍观的方法论,并以

---

① 任继愈.中国哲学发展史:隋唐卷[M].北京:人民出版社,1994:19.

此论证和强调客观世界及主观世界的区别，皆为“一心所现”，明确地以“本觉性智”或“自性清净圆明体”说佛性。这一宗派除法藏外，还有澄观、宗密等著名法师。他们所建构的华严佛教哲学的庞大体系及其所涵摄的佛教哲学思维方式，对后来的宋明理学产生了巨大影响。

以慧能为代表的禅宗，是中国佛教史上最具中国特色的佛教宗派，或者说作为禅宗第六祖的慧能是中国佛教史上的一位宗教改革家。他的佛教哲学思想可概括为四个要点：一是提出“佛性不分南北”或“一切众生皆有佛性”的“佛性”说；二是“善知识示道见性”，或曰“佛在心中”“道在自悟”“佛向性中作，莫向身外求”的“见性成佛”说；三是主张“一闻言下便悟，顿见真如本性”的“顿悟”说；四是取消繁文缛节，提倡简易宗教仪式和修行方式，甚至主张不立文字、教外别传等超越立场。禅宗的佛教哲学对明代王阳明的心学及王阳明后学均有重要影响。

2. 唐代的道教哲学

唐代的道教同佛教一样，也得到长足的发展，出现了一大批道教思想家，如成玄英、李荣、杜光庭、王玄览、李约、陆希声、司马承祯、李筌、陈抟等。他们通过对先秦道家原典的注疏和解释，完成了世俗道家哲学向道教哲学的转化，系统地构建了庞杂的道教哲学体系，使道教在唐代得到了全面发展，进入了中国道教史上的鼎盛时期。这种全面发展具体表现在道教理论方面，出现了“重玄学”；在道教实践方面，出现了外丹术的“黄金时期”；在道教典籍方面，其数量大大超过了前代总和，编出了道教史上最早的道教总集《开元道藏》。

道教多方面的发展，促进了其宗教哲学的发展。特别是在佛教心性论的影响下，唐代道教哲学发展的主流，是由早期道教的宇宙化生论和服食养生论向道教心性论演变。如成玄英的“修心复性”说、陆希声的“反本复性”说、李荣的“化情复性”说，以及司马承祯的“离境收心”说，等等，“无论是修身、治国，还是长生不死，都是清新寡欲、反本复性为宗”。① 这不仅是唐代佛教哲学发展的总趋势，也是道教哲学发展的总趋势。

---

① 任继愈. 中国哲学发展史：隋唐卷[M]. 北京：人民出版社，1994：364.

总之，佛道二教及其哲学在唐代得到了比较充分的发展，相对而言，作为中国文化主流的儒家哲学却仍处于低潮。

3. 唐代的儒家哲学

唐玄宗天宝十四年(公元755年)爆发了安史之乱，此是唐王朝由盛转衰的分水岭。安史之乱后，唐代思想文化及其哲学的发展出现了新的形势，即以韩愈、柳宗元、刘禹锡、李翱等人为代表，在此前兴起的“古文运动”的基础上，根据“安史之乱”以后的社会政治、经济和思想文化的新情况，对传统儒学及三教关系进行了深刻反省，并从不同角度重新诠释和提升沉寂已久的儒学精神和儒家思想，出现了儒学复兴的趋势。

在这一儒学复兴的趋势中，韩愈和李翱更多地继承了孟子学派的传统，韩愈著《原性》，提出“性情”三品说，并配以“其所以为性者五”与“其所以为情者七”的性情统一论，反对佛道二教离开“仁义”讲“性情”的空寂主义。李翱著《复性书》，以《大学》和《中庸》为核心，提出“性善情恶”“复性息情”“灭情复性”等命题，并吸纳佛教的心性论来论证他的“复性”说。韩李二人的“性情论”或“心性论”，虽然还未能建构一套系统完整的心性论体系，却扣紧了“心性之学”这一唐代哲学的时代课题，成为由魏晋南北朝向宋明道学过渡的桥梁和不可或缺的中间环节。

在儒学复兴的趋势中，韩愈的哲学思考没有停留在心性论上。在他对儒学复兴所作的努力中，对后世影响最大的是他首创的儒家“道统”说。他认为儒家在历史上有一个真理(道)传续的系统，即所谓“道统”。这个道统由尧舜一直传至禹、汤、文、武、周公、孔子、孟子，此后发生中断而未得其传，结果使佛老思想由魏晋泛滥至今。为了让人们了解“道统”的内容，韩愈对儒家传统的“道”“德”“仁”“义”概念的内涵作出新的解释：“凡吾所谓道德云者，合仁与义言之也”(《原道》)；“博爱之谓仁，行而宜之之谓义，由是而之焉之谓道，足乎己而无待于外之谓德”(《原道》)。韩愈的这些新解释，力图从逻辑上确定、在思想上强调“道”和“德”的内涵是“仁”和“义”，而仁和义的内涵又是“博爱”和“合理”。因此，所谓“道”，是指实现仁和义的途径；所谓“德”，是指内心所具备的仁义本性。其目的在于反对佛老打着道德的旗号，而实际推销“清净寂灭”的内容。

韩愈道统说的提出和论证，其意义一是强调儒家道德仁义学说的真理性和合理性；二是强调道统的历史渊源和历史的连续性；三是强调儒家的价值系统和“圣人之道”要复兴光大，这是儒家学者的历史责任。韩愈的道统说成为后世儒者排斥异端、接续儒学正源和后世儒家哲学重新崛起的有力的思想武器，也是宋明时代儒学复兴的前奏和先声。

与韩愈、李翱思想有一定差异的儒家学派的另一支，以柳宗元、刘禹锡为代表。刘柳和韩李都是出生在安史之乱以后，几乎是同一时代造就出来的杰出诗人、思想家和哲学家。

柳宗元与刘禹锡二人的思想观点比较接近，他们比韩李有更为广阔的学术视野，对佛老及其思想持平和、理解和吸收的态度。

刘禹锡的哲学思想与柳宗元极为相似，在天人关系上继承了先秦荀子的思想，提出“天人交相胜，还相用”的看法，揭示了天道与人道即自然与社会的职能不同：“天之道在生植，其用在强弱；人之道在法制，其用在是非。”（《天论》上）还提出宇宙万物“以不息为体，以日新为道”的思想，以“理”“数”“势”三个哲学范畴的关系，说明事物的客观规律。柳宗元和刘禹锡的哲学理念，直接或间接地影响了后来的张载和王夫之，成为由唐代儒家气论一派的哲学向宋明及明清之际启蒙思想过渡的桥梁。

三

公元960年，北宋王朝建立，由此开启了中国封建社会发展的后半期。北宋以后，又经历了南宋、元、明、清等多个朝代的更替，一直到清王朝的灭亡，其间共历时951年。在这近千年的历史中，中国哲学的发展呈现出错综复杂的变化，其总体趋势是由汉末至唐末的六七百年的文化冲突和儒、释、道互争长短的矛盾斗争及思想激荡至宋代趋于平静。以北宋五子为前驱，以张载气学、程朱理学和陆王心学为骨干，以明末清初的王夫之、方以智、黄宗羲等大家为殿军的儒家哲学成为该时的主流。他们以一种中国本位文化或儒家本位文化的立场和眼光，吸收了他们素以为文明宿敌的佛老思想，高举孔子的大旗，重新复兴了沉寂长达六百年之久的儒学，并站在新的历史起点上，对以往的文化遗产进行了全面的审视和综合。这种文化互动、互补、互济的历史成因，同样为中国哲学在宋元明清时期的发展打下了深深烙印。在复兴儒学的共同使命下，他们殊途共进，多元并存，造就了中国封建时代中国哲学的最后辉煌。

宋元明清时期，哲人辈出，群星灿烂，学派林立，理念殊异，他们共同推动了该时期哲学及思想文化的繁荣。其哲学的发展进程可大致归纳为三个阶段。

第一阶段：以“理学”为主流的宋代哲学

这一阶段的哲学流派和主要代表人物，在北宋有邵雍的象数学、周敦颐的濂学、张载的关学、王安石的新学、程颢和程颐的洛学（又分为明道学派和伊川学派）；在南宋有朱熹的闽学、陆九渊的心学、以陈亮和叶适为代表的功利学派（又分为永康学派和永嘉学派）等。

社会历史的延续作为文化延续的载体，决定了宋代理学这一新的理论形式和哲学形式仍离不开传统的影响。在张载的哲学思想中，上述思想体现得最为明显。他是中国哲学史上“气论”的典型代表，也是中国气论哲学的总结者。他提出“太虚即气”的新命题，论证“太虚无形，气之本体”的宇宙本体论；提出“理一分殊”的思想，解释个别与一般的同一性；提出“天地之性”与“气质之性”的差异命题，解释人性的善恶，并由此推出“穷神知化”与“穷理尽性”的道德修养论。他还提出“一物两体”说，解释事物发展的内在动力问题。张载创立的“关学”及其所建构的气一元论的哲学体系，超越了中国哲学史上传统的“气论”思想，达到了中国哲学史上气论哲学的最高境界。

北宋另一支哲学流派是程颢和程颐兄弟开创的“洛学”。

二程洛学的主要特点和影响，是由程颢提出的“天理论”。程颢曾不无自负地说：“吾学虽有所受，天理二字却是自家体贴出来的。”二程天理论的主要内涵是建立以“理”或“天理”为宇宙本体的哲学形上学。为此，他们提出“天者理也”“一物之理即万物之理”等命题，论证作为宇宙本体的理只有一个，但分散到万物之中，每一物虽不同，但其所具有的理却是一个不可分割的完整的理，以强调作为宇宙本体的理的绝对性和完整性。在二程看来，

“天理”或“理”，一方面是宇宙万物的终极本原，另一方面又是社会制度及其相应的道德原则和道德规范，即把儒家的仁义礼智信总括为天理，并由这个囊括自然、社会人生的“天理”，推广到事事物物，推出“人禽之辨”“天理人欲之辨”，以及修养论、工夫论，等等，建立起具有理学特点的儒家道德形上学，成为宋明理学的奠基者。

继张载、二程之后，南宋的朱熹集理学思想之大成。他不仅在理学思想的各方面有新的建树，而且使中国哲学进一步向纵深发展。朱熹的哲学思想是在二程基础上发展起来的，正因二者在思想上基本一致，故后人称其理学为“程朱理学”。

朱熹的理学体系是在全面继承前人思想成果的基础上完成的，其中包括对二程自家体贴出来的“天理”二字及其所蕴含的本体论思想进行全面、系统和充分的论证，同时对张载“气本论”作了细致的改造和发展。朱熹认为理气相依而不相离，既断言“理先气后”，又强调“理气本无先后之可言”，以纵横论先后，增强了其理气关系论的思辨性。他还用华严宗“月印万川”的典故，论证“理一分殊”的原理，以揭示天理与万物之理只是一般和个别的关系，由此推引出他的道德起源论、心性论和修养论。

朱熹把伦理纲常上升为“天理”的本体地位，由此展开人性及心性论的详尽讨论，提出“人心与道心”“天命之性与气质之性”“天理与人欲”“情与才”“心与理”“理与性”以及理势、义利、夷夏、王霸等一系列问题。朱熹哲学即以“理”或“天理”这一抽象概念搭建起客观化的道德秩序和宇宙秩序，这即朱熹严辨理气、心理等诸多相对范畴差异性的意义所在。若把它们浓缩在一起，“未有天地之先，毕竟只有是理”，即强调人间秩序与宇宙秩序的客观性、独立性和现实性，它们的存在不依时代和人心转移，因此人们必须在日常人伦中格物、穷理，以实现人性或人格的最终完善。

由于朱熹强调心与性的区别，主张性与理的同一，从而导致性理的客观化和人性的二元化，因此必须通过向外的“格物”及读书穷理，达至圣贤境界。朱熹的这些思想被他同时代的学者陆九渊视为烦琐哲学和“支离事业”，故引起宋代学术史上著名的“鹅湖之辨”。

陆九渊针对朱熹理本论思想，提出“心即理”的命题，反对朱熹析心与理为二，强调心与理的完全合一。认为“人皆有是心，心皆具是理。心即理也”。认为一切知识和真理都在“我”心中，只要悟得“本心”，即可“明理”“尽性”，不必像朱熹那样重视书本和向外用功。在陆九渊看来，“人精神在外，至死也劳攘”，故须“收拾精神自作主宰”，方能“自立自重”，“不随人脚跟，学人语言”，即按“本心”行事，以保身心的独立与自由。陆九渊的这些思想，把对天理的关注转移到对内在精神和道德力量的追求上，从理学的“重外”，转向心学的“重内”。这一转向具有颠覆权威、高扬人心主体性倾向，并经王阳明的阐发，遂形成一股强大的具有心学特征的哲学思潮。

第二阶段：以心学为主流的明代哲学

明朝建立之初，程朱理学占统治地位。明成祖永乐年间，编纂《五经大全》《四书大全》《性理大全》，其内容基本上是程朱理学。但其后不久，学术思想便发生转向。如原属于程朱理学派的陈献章（陈白沙）一生重心性之学，强调“静坐澄心”。认为宇宙只是一理的表现，而此理只是心。他提出“天地我立，万化我出，而宇宙在我”的心学表述，直接与宋代陆九渊的“宇宙便是吾心，吾心便是宇宙”的心学命题相连接，成为明代早期心学的倡导者。

王阳明生活在明朝中期。此时明王朝的封建统治已进入极不稳定的历史周期，其政治、经济乃至思想，包括居于官学地位的程朱理学，也逐渐走向僵化和教条，使一些原来信守程朱理学的学者开始关注和强调个体意识和独立思考。王阳明在《传习录》中记载的“亭前格竹”的故事，即反映了这一思想转向的原因。王阳明面对翠竹，竭其心思，连格七日而不得其理，劳思成疾，遂感叹“圣贤是做不得的”，从此便“无大力量去格物了”。王阳明通过格竹故事，对程朱理学产生怀疑，于是致力于对“心学”的阐发并建立起以“心学”为基础的哲学体系。

王阳明心学体系的主要内容有三个要点：其一是充分肯定和继承了陆九渊“心即理”这一心学的核心命题，认为万物之理取决于心之理，并断言“心外无理”“心外无物”“心外无事”。其二是提出“致良知”说。此说是从朱熹“致知”概念发展而来的，成为阳明心学体系基础性概念，也是其心学体系的核心义涵。他认为“良知”是“心之本体”，“心之虚灵明觉即所谓本然之良知”（《答顾东桥书》）。“良知”也是“天理之昭明灵觉处”，故“良知即天理”

(《答欧阳崇一书》),肯定"良知"是天地万物的本原和万物变化的主宰。其三是提出"知行合一"说,反对朱熹把知行分成两截的"知先行后论"。认为"外心而求理,此知行之所以二也;求理于吾心,此圣门知行合一之教"(《传习录中》)。一再强调其所谓"知",是致吾心之良知;所谓"行"即致良知于事事物物。因此,"一念发动处,便即是行";"知之真切笃定处即是行"(《传习录》下)。由此得出"知即是行""以知为行"的结论。

王阳明是明代思想史上集心学之大成的思想家和哲学家。王学的兴起,动摇了程朱理学的正统地位,客观上开启了明末个体意识的觉醒。其中亦包括与王阳明同时代的罗钦顺和王廷相两位哲学家,他们以张载的"气学"为依据所展开的对程朱理学的批判,代表了明代哲学中气一元论传统的延续和发展。同时,从阳明学派分化出来的功利学派思想家李贽,提出"不以孔子之是非为是非"的主张,企图建立新的哲学思想评价标准。他还提出了"致一之理"的平等观、"人必有私而后其心乃见"的义利观、"率性而为"的个性自由说,以及具有个人精神独立性质的"童心"说,等等,反映了明代后期资本主义萌芽和市民阶层的要求,为明清之际启蒙思潮的产生准备了条件。

第三阶段:"明清之际"及清代的哲学

"明清之际",是中国历史上一个非常特殊的时代,史学家(黄宗羲)称之为"天崩地解"和"暴风雨降临"的时代,同时它也是中国哲学从古代向近代转化的时期。

前面提到,晚明社会同历代王朝的晚期一样,随着政权的式微,与其相应的思想、文化及信仰也会发生动摇。其间虽有阳明心学的崛起,但也难挽颓势。这说明儒学内部由程朱理学向陆王心学的调整,不但没有起到扶世的作用,反而引起一些学者对陆王心学也产生了怀疑和批判。在这一背景下,明末清初在哲学思想及文化领域,又出现了一大批具有近代启蒙色彩的思想家、哲学家,如陈确、傅山、黄宗羲、方以智、顾炎武、王夫之、唐甄,至清代则有颜元、李塨、戴震等。其中以顾、黄、王三大思想家为代表,对宋明理学及陆王心学进行了批判、改造、转化和新的诠释。同时,他们又借助于西学的传入,对整个中国古代哲学思想进行了全面的反思。这是一次带有近代思想启蒙性质的哲学与文化的总结，同以往儒学内部的调整有本质的不同。这种不同主要表现在思想方法、政治哲学和哲学理论三个方面。

第一，在思想方法上，对传统哲学的思维方式有所突破。仅以方以智为例。他在其所著的《通雅》中提出“考古所以决今，然不可泥古”的“古今以智相识”论，强调要以理性态度了解和认识古今万事，不能“舍物托空”和“附会穿凿”。实际上即是主张会通和综合当时的各种知识，破除一家独断和非理性方法。由此他主张打破儒释道三教的界限，取各家之长而会通综合。

方以智尤其吸收当时传入中国的西学，提出“质测即藏通几”的命题，认为科学寓于哲学之中，科学与哲学是相互会通、相互依存的，主张哲学方法的理性化，通过哲学发现事物的本质，这些都带有哲学方法的近代性质。实际上，他所提出的“交”“轮”“几”的概念与“合二而一”的命题，都含有辩证思维的性质，是对古代哲学方法论的突破。以方以智为代表，明清之际的启蒙思想家，几乎都在思想方法上超越了程、朱、陆、王及中国传统哲学，体现为思想方法的近代启蒙。

第二，在政治哲学方面，对君主制度提出怀疑，从而对封建制度的认识和理解有所突破。仅以黄宗羲的《明夷待访录》为代表，他提出了“天下为主君为客”的命题，对封建君主制度下的君民关系提出批评。他说：“古者以天下为主君为客。”今则不然，“今也以君为主天下为客，凡天下之无地而得安宁者，为君也”（《原君》）。他对封建制度下的君臣关系进行批判，认为士人出仕做官，应该是“为天下，非为君也；为万民，非为一姓也”（《原臣》）。他还提出“君臣共治”的理念和“君臣名异实同”的命题，打破了传统的君尊臣卑的观念，认为不论为君还是为臣，都应努力追求“天下之治”。君臣虽然在名称上有别，但在本质上都应是为天下国家和人民之利服务的。因此，在他看来，所谓“治”，应体现为“人民的安乐”，“盖天下之治乱，不在一姓之兴亡，而在万民之忧乐”（《原臣》）。人民生活安乐即是“治”；人民生活愁苦即是“乱”。所以朝代的兴亡和社会的治乱，都应以天下百姓生活的好坏为标准。

上述思想极具超前意识，不仅超越了中国古代思想家的眼光，也超越了西方同时期启蒙思想家的视野，即使在今天，也还有重要的参考价值。

第三，在哲学理论方面，对中国古代思想作出全面总结和新的诠释。在这一点上，可以王夫之为代表。王夫之一生著述百余种，四百余卷，近千万言，是中国哲学史或思想史上著述最为宏富的思想家和哲学家。其学涵淹经史，包笼百家。经史子集无所缺遗，儒、玄、佛、道吸纳会通。其对政治、经济、美学、艺术、诗歌乃至天文、地理、历法、数学都有涉猎和研究。其中，尤精于经学、史学、文学，对哲学更有深刻、独到的见解和创新发明。他曾以"六经责我开生面，七尺从天乞活埋"的宏大气魄和历史文化的使命感，用自己的生命做燃料，点亮明清之际思想启蒙的灯塔。

王夫之之所以能够成为中国古代哲学思想的总结者，即在于他的思想所具有的三大特质或三种超强的能力：总结能力、批判能力和创新能力。王夫之哲学思想的超拔精神，即是在上述三大能力推动下完成的。

王夫之的哲学思想全面系统，几乎对中国传统哲学（从先秦到明清）所涉及的所有重要问题作了一次全方位的历史考察和理论总结。

其中对自然观的总结，充分肯定了自先秦《周易》、荀子以来，到汉代王充，再到唐代的柳宗元、刘禹锡，一直到宋代的张载气论的大传统，并在此基础上给予新的诠释，建立起自己的元气本体论的自然观。其显著特点是把"气"的存在与运动结合起来，以"絪缊生生"说明"气"的运动变化日新的辩证性质。并由此驳斥程朱的"理先气后"说，提出了"气者理之依""天下唯器""道者器之道""诚者实有"等新命题。

在认识论方面王夫之也提出了一系列新概念、新命题，明确区分了"能"与"所"（主观活动与客体对象）、格物与致知（感性认识与理性认识）、知与行（理论与实践），以及知觉发生的条件、真理的客观性、思维的实在性、认识的程序性，等等。这些认识论的重要问题，在王夫之的考察、总结与批判中，得到了新的理解与诠释，弥补了传统哲学认识论的不足，突破了传统认识论的局限，使中国哲学认识论的理论逐渐走向近代。

在人性论和心性论方面，王夫之运用"变化日新"的观点，对传统人性论的理论进行改造和重释，别开生面地提出"性日生日成""习成而性与成""性屡迁而异"等全新命题，突破了中国哲学史上两千余年人性不变论的传统理念。此外，在人性善恶、天人关系、天地之性与气质之性、心与性、性与情的关系以及天理人欲等问题上，王夫之同样给出了新的理解并有重大发展。他还提出“惟性生情”“情以显性”“理欲合性”“理欲相变”“理寓于欲”等一系列重要命题，对传统的人性论、心性论、性情论等进行了批判性的总结，皆具有鲜明的思想启蒙意义。

在历史观方面，王夫之亦有批判性的总结和突破性的发展。他对从先秦老庄的“由霸返王，由王返帝”的贵因论和邹衍“五德终始”的历史循环论，到汉代董仲舒的“三统三正”的神学史观，再到邵雍的“古今四会”的历史退化论及程朱理学的天理史观，等等，都给予了严厉的批判，甚至对孟、荀、老、庄、司马迁、班固以及唐代的韩愈、宋代的王安石等人的历史理论和观点也进行了分析和总结。在这些批判总结的基础上，以其“日新”观念为核心提出了自己的历史进化论和“理势统一”“古今因变”的命题，天才地判测出历史发展的变动性、阶段性和规律性。王夫之“在历史理论的建树上确有重大的贡献。在中国思想史上，王夫之的史学创建是破天荒的”[①]。可以说王夫之的历史观达到了马克思主义唯物史观产生前的最高水平。

总之，明清之际和清代的思想家在哲学理论上，主要围绕天人、理气、道器、性情、心性等中国哲学的基本问题展开了全面讨论。从罗钦顺、王廷相与王守仁的争论，到何心隐、李贽为反对封建宗法道德而献身，再到明清之际的顾、黄、王、唐甄、傅山等，以及后来清代的颜元、李塨、戴震等，他们站在“天崩地解”的时代前列，对程、朱、陆、王的思想进行了系统的总结批判。这些批判与总结，不仅带有异端与启蒙的特点，而且是中国近代哲学思想产生的催化剂。正是由于这些思想家在哲学理论方面的新建树，才使得中国封建时代的哲学大放异彩地走向了历史的终结，从而带着中国哲学的思想“基因”迎来了新时期的中国近代哲学。

四

从 18 世纪中期至 19 世纪中期，在长达一个多世纪的时间里，在清王朝

① 侯外庐.中国思想通史：第五卷[M].北京：人民出版社，1956：128.

强大的封建专制统治下，中国哲学同中国的科学技术、经济和思想文化一样，失去了同西方国家同步发展的机会。尽管在此一时期中，承明清之际启蒙思想的影响，中国哲学在某些方面也取得了一些进步，但从总体上来说，仍未跳出古代哲学的门槛。特别是由康熙晚年的禁教，到雍正以后的闭关锁国，中国经历了雍、乾、嘉、道一百多年的时间，西学的早期输入完全中止，中国的士大夫一方面重新捡起程朱理学，另一方面又一头钻进训诂考据之中，严重延缓了中国哲学的近代化历程。直到19世纪中期，随着鸦片战争的失败和西方列强的隆隆炮声，中国近代史的序幕被徐徐拉开，同时中国哲学由古代形态向近代形态转化的历史进程也正式开启。

尽管这一历史进程是被动的，但这一时期的思想家们还是提出了许多有价值的理论问题，并提出了解决这些问题的思路、框架，甚至在某些问题上提出了许多很好的意见，为中国哲学走入近代奠定了基础，从而使中国近代哲学成为中国哲学发展史上，由古代形态向现代形态转换的中间环节。

首先对中国传统哲学提出怀疑和改造的是近代改良派思想家龚自珍和魏源。他们是中国哲学向近代形态转变的思想先驱和奠基者。

龚自珍针对封建制度压抑、束缚和扼杀个性的弊端，从哲学高度推崇“自我”解放的主体性哲学。他十分强调人的作用，提出“天地人所造”和“众人自造”的观点。他说：“我光照日月，我力造山川，我变造毛羽肖翘，我理造文字语言，我气造天地，我天地又造人，我分别造伦纪。”①这里，龚自珍一口气说了七个“我”字，认为“人”是天地万物、自然和社会的主宰。所以要改变中国的落后状况，只有高扬人的主体性而别无他途。这充分反映了这位思想家对“我”的主体能动性的重视和推崇，也反映了他对传统哲学中未经主客二分的过多强调“天人合一”的不满。

在此问题上，魏源同样强调人的主体性哲学。他认为“技可进乎道，艺可通乎神，中人可易为上智，凡夫可以祈天永命”，②因此人可以通过自己的努力，改变天命，达到“造化自我立”的境界，到此则“何微之不入，何坚之不

---

① 龚自珍全集：第一辑[M].上海：上海古籍出版社，1935：12-13.

② 北京大学哲学系中国哲学史教研室.中国哲学史教学资料选辑：下册[M].北京：中华书局，1981：388.

靡，何心光之不发乎？”[①]由此他得出“人能与造化相通，则可自造自化”的结论。可以看出，魏源同龚自珍一样，强调的是人的自我作为和人的自我选择。龚、魏虽然提出了许多具有近代意义的哲学思想和哲学命题，但由于他们未能完全摆脱封建思想的藩篱，因此未能系统地建立近代哲学体系，他们的许多表述都夹杂着一定的矛盾和思想逻辑上的混乱。随着历史演进，到19世纪后半期，中国资本主义经济得到一定程度的发展，中国资产阶级也逐渐形成，一些思想家开始接受西方学术思潮的洗礼，并试图从哲学理论上摆脱封建意识形态的羁绊，构建具有资产阶级色彩的哲学体系。

在这批思想家中，影响最大的是严复。他在近代哲学家中，是一位最为精通西学的学者，也是一位具有强烈启蒙意识的思想家和翻译家。戊戌变法后，他先后翻译了《原富》《群学肄言》《法意》《社会通诠》《穆勒名学》等西方名著，涉及西方资产阶级哲学、经济学、社会学、政治学、逻辑学等思想，对当时的中国产生巨大影响。他的思想的最大特点是把西方的进化论、天赋人权等观念，与中国传统思想中的某些观念相结合，继承龚、魏的思想传统，猛烈抨击封建专制制度对人性的压抑和束缚，呼吁“民之自由，天之所畀”，认为自然界的“物竞天择”规律，同样适用于人类社会，中国要“自强保种”，就要通过“鼓民力、开民智、新民德”的办法，改善人民的素质，提高中华民族在世界上的生存能力和竞争能力。中日甲午海战失败后，严复连续发表《论世变之亟》《原强》《辟韩》《救亡决论》等文章，强烈主张维新变法，认为“今日中国不变法，则必亡是已”(《救亡决论》)。他特别利用他在戊戌变法前所翻译的《天演论》为武器，宣扬西方的进化论思想，并以此论证进化变易是客观世界发展的必然趋势，认为包括人类社会在内的宇宙间天地万物，无时不在变化。而变化的初因是宇宙之内，“质力相推，非质无以见力，非力无以呈质”(《译天演论自序》)。

严复也是最早引进西方经验主义认识论和方法论的哲学家。他提倡“先物理而后文辞，重达用而薄藻饰”的重视实效的经验主义和“西学格致”的科学方法，阐述了演绎法的性质及其与归纳法的关系，并由此对中国古代

---

① 魏源集：上册[M]. 北京：中华书局，1983：5.

的学术思想进行批判。在认识论方面，严复吸收了西方认识论的理论，阐述了认识的来源、感性认识与理性认识的关系、意识与经验的关系等问题，他还承认物自体的存在，论证自然科学规律的普遍性和必然性皆源于经验，有似于西方哲学中的唯物论。但当他强调物自体不可认识时，又陷入西方哲学所谓的不可知论和唯心论。总之，严复的哲学思想，在逻辑上和思辨性上，已由古代语言转变到近代语言，他是中国第一位比较系统地接受西方哲学思维的哲学家。

康有为的哲学思想在近代化的程度上不如严复，但其政治理论的近代性却超越严复。康有为把中国传统"气"的学说，糅进西方近代以来的自然科学成果中，提出近代版的"天即人，人即天"的观点，力图修正传统的"天人合一"说。由此出发，他一反程朱理学的"天理人欲"思想，主张"性则全是气质"的观点，强调"人生有欲必不能免"，力图修正传统的人性理论，以建立近乎西方的感觉主义伦理学。他借鉴西方的自由、平等、博爱的观点，提出"天予人权，平等独立"的主张，力图修正君权神授和君权至上的传统观念，以建立近代资产阶级的政治理论。尽管这些都是为其维新变法和设想"无阶级、无压迫"的大同社会理想作论证的理论，但毕竟自觉和不自觉地与传统观念拉开了一定距离，从而使其哲学思维蒙上了一层近代色彩。

如果说，在康有为的思想体系中，中学与西学、哲学与政治还处在一种比较模糊的状态中，因而时常表现出理论上或逻辑上的矛盾，从而影响或冲淡了其学说的理论性的话，那么他的学生谭嗣同，则比较明显地表现出对哲学思维的兴趣和追求。他试图用当时西方自然科学中的一些概念范畴，建立一套新的话语系统，以取代、改造或重新诠释中国传统哲学。

谭嗣同首先以 19 世纪后期流行于物理学中的"以太"概念①，来解释自然、社会乃至人的构成，企图建立"以太"本体论以区别以往的传统哲学。他甚至在人性问题上也以"以太"立说，认定人性也是由"以太"派生的，"谓以太即性，可也"。他还用"以太无所不胶黏，不贯洽，不筦络"的性质，解释和

① "以太"，是英文 Ether 或 Aether 的音译，是古希腊哲学家亚里士多德设想的一种物质。欧洲 19 世纪的物理学家认定其是一种假想的电波的传播媒介。

改造传统哲学的性善说,认为“性——以太之用,以太有相成相爱之能力,故曰性善”[1]。他认为“天理善也,人欲亦善也”。世间所以对人性有善恶区分,就是因为不懂得由“以太”构成的善恶完全是相通的、相对的。他论证说:“所谓恶,至于淫杀而止矣。淫固恶,而仅行于夫妇,淫亦善也;杀固恶,而仅行于杀杀人者,杀亦善也。”[2]他强调善恶是相对的,因此不能把评价善恶的标准绝对化。而就人性来说,其本身无所谓善恶。所谓恶,实际上是指违背人性的行为。据此,他猛烈抨击宋明理学家:“世俗小儒,以天理为善,以人欲为恶,不知无人欲,尚安得有天理?”[3]谭嗣同与其同时代的进步思想家一样,都充分肯定情欲的合理性、必然性,而其论证则比明清之际的思想家又前进了一步,力图在西方自然科学的基础上,建构其以太本体论的哲学体系。这种尝试虽然并不成功,但却反映了近代以来,先进思想家们在哲学上企图参考西方,以突破传统哲学的基础、框架结构及其所包含的古代思想所做的努力。

在中国近代哲学的建构与发展中,章太炎是一位重要的哲学家、思想家,同时也是一位坚持资产阶级革命的理论家和宣传家。他在政治上反对改良,坚持革命斗争,认为只有通过革命,推翻清王朝,中国才能真正实现民主政治。在哲学上,章太炎思想的第一个也是其主要特点是坚持无神论,并依据生物进化论和中国哲学史上荀子、王充天道自然的思想批驳“上帝创造万物”的神学目的论。他不仅批判中国的有神论思想,而且对西方的有神论也大加鞭挞,为此,他专门撰写并发表《无神论》一文,从逻辑上批判并驳斥了基督教的神学理论。这反映了近代思想家在吸收西方哲学思想的同时,也十分警惕和反对西方列强在文化上对中国的侵略和影响。章太炎哲学思想的第二个特点是对哲学基本问题的回答,肯定了物质的客观存在,并驳斥了谭嗣同把“以太”解释成“心力”“唯识之相分”等唯心论说法,坚持了西方哲学中肯定原子是世界物质统一性的基本要素的唯物论说法,这对当时改革派思想家对西方哲学的选择和吸收具有重要启示和引导作用。另外,章太炎还对感性认识和理性认识的关系问题有独到的阐发,重视理性认识,反

---

①②③ 中国历代哲学文选:清代近代篇[M].北京:中华书局,1963:306.

对经验论。但他有时又片面夸大了理性认识，甚至倒向了先验论。

章太炎的哲学思想有早期、晚期之分。其早期坚持无神论、唯物论及对孔教的批判等，到了晚期，基本上回到了他早期所坚持的哲学理念的对立面，这在一定程度上反映了中国近代资产阶级哲学从产生到发展的曲折和艰辛。

如果说，上述几位哲学思想大家对西方思想文化的吸收和对封建思想的文化启蒙，多少还停留在纸面上的话，中国民主革命的先行者孙中山，则是把自己的哲学思想紧密地与其民主革命的实践相联系。与上述几位思想家相比，孙中山有比较坚实的自然科学基础和较长期的民主革命的实践，故其哲学思想的产生和发展更具有针对性和实践性品格。概括地说，其哲学思想主要体现在三个方面：一是进化论思想；二是由进化论推出“知难行易”的认识论；三是以“民生”为社会历史发展动力的“民生史观”。

关于第一点，孙中山在其《孙文学说》中大力宣传进化论，认为“世界万物皆由进化而成”。为详尽阐述其内容，孙中山又把“进化”分为“物质”“物种”和“人类”三个进化时期，即宇宙形成和发展的“物质进化时期”、生物形成和发展的“物种进化时期”，以及人类产生和发展的“人类进化时期”。在上述“三期进化”说中，包含了宇宙形成论、世界统一论、人性论、认识论以及社会历史观等一系列重要的哲学理论问题。其二是由进化论推出“知难行易”的认识论。孙中山认为，知和行比较，知是难的而行是容易的。“天下事惟患不能知耳，倘由科学之理则，以求得其知，其行之决无所难。”因此，他强调“人类之进步，皆发轫于不知而行者也，此自然之理则”，故“不知亦能行”，“行其所不知以致其所知”，反对传统所谓“知之非艰，行之惟艰”及王阳明“知行合一”之说，将“知”理解为“科学知识”，强调“舍科学而外之所谓知识者，多非真知也”(《孙文学说》)。孙中山以“知难行易”的认识论为革命党人“心理建设”的基础，以克服那些既不求知，又不力行，视“建国方略”为理想空谈的种种弊端。其三是提出“民生史观”，以其三民主义中的“民生主义”和进化论思想解释社会和历史发展，认为“民生是社会进化的重心，社会进化又是历史的重心，归结到历史的重心是民生”；“人类生存的问题”才是“社会进化的定律”，因此民生是“社会一切活动中的原动力”(《民生主义》)。

以上三点，是孙中山哲学思想的精髓，其中亦包含了孙中山通过自己的理论思考与其所领导的民主革命实践相结合的思想主张。这些思想理论和主张，对中国的民主革命和中国近代哲学的建设，既具有深厚的理论价值，又具有现实的指导意义。如他对民生的重视、对“天下为公”的政治文明的向往、对社会达尔文主义的批判、对社会大众的人道主义关怀，以及对民族复兴的期盼和预想，等等，无不为我们留下了宝贵的思想、精神、文化和哲学的丰厚遗产。

总之，从鸦片战争到辛亥革命的半个多世纪里，中国社会的思想文化经历了“二千年来未有之大变局”。中国社会的巨变和世界局势的发展，以及西方文化对中国的强烈冲击，造成了中国一个极其特殊的时代。梁启超在《中国史叙述》中说：“自乾隆末年以至于今日，是为世界之中国，即中国民族合同全亚洲民族与西人交涉竞争之时代也。又是君主专制政体渐就湮灭，而数千年未经发达之国民立宪政体，将嬗代兴起之时代也。”面对这样一个时代，中国一些先进思想家主张向西方学习。他们在思想文化领域和哲学方面，除了大量引进西方进化论和天赋人权等主要内容外，甚至在哲学的形式上也企图改换中国哲学的话语系统，建构与西方话语相通的哲学体系或新的理论思维模式。

康有为的“元”概念、谭嗣同的“以太”说、孙中山的“生元说”，等等，都是中国传统哲学中所未曾有过的新概念。这些概念及其所反映的哲学观点，尽管都是抄自西方，但对于中国传统哲学来说，仍不失为一种启迪和尝试。特别是在哲学思维方面，他们不同程度地觉察出传统哲学的“天人合一”思想在理论思维上的局限。谭嗣同主张区分“我”与“非我”，强调“心力”。在他的“仁以通为第一义”的著名论断中所提出的“四通”理念，就包含着主客二分的思想。梁启超十分赞赏笛卡尔和康德的主客关系说和主体性哲学，并作了大量的推广和介绍。章太炎的“俱分进化”思想及孙中山的精神物质二元论，都明确地表达出西方主客二分的理论思维特点。所有这些都充分体现了在西方思想影响下，19 世纪中至 20 世纪初，中国传统学术形态向近代学术形态的转变过程。所以在一定意义上说，一部中国近代哲学史或学术史，就是先进思想家向西方寻求真理的历史。

从上述可知，中国哲学的近代化历程，可以上溯至明清之际。但由于强大的清王朝的崛起及其在全国范围内封建专制统治的强化，使明清之际带有近代启蒙色彩的思想运动逐渐冷却。它所蕴藏的反封建的启蒙思想，在鸦片战争和西方列强入侵的刺激下，随着维新变法人士“自强保种”的呼声而得到再生。然而，这种包括中国哲学在内的中国学术思想向近代形态的转变，同中国整个近代史一样，是一个充满艰辛和痛苦的过程。特别是由于中国资产阶级的不成熟，及其自身的妥协性、软弱性，使中国近代哲学呈现出许多矛盾、混乱，缺乏系统性和完整性，更说不上深刻性和思辨性，从而导致中国近代没有形成一个完整系统的资产阶级哲学体系。也就是说，当中国资产阶级还没有来得及完成中国哲学近代化任务的时候，中国社会便在重大的历史跌宕中，又急骤地跳跃到现代。

第一编

先秦哲学

第一章
中国哲学的起源

中国哲学起源于殷周之际，并在西周和春秋时期有了初步发展。在这一时期，先民提出了若干反映宇宙本质、根源和规律的抽象观念，对于天地万物的生成、万物之间的关系、人和人性的来源、政治权力的来源等问题有了理性的思考。这些观念和思想主要保存在《尚书》《诗经》《易经》《左传》《国语》等文献中，以下将以这些文献为依据讲述中国哲学中若干重要观念及思想的产生和早期发展。

一、天命与天道

“帝”是殷商文化中的至上神，主宰着自然和人类社会中的一切。殷人认为他们的祖先由上帝所生，“帝立子生商”（《诗经·商颂·长发》），先王统一天下出自上帝之命，“古帝命武汤，正域彼四方”（《诗经·商颂·玄鸟》）。而在一些代表周人思想的文献中，“天”和“帝”可以混用，具有与“帝”相同的至上神的意义。天的命令就是“天命”，周人用“天命”来确立周革殷命的正当性。《尚书·泰誓》云：“商罪贯盈，天命诛之。”《尚书·牧誓》讲：“今予发惟恭行天之罚。”《尚书·召诰》说：“皇天上帝，改厥元子，兹大国殷之命。”《诗经·大雅·文王》讲：“有命自天，命此文王，于周于京。”因为商纣王罪恶很多，“天”改变了天下的元首，结束了大国殷的福命。周王伐纣是恭行“天”的命令，执行“天”对殷的惩罚。

天会随时监视人间，选择合格的人代行天命，“天监在下，有命既集”（《诗经·大雅》），所以，赋予一人及其后代的天命可以转移给其他的人，这就是“天命靡常”(《诗经·大雅·文王》)、“天不可信”(《尚书·君奭》)的道理。统治者必须具有德性才能够维持天命,否则就会失去天的信任和保护,也就失去了政权,这就是“皇天无亲,惟德是辅”(《左传》僖公五年引《尚书·蔡仲之命》),所以,统治者需要培养自己的德性,“无念尔祖,聿修厥德。永言配命,自求多福”(《诗经·大雅·文王》)。统治者是否有“德”的判断标准在于能否顺从民意、取得民心,因为民心、民意可以代表天的意志,这就是“民之所欲,天必从之”(《尚书·泰誓》),“天视自我民视,天听自我民听”(《孟子·万章上》引《泰誓》)。可见,周人在重视天命的同时,也重视统治者自身的德性以及民众在取得政权以及维持政权长久稳定中的作用,在“天命”与统治者的“德性”之间,民众的意愿与天的意志之间建立了联系。这可以说是德性观念和民本思想的源头。

在西周末年,社会矛盾尖锐,天的权威受到质疑,如《诗经·大雅·召旻》:“旻天疾威,天笃降丧。瘨我饥馑,民卒流亡。我居圉卒荒。”“天”的至上神的色彩逐渐褪去,物质义和自然义凸显出来。天或天地生万物的看法有着久远的源头,也有着广泛而深远的影响。《尚书·仲虺之诰》有“惟天生民有欲”,《尚书·泰誓》讲“惟天地万物父母”,《诗经·大雅·烝民》有“天生烝民,有物有则”。天或天地是万物的来源,是人的生命的赋予者。但是,这一时期生成万物和人的“天”还是至上神。春秋战国时期的思想界仍然继承了这一观点,但生万物的“天”变为与“地”相连或相对的“物质之天”,也就是笼盖于大地万物之上的苍苍之“天”。天或天地产生万物,万物的生成和变化实际上都是天或天地的变化而已,天或天地可包含万物,而“地”也经常被“天”所包含,所以,“天”可包含“地”以及万物,这就是“自然之天”。而天地万物在变化、运行过程中会体现出各种规律、法则,这就是“天道”。

在西周初期文献中“天道”还没有出现,“天地”出现的情况也很少,“天道”“天地”在春秋战国时期的古籍中则普遍流行,这与“天”这一概念的主宰义在思想界逐渐退去的趋势相关。“天道”的观念产生于星占实践中,人们根据天象观测的结果,而获得关于天象先后变化的轨道和规律的认识,后发展为一种普遍的法则观念,甚至不只是指自然变化的法则,还包含道德法则和秩序的意义。《左传》庄公四年中邓曼叹曰:“盈而荡,天之道也。”《左传》

哀公十一年中伍子胥将死，说："盈必毁，天之道也。"《左传》襄公二十二年晏平仲退告陈文子曰："君人执信，臣人执共，忠信笃敬，上下同之，天之道也。"

春秋时人（尤其是"瞽史"）认为天道与人事的吉凶祸福有联系，如郑国的裨灶论陈国将亡的时候说"楚克有之，天之道也"（《左传》昭公九年），苌弘答景王问说"岁及大梁，蔡复楚凶，天之道也"（《左传》昭公十一年）。也有一些人持反对态度。如《国语·周语下》记载，鲁侯问单襄公"今君曰将有乱，敢问天道乎？抑人故乎？"单襄公回答："吾非瞽史，焉知天道？"单襄公对瞽史"以天道占人事"并不认同，他关于"晋将有乱"的判断是以人事推测人事。《左传》昭公十八年记载子产说："天道远，人道迩，非所及也，何以知之？"体现出对人事的重视，这也是春秋时期人本主义思潮的起源。

"天道"观念的兴起并没有完全取代"天命"，"天道"的意涵偏向于法则、规范，"天命"则以"命运"之义与个人更密切地联系在一起。在中国哲学整个发展过程中，"天""天命""天道"都具有思想和行为依据的功能。

二、五行观念与和同之辨

"五行"也是中国哲学中源远流长的重要观念，其提出可以追溯到《尚书·洪范》。《尚书·洪范》记载，周武王战胜商纣王后向商的贤臣箕子咨询治理天下的道理。箕子向武王陈述了九条根本大法，即"洪范九畴"，其中的第一条就是"五行"：

> 五行：一曰水，二曰火，三曰木，四曰金，五曰土。水曰润下，火曰炎上，木曰曲直，金曰从革，土曰稼穑。润下作咸，炎上作苦，曲直作酸，从革作辛，稼穑作甘。

这里明确了五行的内涵，即水、火、木、金、土，阐明了水、火、木、金、土五行各自的功能，即"润下""炎上""曲直""从革""稼穑"，以及五行的性质，即咸、苦、酸、辛、甘。水、火、木、金、土是与先民的生产和生活密不可分的五种元素或物质，"五行"的观念应该是从这五种具体的元素或物质抽象而来的，体现出先民对自然物的基本分类，也体现出他们关于不同事物之间的联系的看法,如五行之性及与五味的联系。

《国语·郑语》中,西周末年的史伯在与郑桓公的一次对话中提出“和实生物,同则不继”的观点:“夫和实生物,同则不继。以他平他谓之和,故能丰长而物归之。若以同裨同,尽乃弃矣。”“以他平他”是不同性质的事物的相加,“以同裨同”是相同事物的相加,前者为“和”,后者为“同”。不同性质的事物的相互配合,相反相成,才能够发展,这就是“和实生物”;不包含差别、对立的相同事物的相加就意味着消亡,这就是“同则不继”。这里体现出了单一物质不能生成各种不同事物的观点。史伯接着讲道:“故先王以土与金、木、水、火杂,以成百物。”土与金、木、水、火按照不同比例相混合,能够生成各种不同的事物。在这里,“五行”被看作构成不同事物的基本材料,五行之间性质不同,混合在一起是“和”而非“同”的关系,有差别对立,但又可相互配合,因而能够生成新事物。虽然从“土与金、木、水、火杂,以成百物”中可以衍生出宇宙间的万事万物在本质上均由土、金、木、水、火五种元素构成的思想,但从“以土与金、木、水、火杂”的主体“先王”来看,这里还只是在讨论生产和生活用品的制造问题,并非宇宙万物的生成问题。

“和同之辨”又见于《左传》昭公二十年所记载的齐侯和晏婴的对话中。晏子用饮食、音乐之道来说明“和”“同”之异。烹调鲜美的鱼肉羹汤,需要醋、酱、盐、梅等作料,再加上水,并以适当的火候烹煮,使各种要素达到和谐。美妙的音乐由气发动,有阳刚阴柔的区别,有风、雅、颂的不同,要用四方之物制成乐器,要审定五音、六律、七音,要歌八方之风、九功之德,还要用清浊、大小、短长、快慢、刚柔、高下、出入、周密、稀疏相调剂。而单一的水和单一的乐声,均不能够形成鲜美的食物和美妙的音乐,这就是“和”与“同”的差异。“先王之济五味,和五声也”,美食和美妙音乐需要各种不同要素和谐地组合在一起,“五味”和“五声”是其中的主要元素,应该与“五行”观念有所关联。在其后的发展中,五方、五味、五声、五脏、五谷等均被纳入五行系统中,并且因为五行之间的相生和相胜关系而形成相互联系、相互制约、相互转化的关系网,成为中国哲学中的基本宇宙图式,并发展为中国哲学认识自然、社会、政治、历史和人的本身的思维模式。

三、气与阴阳观念的产生

“气”的本义为云气,《说文·气部》讲:“气,云气也。”中国哲学中的“气”观念是从具体可感的云气及蒸汽、雾气等气态存在物抽象而来的。《国语·周语上》记载,虢文公谏周宣王说“土气震发”“阳气俱蒸”“阴阳分布”,论及阴阳之气与农事的关系。该篇又记载西周末年的周太史伯阳父将气分为阴气和阳气并用阴阳二气失序来解释地震,“夫天地之气,不失其序,若过其序,民乱之业。阳伏而不能出,阴迫而不能蒸,于是有地震”。在正常的情况下,天气(阳)和地气(阴)有一定的秩序,不能紊乱,而当天气(阳)潜伏于下不能舒展,地气(阴)因为压迫天气(阳)而不能升腾,就会发生地震。而且,他认为如果天地之气秩序紊乱,就会导致自然灾害的发生,民众就会作乱,所以他又从地震的现象来预言“周将亡矣”,将自然现象与社会人事的治乱联系起来。

《左传·昭公元年》中医和提出了“天有六气”的说法,“六气”指阴、阳、风、雨、晦、明。六气的运行派生出五种口味,表现为五种颜色,应验为五种声音,“降生五味,发为五色,征为五声”,并分化为四时,顺序而有五声的节奏,“分为四时,序为五节”。医和用六气的过度来解释疾病的产生,即“淫生六疾”,具体来讲就是“阴淫寒疾,阳淫热疾,风淫末疾,雨淫腹疾,晦淫惑疾,明淫心疾”。《左传·昭公二十五年》子大叔引子产云:“则天之明,因地之性,生其六气,用其五行。气为五味,发为五色,章为五声,淫则昏乱,民失其性。”此处也提出“六气”生出五味,表现为五色,显示为五声,并提出六气所生出的五味、五色、五声过度就会昏乱,致使百姓失去本性。因而需要以礼来奉养,使人对五味、五色、五声的需要能够得到满足又不会过度。文中又提出“民有好、恶、喜、怒、哀、乐,生于六气”,民众的好、恶、喜、怒、哀、乐之情也是产生于六气。这六种情感要有所节制,做到“哀乐不失”,“协于天地之性”。从中可见,“气”运行于天地之间,也是人的情、性的来源。

虢文公讲到了“阴阳”,伯阳父讲“天地之气”,并将其分为“阴”和“阳”,“天有六气”中也包含了“阴”和“阳”,这些文献中的“阴”和“阳”都是指阴气和阳气。“阴阳”也是中国古代哲学中极具代表性的观念，本义是日光的向背，向日为“阳”，而背日为“阴”，后被用来表示地理之方位，山之南、水之北为“阳”，水之南、山之北为“阴”，后又引申为指气候的寒暖，温暖者为“阳”，寒冷者为“阴”。这些意义的阴阳仍然指向具体的事物或现象，但也体现出了将各种事物或现象划分为相反的两类的思维方式。“阴阳”与“气”相结合，阴气和阳气被用来解释自然、生命、精神和社会，“阴阳”也具有了普遍的哲学意义。但“阴阳”却不仅仅指“阴气”和“阳气”，而是抽象概括了相对相反的两种因素。

《左传·僖公十六年》记载，宋国出现了五石陨、六鹢退飞这两个异常的天文现象。内史叔兴认为“是阴阳之事，非吉凶所生也”，用“阴阳”来解释这一自然现象，认为它们是“阴阳”自身的变化，非人事所生，并不预示吉凶，并进一步得出了“吉凶由人”的结论。这是从自然界本身寻找异常的自然现象发生的原因，否定了自然现象与社会、人事、吉凶之间的联系。而且，叔兴在解释五石陨落和六鹢退飞这种异常现象时，没有使用“天气”“地气”或“阴气”“阳气”，他所说的“阴阳之事”可以理解为阴阳二气相互作用的结果，也可理解为普遍的相反相成两种要素的作用。“阴阳”观念包含了事物之间以及事物的不同部分之间的对立、联系和统一关系。《左传·昭公三十二年》中晋国史官史墨讲：“物生有两，有三，有五，有陪贰。故天有三辰，地有五行，体有左右，各有妃耦。王有公，诸侯有卿，皆有贰也。”这是说，万物生来，有的是两个相伴，有的是三个在一起，有的是五个在一起，都有其配偶。具体说，天有日、月、星“三辰”，地有金、木、水、火、土“五行”，身体有左右，王和公，诸侯和卿，都是对偶关系。这里体现出各个物均非孤立存在的思想，会以不同的方式相联系，而两两相对是其中的一种。在前文所讲的齐侯和晏婴的对话中，晏婴有讲：“清浊、小大、短长、疾徐、哀乐、刚柔、迟速、高下、出入、周疏，以相济也。”（《左传·昭公二十年》），这里突出了相反相对的事物和现象之间相互扶助、相互依存的关系。

二分对立思维集中体现于《易经》中。“--”和“—”是《易经》的两个基本符号，后世被称为阴爻和阳爻。阴（--）和阳（—）是对宇宙间具有对立关系的两种不同事物和属性的抽象，如男和女、刚和柔、上和下、

尊和卑、寒与暑等。阴(⚋)和阳(⚊)每三个一组便形成了八卦(☰|☱|☲|☳|☴|☵|☶|☷),代表八种不同的事物,即天、泽、火、雷、风、水、山、地。八卦每两个一组重叠组合,就形成了六十四卦。无论是构成《易经》基本要素的阴(⚋)和阳(⚊)两种符号,还是由其组合而成的八卦以及进一步形成的六十四卦,都是对宇宙间事物和现象的概括,反映了事物和现象之间既有差异和对立,又可以相互转化的关系。

早期哲人用"气"的观念来解释自然现象、生命现象、精神现象,甚至社会现象,后发展为将整个宇宙演化解释为气化过程,对中国哲学的发展有着极为深远的影响。"阴阳"作为中国哲学的一个基本观念贯通了中国哲学史,其中所体现出的二分对立也成为中国哲学重要的思维方式,但中国哲学也强调相反相对的事物和现象之间的联系、依存及转化。

思考题:

1. 简述西周时期的"天命"观。
2. 对"和实生物,同则不继"的观点进行解释说明。
3. 简述阴阳与五行观念的产生。

第二章
孔子的哲学

孔子(前551—前479),名丘,字仲尼,春秋时期鲁国陬邑(今山东曲阜)人。孔子的祖先是宋国贵族,殷商王室的后裔,后来逃到鲁国。他的父亲叔梁纥做过鲁国的陬邑宰。孔子幼年丧父,家境贫困。早年曾当过管理仓库和畜牧的小吏。中年在鲁国做过三个月的司寇。从鲁国去官之后,孔子曾率领弟子周游列国推行自己的政治主张,但均未获得成功。晚年回到鲁国,孔子把精力主要放在整理古代文化和培养学生方面,为中国文化的传承和发展做出了不可磨灭的贡献。他的言行主要保存在由其弟子及再传弟子记录整理的《论语》一书中,这也是研究孔子思想的基本材料。

一、"仁者爱人"的仁学思想

在孔子思想中,仁学思想无疑有着重要的地位。孔子对于仁并没有一个明确的定义,针对不同人的提问,其给出的答案也是不一样的。这就给我们理解孔子的仁学思想带来了一定的困难。

在关于仁的诸多问答中,孔子与颜渊之间的对话有着典型的代表性。《论语·颜渊》记载说:

> 颜渊问仁。子曰:"克己复礼为仁。一日克己复礼,天下归仁焉。为仁由己,而由人乎哉?"颜渊曰:"请问其目。"子曰:"非礼勿视,非礼勿听,非礼勿言,非礼勿动。"颜渊曰:"回虽不敏,请事斯语矣。"

颜渊向孔子问仁,孔子的回答是约束自己的行为以使其符合礼的要求就可以称作仁。如果能够做到这一点，则天下的人都会认为其做到了仁。在孔子看来，仁是主动的、内在的，并非被动的、外在的。也就是说，仁的实现的主动权完全在于自己，“为仁由己”。具体来说，“克己复礼”表现在视、听、言、动等各个方面都要符合礼的要求。只有这样才能成为仁。

表面看来，仁似乎是通过礼的规范来约束自己，实际上则是仁的实现完全植根于内心。在孔子与宰我的对话中，这一点表现得特别明显：

> 宰我问：“三年之丧，期已久矣……旧谷既没，新谷既升，钻燧改火，期可已矣。”子曰：“食夫稻，衣夫锦，于女安乎？”曰：“安。”“女安则为之！……”宰我出。子曰：“予之不仁也！……”（《阳货》）

孔子的学生宰我认为三年之丧时间有点长，会妨碍礼乐的实行。在他看来，父母之丧守丧一年就可以了。孔子问他，这样做，你安不安心？宰我说，安心。孔子说，如果你心安就那样做吧！但最后却认为宰我是一个不仁的人。由此可以看出，仁是一种植根于内心的情感。如果一个人对于其父母都没有真情感，那么他就没有资格成为一个具有仁德的人。

这种植根于内心的仁表现出来就是爱。《论语·颜渊》说：

> 樊迟问仁。子曰：“爱人。”

可见爱人是仁的一个重要方面。这种爱首先表现在与父母兄弟的关系上。这也就涉及了仁与孝悌的关系。孔子的学生有若说：“君子务本，本立而道生。孝弟也者，其为仁之本与？”（《学而》）善事父母为孝，善事兄长为悌。这就是说，孝悌是实现仁的内在根本。这虽然是孔子学生说的，但也代表了孔子本人的思想。孔子说的“弟子入则孝，出则弟，谨而信，泛爱众，而亲仁”（《学而》）就是最好的说明。

从爱的角度来看，仁的实现是一个由内及外、由近及远的过程。这也是儒家“仁爱”与墨家“兼爱”最大的不同之处。这其实就是仁的积极方面。孔子说：“夫仁者，己欲立而立人，己欲达而达人。能近取譬，可谓仁之方也已。”（《雍也》）所谓仁，就是把自己想要达到的、想要实现的逐渐推广到他人乃至全人类。这也就是孔子所说的“忠”。

除了积极方面外，仁还有消极的一面，即“恕”的方面。孔子的学生仲弓问仁。孔子回答说：“出门如见大宾，使民如承大祭。己所不欲，勿施于人。”（《颜渊》）我不愿意做的事情，也不要施加给他人。这就是“恕”。这其实与对颜渊说的“非礼勿视”等是一样的，即都从限制、否定的方面来说明仁。不论积极方面还是消极方面，它们都是仁的内涵的重要组成部分，二者也构成了孔子的“一贯之道”。因此，曾子说：“夫子之道，忠恕而已矣。”（《里仁》）

在孔子看来，仁是统率其他各种道德的全德。孔子的学生子张问仁，孔子回答说：“能行五者于天下，为仁矣。”（《阳货》）所谓“五者”，是指恭、宽、信、敏、惠。恭敬则不会受到侮辱；宽厚则能得到老百姓的拥护；守信则能博得他人的信任；思维敏捷，行事果断，则更易取得成绩；能够惠及他人则能更好地让人给你做事。这五种德性虽然不同，但无不是仁德的体现。正因为仁是众德的统帅，因此，其在孔子心目中有着无可比拟的地位。为了实现仁，即使付出生命也在所不惜。孔子说：“志士仁人，无求生以害仁，有杀身以成仁。”（《卫灵公》）在这种意义上，仁也可称作“道”，“朝闻道，夕死可矣。”（《里仁》）

二、“约之以礼”的礼学思想

孔子的礼学思想是与其仁学思想联系在一起的。这一点从孔子对于颜渊“克己复礼为仁”的回答中就可以看出。

孔子生活的时代，是一个礼乐崩坏的时代。当时礼仪制度的内涵已经荡然无存，仅仅保存了一些形式上的规定。孔子说：“礼云礼云，玉帛云乎哉？乐云乐云，钟鼓云乎哉？”（《阳货》）礼乐的本质并不在于玉帛、钟鼓这些外在的形式。在孔子看来，仁才是礼乐的真正本质。他说：“人而不仁如礼何？人而不仁如乐何？”（《八佾》）这似乎与“克己复礼”的思想相矛盾。其实，在孔子那里，仁是礼的内在根据，礼是仁的外在表现。一个真正具有仁德的人，其必定是一个彬彬有礼的人；但一个彬彬有礼的人，却未必是一个具有仁德的人。孔子说：“君子而不仁者有矣夫，未有小人而仁者也。”（《宪问》)也就是说,只有"为仁由己",才能"克己复礼"。

仁虽然是礼的内在根据,但礼对于仁的实现也有着重要的促进作用。孔子说:

> 知及之,仁不能守之;虽得之,必失之。知及之,仁能守之。不庄以涖之,则民不敬。知及之,仁能守之,庄以涖之。动之不以礼,未善也。(《卫灵公》)

凭借智慧只是可以得到道理,但如果不用仁德守之,则必然失去;通过智慧得到道理,又能够以仁德守之,但如果不庄重地对待,那么也不会得到老百姓的尊敬;如果这三个方面都做到,但行为不符合礼的话,那么也是不完善的。可以看出,在有仁德的情况下,还必须有礼的约束,这样才能尽善尽美。

在孔子看来,不仅仁德需要礼的约束,而且其他各种具体的道德也要受到礼的约束。他说:"恭而无礼则劳,慎而无礼则葸,勇而无礼则乱,直而无礼则绞。"(《泰伯》)恭敬无礼则会徒劳,谨慎无礼则会畏惧,勇敢无礼则会作乱,直率无礼则会尖刻。如果没有礼的规范,则一切道德都会失去意义。因此,孔子提出"立于礼"的思想。他说:"兴于诗,立于礼,成于乐。"(《雍也》)又说:"不知礼,无以立也。"(《尧曰》)

孔子认为,非但各种道德要受到礼的规范,而且其他一切行为也都要受到礼的约束。他说:"君子博学于文,约之以礼,亦可以弗畔矣夫!"(《颜渊》)颜渊也说:"夫子循循然善诱人,博我以文,约我以礼。"(《子罕》)可见,"约礼"是孔子思想的基本主张之一。

孔子所说的礼并非泛泛而谈,而有其特定的含义,即周礼。他说:"周监于二代,郁郁乎文哉,吾从周。"(《八佾》)所谓周礼,就是西周所制定的以血缘关系为基础的等级制度和宗法制度。这套制度,孔子是非常推崇的,其一生的理想就是复兴周礼。他说:"如有用我者,吾其为东周乎!"(《阳货》)对于周礼,孔子并非一味照搬。如其说:"麻冕,礼也;今也纯,俭。吾从众。拜下,礼也;今拜乎上,泰也。虽违众,吾从下。"(《子罕》)按照周礼的规定,礼帽要用麻布制作。但当时人们为了节俭,改用丝绸。对此,孔子表示赞同。

根据周礼，君臣相见应该在台阶下拜见。但当时人们已经不按照周礼的要求而只是在台阶上拜见，孔子认为这种行为太过分了，因此他仍然按照周礼的规定在台阶下拜见。可以看出，孔子对于周礼的态度是因时而变的，因为周礼本身就是在夏、商两代之礼的基础上损益而成的。他说："殷因于夏礼，所损益，可知也；周因于殷礼，所损益，可知也；其或继周者，虽百世可知也。"(《为政》)

三、"为政以德"的政治思想

为了恢复周礼，孔子在政治思想上提出了"正名"思想。孔子认为，周礼之所以遭到破坏就在于当时人们不再按照周礼的要求行事。因此，如果要恢复周礼，首先就要恢复周礼对于各种等级名分的规定。孔子的学生子路问孔子说，如果卫君用你执政，你应该从哪里开始？孔子回答说，应该从"正名"开始。在孔子看来，名正才能言顺，然后才能办好事情，然后礼乐、刑罚才能各得其所，这样老百姓就不会手足无措了。他说："名不正，则言不顺；言不顺，则事不成；事不成，则礼乐不兴；礼乐不兴，则刑罚不中；刑罚不中，则民无所措手足。"(《子路》)

对于"正名"的具体内容，《颜渊》篇记载说：

> 齐景公问政于孔子。孔子对曰："君君，臣臣，父父，子子。"公曰："善哉！信如君不君，臣不臣，父不父，子不子，虽有粟，吾得而食诸？"

齐景公问孔子如何治理国家。孔子回答说，君主要符合君主之礼的要求，大臣要符合大臣之礼的要求，父子也是如此。只有这样才能治理好国家。如果君臣父子都不按照他们所相应的礼的要求行事，那么就会天下大乱。因此，如果实与名符，则是"天下有道"；如果实不符名，则是"天下无道"。孔子说："天下有道，则礼乐征伐自天子出；天下无道，则礼乐征伐自诸侯出。……天下有道，则政不在大夫。天下有道，则庶人不议。"(《季氏》)如果"天下有道"，那么国家的权力就会掌握在天子手中；如果"天下无道"，那么国家的权力会被臣下所篡夺，这样的国家就比较危险了。

除了“正名”外，孔子在政治上恢复周礼还表现在对于道德教化的重视。他说：“道之以政，齐之以刑，民免而无耻；道之以德，齐之以礼，有耻且格。”（《为政》）政、刑和德、礼是两种不同治理国家的方式，但所带来的效果却是截然不同的。如果统治者用政令和刑罚治理国家，则只能让老百姓免于惩罚但内心却不感到羞愧；如果统治者用道德和礼乐来治理国家，则能让老百姓不但内心羞愧而且心服口服。两相比较，孔子在政治上更注重后者。他说：

> 为政以德，譬如北辰，居其所而众星共之。（《为政》）

治理国家要以道德教化为主，就如同北极星一样，处于其位置不动而众星绕之。这主要是强调统治者的道德修养。季康子向孔子问政，孔子回答说：“政者，正也。子帅以正，孰敢不正？”（《颜渊》）如果统治者有着正直的品德，那么国家就不难治理了。在这种情况下，统治者甚至可以“无为而治”。孔子说：“无为而治者，其舜也与？夫何为哉？恭己正南面而已矣。”（《卫灵公》）这里说的“无为而治”并非道家式的什么也不做，而是在道德教化的统率下治理国家就轻而易举的意思。孔子对季康子说：“子为政，焉用杀？子欲善，而民善矣。君子之德风，小人之德草。草上之风，必偃。”（《颜渊》）如果统治者能有君子那样的品德，那么老百姓就会像风下之草一样顺从无违，这样的治理显然就不需要刑罚了。

四、“道之在命”的天命思想

在孔子思想中，除了“仁”外，“命”也是比较重要的思想。《论语》说：“子罕言利，与命与仁。”（《子罕》）孔子很少谈到利，但对于仁和命则多有赞同。孔子的学生子贡则说：“夫子之言性与天道，不可得而闻也。”（《公冶长》）孔子虽然赞同仁和命，但并不总是谈到它们。

在《论语》中，孔子对于命的论述并不多，但也可以看出其对于命的基本态度。在孔子看来，命是人力所无法控制的外在的某种限定性。《宪问》

篇记载说：

> 公伯寮诉子路于季孙。子服景伯以告，曰："夫子固有惑志于公伯寮，吾力犹能肆诸市朝。"子曰：道之将行也与？命也。道之将废也与？命也。公伯寮其如命何！

鲁国的公伯寮在季孙氏面前诬告子路。子服景伯把这件事告诉了孔子，并向孔子保证说，季孙氏被公伯寮的谗言所迷惑，我可以杀掉公伯寮。孔子并没有把这件事放在心上。在孔子看来，道之行或不行，都不是人力所能决定的。公伯寮对于命运并没有什么影响。

在孔子那里，命有时又被等同于天。他说："获罪于天，无所祷也。"（《八佾》）又说："天生德于予，桓魋其如予何！"（《述而》）如果得罪了天，那么再多的祷告也是无用的。桓魋是宋国的司马，当时欲加害孔子。孔子说，既然天已经赋予了我这样的品德，桓魋又能对我怎么样呢？这显然与对公伯寮的态度是一样的。因此，这里的天也就是命的意思。孔子在周游列国的时候，经过匡这个地方。匡人误把孔子当成阳虎拘禁起来。孔子感叹说：

> 文王既没，文不在兹乎？天之将丧斯文也，后死者不得与于斯文也；天之未丧斯文也，匡人其如予何？（《子罕》）

周文王既然已经不存在了，难道由文化所承载的道就不在我这里了吗？如果天要灭绝此道，则我就不能继承此道；既然我已经继承此道，就说明天没有灭绝此道，那么匡人又能把我怎么样呢？这里的天也是命的意思。正是在这个意义上，孔子的学生子夏说："商闻之矣，死生有命，富贵在天。"（《颜渊》）人的死生、富贵都是由命（天）所决定的，是人力所不能改变的。因此，颜回死的时候，孔子非常悲恸地说："天丧予！天丧予！"（《先进》）对于颜回的贫困和子贡的富裕，孔子说："回也其庶乎，屡空。赐不受命，而货殖焉，亿则屡中。"（《先进》）

孔子有时还把命和天放在一起，称作"天命"。他说：

君子有三畏：畏天命，畏大人，畏圣人之言；小人不知天命而不畏也，狎大人，侮圣人之言。（《季氏》）

君子对于三种事物比较畏惧，即天命、大人（即统治者）、圣人之言。而小人对于它们则无所畏惧。知道不知道天命是区分君子与小人的一个重要标准，“不知命，无以为君子也”（《尧曰》）。孔子在对于自己人生概括中也提到天命：“吾十有五而志于学，三十而立，四十而不惑，五十而知天命，六十而耳顺，七十而从心所欲不逾矩。”（《为政》）孔子虽然认为生死、富贵和道的行废等有外在条件的限定，但并不否定人力的作用。他说：“不怨天，不尤人。下学而上达。知我者，其天乎！”（《宪问》）

对于鬼神、生死，孔子也持一种将信将疑的态度。他并不否认鬼神的存在，但认为应该首先把人间的事情做好，而不应该把心思放在鬼神和死后的事情上。他的学生子路问关于鬼神的事情，他说：“未能事人，焉能事鬼?”又问死后的事情，他说：“未知生，焉知死?”（《先进》）在孔子看来，对于鬼神要敬而远之，这才是真正的智慧。他说：“敬鬼神而远之，可谓知矣。”（《雍也》）

孔子是儒家学派的创始人，也是中国历史上最伟大的思想家和教育家，其所提出的仁学、礼学、正名等思想对于中国的政治、社会、文化产生了持续而深远的影响。孔子以前的文化赖有孔子而得以传承，孔子以后的文化赖有孔子而得以广大，孔子实乃中国文化承前启后之人物。在某种程度上，孔子已经成为中国文化的代名词，其地位在中国文化史上实无第二人可与之相媲美。

思考题：

1. 试述孔子的仁学思想。
2. 试述孔子的正名思想。
3. 试述孔子的天命思想。

第三章 老子的哲学

老子是道家的创始人。据司马迁《史记·老子韩非列传》记载，老子“姓李氏，名耳，字聃”，是“楚苦县厉乡曲仁里人”，老子年长于孔子，孔子曾经到周朝国都向老子请教关于礼的知识。老子曾经担任过“周守藏室之史”，是掌管国家藏书的史官。老子的这一身份，使得他有机会博览古代的文化典籍，了解自然界的变化法则和人世成败、存亡、祸福的规律。老子久住周都，看到周朝已经衰落，于是选择离开，成为不知所终的隐士。老子离开周都经过函谷关的时候，在关令尹喜的要求下，写成了上下二篇，论述关于“道”和“德”的思想，共五千多字。虽然有《史记》的记载，但《老子》一书的作者和成书年代，学术界却一直争论不休。一种观点认为《老子》是春秋末年的老聃所著，一种观点主张《老子》不全是春秋末年老聃的著作，而是经过了战国前期乃至中期时人的增加和修改，还有观点认为老子是战国时人，《老子》也成书于战国时期。从战国时期关于老子的记载和《老子》思想的流传情况来看，春秋末年的老聃著《老子》的观点仍然是比较有说服力的。但是，古籍在流传过程中可能出现错漏、更改、增益等现象，《老子》各种版本的差异就体现出古籍流传中会出现的这些复杂现象。

一、道论

“道”是道家思想中的最高概念。“道”的原意是路。通过道路，人们可以从一个地方到达另一个目的地，从这一意义中引申出了途径、方法的意义。人走路要遵循道路，日月星辰也要遵循各自的轨道运行，因此，“道”具有了事物运动所遵循的规律、法则的意义。在老子及道家思想中,以上意义的"道"仍然被沿用,但作为道家思想最高概念的"道"却不同于以上各义的"道"。

老子提出"道"的概念首先要回答的是天地万物从哪里来的问题。在老子之前,人们一般认为天地生万物,而老子认为天地并不是最先的存在,它们同样是由"道"产生的。《老子》第二十五章讲:"有物混成,先天地生。寂兮寥兮,独立而不改,周行而不殆,可以为天下母。吾不知其名,强字之曰道,强为之名曰大。"老子认为"道"是一种没有分化的混成之物,先于天地而生,是天地万物之母。"道"无声无形,所以看不到,听不到,也摸不着。《老子》第十四章也讲:"视之不见名曰夷。听之不闻名曰希。抟之不得名曰微。"这种不能被人的感官感知的"道"也不能用名、言表达,所以老子说只是勉强地给它起个字叫作"道",起个名叫作"大"。《老子》第一章的"道可道,非常道。名可名,非常名"被人们熟知,这句话告诉我们,可以用言语表达的"道"就不是恒常的"道",可以说出来的"名"就不是恒常的"名"。也就是说,作为天地万物来源的恒常的"道"不能用言语表达,也不能用名来指称。

在老子思想中,"道"又和"无""有"两个概念有着复杂的关系。《老子》第四十章讲:"天下万物生于有,有生于无。"《老子》第一章讲:"无名天地之始,有名万物之母。"就是说,"无"产生"有","有"产生万物,所以"无"是天地的开端,"有"是万物之母。《老子》第五十二章又讲:"天下有始,以为天下母。"天下有一个开端,这一开端是天下之母,"始"和"母"又成了一个概念。《老子》第一章的"此两者同出而异名,同谓之玄"也似乎在讲"有"和"无"只是名称不同而已。可以说,分别来讲,"无"先于"有","无"为"始","有"为"母",但"无"和"有"实质上都是"道"。"道"虽然无形,不可见,但又不是纯粹的"无"。《老子》第二十一章讲:"道之为物,惟恍惟惚。惚兮恍兮,其中有象;恍兮惚兮,其中有物。窈兮冥兮,其中有精;其精甚真,其中有信。"恍恍惚惚、深远暗昧的"道"中蕴含着"象""物""精"。所以,老子的"道"应该包含"无"和"有",是"无"和"有"的统一。

"道"先天地而生,为天地之始,为万物之母,是天地万物的来源。《老子》第四章称"道"为"万物之宗",第六十二章称"道"为"万物之奥","宗"和

“奥”都有根本、本原的意思。那么,“道”如何产生天地万物呢?《老子》第四十二章讲:“道生一,一生二,二生三,三生万物。”我们可以看到,道生万物是一个由一至多、由简至繁的过程。“一”“二”“三”究竟是什么,老子并没有直接地说明。后来的学者对此有不同的解释,影响较大的说法是将“一”解释为阴阳未分之气,“二”则为分化之后的阴气和阳气,二者又产生阴阳的合气,就是“三”,这样,道生万物就被解释成了一种气化过程。

同时,“道”又可以用来回答天地万物为什么这样存在的问题。《老子》第三十九章讲:“昔之得一者:天得一以清;地得一以宁;神得一以灵;谷得一以盈;万物得一以生;侯王得一以为天下贞。”天得到“一”而清明;地得到“一”而稳定;神得到“一”而灵验;谷得到“一”而充盈;万物得到“一”而生长;侯王得到“一”而为天下长。天地万物都以“一”为存在的依据,得“一”才能具有各自的德性。此处的“得一”也就是“得道”。所以说,“道”又是天地万物存在的根据。

老子的“道”既是天地万物的来源,也是天地万物存在的根据。前者所解决的是宇宙生成的问题,后者所解决的是宇宙本体的问题。

二、无为与自然

“道”是天地万物的来源,那么,“道”在产生天地万物之后又如何养育万物,它对万物持怎样的态度呢?《老子》第五十一章讲:“道生之,德畜之,物形之,势成之。是以万物莫不尊道而贵德。道之尊,德之贵,夫莫之命而常自然。……生而不有,为而不恃,长而不宰,是谓玄德。”万物来源于“道”,从“道”那里获得了各自的“德”,因为“德”的畜养而能发展、成熟。所以万物都尊崇“道”而珍视“德”。“道”之所以受到尊崇,“德”之所以被珍视,就因为它对万物不加以干涉,而顺任万物的自然。“道”虽然生成万物,但并不将万物占为己有;虽然能辅助万物发展但并不倚仗万物的发展来达成自己的目的;虽然长养万物,但并不主宰万物。《老子》第二十五章讲:“人法地,地法天,天法道,道法自然。”人取法地,地取法天,天取法道,这些都容易理解,但“道法自然”却带来很多困惑。难道在“道”之上还有更高的存在是“自然”吗?

实际上,“自然”的意思是“自己如此”,也就是说,万物的发展是依靠自身,而不是依靠外力。因此,“道法自然”并不是在道之上有更高的“自然”存在供“道”来取法,而正是指“道”不对万物的发展妄加干涉,把顺任万物之“自然”作为自己的原则。“道”能够顺任万物的“自然”而不妄加干涉就是“道”的“无为”。《老子》第三十七章讲:“道常无为而无不为。”

在老子看来,君主应该把“道”作为自己取法的对象,所以治理国家的时候也应该顺任百姓的自然而不使用自己的权力去干涉,这就是“无为之治”。《老子》第五十七章讲:“我无为,而民自化:我好静,而民自正:我无事,而民自富:我无欲,而民自朴。”《老子》第三十二章讲:“道常无名朴。虽小,天下莫能臣。侯王若能守之,万物将自宾。天地相合,以降甘露,民莫之令而自均。”《老子》第三十七章讲:“道常无为而无不为。侯王若能守之,万物将自化。”这些文字的表达方式非常接近,都体现出了道与万物、君与民之间的关系。“好静”“无事”和“无欲”都是“无为”的具体体现,“自化”“自正”“自富”“自朴”“自均”都是“自然”的不同表达方式。其中,“自化”“自正”“自富”“自朴”偏重于万物或百姓的自我化育、自我发展、自我完善、自我富足和自我淳朴;“自均”则偏重于物与物、人与人之间关系的均衡和协调。老子相信,万物在不受“道”的干涉的情况下能够自我发展和完善,并且万物各自的发展也不会发生冲突,从而能够达到万物之间的和谐。而百姓在不受君主权力干涉的情况下可以达到个人发展的最完满的状态,并且人与人各自的发展也不会发生冲突从而能达到人和人之间的和谐,良好的社会秩序也就能够建立起来。这就是“无为”所达到的“无不为”的结果。老子的“无为而无不为”并不是什么阴谋权术。

《老子》第六十章讲“治大国若烹小鲜”,治理一个大的国家要像煎小鱼一样,不能频繁翻动,否则小鱼就会破碎。他反对对百姓生活的干涉、搅扰,君主对百姓自然发展过程的干涉就是“有为”,它对自然状态下会达到的物与物、人与人的和谐关系造成破坏。因为君主的有为会激起百姓的欲望,引起人心的混乱,带来人和人之间的争斗。《老子》第三章讲:“不尚贤,使民不争;不贵难得之货,使民不为盗;不见可欲,使民心不乱。”君主的“尚贤”“贵难得之货”“见可欲”都是“有为”的表现。此外,《老子》第五十七章云:“天下多忌讳，而民弥贫。”《老子》第七十五章讲：“民之饥，以其上食税之多，是以饥。”“忌讳”是指君主所颁布的各种禁令，是禁止百姓从事某项活动的命令，禁令繁多会造成百姓的贫穷。君主征收过多的税，也会使百姓忍饥挨饿。可见，颁布过多的禁令、征收过多的税都是“有为”的表现，是对“自富”状态的破坏。

《老子》第八十章提出了“小国寡民”的理想社会：“小国寡民，使有什伯之器而不用，使民重死而不远徙。虽有舟舆，无所乘之；虽有甲兵，无所陈之；使人复结绳而用之。甘其食，美其服，安其居，乐其俗。”此段文字中直接使用了三个“使”字，“甘其食，美其服，安其居，乐其俗”中的四个“其”指代“民”，“甘”“美”“安”“乐”为使动用法。可见，在这样理想的小型国家，仍需要一个掌握国家权力的统治者来使百姓能够拥有简朴、富足、快乐的生活。所以，最理想的政治并非没有君主，而是“无为”之君在位的政治。《老子》第十七章依照不同的君民关系划分出不同的治理模式：“太上，下知有之；其次，亲而誉之；其次，畏之；其次，侮之。信不足焉，有不信焉。悠兮其贵言。功成事遂，百姓皆谓：‘我自然’。”在他看来，最上等的君主的统治，百姓仅仅知道君主的存在，除此之外没有其他。百姓并不能够感受到君主统治的作用。因此，功成事遂，百姓认为这一切都是“自然”，是自己如此。比“无为”之君次一等的是让百姓赞誉和亲近的君主，应该是指儒家所宣扬的“仁义”之君。比“仁义”之君次一等的是让百姓畏惧的暴君。最差的是让百姓轻视侮辱的君主。

那么，老子思想中的无为的君主是不是完全无所作为呢？《老子》第六十四章讲：“辅万物之自然而弗敢为。”“弗敢为”代表的是圣人（君主）对万物和百姓的一种不干涉的态度，也就是“无为”，但对万物和百姓的自然发展，君主还是起到了辅助的作用。在这一意义上，“无为”并不是什么都不做，而是“为无为”，也就是做不干涉百姓自然发展的事情，或者是做可以辅助百姓自然发展的事情。

三、反者道之动

作为万物本原的“道”无形，不可见，但“道”的运动和作用的发挥却表现出某种规律，这就是“反者道之动”(《老子》第四十章)。“反”有“相反”和“返复”两义，就是说“道”的运动是向自己相反的方面转化，“道”的运动也是一个返复的过程。

“道”所生成的万物也遵循这样的规律。首先，老子认为相反的事物和观念是相互依存而存在的。《老子》第二章讲：“天下皆知美之为美，斯恶已。皆知善之为善，斯不善已。有无相生，难易相成，长短相形，高下相盈，音声相和，前后相随。”当天下人都知道什么是美的时候，已经有丑存在；当天下人都知道什么是善的时候，已经有恶存在。有和无、难和易、长和短、高和低、前和后，这些相反的双方实际上都是相互依存的，没有其中的一方也就没有另一方。人们一般会赞赏其中一方，而贬低另一方，比如在“有”和“无”中，人们一般重视“有”的作用，却忽略了“无”的作用。老子举例说，车子的辐和毂是“有”，但没有毂中空虚的部分车子就无法行驶；器皿的外壁是“有”，但没有中间空虚的部分，就不能盛装东西；房屋的四壁门窗是“有”，但如果没有中间空虚的部分，人就无法居住。“有”为人们提供便利，但发挥作用的是“无”，这就是“有之以为利，无之以为用”(《老子》第十一章)。其次，对立的双方发展到一定程度时会表现出对方的特性。《老子》第四十五章讲：“大成若缺，其用不弊。大盈若冲，其用不穷。大直若屈，大巧若拙，大辩若讷。”“成”和“缺”、“盈”和“冲”、“直”和“屈”、“巧”和“拙”、“辩”和“讷”是相反的，但是最完满的东西，好似残缺，最充盈的东西，好似空虚，最直的东西，好似弯曲，最灵巧的东西，好似笨拙，最卓越的辩才，好似不善言辞。最后，对立的双方会向相反的方向转化。老子说：“祸兮福之所倚，福兮祸之所伏。”(《老子》第五十八章)但是这种转化并不是一蹴而就的，而是一个渐进的过程。《老子》第六十三章讲：“图难于其易，为大于其细；天下难事，必作于易，天下大事，必作于细。”《老子》第六十四章讲：“其安易持，其未兆易谋。其脆易泮，其微易散。为之于未有，治之于未乱。合抱之木，生于毫末；九层之台，起于累土；千里之行，始于足下。”大的东西从细小的东西发展而来，困难的事情都是从容易开始的。“合抱之木”“九层之台”“千里之行”这些远大的事情，都是从“毫末”“累土”“足下”开始的。任何事物都有着生成、发展、壮大、转化的过程，人们应该了解这个过程，判断事物所处的发展阶段，以便采取适当的措施。对于在这个过程中事物有可能发生祸患的环节给予特别注意，在其没有出现迹象时做好准备，在其脆弱时予以解决。对于我们想要成就的事业，要从小事做起，从容易处入手，坚持不懈，不断积累。

“弱者道之用”是说“道”以柔弱的方式发挥其作用，前文所讲的“无为”就是一种柔弱的方式。具体事物也是如此，“柔弱”可以战胜“刚强”。《老子》第七十六章讲：“人之生也柔弱，其死也坚强。草木之生也柔脆，其死也枯槁。故坚强者死之徒，柔弱者生之徒。是以兵强则灭，木强则折。强大处下，柔弱处上。”《老子》第三十六章讲：“柔弱胜刚强。”对此，老子经常用水做比喻：“天下莫柔弱于水，而攻坚强者莫之能胜，以其无以易之。弱之胜强，柔之胜刚，天下莫不知，莫能行。”（《老子》第七十八章）“天下之至柔，驰骋天下之至坚。”（《老子》第四十三章）世间没有什么比水更柔弱的，但是攻击坚强的东西，没有什么能胜过水。水能以弱胜强，而且具有“不争”“处下”的品性，所以老子认为最高的善就像水一样：“上善若水，水利万物而不争，处众人之所恶，故几于道。”（《老子》第八章）水滋养万物的生命而从来不与万物争利，其他的事物都争着处上，它却甘居卑下。水的“不争”“处下”符合“道”的特性，所以老子称赞水接近于道。

老子的后继者对老子思想有不同的关注点，对其思想也有不同的阐发，于是出现了不同的流派。其中，比较有代表性的有杨朱学派、列子学派、庄子学派和黄老学派。杨朱的活动年代大概在战国早期，主要继承和发展了老子的摄生、养生思想，重视形体的保养，提出了“为我”“贵己”“重生”等著名的主张。列子名御寇，郑国人，生活于战国早期。据《吕氏春秋·不二》记载，列子“贵虚”，也就是以“虚”为贵。又据《战国策·韩策》讲，列子的言论有“贵正”的特征。庄子被看作老子之后道家发展的一个高峰，重视心灵（精神）的修养。“黄老”是“黄帝”和“老子”的合称，黄老道家以老子道家思想为根本，吸收了儒家、墨家、名家、法家、阴阳家之长。老子所创立的道家是中国传统文化体系中极其重要的组成部分，对中国古代的哲学、宗教、科学、文学、艺术甚至现实政治均有影响。

思考题：

1. 简析老子思想中道与万物的关系。
2. 简释“道法自然”的含义。
3. 解析“反者道之动”。

第四章
墨子与墨家

墨翟(约前468—前376)为墨家的创始人,又称墨子,鲁国人(一说宋国人),做过宋国大夫。墨子擅长制造守城器械,也通晓《诗》《书》等古代典籍。他曾经"学儒者之业,受孔子之术",但由于不满儒家礼乐的烦琐和浪费而"背周道而用夏政"(《淮南子·要略》),创立了墨家。墨家在先秦时期具有广泛的影响力,在战国时与儒家并立为"显学"(《韩非子·显学》)。墨家是一个具有严密组织和纪律的团体,在墨子去世后,墨家内部发生了分化。《韩非子·显学》讲:"墨离为三。"《墨子》一书是墨家的著作集,《汉书·艺文志》著录"《墨子》七十一篇",现存五十三篇。其中,《经上》《经下》《经说上》《经说下》《大取》《小取》六篇,是后期墨家讨论认识、逻辑和科学问题的作品,从《备城门》到《杂守》十一篇是墨家的军事著作,其余的三十六篇记载并论述了墨翟的主要思想及言行。

一、兼相爱,交相利

墨子有"尚贤""尚同""兼爱""非攻""节用""节葬""非乐""非命""天志""明鬼"十大主张,其中,"兼爱"为墨子思想的核心。墨子认为,要实现天下大治,就要了解天下大乱的原因,"不相爱"就是社会混乱的原因。他举例说:"子自爱不爱父,故亏父而自利。弟自爱不爱兄,故亏兄而自利。臣自爱不爱君,故亏君而自利。"(《兼爱上》)一方面,孩子爱自己而不爱自己的父亲,弟弟爱自己而不爱自己的兄长,臣下爱自己而不爱自己的君主,就会损害对方的利益来利己。另一方面,"父自爱也不爱子,故亏子而自利;兄自爱也不爱弟，故亏弟而自利；君自爱也不爱臣，故亏臣而自利”（《兼爱上》）。父亲爱自己而不爱自己的孩子，兄长爱自己而不爱自己的弟弟，君主爱自己而不爱自己的臣子，也会损害对方的利益来利己。他进一步推论，“虽至天下之为盗贼者亦然，盗爱其室不爱其异室，故窃异室以利其室；贼爱其身不爱人，故贼人以利其身”。“大夫各爱其家，不爱异家，故乱异家以利其家；诸侯各爱其国，不爱异国，故攻异国以利其国”。盗贼也是因为爱自己而不爱他人，爱自己的家而不爱别人的家，才会偷盗。大夫因为爱自己的家不爱别人的家而祸乱他家，诸侯因为爱自己的国不爱别人的国，而攻打他国。如果“兼以易别”，天下之人都能够“兼相爱人若爱其身”，种种社会乱象都会消失，就能实现天下大治的理想，“若使天下兼相爱，国与国不相攻，家与家不相乱，盗贼无有，君臣父子皆能孝慈，若此则天下治”，“故天下兼相爱则治，交相恶则乱”。

“兼爱”是一种没有分别和差异、人人平等的爱人原则。儒家的“爱人”强调由“亲亲”开始，也就是要由对亲人的爱开始培育爱人的情感。由于我与他人亲疏远近关系的不同，“爱”于是呈现出差等，墨家的“兼爱”则强调不分亲疏远近、尊卑上下，对他人的爱是平等的。后期墨家还提出“待周爱人，而后为爱人”（《墨经》），就是说，周遍地爱所有的人，才是真正的“爱人”。而且，《兼爱上》讲“爱人若爱其身”“为彼犹为己也”，这就是“爱人如爱己”。所以说，墨家的“兼爱”不只是无差别地爱他人，而且也要做到对自己的爱与对他人的爱没有差别。

墨子尚“利”，常将“爱人”和“利人”相连或相对使用，并有“爱利天下”“兼爱天下也从而利之”（《天志下》）的说法。《兼爱中》讲：“仁人之所以为事者，必兴天下之利，除去天下之害，以此为事者也。”何为天下之利？何为天下之害？墨子回答：“今若国之与国之相攻，家之与家之相篡，人之与人之相贼，君臣不惠忠，父子不慈孝，兄弟不和调，则此天下之害也。”这就是前文所说的“乱”，而“治”就是“天下之利”。“兴天下之利”“除天下之害”就要遵循“兼相爱，交相利”的法则。《兼爱中》讲：“夫爱人者，人必从而爱之；利人者，人必从而利之；恶人者，人必从而恶之；害人者，人必从而害之。”《兼爱下》讲：“必先从事于爱利人之亲，然后人报我以爱利吾亲也。”如果人人都只爱己，追求自利，那么，人与人之间就会彼此交恶；如果做到“兼爱”，做到“爱人如己”，为他人的利益而努力就像是为自己的利益而努力，爱人，利他，就会达到人人相爱，彼此互利的结果。

二、天志、明鬼与非命

墨子认为“天”是有意志的，即“天志”。“天志”是衡量王公大人和万民言行的标准。《天志上》讲：“我有天志，譬若轮人之有规，匠人之有矩。轮、匠执其规、矩，以度天下之方圆，曰：‘中者是也，不中者非也。’”因此，王公大人和万民都应“以天为法，动作有为必度于天。天之所欲则为之，天所不欲则止”（《法仪》）。那么，“天之所欲”和“天所不欲”是什么呢？《法仪》讲：“天必欲人之相爱相利，而不欲人之相恶相贼也。”《天志中》讲：“天之意不欲大国之攻小国也，大家之乱小家也，强之暴寡，诈之谋愚，贵之傲贱，此天之所不欲也。”也就是说，墨子的“兼爱”“非攻”的主张也是“天志”的反映。人的行为顺从“天志”则能得到奖赏，违背“天志”就会受到惩罚。墨子举例说，古代圣王尧、舜、禹、汤、文、武，就是顺从天的意志，所以都得到奖赏，而古代暴君桀、纣、幽、厉，则是违背天的意志，所以都受到惩罚。他尤其强调“天志”对于天子言行的规范作用，《天志下》讲：“今天下之士君子，皆明于天子之正天下也，而不明于天之正天子也。”《尚同上》中提出，在人类刚刚诞生，还没有刑法政治的时候，人们用言语表达的意见，也因人而异。所以一人就有一种意见，两人就有两种意见，十人就有十种意见。人越多，他们不同的意见也就越多。每个人都以为自己的意见对而别人的意见错，因而相互攻击，天下因此混乱。明白了天下所以大乱的原因，是由于没有行政长官，所以（人们）就选择贤能的人，立之为天子、三公、诸侯国君及国内各级行政长官。要做到“上同而不下比者”，即是非与上级一致，而不与下级勾结，如此层层向上，百姓的意见最终统一于天子。但墨子又提出“天下之百姓皆上同于天子，而不上同于天，则灾犹未去也”。人们的意见最终应统一于天的意志。这是墨子针对当时国家混乱而提出的政治纲领。

墨子还肯定鬼神的存在，并从多个方面进行证明。首先，他举周宣王、秦穆公、燕简公、宋文公、齐庄王都曾在白天看见过鬼，来论证鬼神乃众人耳目之实。其次，以三代圣王尧、舜、禹、汤、文、武敬鬼祭神为例，论证明鬼乃圣王之务。再次，援引《周书》《商书》《夏书》的记述作为明鬼的文献根据。此外，以夏桀、殷纣的灭亡，说明鬼神能赏善罚恶。最后，指出敬鬼不妨碍孝亲，“古之今之为鬼，非他也，有天鬼神，亦有山水鬼神者，亦有人死而为鬼者”(《明鬼》)，祭神也不是浪费。他批评“无鬼论”是天下乱的原因。因为当天下之人不相信鬼神的存在，不相信鬼神具有尚贤罚暴的功能时，就会失去行为的约束。《明鬼下》讲：“今执无鬼者曰：‘鬼神者，固无有。’旦暮以为教诲乎天下，疑天下之众，使天下之众皆疑惑乎鬼神有无之别，是以天下乱。”“今若使天下之人，偕若信鬼神之能赏贤而罚暴也，则夫天下岂乱哉!”是故墨子曰：“今天下之王公大人士君子，实将欲求兴天下之利，除天下之害，当若鬼神之有也，将不可不尊明也，圣王之道也。”

墨子虽然相信“天志”，主张“明鬼”，却否定“命”的存在，反对命定论。他认为，国家的治理者追求富裕反而贫困，追求人口众多反而使人口减少，追求太平反而混乱，是因为主张“有命”的人太多。主张“有命”的人说：“命富则富，命贫则贫，命众则众，命寡则寡，命治则治，命乱则乱，命寿则寿，命夭则夭，命，虽强劲何益哉?”这种观点的是非需要辨析。“以众人耳目之情”考察，自古及今，百姓、诸侯未有“见命之物，闻命之声者”;“考之圣王之事”，命不见于先王之书，不合于古者圣王之事，所以是不存在的。如果人们相信有命，就会导致“上不听治，下不从事”的恶果，造成行政混乱、财用不足，甚至导致“亡失国家，倾覆社稷”的恶果，所以说，“故命上不利于天，中不利于鬼，下不利于人”，因此，“今天下之士君子，实欲天下之富而恶其贫，欲天下之治而恶其乱，执有命者之言，不可不非，此天下之大害也”。

三、三表法

对于认识的分类，在先秦时期也是重要的问题。墨子已把知识分为“名知”与“取知”，“名知”是通过概念获取的认识，“取知”是通过实践获得证明的认识。《贵义》讲：“今瞽曰：钜者白也，黔者黑也，虽明目者无以易之。兼白黑,使瞽取焉,不能知也。故我曰:瞽不知白黑者,非以其名也,以其取也。”盲人说得清什么是黑、什么是白,明目人也挑不出什么不对的地方。但把一黑、一白的两个东西放在眼前,让盲人去选择,盲人却不能办到。因此,墨子认为:盲人不能区分什么为黑,什么为白,并不是不知道黑白之“名”(概念),而是不能具体选取黑白之物。墨子并没有否定“名知”的意义,只是认为“取知”即以感性认识为基础,通过实践获得的知识具有更高的认识论意义,更应为人们所重视。墨子也重视理性认识的作用,提出了“以往知来,以见知隐”(《非攻中》),就是说要从以往的经验中推知未来,从表面现象中探知事物的本质。他提出了“察类”“明故”的观念,“子未察吾言之类,未明其故者也”。“察类”指在论辩中要确定概念的内涵和外延,从而避免出现不同事物之间的混淆。“故”意为原因,“明故”就是要探寻事物显现的原因、根据和理由。

墨子还提出必须建立一个标准,对认识是否正确进行检验。《非命上》讲:“必立仪,言而毋仪,譬犹运钧之上而立朝夕者也,是非利害之辨,不可得而明知也。”对于人们发表的言论,即认识,必须有检验的标准,如果没有标准,就像在旋转的陶器模型轮子上测量早晚的日影一样,是分不清是非利害的。于是,墨子提出“三表法”。

> 有本之者,有原之者,有用之者。于何本之?上本之于古者圣王之事。于何原之?下原察百姓耳目之实。于何用之?发以为刑政,观其中国家百姓人民之利。此所谓言有三表也。

“本”的意思就是“根据”;“原”的意思就是“验证”;“用”的意思就是“实践、实施”。“上本之于古者圣王之事”是说通过古者圣王之事的记载,来看一看这个学说是否符合这个记载;“下原察百姓耳目之实”是说通过百姓的经验来判断事情的真伪。“发以为刑政,观其中国家百姓人民之利”,是说将学说运用于政治实践中,看一看它是不是实现或者达到了让国家和百姓都获得利益的程度。墨子提出从古圣先王的事迹、百姓的感性经验、在政治实践中的功用三个方面对认识进行验证,以决定是非利害,这开创了先秦以验证决定是非的观念,是对中国古代认识论和逻辑学的重要贡献。

四、后期墨家的认识论和逻辑学

后期墨家对认识问题也有诸多贡献。

《经上》：知，材也。

《经说上》：知材：知也者所以知也，而必知，若明。

《经上》：虑，求也。

《经说上》：虑：虑也者以其知有求也，而不必得之，若睨。

《经上》：知，接也。

《经说上》：知：知也者以其知过物而能貌之，若见。

《经上》：恕（同智），明也。

《经说上》：恕（同智）：知（同智）也者以其知论物，而其知之也著，若明。

"知，材也"的"知"，指人的认识能力；"材"指人与生俱来的才能、本领。如人的眼睛视物的能力，这是健全的人天生所具有的才能。这种天生的本领、才能是人们获得知识的条件和手段。"虑，求也"的"虑"指人的思虑、思考，就是人运用认识能力探求知识的认知活动和状态。人要获取某种真切的知识，仅有虑即求知的愿望是不够的。"知，接也"的"接"指的是人的感性认识，感性认识在感官与外物接触的情况下才能产生。因此，《经说上》说："以其知过物而能貌之，若见。"此处"知"指的是人的认识能力，它通过感官与外物接触后而能反映出外物的样貌来。比如，人通过眼睛看到某个物体后能对它的颜色、形状加以描述。由此看来，以"接物""过物"为特点的"知"的确是感性认识才有的特征，它具有直接、具体、形象的特点。"恕，明也"的"恕"，是"知"字下面加一个"心"字。这是墨家的创造，体现此种认识与"知，接也"不同，且与心灵相联系。所谓"恕"，就是在感性材料的基础上经过分析、判断而形成对事物清楚、明了的把握与认识，故说"明也"。这种"恕"的取得，是通过人的思维进行比较、分析、判断等活动，达到"其知之也著"的结果，即人获取的知识更加清楚、明白、确切。显然，"恕"指的是理性认识。

《墨经》对名与实的关系、名的分类等问题均有独到的见解，而且对重要的“名”所指之“实”进行了新的界定，并着重探讨了“辞”“说”也就是判断、推理等问题。《经说上》云：“所以谓，名也；所谓，实也。”“名”与“实”是称谓与被称谓的关系。《小取》云：“以名举实。”《经上》云：“举，拟实也。”《经说上》解释为：“举，告以之名，举彼实也。”即事物的名称，就是模拟事物的实相。“拟”指模拟、模仿，“以名举实”就是用“名”去模拟“实”。而当时的学者认为事物可以模拟的是物之“形”，如《系辞传》云：“拟诸形容。”因此，可以说“以名举实”就是用“名”去模拟、模仿物之形，也就是说“形”就是“实”。《经上》又讲道：“言，出举也。”《经说上》解释道：“言也者，谓口能之出名者也。名若画虎也。言也谓，言犹名致也。”“言”就是口发出的各种表示事物的“名”，“言”与“名”实质相同。“名”与物的关系就像画虎，画的虎并不是真的虎，但是描画出了虎的形象，人们把它叫作“虎”。“名”不是物本身，但可以模拟物的形象即“拟形”，也就是“拟实”“举实”。

《墨经》又将命物之名区别为“达名”“类名”“私名”：

> 《经上》：名，达、类、私。
>
> 《经说上》：名，物，达也，有实必待文名也命之。马，类也，若实也者必以是名也命之。臧，私也，是名也止于是实也。

“达名”为外延最大的概念，包括一切事物，“物”就是“达名”。“类名”的外延小于“达名”而大于“私名”，是一类对象的概念，如“马”。“私名”是指称特定个体的概念，如“臧”。此外，后期墨家还提出了“形貌之名”与“非形貌之名”的区别，《大取》讲：“以形貌命者，必智是之某也，焉智某也；不可以形貌命者，唯不智是之某也，智某可也。”“诸以形貌命者，若山丘室庙者是也。”“以形貌命者”如“山”“丘”“室”“庙”等可以通过对形状和外貌的表现来命名；“不可以形貌命者”如“爱”“义”“利”等不可以通过描述形状和外貌来命名。“名”不只是指称有形之物、表达物之形的名称，还具有抽象概念的意义。

后期墨家在逻辑学方面有很多成就，其中的《小取》是墨家逻辑体系的简明纲要。该篇第一部分阐述了辩学即逻辑学的目的、作用：“夫辩者，将以明是非之分,审治乱之纪,明同异之处,察名实之理,处利害,决嫌疑。"论辩的目的和作用是判定争论双方的是非对错,区分事物之间的同和异,订正名与实之间的关系,衡量事物的益处和害处,对疑惑不明的事理进行正确的判定,审查社会治乱存亡的规律。论辩应遵守"摹略万物之然,论求群言之比"的原则,就是说,论辩要反映事物的真实状态,探求各种思维形式之间的关系。论辩的程序包括"以名举实,以辞抒意,以说出故"。"以名举实"前文已论,就是用"名"去模拟"实"。"辞"是由不同的名按照一定的规则联结起来的命题,"以辞抒意"就是用命题来表达。"故"即理由、根据,"以说出故"是把一个辞所以成立的理由和根据阐述出来。《经上》:"说,所以明也。故,所得而后成也。""故"可分为"大故"和"小故"。《经说上》:"故,小故,有之不必然,无之必不然。体也,若有端。大故,有之必然,无之必不然,若见之成见也。""小故"是必要条件,"大故"是充分必要条件。"以名举实,以辞抒意,以说出故"虽是论辩的过程,实际也是由概念到判断再到推理的认识过程。论辩的规则与方法"以类取,以类予""有诸己不非诸人,无诸己不求诸人"。"以类取,以类予"指按照类同的原则进行归纳和演绎。"有诸己不非诸人"是说自己立论中包含这样的原则或判断就不能批评对方包含同样的原则和判断,"无诸己不求诸人"是说自己立论中不包含的原则或判断就不能要求对方一定要包含这些原则和判断。该篇还阐述了辩学的基本论式:"辟也者,举他物而以明之也。侔也者,比辞而俱行也。援也者,曰子然,我奚独不可以然也?推也者,以其所不取之,同于其所取者,予之也。""辟"就是比喻,是通过一个具体事例说明另一事物或道理,如"名若画虎也"。"侔"是通过对比从一个判断推导出逻辑结构相同的另一判断,如"白马,马也;乘白马,乘马也"。"援"是援引对方的判断作为自己立论的根据,如世人认为"盗人,人也;多盗,非多人也",由此可提出"盗人,人也;杀盗,非杀人也"。"推"是由已知推出未知,"以其所不取之,同于其所取者,予之也"是说把对方认可的前提作为前提,得出一个荒谬的结论,从而推翻前提。

墨家重功利、重经验、重实证,在各家思想中特色鲜明。墨子对认识进行分类,并提出检验认识的标准问题,这在认识论发展史上具有重要意义,而后期墨家对中国古代认识论和逻辑学的发展也有着重要的贡献。但是,墨家的“兼爱”“节用”“节葬”“非乐”等主张与儒家尊尊亲亲的礼乐制度不相容，其提倡的俭约、自苦的生活方式忽视了人的正常生理需求，有悖于人之常情，难以被遵循。后期墨家重逻辑的发展方向，距离现实政治生活较远，又有一些墨家成为“游侠”，在秦汉以后的君主集权制社会中也失去了发展空间。基于以上原因，墨家学说逐渐失去了其影响力。

思考题：

1. 墨子的兼爱学说有什么特点？
2. 墨子的非命与天志思想是否矛盾？
3. 墨子的三表法包括哪些内容？

第五章
孟子的哲学

孟子(前372—前289),名轲,战国时邹(今山东邹城)人。他是鲁国贵族孟孙氏的后裔,幼年丧父,家庭贫困,受到其母亲的严格教育,后来又曾受学于子思的学生。孟子自称是孔子的私淑弟子,终身以继承和发扬孔子的学说为己任。学成以后,孟子曾游齐、梁等国,推行其仁政思想,但迫于当时形势,未能受到诸侯王的采纳。到了晚年,孟子与他的学生著成《孟子》一书。这是孟子流传于世的唯一著作,也是研究其思想的主要材料。

一、"仁义礼智根于心"的性善论

孟子对于儒学最大的贡献就在于其所提出的"性善论"。对于人性,孔子曾说:"性相近也,习相远也。"(《论语·阳货》)但对于人性是善是恶的问题,孔子并未明言。孟子则认为,人之所以能够与动物相区别,就在于人具有与动物不一样的特性,"人之所以异于禽兽者几希,庶民去之,君子存之"。(《孟子·离娄下》)人与动物所不一样的地方并不是很大,仅仅在于"几希"的那一点点。这"几希"的一点点也就是他所说的"性善"。孟子认为,"性善"是人之为人的根据,如果失去这一点,就与动物没有什么区别了。他说:

> 乃若其情,则可以为善矣,乃所谓善也。若夫为不善,非才之罪也。恻隐之心,人皆有之;羞恶之心,人皆有之;恭敬之心,人皆有之;是非之心,人皆有之。恻隐之心,仁也;羞恶之心,义也;恭敬之心,礼也;是非之心,智也。仁义礼智,非由外铄我也,我固有之也,弗思耳矣。(《告子上》)

这是说，就人的实际情况来看，人性是可以行善的。如果其所做不善，并不是其本心造成的。这种“性善”是人本身固有的，不是外在强加于人的。其具体表现为“四心”，即恻隐之心、羞恶之心、恭敬之心、是非之心，分别对应于仁、义、礼、智“四德”。如果无此“四心”，则人就不能称作人，“无恻隐之心，非人也；无羞恶之心，非人也；无辞让之心，非人也；无是非之心，非人也。”(《公孙丑上》)可以看出，孟子通过心善（“四心”）来论证其性善（“四德”）思想。因此，孟子又说：“君子所性，仁义礼智根于心。”(《尽心上》)

既然孟子通过“心善”来论证“性善”，那么“心”何以就是“善”的呢？在孟子看来，这是天所赋予人的。因此，“心善”是人人天生就有的，而不是从后天习得的。孟子把这种天生的“心善”又称作“天爵”“良贵”。他说：

> 夫仁，天之尊爵也，人之安宅也。(《公孙丑上》)
>
> 有天爵者，有人爵者。仁义忠信，乐善不倦，此天爵也；公卿大夫，此人爵也。(《告子上》)
>
> 欲贵者，人之同心也。人人有贵于己者，弗思耳。人之所贵者，非良贵也。(《告子上》)

在“四德”之中，仁、义是根本，礼、智是从属。孟子说：“仁之实，事亲是也；义之实，从兄是也。智之实，知斯二者弗去是也；礼之实，节文斯二者是也。”(《离娄上》)而仁、义二者之中，仁又是根本，仁是“人心”，义是“人路”。因此，在孟子思想中，仁是可以包含其他“三德”的。这样上面说“仁义”是“天爵”，是人天生固有的，实际上也包含礼、智二者。而“良贵”说的也是人天生而有的善“心”，是人之所以为人的最尊贵的表现。

可以看出，孟子认为人之所以为人在于其有着与其他动物不同的地方，即“性善”。孟子并不否认人与动物之间相同的自然属性，因此，在与告子辩论的时候，他对告子“食色，性也”的观点并未直接加以反对。同时，孟子还提出“形色，天性也”的观点。但孟子认为，人性包含自然属性和道德属性两个方面，前者属于小的方面、贱的方面，后者属于大的方面、贵的方面。他说：

体有贵贱，有小大。无以小害大，无以贱害贵。养其小者为小人，养其大者为大人。……饮食之人，则人贱之矣，为其养小以失大也。（《告子上》）

这里小、大分别指“小体”“大体”。所谓“小体”即耳目口鼻等感官的生理欲望，“大体”则指人“心”的道德属性。如果顺从小体，则为小人；反之，顺从大体，则为大人。“耳目之官不思，而蔽于物，物交物，则引之而已矣。心之官则思，思则得之，不思则不得也。此天之所与我者，先立乎其大者，则其小者弗能夺也。此为大人而已矣。”（《告子上》）耳目等感官的生理欲望容易受到外物的影响，从而被蒙蔽。而心具有“思”的主动性，这是天所赋予人独特的能力，因此，不会受到外物的影响。“贱”“贵”同样是相对于人的生理属性和道德属性来讲的。“贱”指饮食口腹之欲，“贵”指的就是前面所说的“良贵”。

在孟子看来，如果人丧失“本心”，仅仅顺从其生理欲望，那么他就是小人、庶民。他常常用“禽兽”来比喻这类人。孟子说：“人之有道也，饱食、煖衣、逸居而无教，则近于禽兽。”（《滕文公上》）如果人丧失“本心”，那么就离禽兽不远了。因此，在与告子辩论的时候，孟子极力反对将人性与动物之性相等同，“然则犬之性，犹牛之性；牛之性，犹人之性与？”（《告子上》）如果从“生之谓性”的角度来看，人与动物没有什么区别，但这却不是人之为人的本质特征，因为人与动物属于不同的种类。既然二者属于不同的种类，那么他们的本性也必然不同。这也就是孟子为什么不把生理属性当作人的本性的原因所在。

二、“求其放心”的道德修养论

在孟子看来，性善虽然是人天生就具有的、不学而能的道德属性，但由于受到后天各种因素的影响，这种道德属性并非是人一直所能保持的。孟子说：“富岁，子弟多赖；凶岁，子弟多暴，非天之降才尔殊也，其所以陷溺其心者然也。”（《告子上》）年岁丰收，则人有所凭借而为善；年景不好，则人陷溺其心而为恶。这并非因为他们的本质天生就有着不同，而是因为环境的不同所造成的差异。孟子还用种地来说明这一情况，同样的种子，播种在同样的土地和时节，它们就会在同样的时间成熟。如果到时收成不同，是由于种种外在因素（如土地肥沃贫瘠、雨水多少、人事勤惰等）所造成的缘故。

如果人丧失其道德属性，那么该如何寻找回来呢？孟子说：

> 仁，人心也；义，人路也。舍其路而弗由，放其心而不知求，哀哉！人有鸡犬放，则知求之；有放心，而不知求。学问之道无他，求其放心而已矣。（《告子上》）

在孟子看来，如果人丧失其道德属性，那么就应该“求其放心”，即把已经丢失的本心寻求回来，其具体途径是“仁”和“义”。对于这种本心的寻求，并不需要从外部入手，而是从其内在的本心出发。孟子说：“尽其心者，知其性也。知其性，则知天矣。存其心，养其性，所以事天也。”（《尽心上》）人只要充分发挥其“四端之心”，就能知道自己的本性（“性善”），这样就可以进而“知天”。而保存其本心，就可以保养其善良的本性，从而也就可以“事天”。因此，孟子认为寻求本心是主动的、内在的。他说：“求则得之，舍则失之，是求有益于得也，求在我者也。求之有道，得之有命，是求无益于得也，求在外者也。”（《尽心上》）寻求本心是人人可做、人人可得的事情，因此是“求在我者”。而那些寻求不由自己的事情，则是“求在外者”。

在孟子看来，寻求本心的具体途径是激发、扩充其内在的“仁”“义”“礼”“智”等道德属性。他说：

> 君子所以异于人者，以其存心也。君子以仁存心，以礼存心。仁者爱人，有礼者敬人。爱人者人恒爱之，敬人者人恒敬之。有人于此，其待我以横逆，则君子必自反也：我必不仁也，必无礼也，此物奚宜至哉？（《离娄下》）

君子之所以与一般人不同就在于其能保存自己的本心。君子是通过仁、礼来保存自己的本心，而其关键在于他能够自我反省，从而激发出其内在的仁、礼等道德属性。孟子说：“爱人不亲反其仁，治人不治反其智，礼人不答反其敬。行有不得者，皆反求诸己。”（《离娄上》）“反求诸己”也就是“求其放心”。孟子还把这种方式称作“反身而诚”:“万物皆备于我矣。反身而诚,乐莫大焉。强恕而行,求仁莫近焉。”(《尽心上》)能够反求自己所具有的至诚的善性,就是最大的快乐;能够扩充、推广自己内在的善性,即是最好的求仁方式。

在“求其放心”的过程中,孟子特别强调“思”的作用。他说:“仁义礼智,非由外铄我也,我固有之也,弗思耳矣。”(《告子上》)仁、义、礼、智“四德”是人本身固有的。如果你觉得它不存在,正是缘于你没有“思”。孟子把人的器官分为“大体”和“小体”两类,耳目等“小体”容易受到外界事物的影响。而作为“大体”的心则有“思”的功能,因此不易受到外界事物的影响。如果作为“大体”的心确立了,那么耳目等“小体”就不会对其产生影响。“思”不仅能够寻求其丢失的本心,而且可以通达“天道”,“诚者,天之道也。思诚者,人之道也”(《离娄上》)。这显然受到了《中庸》思想的影响。

除了重视“思”外,孟子还强调减少欲望对于“养心”的作用。他说:“养心莫善于寡欲。其为人也寡欲,虽有不存焉者,寡矣;其为人也多欲,虽有存焉者,寡矣。”(《尽心下》)在孟子看来,欲望对于人的本心有着重要影响。那些欲望少的人,尽管有不能保存其本心的情况,但其数量却是非常少的。而那些欲望多的人,尽管也有保存其本心的情况,但其数量也是非常少的。因此,减少欲望是“养心”的最好方式。

在道德修养上,除了“养心”外,孟子还讲“养气”。所谓“养气”,就是培养人内在的作为精神状态的“浩然之气”。孟子说:“其为气也,至大至刚,以直养而无害,则塞于天地之间。其为气也,配义与道;无是,馁也。是集义所生者,非义袭而取之也。”(《公孙丑上》)这种“浩然之气”是一种含有道德属性的、无所不在的、至大至刚的气。这种气是通过内在的正义行为长期积累而成的,而不是仅仅通过偶然做一件符合正义的事情就能得到的。因此,孟子说“养浩然之气”要“必有事焉而勿正,心勿忘,勿助长也”。也就是说,培养这种浩然之气要时常以“集义”为事,但不要对效果有所期望。当其没有充满天地之间时,不要忘记其所“集义”的事情,也不要助长其所“集义”的事情。唯有如此,才能使“浩然之气”“以直养而无害,则塞于天地之间”。

三、“反其本心”的仁政思想

在政治思想上，孟子继承和发展了孔子的“礼治”“德政”思想，提出了仁政思想。在孟子看来，仁政是建立在仁心的基础之上的。他说：“人皆有不忍人之心。先王有不忍人之心，斯有不忍人之政矣。以不忍人之心，行不忍人之政，治天下可运之掌上。”（《公孙丑上》）“不忍人之心”也就是“恻隐之心”，即“仁心”。“不忍人之政”也就是“仁政”。仁心是实现仁政的前提。也就是说，只有有了仁心，才可以实现仁政。仁心是人人具有的道德品质，统治者也不例外。如果统治者能把这种仁心运用到治理国家上，就是仁政。在与齐宣王的一段对话中，孟子说：

> 然则小固不可以敌大，寡固不可以敌众，弱固不可以敌强。海内之地方千里者九，齐集有其一。以一服八，何以异于邹敌楚哉？盖亦反其本矣。今王发政施仁，……其若是，孰能御之？（《梁惠王上》）

在孟子看来，小国不是大国的对手，弱国不是强国的对手。如果齐王以齐国对抗其他八国，则无异于以小击大、以弱敌强，其结果不言而喻。齐王只有返回仁的本心，实行仁政，才能无敌于天下。

孟子认为，仁政的实现要从井田制开始。他说：

> 夫仁政，必自经界始。经界不正，井地不钧，谷禄不平。是故暴君污吏必慢其经界。经界既正，分田制禄可坐而定也。（《滕文公上》）

所谓“井田制”就是指国家把土地分给各级官员，然后各级官员再分给农民耕种。其具体做法是把每平方公里的土地划分为九百亩，中间一百亩为公田，周围八百亩为私田。把这九百亩土地分给八家农民，每家种一百亩，八家共同耕种中间的一百亩公田。先把公田种好了，然后才能耕种自己的私田。在孟子看来，实现仁政，必须先划分田地的界限。只有界限定了，才能做好“分田制禄"的工作。如果界限不正,则会产生分配不均等社会矛盾。

井田制是保证实现仁政的现实基础。因为如果没有土地的保障,那么老百姓就会很难有恒心。没有恒心,则会败坏老百姓的道德品质,从而导致很多的社会犯罪。因此,只有在给老百姓提供物质保障的前提下,统治者才能推行仁政。孟子说:

> 是故明君制民之产,必使仰足以事父母,俯足以畜妻子,乐岁终身饱,凶年免于死亡。然后驱而之善,故民之从之也轻。今也制民之产,仰不足以事父母,俯不足以畜妻子,乐岁终身苦,凶年不免于死亡。此惟救死而恐不赡,奚暇治礼义哉?王欲行之,则盍反其本矣。(《梁惠王上》)

如果没有物质保障,那么在老百姓中间推行礼义道德显然是不现实的。因此,如果要实现仁政,统治者就要返回到爱护老百姓的本心上。在孟子看来,如果在物质上能给老百姓提供保障,那么推行仁政并不困难。他说:"五亩之宅,树之以桑,五十者可以衣帛矣;鸡豚狗彘之畜,无失其时,七十者可以食肉矣;百亩之田,勿夺其时,八口之家可以无饥矣;谨庠序之教,申之以孝悌之义,颁白者不负戴于道路矣。老者衣帛食肉,黎民不饥不寒,然而不王者,未之有也。"(《梁惠王上》)

在孟子那里,"仁政"也被称作"王道",其是与"霸道"相对应的。孟子说:

> 以力假仁者霸,霸必有大国,以德行仁者王,王不待大。汤以七十里,文王以百里。以力服人者,非心服也,力不赡也;以德服人者,中心悦而诚服也,如七十子之服孔子也。(《公孙丑上》)

所谓"王道"就是"以德行仁",这样的政治能够令人心悦诚服。所谓"霸道"就是通过外在的权力让人服从,其是不得已的服从,如果老百姓的力量达到了就会推翻其统治。这显然受到了孔子"道之以德,齐之以礼""导之以政,齐之以刑"思想的影响。

孟子还看到了老百姓在国家治理中的重要作用,提出了"民贵君轻"的思想。他说:“民为贵,社稷次之,君为轻。是故得乎丘民而为天子,得乎天子为诸侯,得乎诸侯为大夫。诸侯危社稷,则变置。牺牲既成,粢盛既洁,祭祀以时,然而旱乾水溢,则变置社稷。”(《尽心下》)在一个国家中,民众是最重要的,其次是社稷,最后才是君主。因此,得到民众的拥护就能成为天子。得到天子的信任仅能成为诸侯,得到诸侯的信任仅能成为大夫。如果社稷受到诸侯的威胁,那么就会改立诸侯。如果祭祀完备仍然发生自然灾害,那么就会改立天子。

孟子是继孔子之后儒家最重要的代表人物,被后人称作“亚圣”。其地位在历史发展过程中不断升高。到了宋代以后,《孟子》与《论语》《大学》《中庸》并称“四书”,成为与“五经”同等重要的儒家经典,对于中国哲学与文化的发展产生了重要的影响。

思考题:

1. 试述孟子的性善论。
2. 试述孟子的道德修养论。
3. 试述孟子的政治思想。

第六章 《易传》的哲学

《易传》是对《易经》的注释和解说。《易经》又称《周易》，或简称《易》，通常被视为儒家众经之首。狭义的《易经》本是原始占筮资料的汇编，即算卦用书，成书于西周初年，其中包括六十四卦以及相应的卦爻辞；构成六十四卦的基本元素是阴爻- -和阳爻—(卦爻辞中分别称为六和九)，阴阳爻可重叠为八卦，即乾卦、坤卦、震卦、巽卦、坎卦、离卦、艮卦、兑卦，八卦进而可重叠为六十四卦。《易经》最晚在西汉初年就已被分为上下两篇，即上经三十卦、下经三十四卦以及相应的卦爻辞。《易经》成书以后，不断有人对其进行注释和解说，到了战国时期，这些注释和解说被编纂成书，其中的《彖》(分上下篇，解释六十四卦卦名、卦辞)、《象》(分上下篇，解释六十四卦卦爻象，后人一般把解释卦象的称为《大象》，解释爻象的称为《小象》)、《文言》(解释乾坤两卦)、《系辞》(分上下篇，是对《易经》的概说和通论)、《说卦》(解说八卦的象征)、《序卦》(解说六十四卦次序)、《杂卦》(把六十四卦两两对举加以解说)七种十篇得以流传至今，这就是《易传》，汉代人又称“十翼”，将其视为理解《易经》不可或缺的“羽翼”。广义的《易经》或《周易》，也包括“十翼”。自战国以来，人们多以为上古的伏羲氏创造了八卦，周文王将其重叠为六十四卦并附以卦爻辞，孔子又作了“十翼”，这就是《汉书·艺文志》所谓“人更三圣，世历三古”，这个说法尽管并不完全符合史实，但至少表明了《周易》经传的产生和形成经历了一个漫长的历史过程。相对于《易经》来说，《易传》的哲理性内涵更为丰富和显著，在中国哲学史上产生了极其广泛而又深远的影响。

一、“变”的哲学:阴阳交感论

关于《周易》的书名,以往有很多讨论,现在一般认为,“周”是指周人或周朝,“易”本是指蜥蜴(俗称变色龙),引申为变化之义,因而《周易》就是一部形成于周朝的关于变化的典籍。变化是世界上可以被人感知的普遍性现象,但如何对待这种现象,却涉及哲学的起源。在西方哲学史上,通常把古希腊的泰勒斯(Thales,鼎盛年在公元前 585 年)视为第一个哲学家,而泰勒斯提出的最为人称道的命题“水是世界的本原”,就是试图超越神话世界观,用某种元素或原则来解释世界上的各种变化。与此类似,在记录印度最初哲学思想的文献吠陀(Veda)和奥义书(Upanisad)中,古印度人提出了“彼一”“梵”等概念,试图以此来解释世界的起源及其发展变化。在中国的先秦时期,诸子尤其是道家常用“道”来指称天地万物生成和变化的本原。此外,在世界各文明的初期,都曾经利用占卜来预测和应对各种变化。如上文所述,《易经》就是原始占筮记录的汇编,而《易传》则进而对《易经》的占法及记录做出了哲理性的解说。

《易经》原来所使用的占法,后人根据《易传》的解说,称之为“大衍筮法”,又简称“占筮”“筮占”或“筮”,这种筮法的大致程序,唐代孔颖达的《周易正义》和宋代朱熹的《周易本义》都有详细考证;从这些考证所见筮法来看,占筮程序中充满了许多变化或不确定性,但同时其中也有不变或确定性的因素。因而,正如汉代易学文献《周易乾凿度》所说:“‘易’一名而含三义,所谓易也、变易也、不易也。”也就是说,《周易》中的“易”首先是指变化(“变易也”);其次是指变化中有不变(“不易也”),亦即变化中有规律,或者说有规律性的变化;再者是指变化因有不变而又显得简易(“易也”)。这个解释虽出自汉代,但其实也是对《易传》哲学思想的概括。

通行本《易经》以乾坤两卦为首,这是有深刻的象征意义的,《易传》中对此有不同角度的各种解说,概言之,就是以乾坤两卦象征天地,而包括人在内的万物处于天地之间,且充满了各种不断的变化,即所谓“天地设位,而易行乎其中矣”(《系辞上》)。在天地万物之中,人自身就有各种变化,比如男女结合而孕育新生命以及个体出生后的成长。对于古人来说，这个变化中有不变的现象首先是很奇妙、神秘的，因而留下了极其深刻的印象，进而以此比拟天地万物，认为万物也是由天地结合而生，这就是《易传》所说的“天地之大德曰生”(《系辞上》)，“神也者，妙万物而为言也”(《说卦》)。在人之外的天地万物中，最引人瞩目的变化就是日月运行及其引起的昼夜交替和四时周转，所以《易传》说“法象莫大乎天地，变通莫大乎四时，悬象著明莫大乎日月”(《系辞上》)，又说“日往则月来，月往则日来，日月相推而明生焉。寒往则暑来，暑往则寒来，寒暑相推而岁成焉”(《系辞下》)。

《易传》既用父母孕育子女来比拟天地化生万物，又以此来解说八卦之间的关系：

> 乾，天也，故称乎父；坤，地也，故称乎母。震一索而得男，故谓之长男；巽一索而得女，故谓之长女。坎再索而得男，故谓之中男；离再索而得女，故谓之中女。艮三索而得男，故谓之少男；兑三索而得女，故谓之少女。(《说卦》)

这里以乾坤两卦象征父母，生出象征子女的震、巽、坎、离、艮、兑六卦，从卦象上看是很直观、明了的，而六十四卦又可视为八卦两两重叠而成，所以《易经》六十四卦整体都可以看成是由象征天地、父母的乾坤两卦生成的。

特别值得注意的是，《易经》的最后两卦(即第六十三、六十四两卦)分别名为“既济”“未济”，从名称上看，前者是说事情完成，后者则是说事情尚未完成，而以此作为《易经》的结束，按《易传》的解说，这象征天地万物的发展或变化没有穷尽，即所谓“物不可穷也，故受之以‘未济’终焉”(《序卦》)，或者说“生生之谓易”(《系辞上》)。

《易传》不仅把包括人在内的天地万物以及《易经》卦象都视为处于生生不息的变化之中，而且用阴阳交感论来解释变化的根本原因。

“阴阳”的本义是指日光的向背，即向日为阳，背日为阴，后来引申为山南、水北为阳，山北、水南为阴，如《诗经·大雅·公刘》描述周人祖先公刘“相其阴阳，观其流泉”，也就是观察光照、水土等形势以发展农业生产；到了春秋战国时期，又引申为具有对立统一性的二元因素，比如《老子》中就有多种二元对立统一因素，而且“阴阳”在其中显得特别重要，具有了天地万物本原的意义，即所谓“万物负阴而抱阳，冲气以为和”（《老子》第四十二章）；到了《易传》中，关于各种二元因素的论述更多，体现了丰富的辩证法思想，尤其是“阴阳”成为其中的核心和基础概念，以致有“《易》以道阴阳”（《庄子·天下》）之说，也就是把《周易》看成是一部讨论“阴阳”的典籍了。

《易传》把阴阳视为事物变化的两种根本动因，并以此对“神”做出了朴素而又深刻的解说。“神”的本字为“申”，也是“电”的本字，其甲骨文、金文皆象天空云层中闪电之形；而古人敬畏闪电的威力，且不知其原因，故而又以为“神”。在原始时期，“神”被认为是造成事物变化的根本原因，“阴阳”观念兴起之后，人们则以为“神”就是难以被人预测和把握的各种变化及其动因，即《易传》所说的“阴阳不测之谓神”（《系辞上》）；反之，若能知晓变化的规律，也就能了解“神”的作为了，亦即《易传》所说的“知变化之道者，其知神之所为乎”（《系辞上》）；哪怕只是知道变化及其原因的细微环节，这样的人或能力简直也可以说是“神”了，这就是《易传》所说的“知几其神乎”（《系辞下》）。

《易传》进而用“感”来说明阴阳造成事物变化的途径或方式，这主要见于对《易经》咸卦的解说。咸卦的下卦为艮、上卦为兑，按《说卦》的解释，分别象征少男、少女，整体象征男女交感，有嫁娶之义，为吉利之象，所以卦辞说“亨，利贞，取女吉”。《易传》对此又加以引申和发挥：

> 咸，感也……天地感而万物化生，圣人感人心而天下和平。观其所感，而天地万物之情可见矣。（《彖》）

这里明确把“咸”解释为“感”，有交感、感应、感通、感化、感动等含义，比如男女交感而生出子女，天地感应而化生万物，圣人感化人心而使天下和谐太平，所以通过观察“感”的各种情形，可以了解包括人在内的天地万物的最普遍而又规律的变化。

“感”的意义也体现于咸卦在《易经》中的位置。上文已提到，《易经》六十四卦分为上篇三十卦和下篇三十四卦，上篇以象征天地的乾坤两卦开始，而咸卦是第三十一卦，也就是下篇的第一卦。《易传》对此加以解释：

有天地然后有万物，有万物然后有男女，有男女然后有夫妇，有夫妇然后有父子，有父子然后有君臣，有君臣然后有上下，有上下然后礼义有所错。夫妇之道不可以不久也，故受之以“恒”。（《序卦》）

据此，天地感应而化生包括人在内的万物，人之男女交感而生出子女，于是才有了各种人伦关系乃至政治秩序，其中承上启下的关键环节就是男女或夫妇关系。《易传》认为这个关系具有天经地义的永恒意义，所以《易经》以乾坤两卦作为开篇，而把咸卦安排为上下篇之间的第三十一卦，其后的第三十二卦就是恒卦。

由此可见，《易传》具有辩证法意味的阴阳交感论，不仅解释了《易经》的整体编排和内部关系，而且把包括人在内的天地万物都看成了一个具有生命关联的有机整体，这也可以说是一种朴素而又深刻的生命哲学了。在这样的生命哲学的视野中，世界虽然充满了无穷无尽的变化，但又呈现出各种规律性的关系，因而并不复杂，即所谓“乾以易知，坤以简能”，“易简而天下之理得矣”（《系辞上》）。

二、时位论

阴阳交感而发生的变化离不开一定的时空条件，特定的时空条件制约着事物的具体变化，《易传》把这样的时空条件称为“时”“位”。“时”，既是流动的时间，又是动中有静、静中有动的时势；“位”，既指事物在空间中的具体位置，以及不同位置之间的关系所呈现的位次，又指卦中的爻位；“时”与“位”，是错综交织、难解难分的。

《易经》的卦序和爻位，已经体现了初步的“时”“位”意识。如上文所述，《易经》的六十四卦以乾、坤两卦开始，以既济、未济两卦结束，正是象征了天地万物的生成或变化在时间上没有穷尽，这是《序卦》已经指出的。从卦象上看，六十四卦中的相邻两卦，要么完全颠倒（如第三卦屯和第四卦蒙），要么完全相反（如乾坤两卦），还有既颠倒又相反的（如既济和未济两卦），唐代学者孔颖达在《周易正义》中称之为"二二相耦，非覆即变"，这里的"相耦"就是相对、对偶，"覆"就是颠倒，"变"就是相反，明代学者来知德在《周易集注》中则把颠倒、相反分别称为"综""错"。从卦名上看，按《序卦》的解说，六十四卦的次序也体现了事物发展过程中的不同时势和位次。至于每一卦的六爻，处于从下到上的不同位置，即初、二、三、四、五、上六个爻位，象征事物发展过程中所处的不同态势或位次，这在爻辞中往往也有相应的体现。比如乾卦六爻的爻辞依次为："潜龙勿用""见龙在田，利见大人""君子终日乾乾，夕惕若，厉无咎""或跃在渊，无咎""飞龙在天，利见大人""亢龙有悔"，分别象征着事物发展过程中的蓄势待发、初露头角、日夜警惕、徘徊机动、飞黄腾达、盛极而衰等几个阶段，即《易传》所谓"六位时成"(《彖》)。

《易传》通过对《易经》的不同角度的解释，进一步明确地阐发了"时""位"思想。仍以乾卦为例，对于其九四爻辞"或跃在渊，无咎"，《易传》借孔子之口给出了解释：

> 上下无常，非为邪也；进退无恒，非离群也。君子进德修业，欲及时也，故无咎。(《文言》)

也就是说，君子的上下、进退看似难以捉摸，但并不是出于邪念，也不是脱离众人，而是基于日常的增进道德、营修功业，故能见机而作、及时而为，最终也必定"无咎"。《易传》中还有许多与"及时"类似的概念或论述，比如"与时偕行"(《文言》，也见于《彖》释损卦、益卦)，"与时消息"(《彖》释丰卦)，"与时行也"(《彖》释遯卦、小过卦)，"待时而动"(《系辞下》)，概言之，都是强调人的行动应当注意把握时机、时势，也就是"时止则止，时行则行，动静不失其时，其道光明"(《彖》释艮卦)。

如上文所述，"时"与"位"错综交织、难解难分，事物处于特定的时机或时势，同时也处于一定的空间位置或社会位次。古人心目中的空间位置，都是处于天地之间，即《易传》所说的"天地设位"(《系辞上》)或"天地定位"(《说卦》)，但其论述较多的还是爻位及其所象征的人事位次。《易传》认为，在卦象的六爻中，初爻及爻辞象征人事初始，前景难明，上爻及爻辞象征事情完结，且易生物极必反之变，即所谓"其初难知，其上易知"(《系辞下》)，这两种情形一般都无需特别思量；而中间的二、三、四、五爻及爻辞则象征事物发展过程中有各种错杂或集中的变数，需要谨慎辨别，即所谓“杂物撰德，辩是与非，则非其中爻不备”（《系辞下》）。

一般来说，在《易经》卦象中，倘若阳爻居阳位（初、三、五爻位），阴爻居阴位（二、四、上爻位），则象征事物的发展遵循了正道，《易传》称为“正位”，如其解释家人卦：

> 女正位乎内，男正位乎外。男女正，天地之大义也。家人有严君焉，父母之谓也。父父，子子，兄兄，弟弟，夫夫，妇妇，而家道正，正家而天下定矣。（《彖》）

家人卦象征家庭关系，其中的九五和六二两爻象征处于正位的男女。古人处理家庭内外事务，通常是男主外、女主内，这是男女关系的正当位次，被认为是天经地义的；家庭中的夫妇、父子、兄弟等也有礼节上的要求，这是家庭关系的正当位次，而国家乃至天下的秩序其实就是家庭关系的推广，这与《礼记·大学》所谓“家齐而后国治，国治而后天下平”具有一致性。

这里所说的“正位”，《易传》又称“得位”（如《彖》释小畜卦、同人卦、渐卦、涣卦），或“当位”（如《彖》释遯卦、蹇卦、节卦），都是强调人只有谨守上下、贵贱、尊卑等位次，即“不出其位”（《象》释艮卦卦象），方可吉利、亨通，否则就是“失正”或“失位”“不当位”，就会招致凶险、悔恨。

尤其需要注意的是，在《易经》卦象中，下卦（又称“内卦”）之中的第二爻和上卦（又称“外卦”）之中的第五爻，通常象征事物的发展守持中正之道，为亨通或大吉之象，《易传》称为“得中”（如《彖》释讼卦九二、同人卦六二、噬嗑卦六五、睽卦六五、鼎卦六五、渐卦九五、旅卦六五、节卦九二和九五、中孚卦九二和九五、小过卦六二和六五、未济卦六五，《小象》释蛊卦九二、离卦六二、解卦九二、夬卦九二、巽卦九二），又称“正中”（《文言》释乾卦九二，《彖》释需卦九五，《小象》释比卦九五、随卦九五、巽卦九五）或“中正”（《文言》释乾卦九二和九五，《彖》释讼卦九五、履卦九五、同人卦六二和九五、观卦九五、离卦六二和六五、益卦九五、姤卦九五、巽卦九五、节卦九五，《小象》释需卦九五、讼卦九五、豫卦六二、晋卦六二、姤卦九五、井卦九五、艮卦六五），这与先秦儒家所推崇的“中庸”思想也是一致的。

显然，在《易经》六十四卦中，阴阳爻完全各当其位的只有第六十三卦既济卦，即所谓“刚柔正而位当也”（《彖》），但值得注意的是，此卦卦辞只是说“亨小，利贞，初吉终乱”，并非大吉大利之象，《易传》对此特别提示“君子以思患而豫防之”（《大象》），颇有居安思危之意。与之形成对比的是其后的第六十四卦，也就是上文提到的《易经》的最后一卦未济卦，此卦阴阳爻虽然都不当位，但卦辞也只是说“亨……无攸利”，并非大险极凶之象，《易传》的解释是“虽不当位，刚柔应也”（《彖》），也就是说，此卦六爻毕竟还是阴阳相应，所以“君子以慎辨物居方”，即只要谨慎辨析事物态势，仍然还是蕴含着新的发展可能性。由此可见，爻位及其所象征的事物位次的当否或吉凶也是处于动态关系之中，不能一概而论，这无疑也体现了朴素而又深刻的辩证法思想。

三、天人论

先秦哲学尤其是诸子学说，都有非常强烈的现实关切和人文情怀，即《汉书·艺文志》所谓“皆起于王道既微，诸侯力政，时君世主，好恶殊方。是以九家之术，蜂出并作，各引一端，崇其所善。以此驰说，取合诸侯”，其中纵使论及天道或自然，也是为人道或人事寻找依据，所以先秦哲学通常首先表现为政治哲学与人生哲学，从而形成了中国哲学史上最主要的一个传统，这与西方哲学最初呈现为古希腊的自然哲学有明显的不同。《易传》成书于诸子学说兴起和传播的过程中，所以其中也是兼讲天人之道，如其所说：“《易》之为书，广大悉备。有天道焉，有人道焉，有地道焉。”（《系辞下》）

《易传》对天人之道的论述，已经形成了一种哲学思维和话语的模式，即往往是基于天地之道而推阐人事之道，用《四库全书总目》的话说，就是“推天道以明人事”，这在上文的介绍中其实也有所涉及。比如对“时”的重视，是因为古人最初的时间意识和观念就是从天象和物候中产生的，进而又被归纳为历法，即《易传》所谓“治历明时”（《大象》释革卦），所以“及时”或“与时偕行”“与时消息”，就是顺应天道，也就是“奉天时”（《文言》释乾卦）、“承天而时行”(《文言》释坤卦)、“应乎天而时行”(《彖》释大有卦);而对“位”的强调,也是由于古人最根本的位次意识和观念就是效法和取象于天地之间的空间关系,即“法象莫大乎天地”(《系辞上》),亦即“天地设位”(同前)、“天地定位”(《说卦》)。

在《易传》中,最能体现“推天道以明人事”的思维和话语模式的,是《大象》对卦象的解释。《大象》对每一卦的解释都包括两段内容,第一段是分析卦象、点出卦名,第二段是讲人从卦象得到的政治或道德启示,比如其中解释乾坤两卦:

> 天行健,君子以自强不息。
>
> 地势坤,君子以厚德载物。

这里的“天行健”是说乾卦上下均为乾☰,乾☰象征天,乾卦整体象征天道刚健周行,所以君子也应效法天道,奋发图强、有为不止;“地势坤”是说坤卦上下均为坤☷,坤☷象征地,坤卦整体象征大地厚实和顺,所以君子也应效法大地,增厚德行、容载万物。

在《大象》的话语中,从卦象获得启示的,除了“君子”,还有“先王”或“后”,比如对比卦、泰卦的解释:

> 地上有水,比;先王以建万国,亲诸侯。
>
> 天地交,泰;后以财成天地之道,辅相天地之宜,以左右民。

这里是说,比卦上为坎☵,象征水,下为坤☷,象征地,比卦整体为地上有水、亲密无间之象,前代君王取象于此,封建万国,亲近诸侯;泰卦上坤☷下乾☰,为天地交合通泰之象,君主(即“后”)取象于此,裁节促成天地交通之道,辅助扶持天地化生之宜,以此来佐治保佑民众。

无论是“君子”,还是“先王”或“后”,都不是普通人,而是有道德并居尊位的统治者,可见《周易》经传原本并非面向民众,而是教导、服务君王的政治哲学和道德哲学典籍,其思想和学说都是围绕“君人南面之术”(《汉书·艺文志》)而展开的,这与先秦诸子学说的旨趣其实一致,也与《周易》经传的成书背景密切相关。如上文所述,古人多以《易经》为周文王所作,而《易传》

对此也有提示，指出“作《易》者，其有忧患乎”，“《易》之兴也，其当殷之末世，周之盛德邪？当文王与纣之事邪？”(《系辞下》)由此看来，《易经》虽然未必为周文王一人所作，但推断其成书于殷周之际，其中蕴含了周人在崛起进而取代殷商的过程中深沉的忧患意识，应该还是符合史实的；与此类似，《易传》未必是孔子一人所作，但孔子至少“晚而喜《易》”(《史记·孔子世家》)，而且生当礼崩乐坏的春秋末年，对于《易经》所体现的忧患意识应该也是心有戚戚、感同身受，所以孔子整理《易传》是完全有可能的，《易传》中多引“子曰”，即使不是孔子原话，也与孔子及先秦儒家思想具有一致性。

当然，尽管《易传》的出发点是为了提供或建构“君人南面之术”的理论体系，但其中的许多具体思想、学说、概念都已经具有了更丰富、更普遍的意义，因而也蕴含了被引申和发挥的极大的可能性，成为中国哲学的一个重要的资源宝库。

思考题：

1. 如何理解《易传》中“阴阳”和“感”的含义及其相互关系？
2. 如何理解《易传》中“时”和“位”的含义及其相互关系？
3. 《易传》中的天人论有什么哲学意义？

第七章
庄子的哲学

庄子(约前369—前286)名周,生活于战国中期,与梁惠王、齐宣王同时,是老子之后道家最为重要的代表人物。庄子是"蒙人"(蒙地属宋,在今河南商丘附近),曾做过蒙地的漆园吏。《史记·老庄申韩列传》讲:"其著书十余万言。"《汉书·艺文志》著录"《庄子》五十二篇"。今本《庄子》共33篇,是西晋郭象删减后的版本,包括内篇7篇、外篇15篇和杂篇11篇。一般认为,《庄子》一书是庄子学派的作品集,内篇为庄子自著,外、杂篇为庄子后学所著,但关于内篇与外、杂篇的作者学界仍有不同看法。

一、"自本自根"的道论

庄子对"道"的直接讨论集中于《大宗师》中:

> 夫道有情有信,无为无形;可传而不可受,可得而不可见;自本自根,未有天地,自古以固存;神鬼神帝,生天生地;在太极之先而不为高,在六极之下而不为深,先天地生而不为久,长于上古而不为老。

这一段中有对老子道论的因袭,如"道"是万物的本原,是无为无形的真实存在,具有普遍性和超越性,不能以感官来认识。但也有对老子道论的发展。庄子强调道"自本自根,未有天地,自古以固存",而老子的道是"先天地生",既然有生,就有未生之时,在"道"之先就仍有更根本的存在产生"道",作为"道"的本根。为了解决这一问题,庄子明确提出"道"自己为自己的本根,“道”之外没有“道”的根据;道“自古以固存”,没有由“无”至“有”而产生的过程。

老子的“道”是“无”和“有”的统一,庄子对此有直接的批评。《齐物论》讲:“有有也者,有无也者,有未始有无也者,有未始有夫未始有无也者。俄而有无矣,而未知有无之果孰有孰无也。”如果认为天下万物生于有,有生于无,那么就存在还没有“无”的时候,还存在“未有无”也没有的时候。如此可以一直向前追问,不断否定,以至无穷。而且,“有”和“无”的界限也不能确定。如果说有“无”,“无”就是一物,“无”从而变成了“有”。“道”不能是“有”,也不能是“无”。因为“有”和“无”都不是最根本的存在。

外、杂篇中有很多关于“道”的讨论,其中有几点是对老子道论的重要发展,尤其值得注意。

《知北游》中明确提出“物物者非物”的命题:“有先天地生者物邪?物物者非物,物出不得先物也,犹其有物也。犹其有物也无已!”这明显可与老子“有物混成,先天地生”的思想相对照。此处“有先天地生者物邪”的提问正是来自对老子思想的质疑。先天地产生的“物物者”指“道”,使物成为物的只能是非物,如果在天地之先有物产生,它本身就是一物,不可能在物之先。因此,道作为“物物者”不能是物。

《知北游》篇还讨论了道“恶乎在”的问题。东郭子请教庄子说:“道究竟在哪里呢?”庄子回答:“道无所不在。”东郭子又说:“一定得指出具体存在的地方才行。”庄子回答:“在蝼蚁中。”东郭子问:“怎么在这样低下的地方呢?”庄子又说:“在稗草里。”东郭子说:“怎么越发低下了呢?”庄子说:“在瓦块砖头中。”东郭子说:“怎么越来越低下呢?”庄子说:“在大小便里。”既然在各种低等的动物和植物中,在无生命的物质中,甚至在大小便这样的污秽之物中都有道的存在,也就说明道是无所不在的。在这里,庄子还提出“道在哪里”的提问本身就有问题。说在哪里,不在哪里,只是对物而言的;道是不局限在一个地方的,是无所不在的,所以天地万物中都有道的存在。

前文讲到有学者将老子的“道生一,一生二,二生三,三生万物”解释为道生气而气生万物的过程,《庄子》中则明确表达了这样的观点。《至乐》讲:“杂乎芒芴之间,变而有气,气变而有形,形变而有生。今又变而之死。是相与为春秋冬夏四时行也。”这里的“芒芴”指“道”，由道而产生气，气变化而出现形体，形体变化而有了生命，生命变化而有了死亡。道和有形的万物之间有了“气”作为中介，从而使道生万物的过程变得更加明晰。同时，天地万物的生灭变化和人的生死变化都可以通过气的聚散来理解。《知北游》也讲道：“人之生，气之聚也，聚则为生，散则为死。若死生为徒，吾又何患？故万物一也。……故曰：通天下一气耳。”如此，庄子“万物齐同”“死生一如”的观点也获得了新的解释。

二、齐物论

《齐物论》是《庄子》书中极为重要但也复杂难解、争议不断的一篇，关于其标题，主要有“齐——物论”“齐物——论”两种理解。前者的讨论对象是“物论”，即各种“是非”；后者的讨论对象则是“物”本身。一般认为两种解读都有文本依据，可以看作“齐物论”的两个层次。

庄子所处的时代社会动乱，思想界则是百家争鸣。庄子认为，人们之所以对事物有不同的是非判断是因为每个认识主体都有“成心”。《齐物论》讲：

> 夫随其成心而师之，谁独且无师乎？奚必知代而自取者有之？愚者与有焉！未成乎心而有是非，是今日适越而昔至也。是以无有为有。无有为有，虽有神禹且不能知，吾独且奈何哉！

无论是聪明之人还是愚笨之人，作为认识主体，在认识活动发生之前，就已经有了“成心”。每个人均以“成心”为师，执一己之偏，也就有了是非判断的存在。与“地籁”和“天籁”相区别的“人籁”即指各种是非争论。“人籁”为比竹之音，比竹本空洞无心，没有任何感情，因为演奏者心中有喜怒哀乐，所以比竹之音就表现出了不同的感情。在庄子看来，物本无是非，就似比竹本是空虚，没有情感；人从“成心”出发、从“我”的立场出发对事物进行是非的判断，就似演奏者利用比竹奏出不同的乐声，表达不同的感情。每个人的“成心”不同、立场不同，因而对相同的事物会产生不同的是非判断，并都肯定自己而否定他人，于是引起无穷的争论，此即“因是因非，因非因是”“以是其所非，而非其所是”。

人们对相同事物所作出的是非判断不同，确定谁是谁非的标准至关重要。《齐物论》借啮缺和王倪的对话探讨了这一问题：

> 啮缺问乎王倪曰：“子知物之所同是乎？”曰：“吾恶乎知之！”“子知子之所不知邪？”曰：“吾恶乎知之！”“然则物无知邪？”曰：“吾恶乎知之！

庄子否定存在适用于所有物的共同标准，就是说，我们无法以一个确定的标准来判定每个事物的“是”和“非”，那么，就没有一个标准的“是”和“非”来衡量不同的认识主体对事物不同的是非判断的真伪、正误，如此，“知”与“不知”也就不能确定。文中还举例说，关于什么是“正处”，人、泥鳅、猿猴有不同的看法；关于什么是“正味”，人、麋鹿、蝍蛆、鸱鸦有不同的看法；关于什么是“正色”，人、鱼、鸟、麋鹿也有不同的看法。人与各种动物分属于不同的类别，具有不同的身体条件，因而对处、味、色的喜好和选择有所不同。但是，我们并不能够确定谁的喜好和选择是正确的。庄子通过“正处”“正味”“正色”无法确定来论证“判断哪种是非为真的标准并不存在”这一观点。

《齐物论》中又讲道：“物固有所然，物固有所可。无物不然，无物不可。”“然”指事实的存在状态，“可”是价值判断。“物固有所然，物固有所可”，这是说一切事物都有着各自的存在状态，一切事物都有它应该被认可之处。也就是说，各个事物虽然千差万别，但都有各自存在的价值和合理性，没有一种事物可以被完全否定，这是对万物平等的承认。因此，我们应该抛弃由“成心”出发而形成的对人、事、物的各种是非判断，而将万物千差万别的本来状态呈现出来。

庄子的论说并没有停留在否定“是非”、承认差别这一层次上。他认为，天下万物各具特性，彼此有分，却又相互依赖。《齐物论》中讲“非彼无我，非我无所取”，万物有“彼”和“我”（“此”“是”）的分别和对待，正是在“彼”和“我”的分别和对待中确认了自身的存在。但是，“彼”与“我”（“此”“是”）的分别并不具有确定性。《齐物论》讲：

物无非彼，物无非是。自彼则不见，自知则知之。故曰：彼出于是，是亦因彼。彼是方生之说也。虽然，方生方死，方死方生；方可方不可，方不可方可；因是因非，因非因是。

在物的世界中，事物之间都互为“彼”“此”。从自己的角度看，自己是“此”，他物为“彼”。若以他物为“此”，则他物以外的他者也是“彼”。而且，事物本身都处于不断变化的过程中，随起就随灭，随灭就随起，事物的任何性质和存在状态都是暂时的、相对的。也可以说，事物之间的差别和对立没有确定性。

庄子在《齐物论》中将人的认识分为不同的层次：

古之人，其知有所至矣。恶乎至？有以为未始有物者，至矣，尽矣，不可以加矣！其次以为有物矣，而未始有封也。其次以为有封焉，而未始有是非也。是非之彰也，道之所以亏也。

最高层次的认识是对“未始有物”的“道”的体认；其次是认识到有物存在，但是物与物之间没有分界；再次是认识到物与物之间的分界，但并未对物进行是非判断；及至对物有了是非判断，道就已经亏损了。世俗之人执着于对万物的是非判断和是非之争，就处于“是非之彰，道之所以亏”这一层次。前文所讲到的不对万物进行是非判断，使万物以其本来面目呈现出来，就处于“以为有封焉，而未始有是非”这一层次。这一层次虽非最高，但是仍属于“道”未亏损的情况。从“道”的视角来看，多样的事物都来源于“未始有物”的“道”，它们之间的分别和隔阂可以被打破，可以相互会通而成为一个整体，这就是“以为有物矣，而未始有封”这一层次。这是对物世界的最高认识。庄子提出：“故为是举莛与楹，厉与西施，恢诡谲怪，道通为一。”细小的草茎和高大的木柱，丑癞的女人和美丽的西施，还有各种稀奇古怪的事物，都可以由“道”而会通为“一”。庄子经常在描述万物之千差万别之后又将其千差万别归而为“一”：

其分也，成也；其成也，毁也。凡物无成与毁，复通为一。（《齐物论》）

夫天下莫大于秋毫之末，而太山为小；莫寿乎殇子，而彭祖为夭。天地与我并生，而万物与我为一。(《齐物论》)

自其异者视之，肝胆楚越也；自其同者视之，万物皆一也。(《德充符》)

万物有“成”有“毁”，有“大”有“小”，有“寿”有“夭”，这是从万物差别的角度去看，而如果从万物的共同之处来看，万物可以融为“一体”。

《齐物论》中“庄周梦蝶”的故事生动形象，为我们所熟知，其中的深意却也不易领会：

昔者庄周梦为胡蝶，栩栩然胡蝶也，自喻适志与！不知周也。俄然觉，蘧蘧然周也。不知周之梦为胡蝶与，胡蝶之梦为周与？周与胡蝶，则必有分矣。此之谓物化。

庄子梦见自己变成了蝴蝶，非常真实快乐的样子，并不知道自己是庄周。当他醒来之时，知道自己是庄周而不是蝴蝶。在庄子思想中，“梦”与“觉”可以分别代表“真”与“伪”。人们都认为梦中为虚妄，觉时为真实，而庄子却认为当人有了大觉悟，才会发现我们以为的清醒和真实是虚假的。庄子在清醒之后，认为自己和蝴蝶一定是有分界的，这并非真实，而他在梦中所感受到的，自己变成了蝴蝶，才是世界的真实。他所要表达的正是自己与蝴蝶可以转化、会通的思想，就是他所说的“物化”。从根本上来看，我与蝴蝶本无分别，我与天地万物均是“一体”的。

《秋水》篇发挥了《齐物论》的观点：“以道观之，物无贵贱；以物观之，自贵而相贱。”从道的视角和物的视角来看天地万物，会得出完全不同的结论。从万物自身的立场去看，都认为自己是尊贵的，而自己之外的其他事物是低贱的。而从道的角度来看物，万物都不分贵贱，因而是平等的。庄子又举例来说明万物特质的多样性。梁柱可以用来撞开城门，却不能用来堵塞洞穴；千里马能够日驰千里，若论捕鼠却不如黄鼠狼；猫头鹰在夜晚能看清毫末，白天却什么也看不见。万物各具特性，千差万别，却都各有长短，这正是天地万物的真实情况。所以，人不仅应尊重他人的个性，也应该尊重万物的差异，不能将自己的标准强加于万物。但《秋水》篇并没有打破万物的分别和界限的“一体”观念。

三、“逍遥游”的人生境界

《逍遥游》描写了大鹏飞往南冥的宏大场面，而小鸟不能理解大鹏，嘲笑大鹏“奚以之九万里而南为”“彼且奚适也”，庄子提出这就是“小大之辨”。除大鹏与小鸟外，《逍遥游》篇还讲述了多组相对照的寓象。“朝菌不知晦朔，蟪蛄不知春秋”与“楚之南有冥灵者，以五百岁为春，五百岁为秋”“上古有大椿者，以八千岁为春，八千岁为秋”都是代表小与大的不同层次。而世俗却以彭祖为大，正是因为视野的狭隘。从“知效一官，行比一乡，德合一君，而征一国者”到“举世而誉之而不加劝，举世而非之而不加沮，定乎内外之分，辩乎荣辱之境”的宋荣子，再到“御风而行”的列子，就是指视野的不断开阔，境界的不断提高。有的人才智能担任一官之职，品行能得一乡之人的认可，德行能够令君主满意、取得一国人的信任。这些人将个人放置于社会的框架之内，在人与人的伦理关系中、在国家政治秩序之内肯定个人生命的价值。而宋荣子嗤笑这四种人，他所代表的是超出于世俗之人的境界。宋荣子可以做到世人都赞誉他，他却并不因此而洋洋自得，世人都非难他，他也不会因此更加沮丧。他清楚“内”与“外”的分别，即个人生命与外在的物的世界的区别，他明了荣誉与耻辱的界限，荣和辱是来自于外在的评价，与个人的生命无关。即使如此，他还是未能达到最高的境界。列子能驾风行走，那样子实在轻盈美好，而且十五天后才返回。列子对于寻求幸福，没有拼命追求。列子依赖于风，而实现了形体暂时离开于世俗世界的遨游，但仍然有所依赖。他要向人们展示的新世界即是“至人无己，神人无功，圣人无名”的精神境界。不执著自我，不留恋功业，彻底舍弃名位。在庄子看来，世俗追求“己”“功”“名”的认识和境界是“小”，而他所提倡的“无己”“无功”“无名”的认识和境界为“大”。

世俗之人在对“己”“功”“名”的追求中丧失了精神的自由，而被外物所控制。庄子提出小大之辨，倡导世人应实现从小到大的心灵转化。人心摆脱外物的束缚而获得的精神自由就是庄子著名的“逍遥游”。庄子的无为偏重于精神的逍遥自在，超越于世俗世界而遨游于与道同一的奇妙境界。《逍遥游》讲：“今子有大树，患其无用，何不树之于无何有之乡，广莫之野，彷徨乎无为其侧，逍遥乎寝卧其下。”《大宗师》讲：“芒然彷徨乎尘垢之外，逍遥乎无为之业。”《人间世》讲“乘物以游心”。《逍遥游》中有“以游无穷”，“游乎尘垢之外”，《应帝王》中也有“以出六极之外，而游无何有之乡，以处圹埌之野”，“游心于淡，合气于漠”，“立乎不测，而游于无有者也”，“体尽无穷，而游无朕”。“无穷”“尘垢之外”“六极之外”“无何有之乡”“圹埌之野”“淡漠”“不测”“无有”“无朕”所指均为无形、无限的“道境”。

那么，如何才能达到这样的精神境界呢？他提出了“心斋”“坐忘”“见独”等精神修养方法。“心斋”语出《人间世》。颜回问孔子何谓“心斋”，孔子回答道：

> 若一志，无听之以耳而听之以心；无听之以心而听之以气。听止于耳，心止于符。气也者，虚而待物者也。唯道集虚。虚者，心斋也。

“心斋”是心灵的斋戒。它废弃人的感觉器官的作用，停止心的思维功能，“徇耳目内通而外于心知”，内心达到完全空虚的状态，“道”就能进入此心中。庄子用“气”这个词只是用来形容心的空虚状态，又把它比喻成“虚室”，认为“虚室生白”，心灵的空虚可以产生大智慧。“坐忘”语出《大宗师》，同样借助于颜回与孔子的对话。

> 颜回曰：“回益矣。”仲尼曰：“何谓也？”曰：“回忘仁义矣。”曰：“可矣，犹未也。”他日复见，曰：“回益矣。”曰：“何谓也？”曰：“回忘礼乐矣！”曰：“可矣，犹未也。”他日复见，曰：“回益矣！”曰：“何谓也？”曰：“回坐忘矣。”仲尼蹴然曰：“何谓坐忘？”颜回曰：“堕肢体，黜聪明，离形去知，同于大通，此谓坐忘。”

“堕肢体”就是“离形”，“黜聪明”就是“去知”，“大通”即“道”，体现了“道”没有任何界限和分别的特征。要达到与“道”合一的境界，首先要忘掉仁义，进而忘掉礼乐，进而停止耳目等感觉器官对外物的感知和心灵对外物的分别。这样就可以超越是非的对立，消除物与物、人与物的界限，从而与大道融通为一。

《大宗师》中还讲述了“见独”的体道过程：

> 吾犹守而告之，参日而后能外天下；已外天下矣，吾又守之，七日而后能外物；已外物矣，吾又守之，九日而后能外生；已外生矣，而后能朝彻；朝彻而后能见独；见独而后能无古今；无古今而后能入于不死不生。

持守三日能遗忘天下，七日能不为物累，九日能看破生死。此时就能够心灵清明洞彻，而后能体悟绝对的道。体道后就能够达到超越时空与生死的境界。在庄子看来，天下、万物是束缚人心灵的外部因素，生死是扰乱人心灵的内在因素，只有排除所有干扰心灵宁静的因素，才能体悟绝对的道。

这些修养方法虽然表述不同，但宗旨是排除是非之分、好坏之别对人心的充斥，消解因为知的分别而产生的欲望，从而摆脱外物的束缚，而游心于“道”。

庄子以汪洋恣肆的文字形式、不拘常理的观念为人们提供了一个独特的思想世界。庄子淡泊名利、蔑视权贵、勘破生死，这样的人生态度影响了后世关于生活的思维方式和处世态度，为人们开辟了一条通往自由的人生之路。庄子逍遥人生观对世俗工具价值进行了批判，强调从宇宙的高度来把握人的存在，使人的精神从现实中升华，并且破除自我中心，从故步自封、自我局限的狭隘心境中摆脱出来，以免在平庸忙碌之中迷失和异化了自我。这对扩展人们的思想视野，开阔人们的心灵空间，使人们的思想认识和精神内涵达到新的境界，具有一定的现实意义。

思考题：

1. 谈谈《庄子》对老子道论的继承与发展。
2. 解析庄子的齐物思想。
3. 谈谈你对“逍遥”的理解。

第八章
惠施与公孙龙

关于名实(形名)关系的讨论发端于春秋时期并在战国时期得到了充分的发展,成为各家各派广泛参与的名辩思潮。从事形名之辩的主要力量在当时被称为“刑名之家”“辩者”或“辩士”,在汉代被归为“名家”。《汉书·艺文志》所谓“名家者流”有邓析、尹文、惠施、公孙龙、成公、黄公、毛公等。其中,惠施和公孙龙最为著名。

一、惠施的“历物之意”

惠施(约前370—前310),宋国人,曾任魏相,与庄子熟识并有较多的思想交流。《汉书·艺文志》载:“《惠子》一篇,名施,与庄子并时。”但其著作未能流传下来,《庄子·天下》篇有“惠施多方”一节,收入了惠施的“历物之意”十个命题,被称为“历物十事”,是了解惠施思想的主要材料。“历”意为分析、量度,“历物之意”意为分析事物的要点。这十个命题因为只有结论而没有论证过程,众说纷纭,在此试做简要的解释。

(一)至大无外,谓之大一;至小无内,谓之小一

惠施将“一”分为“大一”和“小一”,“大一”为“至大无外”,即无限大,在它之外没有其他东西;“小一”为“至小无内”,即无限小,在它之内没有任何东西。这是空间在宏观与微观两个方面的无限性。但惠施既承认有“至大”和“至小”,又承认了空间的有限性。所以说,这一命题体现出空间的有限性与无限性的统一。“大一”和“小一”代表了空间大小的两个极端,是绝对的

"大"和绝对的"小",而世间万物非"至大",也非"至小",有一"小"物则有更"小"之物,有一"大"物亦有更"大"之物。这一命题又体现出了"小"和"大"的绝对性与相对性。

(二)无厚,不可积也,其大千里

"无厚"的意思是没有厚度,没有厚度也就没有体积,但其面积却可以大到千里。"无厚者"从体积上讲是"无",但从面积上讲是"有",这一命题体现了"无"和"有"的相对性。此外,将这一命题与前一命题相联系,"无厚"可指无限小的"小一"。"无厚不可积"是说无限小和无限小相加仍然是无限小,但无限小却可以积聚成千里之大。这一命题也体现了"小"和"大"的相对性与统一性。

(三)天与地卑,山与泽平

此处的"卑"通"比",为"近""靠近""亲近"的意思。这一命题是说天和地靠近,山和泽一样平。从常识的角度看,天尊地卑,二者相距遥远,山高泽低,二者并不在一个平面。如果换一角度,以地上的空间为"天",则天和地是相连的,山高耸于地面,山顶和山脚都是山,从山脚来看,山就和泽处于同一平面了。这一命题说明了事物在空间上的位置的相对性。

(四)日方中方睨,物方生方死

"睨"为偏斜之义。这个命题是说太阳在升到天之正中的那一刻就已经在偏斜,万物在它生长的同时也在走向死亡。万物在时间之流中发生变化,如果把这时间之流划分为不同的时段,万物在不同的时段中有着不同的存在状态,或"中"或"睨",或"生"或"死"。而惠施认为时间之流是连续的,万物的变化不会有瞬息的停顿,太阳的"中"和"睨","物"的"生"和"死",都是连续而不能分割的。这一命题体现了时间和事物运动的相对性。

(五)大同而与小同异,此之谓"小同异";万物毕同毕异,此之谓"大同异"

惠施将同、异分为两种,一种为"小同异",一种为"大同异"。事物之间有“同”有“异”,“同”有“大同”,也有“小同”;同理,“异”也有“大异”和“小异”,“大同”则“小异”,“小同”则“大异”,这种事物之间或大或小的同异称为“小同异”。“大同异”则指万物的“毕同”和“毕异”。“毕同”体现了万物的共性,“毕异”体现了万物的个性。这一命题体现了“同”和“异”的相对性。后人将惠施的这一理论称为“合同异”,并将惠施视作名家中的“合同异”一派。

(六)南方无穷而有穷

一般认为,南方或者是有穷的,或者是无穷的。但惠施认为南方既是无穷的,也是有穷的,二者并不互相排斥。南方作为一个特定的区域,是一个有限的概念,所以是有穷的。但南方的南方还有更南方,在这个方向上可以无限延伸,所以是无穷的。这一命题体现了有限和无限的统一性。

(七)今日适越而昔来

这一命题所讲的是时间的相对性,今日和昔日的差别是相对而非绝对的。今日相对于明日来说就是昔日,所以可以说今日到越国去昨日就已经到达。也可以联系“日方中方睨”来理解,时间转瞬即逝,今日转瞬之间就变成了昔日。

(八)连环可解也

这一命题可联系《庄子·齐物论》中的“其分也,成也。其成也,毁也”来理解。一个完整的“连环”就是“成”,而被分解的连环就是“毁”。一物之成,也是一物之毁,连环之成也是连环之毁,所以说“连环可解”。这一命题亦可看作“物方生方死”的具体化。

(九)我知天下之中央,燕之北、越之南是也

这一命题所讲的是空间的相对性。从有限的空间来看,燕在北,越在南,天下之中央不可能在北边的北边和南边的南边。但从无限的空间来看,因为无限就无所谓中央,也可以说任何一点都是中央,所以说,天下的中央在燕国的北边、越国的南边。

(十)泛爱万物,天地一体也

这一命题是惠施思想的总结,也体现了惠施思想的价值倾向。从万物“毕异”的角度看,万物各有其特点,从万物“毕同”的角度看,天地万物并无严格的界限和区分,本来为一整体。人处于这一整体之中,不应对天地万物加以分别,而应该“泛爱万物”。“泛爱”是普遍的、无差别的爱,不但要施加于人,而且要施加于物。

由以上对“历物十事”的分析可见,惠施重视时空和事物存在的相对性以及概念的相对性,反对将时空、事物、概念之间的差异绝对化。他的若干命题与常识有较大距离,但可促使人们超越常识的局限,对常识进行理性的反思。

二、公孙龙的“离坚白”

公孙龙(约前320—前250),赵国人,曾任赵惠文王、孝成王的相国。《汉书·艺文志》载《公孙龙子》十四篇,但流传至今的只有六篇,即《白马论》《坚白论》《名实论》《通变论》《指物论》和《迹府》。除了《迹府》是后人摘录公孙龙的言行材料外,其余五篇应为公孙龙自著。名实论和指物论是公孙龙名辩理论的主要内容,白马论和坚白论是具体的辩题,也是名实论和指物论的应用。

(一)名实论

《公孙龙子》中的《名实论》一篇集中探讨了名实关系问题。他认为:“夫名,实谓也。”“名”是对“实”的称谓。他重视“名”和“实”的一致,解析了“实”“位”“正”等概念。他讲:“天地与其所产焉,物也。物以物其所物而不过焉,实也。实以实其所实而不旷焉,位也。出其所位非位,位其所位焉,正也。”天地及其所生成的一切皆是“物”。一物能够体现使一物成为此物而与他物相区别的特性就是“实”。物之“实”能够完满到其所应具有的程度而没有缺失,就是“位”。超出其所应在的位置则为“非位”,而处于其所当处的位置就是“正”。他进一步提出了“正名”的要求：“以其所正，正其所不正；以其所不正，疑其所正。其正者，正其所实也；正其所实者，正其名也。”以正来校正不正，又以不正的失误之处，探究正之所以正的所在。所谓“正”是“正其所实”，即是物之“实”各当其位，而使物之“实”各当其位实际是“正其名”。“其名正则唯乎其彼此焉。谓彼而彼不唯乎彼，则彼谓不行；谓此而此不唯乎此，则此谓不行。其以当不当也。不当而当，乱也。”“名正”就是彼“名”相应于彼“实”，此“名”相应于此“实”。如果称为“彼”，而不仅仅彼物与“彼”相应，则“彼”的称谓就不适用。如果称为“此”，而不仅仅此物与“此”相应，则“此”的称谓就不适用。这是充当彼此的称谓不适当，如果把不适当的称谓作为适当，名实的关系就混乱了。“故彼彼当乎彼，则唯乎彼，其谓行彼；此此当乎此，则唯乎此，其谓行此。其以当而当也。以当而当，正也。”所以，彼名称呼彼物并且符合于彼物，就是与彼物相应，则称为适用于彼物的“名”；以此名称呼此物并且符合于此物，就是与此物相应，则称为适用于此物的“名”。这时因为充当事物的概念符合于事物，以与事物相符合的概念来称呼事物，便称为正确的“名”。“故彼彼止于彼，此此止于此，可。彼此而彼且此，此彼而此且彼，不可。”所以，以彼“名”称谓彼物并且仅当称谓彼物，以此“名”称谓此物并且仅当称谓此物，这是正确的。彼此不同的事物只能称其彼此而不可称彼亦且是此；此彼不同的事物只能各称其此彼而不可称此亦且是彼。这是强调“名”和“实”应该有一一对应的确定关系，一“名”不能称谓多个“实”，不同的“实”应有不同的“名”称谓。“知此（名）之非此（实）也，知此（实）之不在此（位）也，知彼（实）之不在彼（位）也，则不谓也。”如果一个“名”所指称的，不是它所应指称的“实”，或者它所指称的“实”发生了变化，已不在其位，也就是“名”已不与“实”相符，那么，就不应再使用这一“名”来指称这一“实”。概括来讲，公孙龙主张“名”与“实”应该相符，反对名实不当。

（二）白马论

“白马非马”是公孙龙的代表性论题，他关于“白马非马”的论述可以分为五个层次。

第一层次，从概念内涵的不同论证“白马非马”。

马者，所以命形也；白者，所以命色也。命色者，非命形也。故曰：“白马非马。”

“马”这一概念所规定的是事物的形体，“白”这一概念所规定的是事物的颜色。“马”只是形体的规定性，“白马”是“马”加上“白”，包含“形体”和“颜色”，二者的内涵不同，所以说，“白马”不是“马”。

第二层次，从概念外延的不同论证“白马非马”。

求马，黄、黑马皆可致；求白马，黄、黑马不可致。……故黄、黑马一也，而可以应有马，而不可以应有白马，是白马之非马，审矣！

如果想要“马”，则黄马和黑马都可以满足要求，但是，如果要“白马”，则黄马和黑马就不能够满足要求。有黄马、黑马，则可以说有“马”，但不可以说有“白马”。“马”和“白马”两个概念的外延不同，“马”的外延可以包括黄马和黑马，但“白马”的外延小，不能包括黄马和黑马，所以说，“白马”不是“马”。

第三层次，针对有颜色的马不是马，天下没有无色之马，则“天下无马”的提问，他回答：

马固有色，故有白马。使马无色，有马如已耳，安取白马？故白者非马也。白马者，马与白也。马与白，马也。故曰：白马非马也。

马本来就有颜色，所以才有白马。如果马没有颜色，就只有马而已，怎么会有白马呢？所以“白”和“马”不同，“白马”这一概念是“白”和“马”的结合，所以不是“马”。

第四层次，利用反证法，指出“有白马为有马”不成立。

以“有马为异有黄马”，是异黄马于马也；异黄马于马，是以黄马为非马。以黄马为非马，而以白马为有马，此飞者入池而棺椁异处，此天下之悖言乱辞也。

如果以为“有马”不同于有“黄马”，就是以“马”不同于“黄马”。以“黄马”不同于“马”，就是以“黄马为非马”，这就和以“白马为有马”相矛盾。

第五层次，提出“马”和“白马”两个概念的根本区别，来论证“白马非马”。

> 马者，无去取于色，故黄、黑皆所以应；白马者，有去取于色，黄、黑马皆所以色去，故唯白马独可以应耳。无去者，非有去也，故曰：“白马非马。”

“马”和“白马”的区别在于是否“去取于色”。“马”这一概念“无去取于色”，即不去除或选择某一颜色，即对颜色没有要求，而“白马”“有去取于色”，即选择白色，而去除其他的颜色，所以，“白马”和“马”有区别。

“马”与“白马”是一般与个别的关系，公孙龙对“白马非马”的论证强调了一般与个别之间的区别，有其合理性，但忽视了一般和个别之间的联系。

（三）坚白论

“坚白论”也是公孙龙的代表性论题，甚至也是名家和名辩思潮中的中心论题。从常识来看，“坚”和“白”作为石头的属性存在于石头之中，并没有独立存在的“坚”和“白”，公孙龙的“离坚白”则与此不同。《坚白论》讲：

> “坚白石三，可乎？”曰：“不可。”曰：“二，可乎？”曰：“可。”曰：“何哉？”曰：“无坚得白，其举也二；无白得坚，其举也二。”曰：“视不得其所坚而得其所白者，无坚也；拊不得其所白而得其所坚者，无白也。”曰：“天下无白，不可以视石；天下无坚，不可以谓石。坚、白、石不相外，藏三可乎？”曰：“有自藏也，非藏而藏也。”

公孙龙提出，不能说“坚”“白”和“石”是三个东西，可以说“坚”“白”和“石”是两个东西。因为当感知到白色的时候没有感知到坚硬，是两者；当感觉到坚硬时感觉不到白色，也是两者。用眼睛看石头，只能看到石头的白色而看不到石头的坚硬，所以说没有“坚”；用手摸的时候，只能摸到石头的坚硬而不能摸到石头的白色，所以说没有“白”。公孙龙指出不同感官可以感知到事物的不同属性，事物的不同属性是相互独立的，而不是相互包容的。

那么,当你摸石头的时候,白色哪儿去了呢?当你看石头的时候,这个坚硬哪里去了呢?公孙龙说是藏起来了,而且是“自藏”。

公孙龙又针对“坚白域于石,恶乎离”之问论证说:

> 于石,一也;坚白,二也。而在于石,故有知焉,有不知焉;有见焉,(有不见焉)。故知与不知相与离,见与不见相与藏。藏故,孰谓之不离?

石是一个,坚和白是两个。石头的坚和白有知道的,有不知道的,有看见的,有看不见的。知道的和不知道的是相互分离的,看见的和看不见的是相互隐藏的,所以说,“坚”和“白”是分离的。他又提出:

> 物白焉,不定其所白;物坚焉,不定其所坚。不定者兼。恶乎其石也。

白色和坚硬是石头的两个属性,但并不是专属于石头,而是一切白的事物和坚硬的事物所共有的属性。公孙龙又在“坚”和“白”可以自己藏起来的观点之上进一步推论:

> 曰:“坚未与石为坚,而物兼未与为坚,而坚必坚。其不坚石、物而坚,天下未有若坚,而坚藏。白固不能自白,恶能白石物乎?若白者必白,则不白物而白焉。黄、黑与之然。石其无有。恶取坚白石乎?故离也。离也者,因是。”

假如“白”没有自性,他如何能够使石头、物变成白色呢?如果“白”有自性,那就不需要依赖于具体的事物而存在了。“坚”亦如此。“白”可以不依赖于石头而“自白”,“坚”可以不依赖于石头而“自坚”,如此推论,“黄”“黑”等事物的属性都可以离开事物而自存。所以,“坚”“白”“石”三者是相离的关系。也因为对这一问题的阐发,公孙龙被视作名家中与惠施的“合同异”相对的“离坚白”一派。

公孙龙的思考对概念内涵与外延的精确区分、个别与一般之间关系的辨析,对中国古代认识论和逻辑学有重要的贡献。《迹府》中提出他“欲推是辨,以正名实,而化天下焉”的目标,说明其思想不只停留在概念的辨析这一层次,而且有其现实关怀。

思考题:

1. 解析惠施的“泛爱万物,天地一体”思想。
2. 辨析公孙龙的“白马非马”论。
3. 解析公孙龙的“坚白论”。

第九章
荀子的哲学

荀子(约前313—前238),名况,又称“荀卿”“孙卿”或“孙卿子”,战国后期赵国人。根据《史记·孟子荀卿列传》记载,荀子在五十岁的时候来到齐国的稷下学宫讲学(有学者认为“五十”应为“十五”之误),曾先后三次担任“祭酒”(古代飨宴时酹酒祭神的长者)。后来荀子遭人诽谤,离开齐国来到了楚国,楚相春申君任用他做兰陵令。公元前238年,楚国发生内乱,春申君被杀,荀子被罢官,便安家于兰陵。荀子憎恨乱世的黑暗政治,目睹君主不通晓治国之道却被巫祝所迷惑、相信吉凶的预兆,鄙陋的儒生拘泥于小节,庄周等人多辩乱俗,于是推究儒家、墨家、道家的成败得失,撰述了几万字的文章后辞世。荀子的文章流传到西汉时有三百二十二篇,刘向去除重复,校定为三十二篇。一般认为,《荀子》一书大部分篇章为荀子作品,少数篇章是荀子弟子的记述。

一、“明于天人之分”的天人观

“天”的观念是先秦诸子从古代文化中继承的共同财产,但意义有所不同。荀子的“天”是“自然之天”,包括天、地以及天地所生的万物,也就是一般所说的自然界。他认为,自然的运动变化有着自己恒常的规律,这一规律不因为人和人的好恶而发生改变,“天行有常,不为尧存,不为桀亡”,“天有常道矣,地有常数矣”,“天不为人之恶寒也辍冬,地不为人之恶辽远也辍广”(《天论》)。既然自然的运动变化不因人而改变,那么,自然现象就不会是人世治乱的反映,也不是上天对人的惩罚,更不会预示吉凶。他举例说,流星坠落，树木发声，太阳、月亮发生日食、月食，风雨不合时节地到来，奇怪的星星偶尔出现，这些现象虽然罕见，但依然是天地的变异、阴阳二气的变化，觉得奇怪是可以的，但害怕就错了。

人生活于自然之中，但人世的治乱、吉凶、祸福并不取决于自然，而取决于人的行为。在禹和桀的时代，日月、星辰、历象是相同的，农作物在春、夏发芽、生长，在秋、冬积蓄、贮藏，这也是相同的，农作物得到土地就生长，失去了土地就死亡，这又是相同的，但禹使天下安定，桀使天下混乱，说明“治乱非天也”“治乱非时也”“治乱非地也”。加强农业而节约费用，衣食给养充分而活动适时，遵循规律而不出差错，那么天也不能使人遭遇贫穷、疾病和灾祸，这就是“应之以治则吉”。农业荒废而用度奢侈，衣食给养不足而活动少，违背规律而任意妄为，那么天也不能使人获得富裕、健康、吉利，这就是“应之以乱则凶”。荀子认为“天”和“人”即“自然”和“人为”有不同的职分，这就是“天人之分”，而“明于天人之分，则可谓至人矣”(《天论》)。

“天”有“天”的职分，“人”有“人”的职分，人不能争夺天的职分，即“不与天争职”。但“天”与“人”并非完全隔绝。《天论》讲：“天有其时，地有其财，人有其治，夫是之谓能参。”“参”有参与、匹配、配合的意思。天有自己的时令，地有自己的财富，人与天地相配合，遵守天的时令，利用土地提供的财富，从事社会治理和生产活动，这叫做“能参”。荀子特别重视人为的作用，强调人应该在认识自然规律、遵循和利用自然规律的基础上发挥人的能动性。《天论》讲：

> 大天而思之，孰与物畜而制之？从天而颂之，孰与制天命而用之？望时而待之，孰与应时而使之？因物而多之，孰与骋能而化之？思物而物之，孰与理物而勿失之也？愿于物之所以生，孰与有物之所以成？故错人而思天，则失万物之情。

与其尊崇天而仰慕它，不如把它作为物资积蓄起来而控制它；与其顺从天而歌颂它，不如掌握自然规律而利用它；与其盼望时令而等待它，不如顺应天时而使它为我所用；与其随顺万物而让它自然增殖，不如施展才能而改变它；与其思慕万物而把它当作自己的所有物，不如管理好万物而不失去它；与其希望了解万物产生的原因，不如掌握万物成长的原因。舍弃了人的努力而寄希望于天，那就背离了万物的实际情况。荀子反对消极地尊崇、顺应自然，因此，他在《解蔽》中批评庄子说："庄子蔽于天而不知人。"

二、性恶论与"化性起伪"的教化论

荀子思想中的"性"包含不同的层次，又有不同的方面。《正名》讲："生之所以然者谓之性。"荀子所理解的"性"比较接近于告子的"生之谓性"。但是，"生之谓性"是直接将人的"生"而所有的状态看作"性"，也就是以"生之然"为"性"，而"生之所以然者谓之性"是将"生之然"的原因、根据作为"性"。这是"性"的第一层次的意义。荀子又接着说："性之和所生，精合感应，不事而自然，谓之性。"第一层次的"性"感于外物而自然产生了第二层次的"性"，具体讲就是"情"以及"欲"。《正名》讲："性之好、恶、喜、怒、哀、乐谓之情。""性者，天之就也；情者，性之质也；欲者，情之应也。""情"和"欲"是"生之然"，而第一层次的"性"是"情"和"欲"产生的原因，也就是"生之所以然"。第一层次的"性"并不包含"情"的内容；第二层次的"性"以"情"为实质、内容，而"欲"是"情"的表现。

"性"是人生而本有、未经人力修为的材质，《礼论》所讲的"性者，本始材朴"即是此义。"性"不仅是未经人力修为的，而且也是不可以人力修为的。《性恶》讲："凡性者，天之就也，不可学，不可事。""不可学、不可事而在人者，谓之性。"但是，人生而本有，未经人力修为，不可学、不可事的材质不仅仅有情欲这一方面，荀子还将人的感官和心的认识能力也归为"性"。《解蔽》讲："凡以知，人之性也。"承认人天生具有认识事物的能力，这是人之"性"。《性恶》讲："今人之性，目可以见，耳可以听。夫可以见之明不离目，可以听之聪不离耳。目明而耳聪，不可学明矣。"眼睛可以看到事物，耳朵可以听见声音，眼睛的视力和耳朵的听觉不可能通过学习得到，属于人生而所有，不可学、不可事的"性"。

荀子"人之性恶"的判断并非针对人性中所有的方面，他在《性恶》中提出：

> 今人之性，生而有好利焉，顺是，故争夺生而辞让亡焉；生而有疾恶焉，顺是，故残贼生而忠信亡焉；生而有耳目之欲，有好声色焉，顺是，故淫乱生而礼义文理亡焉。然则从人之性，顺人之情，必出于争夺，合于犯分乱理而归于暴。

荀子认为顺从人生而所有的情欲之性会产生人与人之间的争抢掠夺、残杀陷害和淫荡混乱，而丧失推辞谦让、忠诚守信和礼义法度，会出现违背等级名分、扰乱事理的行为而最终导致暴乱。而此篇也明确提出了善恶的标准："凡古今天下之所谓善者，正理平治也；所谓恶者，偏险悖乱也。是善恶之分也矣。"荀子认为顺从情欲之性会产生的行为后果正是"偏险而不正，悖乱而不治"，根据"正理平治"和"偏险悖乱"的善恶标准可以判定人的情欲之性为"恶"。可见荀子对情欲之"性"为"恶"的判断是依照顺性的行为后果和他本人的善恶标准。荀子主张对恶的情欲之性进行矫治，这就是"化性"的问题。

那么，应该如何化性？《性恶》讲："故圣人化性而起伪，伪起而生礼义，礼义生而制法度。然则礼义法度者，是生于圣人之伪，非故生于人之性也。"圣人之性与常人之性并无不同，但是，如《解蔽》所讲，"圣人知心术之患，见蔽塞之祸"，圣人之心可以去除"蔽塞"，从而了解"道"并认可"道"。了解"道"并认可"道"的"心"在情产生后可以发挥选择的思虑功能，圣人将反复思虑和实践的结果制定成为礼义和法度。圣人的"化性"在礼义法度创制之前，而众人之"化性"则需要圣人所创制的礼义法度。《性恶》讲：

> 古者圣王以人之性恶，以为偏险而不正，悖乱而不治，是以为之起礼义，制法度，以矫饰人之情性而正之，以扰化人之情性而导之也。始皆出于治、合于道者也。
>
> 今人之性恶，必将待圣王之治、礼义之化，然后皆出于治，合于善也。

人的好利欲得的本性为恶，顺从本性，人们会为了满足自己的情欲而互相争夺，即使兄弟亦不可免，从而带来混乱和暴虐。这样的人性需要由外在的行为规范去约束、引导、扰化，圣人所创制的礼义法度就能起到这样的“化性”作用，使人与人之间能够互相辞让而不争，人的行为能够合乎礼仪的规定，从而出现社会的治平，这样就能够合于“道”和“善”的标准。荀子认为普通人也具有可以了解仁义法度的资质和可以做到仁义法度的条件，即“可以知仁义法正之质”和“可以能仁义法正之具”，如果普通人能够信服仁义法度而进行学习，专心致志，持之以恒，积累善行而不停止，那就可以成为圣人。普通人可以成为圣人，即“涂之人可以为禹”(《性恶》)。

三、“隆理至法”的治国论

荀子认为，“人之所以为人”的独特性并非在于情欲之性，而在于人“有辨”“有义”“能群”。

> 水火有气而无生，草木有生而无知，禽兽有知而无义，人有气、有生、有知，亦且有义，故最为天下贵也。力不若牛，走不若马，而牛马为用，何也？曰：人能群，彼不能群也。人何以能群？曰：分。分何以能行？曰：义。(《王制》)

> 人之所以为人者，何已也？曰：以其有辨也。……故人道莫不有辨，辨莫大于分，分莫大于礼。(《非相》)

与水、火、草木、禽兽相比，人所以最为尊贵是因为人“有义”。“义”者，宜也，是适当的意思，指人类社会适宜的伦理原则。人能够驾驭比自己强大的生物，因为人“能群”，“能群”指能够形成社会组织。而人能够形成社会组织是因为有“分”，“分”就是等级名分。等级名分能够实行是因为有“义”。“人之所以为人者”在于“有辨”，“辨”意为“区别”。人类社会最重要的区别就是等级名分，而“礼”是等级名分的制度规定。

虽然荀子承认情感和欲望是人的本性，不能被消除，但是，他认为，因为社会的财物有限，而人的欲望无穷，于是就出现了有限的财物和无限的欲望之间的矛盾。荀子以此来解释“礼”的起源。《礼论》讲：

礼起于何也？曰：人生而有欲，欲而不得，则不能无求；求而无度量分界，则不能不争；争则乱，乱则穷。先王恶其乱也，故制礼义以分之，以养人之欲，给人之求，使欲必不穷于物，物必不屈于欲，两者相持而长，是礼之所起也。

人生来就有欲望，欲望如果不能得到满足，就不能不去追求，追求如果没有分量界限，就会产生争斗，争斗就会引起混乱，混乱就会陷入困境。先王于是制定礼义来区分界限，使群体所构成的社会具有贫富、贵贱、长幼、尊卑的等级，将有限的财物按照等级的差别实行有节度的分配。这样，人的欲望和需求可以得到适当的满足，而财物也不会因为满足人的欲望而被耗尽。

所以说，礼同时具有两个方面的功能。一方面可以满足人生来就有的欲望，《礼论》讲："故礼者，养也。"荀子举了很多具体的例子。牛羊狗猪、稻米谷子、五味调料，用来满足嘴的欲望；椒树兰草，气味芳香，用来满足鼻子的欲望；器具上的图案、礼服上的花纹，用来满足眼睛的欲望；钟鼓、管磬、琴瑟、竽笙各种乐器，用来满足耳朵的欲望；通明的房屋、深邃的宫室、蒲草的席子、床铺和几席，用来满足身体的欲望。另一方面，"礼"可以区分上下、贵贱、尊卑、长幼的等级差别，通过等级的区分来节制人的欲望。《礼论》讲："君子既得其养，又好其别。曷谓别？曰：贵贱有等，长幼有差，贫富轻重皆有称者也。"君主在群体中处于最高的、最尊贵的地位，所以按照礼的规定，他的欲望能够得到最大程度的满足，而其他的社会成员也应该按照自己所处的等级适当满足自己的欲望，但不能追求超过自己所处等级的欲望满足。

"礼"是人道的最高标准，《礼论》讲："礼者，人道之极也。"礼也是治国的根本，为政的前提。《天论》讲："国之命在礼。"《议兵》讲："礼者，治辨之极也，强国之本也。"《王制》讲："礼义者，治之始也。""礼"是决定天下、国家治乱的关键。天下、国家重视"礼"、遵从"礼"就能得到治理、安定、存续，怠慢"礼"、不遵从"礼"就会混乱、危险甚至灭亡。《议兵》讲："隆礼贵义者其国治，简礼贱义者其国乱。"《礼论》讲："天下从之者治，不从者乱；从之者安，不从者危；从之者存，不从者亡。"荀子在尊崇"礼"的同时，也重视"法"的作用，《君道》篇讲"法者，治之端也"，"隆礼至法，则国有常"，法，是治国的开端，尊崇礼义，使法制完善，国家就会有秩序。荀子常将礼法并举或连用，有“礼法之枢要”“礼法之大分”（《王霸》），“故学也者，礼法也”（《修身》）的提法。但他认为“礼”高于“法”，“礼”是“法”的总纲或指导原则，“《礼》者，法之大分、类之纲纪也”（《劝学》）。

礼法问题又与王霸问题密切相关。荀子有“隆礼尊贤而王，重法爱民而霸”（《天论》）的主张。他的最高政治理想是称王天下，而称王天下是通过礼实现的，而以法治国至多只能称霸诸侯。荀子澄清了王者、霸者、强者的区别。在政治制度方面，他推崇“王道”，主张施行仁义、遵从礼义，法后王，确定名分，严明赏罚，尚贤使能；在经济方面，他主张要重视农业，减轻赋税，合理利用资源，加强物资流通等，但对“霸道”也有所肯定。

四、“解蔽”与“正名”的认识论

在认识问题上，荀子认为，人天生具有认识事物的能力，而客观事物本身是可以被认识的：“凡以知，人之性也；可以知，物之理也。”（《解蔽》）人的认识能力与客观事物相结合，就产生了认识，“所以知之在人者谓之知，知有所合谓之智”（《正名》）。但是，人们在认识中容易被蒙蔽，“蔽于一曲而暗于大理”。荀子将这些影响正确认识的因素称为“蔽”，“故为蔽：欲为蔽，恶为蔽，始为蔽，终为蔽，远为蔽，近为蔽，博为蔽，浅为蔽，古为蔽，今为蔽”（《解蔽》）。欲望、厌恶会造成蒙蔽，只看到开始、只看到终结、只看到远处、只看到近处都会造成蒙蔽，学识渊博和学识浅薄都会造成蒙蔽，只了解古代和只了解现代都会造成蒙蔽。因此，想要获得正确的认识就需要“解蔽”，而“解蔽”的方法就是“心”的“虚壹而静”。

> 人何以知道？曰：心。心何以知？曰：虚壹而静。心未尝不臧也，然而有所谓虚；心未尝不满也，然而有所谓一；心未尝不动也，然而有所谓静。人生而有知，知而有志。志也者，臧也，然而有所谓虚，不以所已臧害所将受谓之虚。心生而有知，知而有异，异也者，同时兼知之。同时兼知之，两也，然而有所谓一，不以夫一害此

一谓之壹。心，卧则梦，偷则自行，使之则谋。故心未尝不动也，然而有所谓静，不以梦剧乱知谓之静。(《解蔽》)

心中没有不储藏知识的时候，没有不同时认识不同事物的时候，也没有不活动的时候。所谓的"虚"，就是不让心中已经储藏的知识去妨害将要接受的知识；所谓的"一"，就是不让对那一事物的认识来妨害对这一事物的认识；所谓的"静"，就是不让做梦和烦乱的想象扰乱认识。这样的心灵状态就叫"大清明"，可以正确认识万物及其规律。

名实关系亦是当时思想界的重要论题。荀子有著名的《正名》篇，他将名分为"刑名""爵名""文名"和"散名"，前三者无须再讨论，只须遵从先王所定之名即可。"散名"是加诸万物和各种人事之上的"名"，荀子集中探讨了"散名"的问题，详细论述了为何需要命名("所为有名")，命名的根据("所缘以同异")与制名的关键("制名之枢要")等问题。他认为"制名以指实"，就可以明贵贱，别同异，这是需要命名的原因。制定不同的名称的依据来自于"天官"，即人天生具有的感官。人天生的感官具有共同的生理基础，对相同事物的感觉相同，因此以"名"大致地模拟事物人们就可以通晓，"同类同情者，其天官之意物也同；故比方之疑似而通"。因为人的感官和心灵对相同的事物会有相同的感知，对不同的事物会有不同的感知，所以，相同的事物就有了相同的"名"，不同的事物就有了不同的"名"，"同则同之，异则异之"。荀子还提出了"共名""大共名""别名""大别名"的区别。"大共名"是最普遍的"名"，"物也者，大共名也。推而共之，共则有共，至于无共然后止"。"物"是最大的共名，是不断抛弃事物的个性抽象出事物的共性，直至再没有个性可抛弃、没有共性可抽象而得出的概念。"大别名"是大的"类"名，"鸟兽也者，大别名也"。"别名"指个别的"名"，"推而别之，别则有别，至于无别然后止"，这就是后期墨家所说的"私名"。此外，他认为"名"来自于人们的感官和心灵对事物的共同感知基础上的约定俗成，"名无固宜，约之以命，约定俗成谓之宜，异于约则谓之不宜"。这些就是制定名称的关键。虽然名的制定并非非此不可，但是一旦约定俗成，名与实的关系确定，则不可随意变乱。荀子在该篇中对当时思想界流行的探讨形名关系的若干观点进行了分类批评："见侮不辱""圣人不爱己""杀盗非杀人也"，是"用名以乱名"；"山渊平""情欲寡""刍豢不加甘，大钟不加乐"，是"用实以乱名"；"非而谒楹有牛，马非马也"，是"用名以乱实"，他主张"名定而实辨"。

荀子具有广阔的学术视野，他对自己观点的论证常通过对先秦诸子思想的批判而完成，因而，《荀子》中的一些篇章对先秦诸子学说的代表性观点和得失进行了总结和评价，这些文献对先秦诸子思想研究有非常重要的价值。他对天人关系的阐释，对人性和人的本质问题的探究，对礼法关系、王霸关系的思考，对名实关系的解析对中国哲学的发展有重要意义，对中国哲学思想的发展有着长远的影响。

思考题：

1. 辨析荀子的天人观。

2. 比较荀子的"性恶论"与孟子的"性善论"。

3. 解析荀子的礼法观念。

第十章
韩非子的哲学

韩非(约前280—前233)生活于战国末期,历经韩釐王、韩桓惠王、韩王安三个国君在位的时代。《史记·老子韩非列传》讲:“韩非者,韩之诸公子。”“公子”指诸侯之庶子,以区别于世子,也可以用来泛指诸侯之子。韩非的这一身份,使他对韩国的权力斗争的残酷有更深切的感受,对政治现状中的各种复杂问题有更清晰的了解,也使他更为关注韩国的处境和生死存亡的问题。为了改变韩国内政混乱、外遭侵凌、国土日削、濒于危亡的困境,他多次上书韩王表达自己的强国思想,但都未能见用。失望的韩非发愤著书,写成了《孤愤》《五蠹》《内储》《外储》《说林》《说难》等文章。韩非的文章传到了秦国,得到秦王嬴政的赏识。后秦王发兵攻韩,韩非出使秦国。韩非来到秦国却没有得到秦王的信任,反被降罪入狱,后李斯派人送毒药给韩非,韩非被迫自尽于狱中。《韩非子》共五十五篇,基本上能够代表韩非的思想。

一、“道稽万理”的道理论

老子提出“道”是万物的本原,天地万物以“道”为来源,也以“道”为根据。韩非继承了“道”的本原义,并详细阐述了道与万物的关系。

首先,韩非承认“道”为“万物之始”。《主道》讲:“道者,万物之始。”“道”是宇宙的开端,也是万物的来源。

其次,韩非认为“道”是天地万物得以形成并呈现其现有存在状态的原因和根据。《解老》讲:“道者,万物之所然也……道者,万物之所以成也。”“然”是“如此”“这样”之义。无论天地、日月、星辰以及各种自然现象,它们之所以能够具有现存的性质，能够保持其确定的运动规律，都是得“道”的结果；生于天地之间的人类，也是因为得“道”，才能够成就各自的功业。

最后，“道”不仅是万事万物生、成的根据，也是万物死亡和万事衰败的根据。《解老》讲：“万物得之以死，得之以生。万事得之以败，得之以成。”韩非还做了比喻，说“道”像水一样，沉没在水中的人喝得过多因而死亡，快渴死的人适量喝水就能得救；“道”又像剑和戟，愚蠢的人用剑戟来行凶泄怒，就会发生祸害，圣人用剑戟来除暴去害，就会成就幸福。

韩非关于“道”“理”关系的解释是他在中国哲学史上的重大贡献。什么是“理”呢？《解老》讲：

> 理者，成物之文也。……故理之为物之制。
>
> 凡理者，方圆、短长、粗靡、坚脆之分也。故理定而后可得道也。
>
> 凡物之有形者易裁也，易割也。何以论之？有形，则有短长；有短长，则有小大；有小大，则有方圆；有方圆，则有坚脆；有坚脆，则有轻重；有轻重，则有白黑。短长、大小、方圆、坚脆、轻重、白黑之谓理。理定而物易割也。

由此可见，“理”是“成物之文”，是“物之制”，是物在形体上的各种性质，如短长、大小、方圆、坚脆、轻重、白黑等。由于每个物在形体上的性质不同，即具有不同的“理”，一物才能与另一物分别开来，人们才能对不同的物产生认识，这就是“理定而物易割也”“故理定而后可得道也”。当然，在韩非思想中，“理”也具有抽象的法则、规律之义。如韩非常讲“得事理”“因事之理”“缘道理以从事”（《解老》）。《喻老》讲：“事者，为也。”“事”是人类的活动，没有形体，也就没有体现在形体上的各种性质，但是具有不可改变、只能因循的发展进程和趋势。

关于“道”和“理”的关系，韩非解释如下：

> 道者，万物之所然也，万理之所稽也。理者，成物之文也。道者，万物之所以成也。故曰：“道，理之者也。”物有理不可以相薄。

物有理不可以相薄,故理之为物之制。万物各异理,万物各异理而道尽稽万物之理,故不得不化。不得不化,故无常操。

凡道之情,不制不形,柔弱随时,与理相应。

"然"是"如此""这样"之义,韩非认为"道"是万物得以生成并具有现有形态、样貌的原因、依据。"稽"为相合、相同之义。"理"是物在形体上的各种规定性,"理"使不同的事物相区别,可以说,万物之"理"是万物之"然"的主要方面。因为"道",万物有了各自的形态、样貌,也就拥有了各自的"理",万物之"理"与"道"相合。"道,理之者也"就是说"道"使万物具有了各自的"理"。同时,韩非提出"万物各异理而道尽稽万物之理"。"万物各异理",是说每一事物具有各自不同的、确定的"理",而"道尽稽万物之理",是说"道"没有特定的规定性,"无定理",但它又与具体事物各不相同的"理"相合。概括来讲,"道"是万物形成以及各有其"理"的根据,而万物之"理"是"道"在"物"的体现,"道"与"理"具有双向的一致性("稽"与"所稽")。"理"是事物特殊的形式和规律,每一事物具有各自不同的、确定的"理",而道是每一事物具有特定形式和规律的原因和根据,它与具体事物的不同的形式和规律相合,所以"不得不化"。

二、好利、自为的人性论

人性问题发端于春秋末期,在战国中期以后成为诸子共同关心的问题。《解老》讲:"人无愚智,莫不有趋舍。""趋舍"即取舍,引申为好恶。韩非认为无论是愚笨之人还是聪明之人,都有好恶。具体来看,就是好利恶害、就利去害、恶劳乐逸。《难二》讲:"好利恶害,夫人之所有也。"《奸劫弑臣》讲:"夫安利者就之,危害者去之,此人之情也。"《心度》篇讲:"夫民之性,恶劳而乐佚。"《外储说左上》说人"皆挟自为心"。"自为"出自《慎子》,意为为自己打算,是自利、为己的意思。概括来讲,韩非所持的是好利、自为的人性论。

许多学者认为韩非同荀子一样主张人性恶,实际上,他只是对人性进行事实判断,并没有给予人性以善恶评价。韩非认为在现实社会中有的人和有的行为被评价为善，有的人和有的行为被评价为恶，但实际上所谓的善人和恶人都是好利、自为之人，所谓的善的行为和恶的行为都是源于行为者的好利本性。《备内》篇举例说，医生为救人“吮人之伤”“含人之血”，卖车的人希望人们富贵，这应该是“仁”和“善”；做棺材的匠人希望他人早死，后妃、夫人、太子希望君主早死，这应是“不仁”，是“恶”，但在韩非看来这些人均是为了获得自己的利益而已。

荀子认为“好利”“疾恶”的情欲之性为恶，主张通过礼义法度对人性进行矫治，这就是“化性”。韩非并不认为“好利恶害”“自为”为恶，也就不要求改变人的这一本性，而主张“因人情”，即顺应和利用人的好利、自为的本性。荀子认为顺着人的情感和欲望会带来人与人之间的争夺、欺诈，从而引起社会的混乱；韩非则认为承认人好利自为的本性，可以建立人与人之间的互利合作关系，而否认这一点，要求别人利他，则会带来人与人之间的矛盾。韩非在《外储说左上》中用父母和子女的谯、怨和雇佣农民与主人的合作来说明这一观点。如果怀有“相为”“为他”的想法而要求他人“为我”，即使是至亲的父母与子女都会因为对方不能满足自己的要求而互相埋怨。相反，主人雇用雇工来播种耕耘，主人为雇工提供美食和优厚的报酬，雇工卖力地耕作。主人和雇工之间并没有父子之间的爱，二者均以利己为目的，却可以建立和平友善、为他人利益着想的合作关系。

更为重要的是，好利、自为的人性论是韩非法治主张的基础。韩非认为要依据人的好利、自为本性制定赏罚制度。《八经》讲：“凡治天下，必因人情。人情者，有好恶，故赏罚可用。”“因”是凭借、利用之义。要治理好天下，必须凭借和利用人好利恶害的本性。因为人有好恶，喜好利禄而厌恶刑罚，所以奖赏和刑罚就可以发挥其激励和禁止的作用。《难一》讲：“设民所欲以求其功，故为爵禄以劝之；设民所恶以禁其奸，故为刑罚以威之。”《制分》讲：“民者好利禄而恶刑罚。上掌好恶以御民力，事实不宜失矣。”通过赏罚对个人求利的行为进行引导，对增进国家利益的行为进行奖赏，对损害国家利益的行为进行惩罚，这样就可以使个人的求利行为为增进国家和君主的利益服务。

三、“世异则事异”的历史观

关于历史的变化，商鞅有“上世”“中世”“下世”的“三世说”，韩非在《五蠹》中也提出了类似的“三世说”，他称之为“上古之世”“中古之世”和“近古之世”。韩非关于“三世”特征的概括聚焦于不同时代人类所面临的问题以及解决问题的方式。“上古之世”的问题在于“人民少而禽兽众，人民不胜禽兽虫蛇”以及“民食果蓏蚌蛤，腥臊恶臭而伤害腹胃，民多疾病”，解决的方式为“构木为巢”和“钻燧取火”。“中古之世”的主要问题是“天下大水”，解决方式为“决渎”。“近古之世”的主要问题是“桀、纣暴乱”，解决方式是对暴君进行“征伐”。韩非在“上古之世”“中古之世”和“近古之世”之后讲道：

> 今有构木钻燧于夏后氏世者，必为鲧、禹笑矣；有决渎于殷、周之世者，必为汤、武笑矣。然则今有美尧、舜、汤、武、禹之道于当今之世者，必为新圣笑矣。

对照可知，“上古之世”是有巢氏和燧人氏的时代，“中古之世”是“夏后氏世”，“近古之世”指“殷、周之世”，而韩非所生活的时代为“当今之世”。不同时代人类社会所面临的问题不同，解决问题的方式不同，这就是《五蠹》中所讲的“事因于世，而备适于事”“世异则事异”“事异则备变”。在不同的时代，人们的价值观念也不同。《五蠹》中有“上古竞于道德，中世逐于智谋，当今争于气力”，《八说》中有“古人亟于德，中世逐于智，当今争于力”。古代的人在道德上互相竞争，中世之人在智谋上互相较量，而当今的时代则成为弱肉强食的力量之争。

“世异则事异”的历史观也是韩非变法主张的基础。社会处于变化之中，治理方式和社会制度应根据时代的不同、社会问题的差异而改变。《五蠹》讲：“不期修古，不法常可，论世之事，因为之备。”《心度》讲：“法与时移而禁与能变。”因为韩非所处的时代正在经历一场社会的大变革，所以旧的治理方式和社会制度必然不能解决新的社会问题，需要采用新的治理方式，制定新的社会制度。在已经发生变化的新时代固守旧有的解决社会问题的方式是极其可笑的，就如前文所讲的“构木钻燧于夏后氏世者”“决渎于殷、周之世者”，亦如“守株待兔”的宋人和“反归取度”的郑人。《五蠹》中就断言：“今欲以先王之政，治当世之民，皆守株之类也。”《外储说左上》也讲：“夫不适国事而谋先王，皆归取度者也。”他所批评的不适合新时代的旧的治理方式和社会制度是指儒家所提倡的仁义之治、礼治。

四、认识与参验

韩非特别重视认识问题，他肯定人的认识能力，探讨了如何保持和充分发挥人的认识能力以获得正确的认识，并提出了检验认识是否正确的方法。

人的认识能力是产生认识的条件，韩非在《解老》中对于人的认识能力有如下的论述：“聪明睿智，天也。动静思虑，人也。人也者，乘于天明以视，寄于天聪以听，托于天智以思虑。”人作为认识主体具有天生的认识能力，即“聪明睿智”。人的认识能力包括耳目等感官所具有的感性认识能力和心灵所具有的理性思维能力。韩非认为要保持感官和心灵的认识能力，就要避免对感官和心灵的过度使用。如果眼睛看得太多，就会不明，不明就不能分黑白，这就是盲；耳朵听得太多，就会不聪，不聪就不能分辨声音，这就是聋；人心思虑太多，智识就会混乱，智识混乱就不能审明得失，这就是狂。也就是说，对于人的认识能力的过度使用会导致认识能力的丧失。所以，要“不极聪明之力，不尽智识之任”，要“爱其精神”，要用神“静”，要避免“费神多”。

人把自身具有的认识能力与外物即认识对象相接从而产生认识，这是认识活动中的主体和客体两个方面，二者缺一不可，所以韩非反对“前识”，《解老》云：“先物行先理动之谓前识。前识者，无缘而妄意度也。”“前识”就是人的认识能力离开外在的认识对象而产生的纯粹的主观臆测。韩非以詹何听牛叫而判断“黑牛而白在其角”为例进行说明。詹何并没有看到牛而判定黑牛以白布裹其角，就是“前识”。这样产生的认识不能够符合事物的真实情况，即使有詹何似的本领而能偶然地达到符合，同把人的认识能力与外在事物相接而得到的认识相比是“华而不实”“苦心伤神”，“苦心伤神”就是不“静”，会伤害人的认识能力。

韩非思想中有关于名实问题的讨论。《扬権》讲道："用一之道，以名为首，名正物定，名倚物徙。""一"指"道"，"名"是事物的名称。"用一之道，以名为首"意为运用"道"的方法，应将确定名称置于首要的地位。所谓"名正"就是指一个"名"能够符合它所指称的实在之物，正确反映物的特征，就是指"名"与"实"相符。名称端正，那么它所指称的事物也就能够确定；名称出现偏差，那么它所指称的事物也就游移不定。因此，韩非十分重视检验"名"是否与"实"相符这一问题。《二柄》说："人主将欲禁奸，则审合刑名。刑名者，言与事也。""刑"通"形"，"形"是物的形体、形象、形态，也泛指实在之物，一般认为与"实"所指相同。那么，"审合刑名"也就是检验"名"是否与"实"相符。"刑名者，言与事也"是说"言"为"名"，"事"为"形"。可见，在韩非思想中，"名"不仅指事物的名称，也可泛指一切言论，因此，"审合刑名"也可理解为检验人的主观的言论是否符合客观事物。如果"形"与"名"、"言"与"事"相符则此"名"为是，此言论为真，如果"形"与"名"、"言"与"事"不符，则此"名"为非，此"言"为假，正如《奸劫弑臣》篇所讲的"循名实以定是非"。"审合刑名""循名实以定是非"也可引申为检验认识的真伪。

"审合刑名"，检验"名"是否与"实"相符是判断是非的途径，但又需回答如何检验"名"是否与"实"相符的问题。韩非主张单凭言论本身无法判断其是否符合实际、是否正确，而要将多方面的情况排列在一起进行比较研究来加以验证，这就是《奸劫弑臣》所讲的"因参验而审言辞"，《扬権》所讲的"参伍比物"，《备内》所讲的"偶参伍之验，以责陈言之实"。而验证的标准是实践中的功效。《六反》讲，在人们睡眠之时，无法区别谁是盲人；在人们沉默的时候，哑巴也不易被发现。但是，如果让他们看东西，提问题要他们回答，盲人和哑巴便无法掩饰。《显学》篇也举例说明，凭借查看铸剑时掺的锡和铸剑时炉火的颜色，区冶也不能判定剑的好坏；用剑来斩杀鹄雁和驹马，那么臧获就可确定剑的钝利。凭借察见马的牙齿外表，伯乐也不能确定马的优劣，可是，只要让马驾车，臧获也能判定它的优劣。概括来讲，韩非主张通过"参验"的方法判定言论的真伪，而验证的标准是实践中的功效。

五、法、术、势一体的治国论

战国初期、中期的法家被称为“前期法家”，包括重势的慎到、重法的商鞅和重术的申不害。韩非认为法、术、势三者均是不可或缺的治国的工具。韩非讲：

> 今申不害言术，而公孙鞅为法。术者，因任而授官，循名而责实，操杀生之柄，课群臣之能者也，此人主之所执也。法者，宪令著于官府，刑罚必于民心，赏存乎慎法，而罚加乎奸令者也，此臣之所师也。君无术则弊于上，臣无法则乱于下，此不可一无，皆帝王之具也。(《定法》)
>
> 抱法处势则治，背法去势则乱。(《难势》)

“法”是一种公布的成文法，是人们应该遵守的行为准则和施行赏罚的依据，由官府颁行，为民众广泛知晓。关于立法权的归属，《饰邪》讲“君之立法”，《守道》讲“圣王之立法”，《用人》讲“明主立可为之赏，设可避之罚”，从这些材料可以看到，韩非肯定立法权为君主所掌握。但是，“法”的制定并非完全出自君主的主观意志，而应该体现“道”和“理”，应该满足合于时势、利多弊少、可行有效等条件。法具有普遍适用性，臣民无论贵贱均需接受法律的制约。同时，法在执行中对臣民没有偏私，法令面前人人平等。《有度》讲：“法不阿贵，绳不挠曲。法之所加，智者弗能辞，辩者弗敢争。刑过不避大臣，赏善不遗匹夫。”《主道》云：“是故诚有功则虽疏贱必赏；诚有过则虽近爱必诛。”法不迁就权贵，不歧视贫贱，不问等级地位，一律以法为依据进行赏罚。即使是尊贵的大臣，其行为按照法律应该受刑也必须执行，即使是地位低下的匹夫，其行为按照法律应该受赏也不会被遗漏。

“术”是君主用来任用、考核进而控制臣下的方法。“术”的使用首先需要依照臣下的能力授予他与其能力相适应的官职，也就是“因任而授官”，然后按照所授官职(名)相应的职责去要求担任这一官职的臣下的行为，这就是“循名责实”，并按照“循名责实”的结果决定赏罚。韩非批评申不害虽然重术，但不擅长用法，忽视了法的统一性。韩国是三家分晋而建立的国家。晋国的旧法和先君之令没有废除，又制定了韩国的新法和新君之令。法令不统一，为奸臣们提供了通过旧法和新法的相互对立、前后政令的相互违背来谋求私利的机会。那么申不害即使以十倍的努力让韩昭侯运用术治，奸臣们仍然有办法利用言辞进行诡辩。他又批评商鞅“徒法而无术”，无法识别奸臣，通过法治而获得的秦国国富民强不过是帮助群臣增加了财富和权势，所以凭借强秦雄厚的实力，几十年还没有成就帝王的霸业。

“势”指君主由于其所处的地位而拥有的权力和权势，以赏罚权为主要内容。韩非在《难势》中阐发了“势”对于君主治国的重要性。现实政治中的君主多为中等的资质，“势”就是为资质中等的君主服务的。资质中等的君主如果坚守法度、掌握权势，就可以把国家治理好；如果背离法度、丢掉权势，就会使国家陷于混乱。因此，君主是否掌握“势”与国家治乱有直接关系，“势”足以保证中等资质的君主治理好国家，也就是“势之足用”。

韩非不仅是集法家思想之大成者，而且在批评各家思想的同时也有吸收。韩非揭露了人好利恶害、自为的本性，撕掉了人与人关系中温情的面纱；他论证了君主的至上地位，教给君主因势用术；他高举法的权威，批评仁义礼治。他的思想在秦朝得以实践，而用韩非之术的秦朝却二代而亡；汉代以后儒家思想占统治地位，而韩非思想与儒家思想不合。因此，历代学者对韩非其人及其思想的评价争议颇多。

思考题：

1. 解析韩非思想中道与理的关系。
2. 比较韩非与荀子的人性论。
3. 解析韩非思想中法、术、势之间的关系。

第二编

汉至唐代的哲学

第十一章
汉初的哲学思想

经过多年的战争,公元前 202 年,汉高祖刘邦统一中国,建立汉朝。汉朝是在秦朝灭亡的基础上建立起来的。秦朝的迅速灭亡给汉朝统治者以极大的教训。因此,采取什么样的统治政策才能长治久安便是当时统治阶级和知识分子不得不思考的问题。汉初的黄老思想和儒家思想就是在这种情况下兴起的。

一、汉初的黄老思想

汉代初年,黄老道家思想受到统治者的推崇,成为当时治理国家的指导思想。所谓"黄老",顾名思义,指的就是黄帝和老子。其在当时的代表人物有盖公和曹参。曹参在刘邦建立汉朝的过程中立下了赫赫战功。汉惠帝时,曹参出任齐相。当时曹参并不知道如何治理齐国,于是他询问了很多儒生。但儒生的意见并不统一,让他不知所措。在这种情况下,曹参听说胶西有一个精通黄老学的学者盖公,于是派人以重金请他来齐国。见了盖公之后,盖公给曹参的建议是"治道贵清静而民自定,推此类具言之"。听从了盖公的建议以后,曹参以黄老之术来治理齐国,结果取得了很好的效果,"相齐九年,齐国安集,大称贤相"(《史记・曹相国世家》)。根据司马迁所说,盖公所传渊源有自:"乐臣公学黄帝、老子,其本师号曰河上丈人,不知其所出。河上丈人教安期生,安期生教毛翕公,毛翕公教乐瑕公,乐瑕公教乐臣公,乐臣公教盖公。盖公教于齐高密、胶西,为曹相国师。"(《史记・乐毅列传》)可见,盖公的黄老学可以追溯到战国时期的河上丈人。盖公的主要思想"治道贵清静而民自定”显然源自《老子》“我无为而民自化，我好静而民自正”的思想。萧何去世以后，曹参继任为汉朝相国，一切皆遵循萧何所制定的法规，无所变更，也取得了很好的成绩。司马迁称赞说：“参为汉相国，清静极言合道。然百姓离秦之酷后，参与休息无为，故天下俱称其美矣。”（《史记·曹相国世家》）

汉惠帝之后，文帝、景帝以及窦太后皆推崇黄老之学。《史记·外戚世家》说：“窦太后好黄帝、老子言，帝及太子、诸窦不得不读黄帝、老子，尊其术。”窦太后是汉景帝的母亲，由于其喜好黄老之学，所以，对于当时的统治政策产生了重要影响。汉景帝时，发生了一场儒道之间的辩论。当时代表道家的学者黄生认为，汤、武取得天下并非天命所授，而是以下弑上、大逆不道的结果。代表儒家的学者辕固生则认为，桀、纣暴虐，失去民心，而汤、武则受到天下老百姓的拥护。汤、武顺应民心取得天下，显然是天命所授。黄生反驳道：君臣有着严格的上下之分。桀、纣虽然失道，但仍是君上；汤、武虽然有德，但仍是臣下。君上有过错，臣下不能匡正，反而诛杀君上，代为天子，这难道不是以下弑上吗？辕固生说，如果按照这种说法，那么汉高祖取代秦朝而为天子也就变得不合法了。在这种相持的局面下，汉景帝出面调停说：“食肉不食马肝，不为不知味；言学者无言汤武受命，不为愚。”（《史记·儒林列传》）于是这件事情就这样结束了。可见，当时儒家学者强调的是革命思想，黄老道家强调的则是名分思想。后者显然更符合统治阶级的利益。因此，辕固生在窦太后面前嘲笑黄老道家为“家人言”的时候，惹怒了窦太后。窦太后让辕固生徒手刺猪，最后辕固生还是在汉景帝的帮助下才保全了性命。

关于黄老道家的思想特征，司马谈《论六家要旨》说：

> 道家无为，又曰无不为，其实易行，其辞难知。其术以虚无为本，以因循为用。无成势，无常形，故能究万物之情。不为物先，不为物后，故能为万物主。有法无法，因时为业；有度无度，因物与合。故曰“圣人不朽，时变是守。虚者道之常也，因者君之纲”也。群臣并至，使各自明也。（《史记·太史公自序》）

这是说，道家以“无为”的方式取得“无不为”的效果。其推行起来容易，但要真正了解它却很难。其主要特征是“以虚无为本，以因循为用”。“虚无”指的是“道”，“因循”指的是“道”的运用。对于外在形势，不要先存固执之见，这样才能探究到万物的实际情况。对于外界的事物，不要提前或靠后做出判断，而是要根据事物的发展客观地得出准确的结论，这样才能真正地认识万物。不管是已有的法则还是没有形成的法则，都要以客观的形势和事物为依据。只有遵循“道”的要求，君主才能治理好国家。可以看出，黄老道家在《老子》思想的基础上更加强调“因”和“时”的作用。

根据班固《汉书·艺文志》的记载，当时黄老道家的著作很多，但大多都已佚失。1973年，湖南长沙马王堆汉墓出土了《经法》《十大经》《称》《道原》等道家类文献。学者们经过考证，认为它们很可能就是《汉书·艺文志》所记载的“黄帝四经”。从马王堆帛书《经法》等篇的内容来看，其与司马谈所说的黄老道家思想有着高度的契合。如其强调“道”与“法”的结合，“道生法。法者，引得失以绳，而明曲直者也”(《经法·道法》)；强调“无为”对于治理国家的作用，“故执道者之观于天下也，无执也，无处也，无为也，无私也”(《经法·道法》)。强调“因”的重要作用，“天地刑之，圣人因而成之”(《十大经·兵容》)；强调“形名”的重要性，“是故天下有事，无不自为形名声号矣。形名已立，声号已建，则无所逃迹匿正矣”(《经法·道法》)。除此之外，“黄帝四经”还融入了大量的阴阳家思想。这些思想都符合司马谈所说的黄老道家“因阴阳之大顺，采儒墨之善，撮名法之要”的思想特征。

汉初推行的黄老道家统治思想，在当时达到了良好的效果。经过数十年的发展，政治社会稳定，经济繁荣，人民安居乐业，出现了“文景之治”的盛世景象。

二、陆贾

汉代初期，黄老道家思想虽然受到当时统治者的青睐，成为治理国家的指导思想，但儒家思想并未消失。相反，其在当时也有着广泛的影响。陆贾、贾谊便是当时最有代表性的思想家。

陆贾(约前240—约前170),楚人,西汉初期著名的思想家。曾辅助汉高祖平定天下。汉朝建立之后,又出使南越,使南越王归附汉朝。其主要著作有《新语》和《楚汉春秋》。

对于《新语》的写作缘起,《史记》有着明确的记载:在汉高祖统一天下之后,陆贾经常在高祖面前称赞《诗》《书》。陆贾的这一举动引起了高祖的不满,于是骂陆贾说:"乃公居马上而得之,安事《诗》《书》!"陆贾反驳说:"居马上得之,宁可以马上治之乎?且汤武逆取而以顺守之,文武并用,长久之术也。"(《郦生陆贾列传》)陆贾认为,高祖虽然通过武力取得天下,但并不能通过武力治理天下。在取得天下之后,必须要以文德来治理,这样才是长久之计。陆贾还向高祖举了吴王夫差、智伯以及秦朝的例子来加以说明。并反问高祖说:"向使秦已并天下,行仁义,法先圣,陛下安得而有之?"高祖听了之后虽然不高兴,但还是觉得陆贾说得有道理。于是高祖就让陆贾把秦亡汉兴以及古代国家成败的经验教训写出来,这就是《新语》十二篇。可以看出,陆贾之所以著《新语》是为了总结历代兴亡特别是秦代二世而亡的经验教训,为汉代的国家治理提供借鉴。陆贾认为政权可以通过武力的方式取得,但取得政权以后就必须通过文德来治理。秦代快速灭亡的主要原因就在于其统一中国后仍然一味推行严刑峻法,而没有"行仁义,法先圣"。

在总结秦亡教训的基础上,陆贾特别强调仁义对于治理国家的重要性。他说:"故圣人怀仁仗义,分明纤微,忖度天地,危而不倾,佚而不乱者,仁义之所治也。""守国者以仁坚固,佐君者以义不倾,君以仁治,臣以义平。""仁者道之纪,义者圣之学。学之者明,失之者昏,背之者亡。"(《新语·道基》)仁义是治理国家的法宝。如果统治者能够按照仁义来治理国家,则国家安定昌盛;否则,国家则会昏乱灭亡。所以他说:"齐桓公尚德以霸,秦二世尚刑而亡。"(《新语·道基》)可见,陆贾所说的"仁义"就是孔子所讲的"道之以德,齐之以礼";其所说的"刑法"就是孔子所讲的"道之以政,齐之以刑"。

陆贾还从"道术"的角度来论证仁义的合理性。在陆贾看来,天地生养万物之后,出现了人类,然后才有"道术"的产生。"道术"可以分为三个阶段:第一阶段是"先圣"时期,其主要包含伏羲制作八卦,规定人伦法则,"民始开悟,知有父子之亲,君臣之义,夫妇之别,长幼之序。于是百官立,王道乃生”。但这一时期的缺点是“民知畏法,而无礼义”。第二阶段是“中圣”时期。为了解决第一阶段的缺点,这一时期圣人设立学校教育机构,使老百姓能够明白“父子之礼,君臣之义”。但是后来“礼义不行,纲纪不立”,于是有了第三阶段的“后圣”时期。这一时期圣人的主要功绩是“定五经,明六艺”。到了后来社会又出现了混乱情况,于是又需要圣人加以救治。因此,陆贾认为圣人的作用非常重要,其可以与天、地相并立。与天生万物、地养万物相比,圣人的作用是成就万物,具体来说,就是“统物通变,治情性,显仁义”(《新语·道基》)。可见,彰显仁义是圣人成就万物的主要方面之一。

除了仁义外,陆贾还讲无为,并把其作为最高的政治理想。他说:“道莫大于无为,行莫大于谨敬。何以言之?昔舜治天下也,弹五弦之琴,歌《南风》之诗,寂若无治国之意,漠若无忧天下之心,然而天下大治。”(《新语·无为》)在陆贾看来,只有通过无为的方式才能使得国家大治。否则,如果治理过于有为,就会出现像秦朝那样的国家混乱。“秦始皇设刑罚,为车裂之诛,以敛奸邪,筑长城于戎境,以备胡越,征大吞小,威震天下,将帅横行,以服外国。蒙恬讨乱于外,李斯治法于内,事逾烦天下逾乱,法逾滋而天下逾炽,兵马益设而敌人逾多。秦非不欲治也,然失之者,乃举措太众、刑罚太极故也。”(《新语·无为》)对于无为所达到的理想政治,陆贾描述道:“是以君子之为治也,块然若无事,寂然若无声,官府若无吏,亭落若无民,闾里不讼于巷,老幼不愁于庭,近者无所议,远者无所听。”(《新语·至德》)可以看出,陆贾的无为并非没有政府,不设官吏,而是让政府对于老百姓不要有过多的干预。只有这样,才能无为而无不为,从而把国家治理好。

可见,陆贾既提倡仁义,又主张无为,是一位综合儒道的思想家。这与其所处的时代环境有着密切关系。

三、贾谊

贾谊(前200—前168),洛阳人,汉初著名的政论家、文学家、思想家。贾谊自幼聪慧,十八岁便以能诵诗著书闻名于当地。后来因为“颇通诸子百家之书”,被汉文帝召为博士。在朝廷参加议论,很多老先生不能回答,而贾谊能对答如流。从而得到汉文帝的喜爱，一年便升迁为太中大夫。贾谊还提出了很多改革的措施，遭到了很多守旧大臣的排挤，于是他被贬为长沙王太傅，最后郁郁而终，年仅三十三岁。贾谊的著作主要有《鵩鸟赋》《治安策》《过秦论》等，后人将其编为《新书》。

对于秦朝灭亡的经验教训，贾谊也有着深刻的认识。在《过秦论》中，贾谊对于秦朝兴亡作了深入的分析。在贾谊看来，秦朝之所以迅速灭亡，在于其"仁义不施，攻守之势异也"。即在取得天下以后，秦王仍"怀贪鄙之心，行自奋之智，不信功臣，不亲士民，废王道而立私爱，焚文书而酷刑法，先诈力而后仁义，以暴虐为天下始"。因此，其灭亡是必然的。在贾谊看来，取天下与守天下是不同的，前者要依靠"诈力"，后者则以"顺权"为主。从贾谊的论述来看，其说的"顺权"就是儒家的仁义政策。这也就是陆贾所说的"逆取而以顺守之"。

在分析秦亡的教训过程中，贾谊还认识到人民的重要性，提出了民为国家之本的思想。他说："闻之于政也，民无不为本也。国以为本，君以为本，吏以为本。故国以民为安危，君以民为威侮，吏以民为贵贱。此之谓民无不为本也。"(《新书・大政上》)这是说，人民群众是政治的根本、国家的根本、君主的根本、官吏的根本。其不但关系到国家的安危，而且关系到君主的尊辱、官吏的贵贱。与人民群众为敌者，必然为人民群众所唾弃，"与民为敌者，民必胜之"。因此，贾谊说："夫民者，万世之本，不可欺。凡居上位者，简士苦民者是谓愚，敬士爱民者是谓智。"(《新书・大政上》)

贾谊虽然看到了人民的重要性，但他认为人民是愚昧的、没有知识的，需要统治者的教化才能改变其愚昧的一面。他说："夫民之为言也，瞑也；萌之为言也，盲也。故惟上之所扶而以之，民无不化也，故曰民萌。""故夫民者虽愚也，明上选吏焉，必使民与焉。"(《新书・大政下》)这实际上强调了统治者对于人民的引导，从另一方面又否定了人民的力量。因此，贾谊又说："君能为善，则吏必能为善矣；吏能为善，则民必能为善矣。"(《新书・大政上》)

贾谊在总结秦亡的教训的过程中，认识到了仁义礼乐和刑罚法令两种治国政策所带来的不同结果。他说："汤、武置天下于仁义礼乐，而德泽恰，禽兽草木广裕，德被蛮貊四夷，累子孙数十世，此天下所共闻也。秦王置天下于法令刑罚，德泽亡一有，而怨毒盈于世，下憎恶之如仇雠，祸几及身，子孙诛绝，此天下之所共见也。”（《汉书·贾谊传》）因此，贾谊特别强调仁义礼乐对于治理国家的重要性，但其并不完全否定刑罚法令在治理国家中的作用。对于礼与法的关系，贾谊说：

> 夫礼者禁于将然之前，而法者禁于已然之后，是故法之所用易见，而礼之所为生难知也。若夫庆赏以劝善，刑罚以惩恶，先王执此之政，坚如金石，行此之令，信如四时，据此之公，无私如天地耳，岂顾不用哉？然而礼云礼云者，贵绝恶于未萌，而起教于微眇，使民日迁善远罪而不自知也。（《汉书·贾谊传》）

礼的作用是防患于未然，法的作用则是惩恶于已然之后。因此，法的作用显而易见，礼的作用难以察知。但礼和法所带来的效果却截然不同，礼能够让人民心悦诚服，法则只能带来人民的怨恨和背叛。贾谊说：“人主之所积，在其取舍。以礼义治之者，积礼义；以刑罚治之者，积刑罚。刑罚积而民怨背，礼义积而民和亲。”虽然刑法有着种种弊端，但贾谊认为其对于治理国家也是必不可少的。他说：“仁义恩厚，此人主之芒刃也；权势法制，此人主之斤斧也。”（《新书·制不定》）

在《鹏鸟赋》中，贾谊阐述了他的朴素唯物主义和辩证法思想。在贾谊看来，宇宙万物都是自然界变化的结果。他说：“且夫天地为炉兮，造化为工；阴阳为炭兮，万物为铜。合散消息兮，安有常则；千变万化兮，未始有极。”天地好比大炉，自然界好比工人，阴阳好比炭，万物好比冶炼出来的铜。贾谊用这些比喻意在说明万物都是自然界作用下的产物。自然界的变化无穷无尽，也没有什么固定的规则。因此贾谊又说：“万物变化兮，固无消息”“形气转续兮，化变而嬗”。可见，自然界万物的变化，不过就是“形气”的不断转化。这里“形气”指的就是阴阳二气。在肯定了自然界变化的同时，贾谊还看到了宇宙万物之间的对立统一关系。如其说：“祸兮福所倚，福兮祸所伏；忧喜聚门兮，吉凶同域。”这是说，宇宙间任何事物都有其对立面，对立的双方相互依存、相互转化、相互统一，缺少任何一方都不能单独存在。这显然是对《老子》辩证法思想的继承。

在《六术》《道德说》等篇中，贾谊还论述了他的“德有六理”思想。在贾谊看来，“德”包含“道”“德”“性”“神”“明”“命”六个方面，此即“德有六理”。“德”是万物之根本，一切万物皆生于“德”，“诸生者，皆生于德之所生”。（《新书·道德说》）这里的“德”是总名，包含“道”“德”等“六理”。在“德”生成万物的过程中，“六理”皆不可少，“六理，德之所以生阴阳、天地、人与万物也”。在“六理”中，“道”居于首要地位，“德”“性”等“五理”皆由“道”生出。但“道”本身是无形无象、神妙难测的，“道者无形，平和而神”。如果说“道”是无形的，那么“德”则是“离无而之有”。“德”是“道”的具体落实，“道”必须通过“德”来发生作用，“道虽神，必载于德”，“德者，变及物理之所出也”。“性”“神”“明”“命”则是“道”“德”所生出的万物的特征的不同方面。非但万物由“德”生出，仁义等道德规范也是由“德”生出的，“仁者，德之出也；义者，德之理也。”除了“六理”思想外，贾谊还提出了一系列“以六为度”的思想，如“六术”“六行”“六美”等，这应该受到了秦朝“数以六为纪”思想的影响。

可以看出，与陆贾一样，贾谊的思想也反映了秦汉之际儒家对于当时社会问题的积极探索。但他们二人都未建立起一套成熟的哲学体系。这一任务是由董仲舒完成的。

思考题：

1. 试述汉初黄老思想的主要内容。
2. 试述陆贾的仁义思想。
3. 试述贾谊的礼、法思想。

第十二章
董仲舒的哲学

董仲舒(约前179—约前104),广川(今河北省景县)人,汉代著名的哲学家、思想家。董仲舒自幼好学,史称其"三年不窥园"。汉景帝时,被封为《春秋》博士。汉武帝即位以后,诏举贤良文学之士,董仲舒以著名的"天人三策"博得了武帝的赏识。董仲舒晚年以修学著书为业。国家如有大事,常常向董仲舒询问,董仲舒皆能提出很好的建议,深得汉武帝的称赞。

董仲舒的著作,据《汉书》本传,包括明经术之意、上疏条教的一百二十三篇。此外,又有阐明《春秋》得失的《闻举》《玉杯》《蕃露》等数十篇。后来被人编为《春秋繁露》一书。

一、"万物非天不生"的宇宙论

在董仲舒哲学中,"天"无疑居于核心地位。"天"是宇宙万物的根本。如果离开"天",则宇宙万物就不能产生。"天者,万物之祖,万物非天不生。"(《春秋繁露·顺命》)单独的阴气和单独的阳气都不能产生出宇宙万物,它们只有和"天"结合,才能生出宇宙万物。天与宇宙万物的关系,就像父与子的关系一样。他说:"为人者天也。人之为人本于天,天亦人之曾祖父也。"(《春秋繁露·为人者天》)

在董仲舒看来,"天"有十个方面的基本内容,即"十端"。具体来说,就是天、地、阴、阳、火、金、木、水、土及人。不难看出,这十个方面实际上可以分为天、地、人"三才"和阴阳、五行等三个部分。虽然表面上看,这十个方面似乎处于平行地位,但实际上它们之间有一个先后分化的关系。董仲舒说:

“天地之气，合而为一，分为阴阳，判为四时，列为五行。”(《春秋繁露·五行相生》)所谓“天地之气，合而为一”，是指尚未分化的“气”，即“元气”。阴阳、五行都是从“元气”分化出来的，它们的运行体现了天道的变化。在董仲舒看来，天道的变化，体现在阴阳两个方面。阴阳二气，处于相反的位置。阳气的运行从东北方向开始，然后南行，到达它的位置。然后向西转北，停止不动。阴气则从东南方向出发，向北运行，达到它的位置。然后向西转南，隐蔽不见。与四季相配，阳气盛于春夏，阴气形于秋冬。虽然阴阳二气都体现了天道的变化，但二者的作用是不同的。阳气处于主要的、实在的地位，而阴气则处于辅助的、空虚的位置。这体现了天道“任阳不任阴”的要求。

五行也是天道的一个重要内容。董仲舒说：“天有五行，一曰木，二曰火，三曰土，四曰金，五曰水。木，五行之始也；水，五行之终也；土，五行之中也。此其天次之序也。”(《春秋繁露·五行之义》)木、火、土、金、水五行都为“天”所有。五行之间的关系有两种：一种是相生关系，一种是相胜关系。所谓“相生”就是木生火，火生土，土生金，金生水，水生木。这种次序是由“天”规定的。所谓“相胜”则是指木克土，土克水，水克火，火克金，金克木。在董仲舒看来，五行相生的关系就如同父子之间的关系。具体来讲，“木生火”，木为父，火为子。“火生土”，则火为父，土为子。其余依次类推。父处于支配的地位，子处于被支配的地位，这是“天道”的规定。在五行中，土居于最尊贵的地位，“五行莫贵于土”。因此，在与四时相配的关系上，土与其他四行完全不同。其他四行都有具体对应的季节，如木主春，火主夏，金主秋，水主冬。土虽不居于四季的任何一季，实则对四季皆发生作用。五行虽然主宰四季的运行，但其还要服从阴阳二气的支配。

“天有十端”的最后一“端”是“人”。董仲舒认为，宇宙万物都是从“天”生出来的，但“人”在宇宙万物中有着非常独特的地位，能够超然万物之上，“最为天下贵”。

在董仲舒看来，“天”不仅仅是指自然界的天道变化，更重要的是指具有意志、有目的的宗教神。他说，天是众神中的最高神。如果祭祀“天”的礼节不完备的话，那么祭祀再多的众神也没有任何意义。

道家认为，“道”是宇宙万物的本体，董仲舒则认为“道”也是出于“天”

的，“道之大原出于天，天不变，道亦不变”（《汉书·董仲舒传》）。这样董仲舒就在继承和改造孔子“天命”和墨子“天志”思想的基础上建立了一套以“天”为核心的理论体系。

二、“人副天数”的天人感应论

天人感应思想也是董仲舒思想的主要内容之一。董仲舒认为，“天”是宇宙万物的本体，宇宙一切事物都是由“天”生出的。人类当然也不能例外。他说：“为生不能为人，为人者天也。人之为人，本于天也，天亦人之曾祖父也。”（《春秋繁露·为人者天》）人之为人的根据在于天，也就是说，人是按照天的样子制造出来的。董仲舒说：“人之形体，化天数而成；人之血气，化天志而仁；人之德行，化天理而义。人之好恶，化天之暖清；人之喜怒，化天之寒暑；人之受命，化天之四时。……天之副在乎人。”（《春秋繁露·为人者天》）可以看出，不但人的形体、血气源于天，而且人的道德、感情、受命等都无不源于天。因此，人是天的副本。

董仲舒认为，“人副天数”包含两个方面：一是“副类”，即外在形象或特征上的相副；一是“副数”，即数目上的相副。董仲舒说：

> 天以终岁之数，成人之身，故小节三百六十六，副日数也；大节十二分，副月数也；内有五藏，副五行数也；外有四肢，副四时数也；乍视乍瞑，副昼夜也；乍刚乍柔，副冬夏也；乍哀乍乐，副阴阳也；心有计虑，副度数也；行有伦理，副天地也。（《春秋繁露·人副天数》）

可以看出，“副数”的方面包含：人的小的骨节有三百六十六节，与一年的日数相符合；人的大的骨节有十二节，与一年的月份相符合；人的五脏，与五行数相符合；人的四肢，与四时数相符合等。“副类”的方面则包含：人的视瞑，与昼夜相符合；人的刚柔，与冬夏相符合；人的哀乐，与阴阳相符合；人的伦理，与天地相符合等。在董仲舒看来，“副数”是主要方面，“副类”是次要方面。只有在不能“副数”的情况下才“副类”。二者虽然不同，但最终都

要符合“天”的要求。“于其可数也，副数；不可数者，副类。皆当同而副天，一也。”（《春秋繁露·人副天数》）

为什么在万物之中只有人类才能与天相符合？董仲舒认为，在万物之中，人最为尊贵，因此，只有人能够符合天的规定性。“人受命乎天也，故超然有以倚。物疢疾莫能为仁义，唯人独能为仁义；疢疾莫能偶天地，唯人独能偶天地。”（《春秋繁露·人副天数》）董仲舒认为，天人之间之所以能够相互感应，在于“类”的相似性。他说：“美事召美类，恶事召恶类，类之相应而起也。如马鸣则马应之，牛鸣则牛应之。”（《春秋繁露·同类相动》）同类之间的相互感应，则是通过“气”的中介实现的，“百物去其所与异，而从春所与同，故气同则会，声比则应，其验然也”（《春秋繁露·同类相动》）。

董仲舒还通过天人感应来阐发他的祥瑞、灾异思想。他说：“帝王之将兴也，其美祥亦先见；其将亡也，妖孽亦先见。”帝王将兴，则会出现祥瑞；帝王将亡，则会出现妖孽。这都是同类相互感应的结果。

三、“性待教而为善”的人性论

董仲舒认为，宇宙万物都是由天产生的，人也是由天产生的。既然人的一切都来源于天，那么最重要的人性也不能例外。

天有阴阳两个方面，因此，人性也包括相应的两个方面。董仲舒说：“人受命于天，有善善恶恶之性，可养而不可改，可豫而不可去。”（《春秋繁露·玉杯》）人性是从天那里继承而来的，天包含阴阳两个方面，人也就有善恶两个方面。这种善恶之性是可以顺从而不可以改变的，可以防范而不可去掉的。

与孟子的“性善论”和荀子的“性恶论”不同，董仲舒持有的是一种性善恶混的人性论。这种善、恶之性，又被分别称作“性”和“情”。董仲舒说：

> 天地之所生，谓之性情。性情相与为一瞑。情亦性也。谓性已善，奈其情何？故圣人莫谓性善，累其名也。身之有性情也，若天之有阴阳也。言人之质而无其情，犹言天之阳而无其阴也。

(《春秋繁露·深察名号》)

性和情都是从天而生的，它们在人身中是混在一起的。从广义上讲，情也是性的一部分。因此，人性是不能被称作善的，因为那样就没有情的位置。人有性和情两个方面，就像天有阴和阳两个方面一样。如果说人只有性而没有情，就如同说天只有阳而没有阴一样，那显然是不可能的。

可见，董仲舒虽然承认人性具有“善质”，但这种“善质”是先天地与恶混在一起存在于人身上的，此即他所说的“性情相与为一瞑”。之所以如此，是因为天的原因。《春秋繁露·深察名号》说：“天两有阴阳之施，身亦两有贪仁之性。天有阴阳禁，身有情欲栣，与天道一也。”这里的“贪仁之性”就是上面所说的“性”和“情”。情是人欲，因此被称作“贪”。性是质善，因此被称作“仁”。“贪”源于天的阴气，“仁”源于天的阳气。天是“任阳不任阴”的，因此，人性也是扬善弃恶的。

在董仲舒看来，这种“性善情恶”的关系就像米与禾的关系一样。他说：“故性比于禾，善比于米。米出禾中，而禾未可全为米也。善出性中，而性未可全为善也。善与米，人之所继天而成于外，非在天所为之内也。”(《春秋繁露·深察名号》)以禾和米来比喻，性就像禾，善就像米。米虽在禾中，但禾不能完全称作米。善虽在性中，但性不可完全称作善。禾需要成长才能变成米，性也需要教化才能成为善。

既然性需要教化才能成为善，那么这种教化是由谁来实现的呢？董仲舒认为，这种教化要靠统治者来实现。在董仲舒看来，人性可以分为圣人之性、中民之性和斗筲之性。圣人之性是纯善无恶的，斗筲之性即小人之性，是纯恶无善的。这两种性都是不可改变的，因此不能称作性。只有中民之性才是可以改变的，可以教化的，才是真正的性。“名性，不以上，不以下，以其中名之。”(《春秋繁露·深察名号》)

可以看出，董仲舒之所以认为性有“善质”而未能全为善，主要是为了给统治者留下一个施展作用的空间。如果人性全善，那么统治者将无用武之地。他说：“性待教而为善，此之谓真天。天生民性有善质，而未能善，于是为之立王以善之，此天意也。”(《春秋繁露·深察名号》)

四、“名各顺于天”的正名思想

自从孔子提出“正名”思想以后，其就成了中国哲学的主要内容之一。在“天”的哲学体系下，董仲舒也提出了自己的“正名”思想。

董仲舒认为，“名”是判断是非的标准。“欲审曲直，莫如引绳；欲审是非，莫如引名。名之审于是非也，犹绳之审于曲直也。”(《春秋繁露·深察名号》)是非曲直不在于客观事实，而在于其是否能够与名相符合。如果能够与名相符合，则是正确的；否则，则是错误的。那么名是从哪里来的呢？董仲舒认为，名是取自天的，是天意的体现。“名号之正，取之天地，天地为名号之大义也。”董仲舒把名分为号和名两类，二者是种属关系。“号凡而略，名详而目。”二者虽有不同，但都是天意的体现。“名号异声而同本，皆鸣号而达天意者也。”名号虽然是天意的体现，但天本身是不会言语的。在董仲舒看来，天意是通过统治者表现出来的。他说：“天不言，使人发其意；弗为，使人行其中。名则圣人所发天意，不可不深观也。受命之君，天意之所予也。”

可以看出，在名、实关系上，董仲舒把名放在第一位，实放在第二位，认为名决定着实，而名最终又是由天来决定的。他说：“是故事各顺于名，名各顺于天。天人之际，合而为一。”董仲舒把这种名、实关系还归为名和真的关系，“名生于真，非其真，弗以为名”。这里的“真”并非真实事物，而是指天的规定性。天是名的最终根源。因此，凡是符合天的要求的名就是“真名”；否则，就不能称作“名”。

董仲舒提出“正名”思想的目的在于维护封建社会的等级制度。在他看来，每个等级都有其相应的“名”的规定性：“故号为天子者，宜视天如父，事天以孝道也。号为诸侯者，宜谨视所候奉之天子也。号为大夫者，宜厚其忠信，敦其礼义，使善大于匹夫之义，足以化也。士者，事也；民者，瞑也。”(以上引文皆出自《春秋繁露·深察名号》)在这种思想的指导下，董仲舒还提出了“三纲”“五常”的思想。所谓“三纲”，就是君为臣纲、父为子纲、夫为妻纲。所谓“五常”，就是仁、义、礼、智、信。“三纲”“五常”都是天意的体现，“王道之三纲，可求于天”(《春秋繁露·基义》)。因此，“三纲”之间的主从关系是绝对的、不可改变的。

五、“三统”“三正”的历史观

在历史观上，董仲舒借鉴了邹衍的“五德终始”说，提出了“三统”“三正”的理论。所谓“三统”，就是黑统、白统、赤统。所谓“三正”，就是夏代以寅月(农历正月)为正月，商以丑月(农历十二月)为正月，周以子月(农历十一月)为正月。黑、白、赤三统是一种循环的关系，如夏代为正黑统，商代为正白统，周代为正赤统，代周的朝代则又为正黑统，依此类推，循环不已。

董仲舒说：“三正以黑统初。正日月朔于营室，斗建寅。天统气始通化物，物见萌达，其色黑。”(《春秋繁露·三代改制质文》)三统之中黑统居于首位。黑统以寅月(农历正月)为正月，此时天气开始化通万物，万物开始萌发，其颜色为黑；黑统之后是白统，其以丑月(农历十二月)为正月，天气使万物发生变化，万物开始萌芽，其颜色为白；白统之后是赤统，其以子月(农历十一月)为正月，万物开始萌动，其颜色为赤。白统之后又为黑统，依次循环不已。在董仲舒看来，当某统到来时，都有着其特殊的要求，如黑统其色为黑，则一切以黑为正色。他说：“故朝正服黑，首服藻黑，正路舆质黑，马黑，大节绶帻尚黑，旗黑，大宝玉黑，郊牲黑，牺牲角卵，冠于阼，昏礼逆于庭，丧礼殡于东阶之上，祭牲黑牡，荐尚肝，乐器黑质。”(《春秋繁露·三代改制质文》)白、赤二统也是如此，白统时一切以白为正色，赤统时一切以赤为正色。

董仲舒的三统说本身是源于春秋学的。三统说之所以要改正月是与《春秋》“王正月”的思想联系在一起的。在董仲舒看来，君王必受天命然后才能称王。因此，君王必须改正朔、变服色、制礼乐以使天下制度得到统一，这是为了表明易姓而王，受命于天而非从继于人。如果不改制度，则与前王不异。君王受天命而王，作制度以奉天地，这就是“王正月”的意思。

六、“王道通三”的政治思想

在董仲舒看来，上天让统治者受命就是为了治理民众，实现王道。而“性善情恶”是统治者治理民众的前提。

董仲舒认为，统治者之所以能够治理民众，是因为他是由天所任命的。因此，统治者应该按照天的要求来治理国家。他说：“夫王者不可以不知天。……为人主者，予夺生杀，各当其义，若四时；列官置吏，必以其能，若五行；好仁恶戾，仁德远刑，若阴阳。此之谓配天。”（《春秋繁露·天地阴阳》）统治者只有按照天的要求才能治理好国家。如生杀赏罚，各以其当，法于四时；设置官吏，以授其能，仿于五行；仁德远刑，好仁恶杀，得自阴阳，等等。如果统治者不顺从天的旨意，那么他就会被天遗弃。

统治者对上要顺天之命，对下要对民负责，因此，统治者的作用是贯通天人的。董仲舒说：

> 古之造文者，三画而连其中，谓之王。三画者，天地与人也，而连其中者，通其道也。取天地与人之中以为贯而参通之，非王者孰能当是？是故王者唯天之施，施其时而成之，法其命而循之诸人。（《王道通三》）

古人在创造文字时，把三横画通过一竖画连接起来称作“王”。三横画分别代表天、地、人，而一竖画则代表天、地、人三道的贯通。董仲舒通过对“王”字的解释，意在说明只有统治者才能贯通天、地、人三道。因此，统治者的作用就是按照天的要求来治理民众。

天道“任阳不任阴”“任德不任刑”，统治者治理国家也应该以德为主，以刑为辅。如果“刑厚于德”或“废德而任刑”，就被称作“逆天”，就会出现灾害、怪异。上天用灾害、怪异的方式谴告君主，是为了让其警醒。在这种情况下，统治者如果还不知悔改，那么就会受到天的惩罚，为天所唾弃。这样看来，统治者虽然是天派来治理民众的，但其本身却必须符合天的要求，这就是所谓的“屈民而伸君，屈君而伸天”。

在董仲舒看来，德政的实现要靠教化来完成。通过教化，就能实现民众的善性。民众之所以能在教化的引导下，实现自己的善性，是因为“心”的作用。“栣众恶于内，弗使得发于外者，心也。”(《春秋繁露·深察名号》)“栣”是禁止的意思。“心”的作用就是能够把众恶压制在心中，不使它们表现出来。民众的善性能够完全实现出来，这样就能实现王道。

为了实现王道的政治理想，董仲舒还提出了“大一统”的思想。在给汉武帝的“天人三策”中，董仲舒说：“《春秋》大一统者，天地之常经，古今之通谊也。”董仲舒认为，《春秋公羊传》说的“大一统”是天地自然界的普遍规律、历史发展的必然趋势。为了实现这种“大一统”，董仲舒提出了“罢黜百家，独尊儒术”的主张，“诸不在六艺之科、孔子之术者，皆绝其道，勿使并进”。只有这样，才能“邪辟之说灭息，然后统纪可一，而法度可明，民知所从矣”(《汉书·董仲舒传》)。

董仲舒在新的历史条件下综合各家，对儒学思想做了创造性的改造，提出了“罢黜百家，独尊儒术”的思想。这不仅为西汉王朝提供了改革的理论基础，而且使儒家适应了当时的社会政治需要，成为封建社会的正统意识形态，奠定了儒家文化在中国传统文化中的主流地位。因此，董仲舒不仅对于当时的政治、经济、文化有着重大影响，而且对于中国传统文化的形成和发展也起到了极其重要的作用。

思考题：

1. 试述董仲舒“天”的思想。
2. 试述董仲舒的人性论思想。
3. 试述董仲舒的政治思想。

第十三章
扬雄和王充

扬雄(前 53—18),字子云,四川成都人,西汉末年著名的思想家和文学家。扬雄少年的时候,喜欢辞赋。到了中年之后,扬雄的兴趣逐渐转向哲学,先后创作了《太玄》《法言》等书。《太玄》是对《周易》的模仿,《法言》则是对《论语》的模仿。

王充(27—97),字仲任,浙江上虞人,东汉著名的思想家、哲学家。王充自幼便与众不同,勤奋好学。青年以后到了京城洛阳,受业太学,师事班彪。王充为学,喜好博览,而不遵守当时的章句之学。其家贫,常游书肆,所阅之书,过目成诵,遂通诸子百家之学。后归乡里,以教书为业。王充流传下来的著作有《论衡》一书。

一、扬雄《太玄》的哲学思想

《太玄》是扬雄在中年时期模仿《周易》而写作的一部哲学著作,集中反映了他对宇宙本原、变化等问题的看法。

从形式上来看,《太玄》完全是对《周易》的一种模仿。《周易》的基本构成是阳爻(—)和阴爻(- -),《太玄》则发展成三种基本符号,即—、- -、- - -。《周易》每卦由六爻组成,六十四卦共三百八十四爻,爻有爻辞。《太玄》则分八十一首,每首九赞,八十一首共七百二十九赞,赞有赞辞。这里的“首”相当于《周易》的“卦”,“赞”相当于《周易》的“爻”。与《周易》卦象一样,《太玄》每首也有相应的符号。卦有六爻,首有四重。所谓四重就是指方、州、部、家。其把—、- -、- - -分布于方、州、部、家之中,就形成该首的首象。

《周易》六爻爻辞皆能与相应爻象对应。《太玄》每首只有四重，而赞辞则有九个，因此，二者不能一一对应。这是《太玄》与《周易》的不同之处。

从思想内容来看，扬雄的《太玄》模仿《周易》创造出了一个世界图式，但又与《周易》不同。《周易》的世界图式是按照二分法展开的，由太极生出阴阳，阴阳生出四时，四时生出八卦，以此作为宇宙万物变化的公式。《太玄》则基本上采用三分法，又分为方、州、部、家四层。具体来说，一玄分为三方，一方分为三州，共九州；一州分为三部，共二十七部；一部分为三家，共八十一家。与八十一家对应，《太玄》分为八十一首。八十一首分为九个阶段，称为“九天”，每“天”九首。每首又分下、中、上三个小阶段；每个小阶段又有三赞。这里所用的数目都是三或三的倍数，如九、八十一、七百二十九等。这样，一玄、三方、九州、二十七部、八十一家以及八十一首、七百二十九赞，就构成了一个世界图式。

扬雄试图用八十一首来表现一年四时的变化。与一年的天数相应，每首约表示四十天的情况。他把一年四季分为九个阶段，每个阶段称为一“天”，一年总共“九天”。具体来说，“九天”是中天、羡天、从天、更天、睟天、廓天、减天、沈天、成天。与八十一首相配，第一至第八首为中天，第九至第十七首为羡天，依次类推。扬雄还用阴阳消长状况和万物盛衰状况来说明九天的变化过程，如阳气闭藏于内是中天，植物开始萌生是羡天，云雨滋润万物是从天，植物变化繁多是更天，等等。不仅如此，在《太玄》中，他把一切事物的变化发展都企图用以“九”为基数的格式表达出来。除“九天”外，他还认为，地分“九地”，人有“九等”，人体有“九体”“九窍”，等等。

在扬雄的哲学思想中，“玄”是最高的范畴。“玄”是宇宙万物的最高本原，是一切事物的最初根本。他说：“玄者，幽摛万类而不见其形者也。资陶虚无而生乎，规摫神明而定摹，通同古今以开类，摛措阴阳而发气。一判一合，天地备矣。”（《太玄摛》）这是说，“玄”是无形的，它在无形之中生出宇宙万物，在虚无中陶养出天体及其运行的轨道，是天地万物、阴阳变化的最终根源。在描述“玄”的过程中，扬雄还提出了一些辩证法思想，如认为“玄”非阴非阳，亦阴亦阳，是阴阳对立的统一体，“阳知阳而不知阴，阴知阴而不知阳。知阴知阳，知止知行，知晦知明者，其唯玄乎？”（《太玄摛》）

总的来看，扬雄在《太玄》中提出了一些他关于宇宙本原、变化等方面的观点，表面上虽然是模仿《周易》之作，但也反映了他在当时学术环境下的哲学思考。

二、扬雄《法言》的哲学思想

与《太玄》不同，《法言》是扬雄模仿《论语》而写作的一部哲学著作，主要反映了他对于人性、社会政治等方面的看法。

在人性论上，扬雄提出一种性善恶混的学说。他说："人之性也善恶混。修其善则为善人，修其恶则为恶人。"(《法言·修身》)这是说，在人性之中，既有善性也有恶性，发展其中的善性则是善人，发展其中的恶性则为恶人。这样看来，后天的学习对于人性的修养就尤为重要了。扬雄说："学者，所以修性也。视、听、言、貌、思，性所有也。学则正，否则邪。"(《学行》)学习的目的是为了修身养性。视觉、听觉等都是人性所固有的能力，能否学习决定人性的善恶。扬雄认为，人可以分为几类，能够学习的人是最高的，不能够学习的人则是最低的众人。"学，行之，上也；言之，次也；教人，又其次也。咸无焉，为众人。"(《学行》)在扬雄看来，学习的目的是为了成为人格高尚的君子。"学者，所以求为君子也。求而不得者有矣，夫未有不求而得之者也。"(《学行》)这是说，虽然通过学习不一定能成为君子，但如果不学习则一定不能成为君子。这也说明学习在人格修养过程中的重要作用。

在社会政治思想方面，扬雄认为治理国家的根本在于政治制度的建立，而政治制度的建立又在于品德的修养。他说："或问：何以治国？曰：立政。曰：何以立政？曰：政之本，身也，身立则政立矣。"(《先知》)因此，在德、刑关系上，扬雄主张德先刑后。他说："或曰：为政先杀后教。曰：于乎，天先秋而后春乎？将先春而后秋乎？"(《先知》)政治上的先教后杀就如四季先春后秋一样不可改变。扬雄还说："民可使觌德，不可使觌刑。觌德则纯，觌刑则乱。"(《先知》)这是说，治理国家，道德教化多多益善，而刑法惩罚过多则会导致国家混乱。在制度改革问题上，扬雄认为有因有革，可以因袭的就因袭，不可以因袭的就改革。他说："或问：道有因无因乎？曰：可则因，否则革。”(《问道》)这显然是对孔子“损益”思想的继承和发展。

扬雄还批判了当时的神仙方术等宗教迷信思想。在他看来,生死存亡是自然规律,“有生者必有死,有始者必有终,自然之道也”(《君子》)。因此,神仙鬼怪是难以验证的,“神怪茫茫,若存若亡,圣人曼云”(《重黎》)。

扬雄的《法言》虽然模仿《论语》,着重阐发儒家思想,但对于道家等其他思想也有吸收和借鉴。如对于道家,其说:“老子之言道德,吾有取焉耳。及搥提仁义,绝灭礼学,吾无取焉耳。”(《问道》)这是说,老子提及“道德”的看法是可取的,但其抛弃仁义、毁灭礼学的做法则是不可取的。

三、王充“万物之生,皆禀元气”的宇宙论

王充撰写《论衡》一书的目的就是为了批判当时社会流行的各种虚妄之言。他说:“《诗》三百,一言以蔽之曰:思无邪。《论衡》篇以十数,亦一言也,曰:疾虚妄。”(《论衡·佚文篇》)

王充生活的年代,正是谶纬灾异等思想流行的时代。谶是一种预测吉凶的神秘性预言,如秦始皇时流行的“亡秦者胡也”就是一条明显的谶语。纬则是与经相对应的用阴阳灾异思想来解说儒家经典的著作,如《周易》有《易纬》,《春秋》有《春秋纬》等。谶纬是对西汉今文经学的神秘主义思想的进一步发挥。在谶纬中,孔子和他的弟子都被神化。孔子的形象稀奇古怪,无所不能。如《春秋演孔图》说,孔子的头像尼丘山,身长十尺,腰大九围,在端门受命,上帝派他为汉代刘家立法,等等。这种近似神话的描述,实际上把具有人文性质的儒家拉到宗教一边,把儒家思想变成了一种极端粗俗的宗教神学。到东汉光武帝的时候,谶纬被宣布为国家宪法,很多国家大事都要靠谶纬来决定。

在这种情形下,王充对于当时流行的谶纬虚妄之言作了严厉的批评,其中以对董仲舒天人感应思想的批评最为典型。董仲舒认为,天是宇宙万物的最高主宰,是有意志的人格神,自然界的万物都是天有意识地创造出来的。王充则认为,天道自然无为,并不存在什么神秘性。自然界的万物都是偶然产生的。他说:“儒者论曰,‘天地故生人。’此言妄也。夫天地合气,人

偶自生也,犹夫妇合气,子则自生也。……且夫妇不故生子,以知天地不故生人也。"(《物势篇》)在王充看来,以董仲舒为代表的儒者所说的天地有意识地生出人类,并没有什么根据。天地之间的气相互感应,人类就自然而然地产生了,就如夫妇之间的气相互交合,子女就自然而然地生出来一样。不但人类不是天地有意识生出来的,而且万物也都不是天地有意识生出来的,"夫天不能故生人,则其生万物亦不能故也。天地合气,物偶自生矣"(《物势篇》)。与人类一样,万物也是天地之间的气相互作用的结果。既然天无意生出人类和万物,那么它也就不会干预人间的事情,因此也就没有什么天人感应、灾异谴告可言了。他说:"夫天道,自然也,无为。如谴告人,是有为,非自然也。"(《谴告篇》)天道是自然无为的,人事则是积极有为的,不能把二者混同起来。

在王充看来,天道之所以自然无为在于其是由"气"构成的,"天地,含气之自然也"(《谈天篇》)。而气本身又是自然无为的,"谓自然无为者何?气也,恬澹无欲,无为无事者也"(《自然篇》)。王充认为,气是构成人类和万物的基本元素。他把这种气称作"元气","万物之生,皆禀元气"(《言毒篇》)、"人禀元气于天"(《无形篇》)。人死后,也复归"元气","人未生,在元气之中;既死,复归元气"(《论死篇》)。这说明元气是不生不灭、无始无终、永恒存在的。

四、王充"考之以心,效之以事"的认识论

在批判天人感应、谶纬神学等神秘主义思想的过程中,王充提出了注重效验的认识论。

当时一些儒者认为圣人"生而知之","前知千岁,后知万世,有独见之明,独听之聪,事来则名,不学自知,不问自晓"(《实知篇》)。如谶书上说,孔子能够预言到秦始皇参观他的住宅和董仲舒整理他的著作等之类的事情。对于这些说法,王充都进行了批驳,认为它们都是虚妄之说。在王充看来,根本不存在什么"前知"和"生知"。谶书的说法要么是孔子后学的捏造,要么是后人的编造,都是难以令人信服的。如果孔子能够"生知",那么他怎么连自己是宋大夫后代这件事都不知道呢?可见孔子并非"生而知之"。圣人

之所以能够预测祸福，在于他能够“揆端推类，原始见终”(《实知篇》)，即通过推类和以往的经验来对未来进行推断。

王充认为，人要获得认识，首先要通过感觉器官与外界事物相接触。他说，“圣贤不能知性，须任耳目以定情实”，“如无闻见，则无所状”(《实知篇》)。这是说，即使圣人也不能“生而知之”，需要通过耳、目等感觉器官来认识实际事物。如果不通过感觉器官，则对外界事物就不会有任何认识。他举例说，如果让一个人站在墙的东面，使其发出声音。然后让圣人站在墙的西面来猜他的相貌、高矮、家乡和姓名等相关情况，圣人显然是猜不出来的。这说明感觉经验对于人类认识的重要性。

王充虽然重视感性经验，但他认为认识仅有感性经验还是不够的，因为感性经验有其局限性。因此，在重视感性经验的基础上，王充还强调理性认识的重要性。他说：

> 夫论不留精澄意，苟以外效立事是非，信闻见于外，不诠订于内，是用耳目论，不以心意议也。夫以耳目论，则以虚象为言，虚象效，则以实事为非。是故是非者不徒耳目，必开心意。墨议不以心而原物，苟信闻见，则虽效验章明，犹为失实。(《薄葬篇》)

仅仅靠外在感性认识的效果来判断是非，就容易得出虚假的结论。因此，除了“闻见于外”外，认识还要“诠订于内”“以心原物”，即在感性认识的基础上还要通过理性思维做出判断。墨子学说的弊端就在于其仅仅有感性认识而没有理性认识。

王充还注重效验对于人类认识的重要性，认为人类认识必须经得起事实的验证。他说：“凡论事者，违实不引效验，则虽甘义繁说，众不见信。”(《知实篇》)如果人类认识缺乏事实根据，那么其无论说得多么好听，也不能让人相信。在王充看来，效验要建立在理性思维的基础上。只有这样，才能让虚妄之说无所逃避。他说：“论则考之以心，效之以事，浮虚之事，辄立证验。”(《对作篇》)

五、王充“用气为性，性成命定”的性命论

在人性论上，王充对于性善论、性恶论、性有善有恶论、性善情恶论等学说都进行了评价，从而得出人性有善有恶的观点。他说，“人性有善有恶，犹人才有高有下也”（《本性篇》）、“论人之性，定有善有恶”（《率性篇》）。人性有善有恶，就像人的才能有高有下一样。如果说人性没有善恶之分，就相当于否定人的才能有高下的区别，这显然是不合理的。

王充对于人性的看法基于他的“元气”学说。在王充看来，人一出生所禀元气的厚薄、多少决定着其性的善恶，“禀气有厚泊，故性有善恶也”“性有少多，故性有贤愚”（《率性篇》）。

王充虽然认为人性天生就有善恶的不同，但他同时又承认后天的学习、环境对人性的改变有着重要作用。他说：“人之性，善可变为恶，恶可变为善，犹此类也。蓬生麻间，不扶自直；白纱入缁，不练自黑。彼蓬之性不直，纱之质不黑，麻扶缁染，使之直黑。夫人之性犹蓬纱也，在所渐染而善恶变矣。”（《率性篇》）这是说，人性可以随着后天的环境而改变。

在王充的思想中，与“性”相关的还有“命”的思想。王充认为，人的性和命在他出生之时就被决定了。他说，“人生受性，则受命矣。性命俱禀，同时并得，非先禀性，后乃受命也”（《初禀篇》），“用气为性，性成命定”（《无形篇》）。虽然性、命在人出生时同时而有，但二者是不同的，性善未必命吉，性恶也未必命凶。

王充认为，人的生死祸福、富贵贫贱等都是由命决定的。在他看来，命有两种类型：一种是“所当触值之命”，一种是“强弱寿夭之命”。前者具有偶然性，是不可预测的命。后者则具有必然性，是由其出生时所禀受的气决定的。如果禀受的气厚了，那么他身体就强壮，寿命也就长了。反之，如果禀受的气薄了，那么他身体就弱小，寿命也就短了。

王充认为，人的命在娘胎中就由他所禀受气的多少厚薄决定了。也就是说，在一个人出生之前，他的命运就被预先决定了。王充说：

> 凡人遇偶及遭累害，皆由命也。有死生寿夭之命，亦有贵贱贫富之命。……命当贫贱，虽富贵之，犹涉祸患矣。命当富贵，虽贫贱之，犹逢福善矣。故命贵从贱地自达，命贱从富位自危。（《命禄篇》）

这就是说，人的死生存亡、富贵贫贱等皆由命决定。命当贫贱，虽然让他富贵，他也会遭到祸患。命当富贵，虽然令其贫贱，他也会得到福庆。

王充虽然认为人的一切皆由命定，但同时他又说人的一生的事情都是出于偶然的。在王充看来，人的行为所造成的后果完全具有偶然性，幸运与不幸运都是偶然的。因此，他说才能优秀、品德高尚并不能保证其必然尊贵；反之，才能低下、品德恶劣也不能保证其必然卑贱。

王充所讨论的问题，实际上涉及哲学上必然性与偶然性关系的问题。他一方面认为人的一切在其出生时就被决定了，但另一方面又认为人的很多事情具有偶然性。这二者显然是相互矛盾的，说明这个问题在王充那里并没有得到真正的解决。

扬雄和王充在哲学思想上虽然不同，但二人都从自然主义角度对于西汉以来的天人感应、谶纬迷信、神仙方术等神秘主义思想作了激烈的批判，在中国文化的理性主义走向上起到了不可忽视的作用。他们二人在当时虽然影响不大，但对于后来魏晋玄学的产生却有着至关重要的影响。

思考题：

1. 试述扬雄《太玄》的主要哲学思想。
2. 试述王充的认识论思想。
3. 试述王充的人性论思想。

第十四章 何晏和王弼

何晏(约190—249),字平叔,南阳宛县(今河南南阳)人。他是汉末大将军何进的孙子。父亲早亡,母亲后被曹操所纳,这样何晏便成了曹操的养子。后来曹操还把女儿嫁给了他。何晏自幼聪慧,喜欢《老》《庄》,善谈《易》《老》,在当时有着很大的影响。何晏的著作主要有《论语集解》《老子道德论》《孝经注》等。除了《论语集解》外,其余著作大多已经佚失。

王弼(226—249),字辅嗣,山阳高平(今山东金乡)人,魏晋时期著名的玄学家。王弼的祖父王凯是当时著名文学家王粲的族兄。王弼自幼便与众不同,喜好《老》《庄》,能言善辩,颇受时人所重。何晏见了他之后,称赞不已,发出了"后生可畏,若斯人,可与言天人之际"的感叹。王弼的著作主要有《老子注》《老子指略》《周易注》《周易略例》《论语释疑》等。今有楼宇烈《王弼集校释》一书,可供参考。

何晏、王弼是魏晋玄学的主要开创者,他们提出的"贵无论"哲学为魏晋玄学的发展奠定了基础。

一、何晏"有之为有,恃无以生"的哲学思想

在有无关系上,何晏最先提出"以无为本"的思想。何晏的著作大部分已经佚失,其"贵无"思想主要保存在张湛的《列子注》中。对于有无关系,何晏在《道论》中说:

> 有之为有,恃无以生;事而为事,由无以成。夫道之而无语,名之而无名,视之而无形,听之而无声,则道之全焉。(《列子·天瑞篇》)

这是说，世界上存在的事物都必须以“无”为根据才能产生。这种“无”并非空无，而是不可用语言表达、不可用感官把握的支配存在事物的一种全有。此“无”虽然无形无象、无名无称，但却无所不在。世界的所有事物都需要依靠它才能存在，“玄以之黑，素以之白，矩以之方，规以之圆”(《列子・天瑞篇》)。在何晏看来，有的存在皆有其局限，是此物则不能是彼物。只有“无”才是没有局限的(“道之全”)，所以能够成为一切存在物的依据。“无”与“有”的关系又被称作本末关系，“无”是本，“有”是末。《晋书・王衍传》说：“魏正始中，何晏、王弼祖述老、庄，立论以为天地万物皆以无(为)为本。无也者，开物成务，无往而不存者也。阴阳恃以化生，万物恃以成形。贤者恃以成德，不肖恃以免身。”“无”是“有”的存在依据，阴阳、万物、贤者、不肖者等都要以“无”为根据才能存在。

何晏还把“无”称作“道”，他在《无名论》中说：

> 夫道者，惟无所有者也。自天地以来，皆有所有矣。然犹谓之道者，以其能复用无所有也。……道本无名，……夫惟无名，故可得遍以天下之名名之，然岂其名也哉？(《列子・仲尼篇》)

“道”是“无所有”者，即没有任何规定性的存在。与其相对的是“有所有”者，即天地生成以来的所有存在物。“无所有”的“无”与“有所有”的“有”虽然相对，但二者之间仍是相通的，即“有所有”要以“无所有”为存在根据，“无所有”又要通过“有所有”来展现。因此，“道”既然是“无所有”“无名”，那么它就可以通过一切“有所有”来表现，通过一切“名”来命名。

何晏虽然提出了“以无为本”的思想，但还未能完全摆脱汉代同类感应思想的影响。他说：“而于有所有之中，当与无所有相从，而与夫有所有者不同。同类相远而相应，异类无近而不相违。譬如阴中之阳，阳中之阴，各以物类自相求从。”(《列子・仲尼篇》)这里把有无关系比作阴阳关系。阴阳是两种并列的事物，这就与其所说的“以无为本”思想产生了矛盾。这说明何晏的“以无为本”本体论思想还不彻底。到了王弼那里，这一思想才有了更为系统的阐发。

二、王弼“以无为本”的本体论

与何晏相比，王弼对于“以无为本”的思想有着更为系统和完善的论述。

王弼认为，有无关系首先表现为本末关系，无是本，有是末。在他看来，世界万物之所以能够存在就在于有“无”这个本体。“无”并不在世界万物之外，而在世界万物之中。世界万物只不过是“无”这个本体的表现。王弼说：

> 天下之物，皆以有为生。有之所始，以无为本。将欲全有，必反于无也。（《老子》第四十章引）

天下万物都是“有”，都是实实在在的存在者。这些存在者之所以存在都是由于“无”这个本体。如果万物想要保全自己，就必须返回“无”这个本体。“无”与“有”的关系，并不仅仅是一种前后生成关系，其更主要的是一种本体意义上的关系。所谓本体意义上的关系，即“无”是世界万物存在的根据和理由。因此王弼说：“夫物之所以生，功之所以成，必生乎无形，由乎无名。无形无名者，万物之宗也。”（《老子指略》）在王弼看来，任何具体的存在物（“有”）都是有它们自己的规定性的，这样它们只能是一种固定的事物，而不能同时成为其他事物。“若温也则不能凉矣，宫也则不能商矣。形必有所分，声必有所属。故象而形者，非大象也；音而声者，非大音也。”（《老子指略》）因此，只有没有任何规定性的“无”才能作为一切具体存在者的存在根据。

有无关系还可以从动静两方面来说明。在王弼看来，作为本体的“无”是静止的，而世界万物则是处于不停的运动变化过程中的。他说：

> 复者，反本之谓也。天地以本为心者也。凡动息则静，静非对动者也；语息则默，默非对语者也。然则天地虽大，富有万物，雷动风行，运化万变，寂然至无，是其本矣。（《周易·复卦》）

这是说，世界万物虽然千变万化，但对不变来说，变化是相对的，不变才是绝对的。运动是暂时的，静止才是永恒的。也就是说，运动并不能和静止相并立，其不过是静止的一种表现形态而已。同样，言语和沉默的关系也是如此。因此，静止是根本，运动是末节，指导人们生活的原则是“反本”，也就是返回“无”这个根本。在王弼看来，这才能反映天地的核心。在《老子注》中，王弼对于这一观点也有论述：“凡有起于虚，动起于静，故万物虽并动作，卒复归于虚静，是物之极笃也。”（《老子》第十六章）这是说，世界万物皆源于“无”，运动皆始于静止。世界万物虽然运动不止，但最终都要归于虚静。

除了本末、动静关系外，有无关系还表现在一多关系上。王弼说：“万物万形，其归一也。何由致一？由于无也。由无乃一，一可谓无。”（《老子》第四十二章）这是说，世界万物在形式和种类上虽然多种多样，但其最终都可以归为一个统一性的东西。这种统一性就是“无”。因为“无”能让万有为“一”，所以“一”也可称作“无”。世界万物之所以繁多而不混乱，就在于有“一”的统帅。王弼说：“夫众不能治众，治众者至寡者也。夫动不能制动，制天下之动者，贞夫一者也。”（《周易略例・明象》）这里“至寡”就是“一”，“众之所得咸存者，主必致一也”（《周易略例・明象》）。可以看出，用“一”统“众”在某种意义上也就是用“无”统“有”。

总的来说，王弼从本末、动静、一多等方面对于“以无为本”思想做了系统的论证。从本末关系来看，“无”是本，“有”是末。世界万有只有以“无”为本体才能存在。从动静关系来看，“无”是永恒不动的，“有”是运动变化的。世界万有虽然千变万化，但最终都要归于静止。从一多关系来看，“无”是一，“有”是多。世界万有虽然多种多样，但最终都由一个统一性的“无”来统率。这样，王弼就建构起了他的“以无为本”的本体论思想。

三、王弼“得意忘象”的认识论

在王弼看来，世界万物之所以存在是由于“无”这个本体。“无”是无形无象、寂然不动、不可言说的。那么，如何来认识“无”这个本体呢？王弼认为，“无”虽然无形无象，但其表现出来的各种具体存在的事物却是有形有象的。因此，可以通过这些表现出来的事物来认识“无”这个本体。他说：“夫无不可以无明，必因于有。故常于有物之极，而必明其所由之宗。”（韩康伯

《周易·系辞》)

在上述思想的指导下，王弼结合《周易》的言、象、意之间的关系，提出了“得意忘象”的认识理论。言指卦辞，代表语言；象指卦象，代表物象；意指卦意，代表卦象的意义。对于言、象、意之间的关系，王弼说：

> 夫象者，出意者也。言者，明象者也。尽意莫若象，尽象莫若言。言生于象，故可寻言以观象。象生于意，故可寻象以观意。言以象尽，象以言著。(《周易略例·明象》)

这是说，语言是表达卦象或物象的，卦象或物象则有其蕴含的意义和义理。正因为语言源于卦象、卦象包含义理，所以可以通过语言来认识物象，通过物象来认识其所蕴含的义理。但语言不等于物象，物象也不等于义理，所以要得到物象就应该抛弃语言，要得到义理就应该抛弃物象。他说：“故言者所以明象，得象而忘言；象者所以存意，得意而忘象。”(《周易略例·明象》)在王弼看来，言与象、象与意的关系就如筌和鱼、蹄和兔的关系一样。筌是捕鱼的工具，蹄是捕兔的工具。蹄是用来捕捉兔子的，在捉到兔子之后就应该忘掉蹄；筌是用来捕鱼的，在捕到鱼之后就应该忘掉筌。筌和蹄只是工具，而非目的，因此，在达到目的之后就应该忘掉工具。同样，语言是表达物象的工具，物象是表现义理的工具，在认识物象、义理之后就应该抛弃语言、物象。如果拘泥于语言、物象，则会妨碍对物象、义理的认识。忘掉语言、物象，正是为了更好地认识物象、义理。王弼说：“忘象者乃得意者也，忘言者乃得象者也。得意在忘象，得象在忘言。”(《周易略例·明象》)可以看出，如果要“得意”“得象”就必须“忘象”“忘言”。如果说“象”与“言”表示“有”的话，那么“意”就表示“无”这个本体。

在王弼看来，认识“无”这个本体并非人人都能达到，只有圣人才具有这种智慧和能力。他说：“圣人体无，无又不可以训，故不说也。老子是有者也，故恒言其所不足。”(《三国志·魏书·钟会传》)这是说，圣人孔子比老子高明，是因为其真正体会到了“无”。老子到处讲“无”，恰恰说明其对“无”认识的缺乏。圣人之所以能够如此，在于其天生就有着一般人所不具有的智慧，“故能体冲和以通无”。到了“体无”“通无”的地步，圣人实际上就是“无”的化身，二者其实是一回事。王弼说："道以无形无为成济万物，故从事于道者以无为为君，不言为教，绵绵若存，而物得其真，与道同体，故曰同于道。"（《老子》第二十三章）圣人能够按照"道"（"无"）的要求做事，故能"与道同体"。

四、王弼"崇本举末"的政治思想

王弼不但把他的"以无为本"本体论思想运用到认识论上，而且将其贯彻到他的政治思想上，其具体表现就是"名教"本于"无为"。

所谓"名教"，就是指以儒家的纲常伦理、等级名分等为核心的教化思想。自汉武帝"罢黜百家，独尊儒术"以后，以儒家为核心的封建礼教就成了统治国家的指导思想。到了东汉末年，这种儒家"名教"的统治思想逐渐暴露出了许多弊端，遭到了很多思想家的批判。以王弼为代表的玄学家对于儒家"名教"思想也做了批判，并从新的角度对儒家"名教"思想的合理性做了论证。

在王弼看来，"名教"是本于"无为"的，而"无为"则是本体"无"具体作用的体现。只有把"名教"建立在"无为"的基础上，"名教"才能更好地发挥其作用。王弼说："夫载之以大道，镇之以无名，则物无所尚，志无所营。各任其贞，事用其诚，则仁德厚焉，行义正焉，礼敬清焉。"（《老子》第三十八章）反之，如果舍弃"无为"的指导，万物各逞其能，则会产生出很多虚伪的道德行为。王弼认为，越提倡仁义，就越会导致虚伪，"行崇仁义，愈致斯伪""为仁则伪成也"。（《老子指略》）为了解决这一问题，王弼提出了"崇本举末"的思想。他说：

> 用夫无名，故名以笃焉。用夫无形，故形以成焉。守母以存其子，崇本以举其末，则形名俱有而邪不生。大美配天而华不作。故母不可远，本不可失。仁义，母之所生，非可以为母。（《老子》第三十八章）

一切有形有名的现存事物之所以能够存在就在于依据了"无名""无形"的本体"无"。"无名""无形"的"无"是"母"、是"本"，一切有形有名的现存事物则是"子"、是"末"。在王弼看来，只有"守母"才能"存子"，只有"崇本"才能“举末”。从后面的论述来看，其所说的“子”和“末”指的就是儒家所讲的仁义道德之类的“名教”思想。

王弼认为，作为本体的“无”必然会分化为具体的事物。有了具体的事物，就必然会有政治秩序。他说：“朴，真也。真散则百行出，殊类生，若器也。圣人因其分散，故为之立官长。”（《老子》第二十八章）“朴”和“真”指的都是“无”。“无”分化之后，形成具体的事物。圣人则根据“无”的要求来制定政治秩序，设立官员以治理国家。在王弼看来，政治治理是本体展开的必然过程，因此，其最终目的也是回归“无”这个本体。他说：“以善为师，不善为资，移风易俗，复使归于一也。”（《老子》第二十八章）所谓“归于一”，指的就是回归于“无”。可以看出，王弼并非否定儒家的“名教”，而是企图通过道家的“无为”来巩固儒家的“名教”。

王弼说：“圣人因其分散，故为之立官长。”这说明，现实的政治秩序是由圣人来制定的。圣人制定政治秩序就是为了实现“无为”的政治理想。为什么圣人能实现其所说的政治理想呢？在王弼看来，圣人天生就有着普通人所不能比的“神明”。他说：“圣人茂于人者神明也，同于人者五情也。神明茂，故能体冲和以通无；五情同，故不能无哀乐以应物。”（《三国志·魏书·钟会传》）圣人的独特之处并不在于其是否有情感，而在于其天生的智慧和神明，因此能够与作为本体的“无”相通。

可以看出，王弼的“崇本举末”的政治思想不过是其“以无为本”本体论思想在社会政治方面的延伸。

以何晏、王弼为代表的“正始玄学”，是魏晋玄学发展的第一阶段。他们提出的“以无为本”思想从本体论角度对两汉以来的天人感应、谶纬迷信等神秘主义思想做了彻底的批判，并对封建社会的儒家纲常思想进行了新的论证，大大地提升了中国文化的抽象思维水平，对于后世思想产生了深远的影响。

思考题：

1. 试述何晏、王弼“以无为本”思想的异同。

2. 试述王弼的认识论思想。

3. 试述王弼的政治思想。

第十五章
阮籍和嵇康

阮籍(210—263),字嗣宗,陈留尉氏(今属河南省)人。阮籍曾做过司马氏政权的从事中郎、步兵校尉。他不满意司马氏政权,但态度谨慎,不公开评议他人的长短。这才使得其能在司马氏政权下保全自己。阮籍的主要著作有《乐论》《通易论》《通老论》《达庄论》《大人先生传》等。现大都收录于《阮籍集》中。

嵇康(223—262),字叔夜,谯国铚(今安徽宿县)人。嵇康父母早亡,幼年便成为孤儿,但其天资自然,才高气傲,豪迈不羁。“学不师受,博览无不该通,长好《老》《庄》”(《晋书·嵇康传》)。后来与魏宗室通婚,被任命为中散大夫。司马昭当权以后,想让嵇康出来做官,被其拒绝,终将其杀害。嵇康的主要著作有《养生论》《释私论》《声无哀乐论》等。其著作后来被人编成《嵇康集》。

阮籍、嵇康是竹林玄学的代表人物。他们二人与山涛、刘伶、阮咸、向秀、王戎常常聚集在竹林之下,肆意酣畅,被世人称作“竹林七贤”。

一、阮籍“天地生于自然”的宇宙观

在宇宙观上,阮籍继承了汉代以来的元气自然论思想。他说:“天地生于自然,万物生于天地。自然者无外,故天地名焉;天地者有内,故万物生焉。”(《达庄论》)天地都是自然而然地生出来的,并不存在一个脱离天地而独立存在的自然。也就是说,天地与自然是一非二。万物则生于天地之中。天地万物都是一气变化的产物。阮籍说:

> 天地合其德，日月顺其光，自然一体，则万物经其常，入谓之幽，出谓之章。一气盛衰，变化而不伤。是以重阴雷电，非异出也；天地日月，非殊物也。故曰：自其异者视之，则肝胆楚越也；自其同者视之，则万物一体也。(《达庄论》)

天地日月在本质上是“自然一体”的。天地万物虽然千变万化、多种多样，但无非都是一气作用下的产物。从形体上看，万物之间千姿百态，各不相同；但从构成来看，则万物又无不相同，因为它们都是由气构成的。阮籍的这种思想显然受到了庄子齐物思想的影响。

人也是这种自然气化下的产物。阮籍说：“人生天地之中，体自然之形。身者，阴阳之积气也；性者，五行之正性也；情者，游魂之变欲也；神者，天地之所以驭者也。”(《达庄论》)与宇宙间的其他万物一样，人也是依据自然而产生的。其身体是由阴阳二气积聚而成的；人性则源于五行之性。人的情感是精气游散变化所产生的欲望；人的精神则是天地之气所用来驾驭人的。既然万物都是由气构成的，那么就可以齐是非、等生死。从生的方面来看，则万物莫不长久；从死的方面来看，则万物又莫不短夭。从大的方面来看，则万物莫不大；从小的方面来看，则万物又莫不小。如果以短命而死的殇子为长寿的话，那么彭祖就可以称作夭折；如果以细小的毫毛为大的话，那么泰山就可以称作小了。因此，生死、是非都是相对的，都是可以等量齐观的，“故以死生为一贯，是非为一条也”。

阮籍又把“自然”称作“道”。他说：“道者，法自然而为化，侯王能守之，万物将自化。《易》谓之‘太极’，《春秋》谓之‘元’，老子谓之‘道’。”(《通老论》)这是说，“道”是取法于“自然”的。《周易》说的“太极”、《春秋》说的“元”与老子说的“道”都是一个意思。阮籍还说：“至道之极，混一不分，同为一体，得失无闻。”(《达庄论》)达到了“至道之极”的地步，也就与“自然一体”了，因此也就没有什么成败得失可言了。

二、阮籍“无君而庶物定”的政治思想

从现有资料来看，阮籍的思想可以分为早期和晚期两个阶段。早期以

儒家思想为主，主要体现在《乐论》《通易论》中。晚期则以道家思想为主，主要体现在《通老论》《达庄论》《大人先生传》中。

在《乐论》中，阮籍主张治理国家要刑教、礼乐并用。他说：

> 刑教一体，礼、乐，外内也。刑弛则教不独行，礼废则乐无所立。……礼踰其制则尊卑乖，乐失其序则亲疏乱。礼定其象，乐平其心；礼治其外，乐化其内；礼乐正而天下平。

对于治理国家来说，刑法惩罚、礼乐教化相辅相成，不可偏废。如果偏废一方，则另一方就无从实现。如果礼乐秩序遭到破坏的话，那么就会带来国家的混乱。因此，“礼乐正而天下平”。可以看出，阮籍虽然提倡礼法并用，但其更加强调礼乐的重要性。

到了后期，阮籍的思想则由儒家转向道家。在《达庄论》中，阮籍对于六经和庄子的高下做了评判，认为“六经之言，分处之教也；庄周之云，致意之辞也”。即儒家六经所说的是适用于某个方面的局部道理，而庄子所说的则是适用于宇宙全体的终极道理。因此用在治理国家上，儒家的“守什伍之数，审左右之名”，仅是“一曲之说”；而道家所说的“循自然，性天地”，则是“寥廓之谈”。在阮籍看来，儒家的名教“不顾其本”“残生害性”，最终只会“祸乱作而万物残”。而“至道之极”，则“大均淳固，不贰其纪，清净寂寞，空豁以俟，善恶莫之分，是非无所争，故万物反其所而得其情也”。

在《大人先生传》中，阮籍对于儒家的名教做了激烈的批判。他说：

> 今汝尊贤以相高，竞能以相尚，争势以相君，宠贵以相加，驱天下以趣之，此所以上下残也。竭天地万物之至以奉声色无穷之欲，此非所以养百姓也。于是惧民之知其然，故重赏以喜之，严刑以威之……此非汝君子之为乎？汝君子之礼法，诚天下残贼、乱危、死亡之术耳，而乃目以为美行不易之道，不亦过乎！

在阮籍看来，儒家所标榜的尊贤使能、争权夺利，是造成君臣上下相互残害的根本原因；其所提倡的礼法名教，不过是残害他人、危乱社会的权术罢了。而统治者却把它当作治理国家的不可改变的长久之道，岂不是太过分了吗？那么如何才能改变这种状况呢？阮籍认为，这就需要回到万物初始的自然状态："昔者天地开辟，万物并生；大者恬其性，细者静其形；阴藏其气，阳发其精；害无所避，利无所争……各从其命，以度相守。"在这种状态下，万物各安其性，没有利害、祸福、存亡、欺诈，一片和谐景象。为什么能够如此呢？阮籍说："盖无君而庶物定，无臣而万事理，保身修性，不违其纪；惟兹若然，故能长久。"这是说，百姓之所以能修身养性、相安无事，就在于没有政府的干预，没有君主的统治。这显然继承和发展了道家的"无为而治"思想。

三、嵇康"元气陶铄，众生禀焉"的宇宙观

与阮籍相同，嵇康在宇宙观上也继承和发展了汉代以来的元气学说。他说：

> 夫元气陶铄，众生禀焉。赋受有多少，故才性有昏明。唯至人特钟纯美，兼周外内，无不毕备。降此以往，盖阙如也。（《明胆论》）

这是说，人类都是元气变化作用下的产物。由于所禀赋元气清浊、厚薄的不同，造成了人性、材质昏明的差异。只有"至人"才是最完美无缺的，因为其禀赋的元气是最纯美、最完备的。这显然受到了王充思想的影响。王充说："人之善恶，共一元气，气有多少，故性有贤愚。"（《论衡·率性篇》）

那么，元气是如何生出万物的呢？嵇康认为，元气需要经过阴阳二气的分化，相互激荡，相互作用，才能生出人和万物。他说："浩浩太素，阳曜阴凝，二仪陶化，人伦肇兴。"（《太师箴》）这里的"太素"即"元气"。阳气的作用是发散，阴气的作用是凝聚，二者缺一不可。缺少任何一方，都不能生出万物。嵇康说："明以阳曜，胆以阴凝，岂可谓有阳可无阴，有阴可无阳耶？虽相须以合德，要自异气也。"（《明胆论》）对于这一思想，嵇康在《声无哀乐论》中也有论述："夫天地合德，万物资生。寒暑代往，五行以成。章为五色，发为五音。"所谓"天地合德"，就是指阴阳二气的相互作用。在阴阳二气的作用下，分化出五行之气，然后就产生出由五色、五音等构成的多彩多姿的世界。

在嵇康看来，由元气分化出来的世界虽然种类繁多、形态各异，但它们之间并非杂乱无章，而有着普遍存在的“理”。嵇康说：

夫推类辨物，当先求之自然之理。理已定，然后借古义以明之耳。今未得之于心，而多恃前言以为谈证，自此以往，恐巧历不能纪。（《声无哀乐论》）

这是说，要认识外界事物，就必须先寻求其中所存在的“自然之理”，然后再以古代文献记载加以验证。如果只盲从古代文献的记载，而不寻求“自然之理”，那么即使再聪明的人也不能认识外界事物。这里的“理”也就是指宇宙万物存在和变化的规律性。这与王弼说的“物无妄然，必由其理”（《周易略例·明象》）思想是一致的。

四、嵇康“形神相亲，表里俱济”的养生论

据《世说新语·文学》篇记载：“王丞相过江左，止道声无哀乐、养生、言尽意三理而已，然宛转关生，无所不入。”这里的“王丞相”是指东晋的丞相王导。王导所说的“三理”有两个都出自嵇康，即《养生论》和《声无哀乐论》，可见嵇康的思想对于后世的影响。嵇康的《养生论》主要探讨人的形体和精神的保养问题。嵇康写成《养生论》以后，当时同为“竹林七贤”的向秀对其做了驳难，嵇康又对向秀的驳难做了有力的回斥。嵇康和向秀之间的往复论难，胜义纷呈，是我们了解当时养生学说的难得佳作。

当时对于神仙有两种看法：一种认为神仙可以通过后天的努力达到，一种认为人的寿命至多可以到120岁，超过这个岁数的说法都是不可相信的。在嵇康看来，这两种说法都是错误的。嵇康说：

夫神仙虽不目见，然记籍所载，前史所传，较而论之，其有必矣；似特受异气，禀之自然，非积学所能致也。至于导养得理，以尽性命，上获千余岁，下可数百年，可有之耳。（《养生论》）

神仙虽然不能通过经验得以验证，但是通过文献等记载来看，其确实是

存在的。但神仙禀赋着特殊的元气，因此，不能通过后天的努力而达到。神仙虽然不能通过后天努力达到，但如果“导养得理”，则人的寿命可以达到数百岁乃至上千岁。所谓“导养得理”的“理”，也就是前面所说的“自然之理”。

可以看出，养生的关键在于“导养得理”。那么如何做到这点呢？嵇康认为，形体和精神在养生的过程中都非常重要，因为形神之间有着不可分离的关系，“形恃神以立，神须形以存”。因此，养生要形神兼备。嵇康说：

> 修性以保神，安心以全身，爱憎不栖于情，忧喜不留于意，泊然无感，而体气和平。又呼吸吐纳，服食养身，使形神相亲，表里俱济也。

养神主要在于内在的心性不要受到喜怒哀乐等情绪的干扰，这样才能“体气平和”。而养形则是通过各种气功以及服食等手段以保全人的性命。养神与养形之间是相互促进的关系，“形神相亲，表里俱济”。

在嵇康那里，养神与养形虽然都很重要，但其更加注重养神。他说：“精神之于形骸，犹国之有君也；神躁于中，而形丧于外，犹君昏于上，国乱于下也。”（《养生论》）精神与形体的关系就好比君主与国家的关系。如果君主开明，则国家昌盛；如果君主昏庸，则国家衰乱。同样，如果精神保养好了，那么形体就能相应地保养好；如果精神烦躁无主，那么形体也就无所适从。因此，嵇康主张在养生上要“清虚静泰，少私寡欲”“守之以一，养之以和”。“清虚静泰”和“守之以一”主要是从精神上讲的，“少私寡欲”和“养之以和”则主要是从形体上说的。

对于嵇康的养神思想，向秀是赞同的。但对于嵇康的养形思想，向秀则是反对的。在向秀看来，好逸恶劳等欲望是人生而具有的不可去掉的自然本性。向秀说：“有生则有情，称情则自然，若绝而外之，则与无生同。何贵于有生哉！且夫嗜欲，好荣恶辱，好逸恶劳，皆生于自然。”（《难养生论》）嵇康认为，嗜欲虽然是人天生的自然本性，但并非人应当遵循的道理。他说：

> 夫嗜欲虽出于人，而非道之正。犹木之有蝎，虽木之所生，而非木之宜也。故蝎盛则木朽，欲胜则身枯。（《答难养生论》）

嗜欲与人的关系，就如同蝎子与树木的关系。蝎子虽然生于树中，但如果不加处理，则蝎子过多就会令树木枯朽。嗜欲虽然出于人的本性，但如果不加规范和限制，就会伤害人的身体。嵇康认为，只有去除人不恰当的欲望，才能“信顺日济，玄德日全。不祈喜而有福，不求寿而自延。此养生大理之所效也”（《答难养生论》）。

五、嵇康“越名教而任自然”的政治思想

在政治思想上，嵇康提倡道家“无为而治”思想。对于老子、庄子，嵇康是非常推崇的，“老子、庄周，吾之师也”（《与山巨源绝交书》）。在嵇康看来，人类社会从古至今就是一个逐渐堕落的过程。他说：

> 洪荒之世，大朴未亏，君无文于上，民无竞于下，物全理顺，莫不自得。饱则安寝，饥则求食，怡然鼓腹，不知为至德之世也。若此，则安知仁义之端，礼律之文？及至人不存，大道陵迟，乃始作文墨，以传其意，区别群物，使有族类，造立仁义，以婴其心，制为名分，检其外，劝学讲文，以神其教。（《难自然好学论》）

在人类开辟的时候，大道还未遭到破坏，统治者能够无为而治，老百姓能够各安其性，万物之间都能够和谐相处。当时并不知道仁义、礼法的存在。但是到了后来，大道遭到破坏，就产生了仁义道德、等级名分、礼乐教化等治理老百姓的方式，结果是社会越来越混乱。嵇康说：“下逮德衰，大道沉沦。智惠日用，渐私其亲。惧物乖离，擘义画仁。利巧愈竞，繁礼愈陈。刑教争施，夭性丧真。”（《太师箴》）在嵇康看来，古代的统治者能够无为而治，遵循大道，有着天下为公的胸怀。后来的统治者则以自己的私利为出发点治理国家，因此，君臣猜忌，国家混乱。他说：“昔为天下，今为一身。下疾其上，君猜其臣。丧乱弘多，国乃陨颠。”（《太师箴》）

嵇康认为，儒家的名教教化在本质上是压抑和违背人的本性的。他说：

> 六经以抑引为主，人性以从欲为欢。抑引则违其愿，从欲则得自

然。然则自然之得，不由抑引之六经；全性之本，不须犯情之礼律。……则人之真性，无为正当自然耽此礼学矣。(《难自然好学论》)

儒家的六经是以压抑、引导人的自然本性为目的的，这与人的本性要求是相违背的。因此，人的本性是不能通过儒家六经的教化来实现的。在嵇康看来，人的真性(“自然”)与儒家礼学(“名教”)之间的关系是相互对立的，只有否定儒家的“名教”，才能实现人的自然本性。在这种思想的指导下，嵇康提出了“越名教而任自然”的思想。他说：

矜尚不存乎心，故能越名教而任自然；情不系于所欲，故能审贵贱而通物情。物情顺通，故大道无违；越名任心，故是非无措也。(《释私论》)

在嵇康看来，名教就是产生竞争和欲望的根源。只有心中保持虚静、通达的自然状态，没有竞争和欲望的牵累，才能超越名教的羁绊、符合大道的要求。要做到这一点，在政治上就必须实行道家的“无为而治”。嵇康说：“古之王者，承天理物，必崇简易之教，御无为之治。君静于上，臣顺于下；玄化潜通，天人交泰。”(《声无哀乐论》)统治者只有做到了“简易之教”“无为之治”，才能使国家安泰、天人和谐。

以阮籍、嵇康为代表的“竹林玄学”，是魏晋玄学发展的第二阶段。与何晏、王弼的“贵无论”相比，阮籍、嵇康在本体论上并无建树，他们的主要贡献在于在政治思想上提出了“越名教而任自然”的思想，形成了逍遥放达、追求自我的人生观，从而影响了中国古代士大夫的人生态度与精神面貌。阮籍、嵇康哲学的意义还在于他们或直接或间接地促使了裴頠、郭象“崇有论”哲学的形成，因此，他们的思想是魏晋玄学发展过程中不可或缺的一环。

思考题：

1. 试述阮籍的政治思想。
2. 试述嵇康的养生思想。
3. 试述嵇康的“越名教而任自然”思想。

第十六章
裴頠和郭象

裴頠(267—300),字逸民,河东闻喜(今山西绛县)人。裴頠博学好古,识见卓远,自少知名。裴頠与当时晋惠帝的皇后贾南风有着表亲关系。后来赵王司马伦废除贾后,裴頠也受到牵连而被杀害。裴頠的著作主要有《崇有论》。

郭象(252—312),字子玄,河南(今洛阳)人。郭象幼时便以才理著称,喜好《老》《庄》,能言善辩,在当时有着"王弼之亚"的称号。后来被东海王司马越任为太傅主簿,权倾一时。于永嘉六年病逝。郭象的著作主要有《庄子注》《论语体略》等。

一、裴頠的"崇有论"哲学

裴頠的《崇有论》是针对何晏、王弼"贵无论"所产生的弊端而专门撰写的。何晏、王弼的"贵无论"发展到西晋时期,给社会带来了口谈玄虚、不务实事、不遵礼教的社会弊端,裴頠著《崇有论》的目的就是矫正当时社会流行的虚无、放诞之弊。

何晏、王弼认为,天地万物皆"以无为本","无"是天地万物之所以存在的本体和根据。裴頠认为,"无"是不能生出任何万物的,天地万物都是自己产生的。他说:"夫至无者,无以能生,故始生者,自生也。自生而必体有,则有遗而生亏矣;生以有为己分,则虚无是有之所遗者也。"(《崇有论》)天地万物只能产生于"有",而不能产生于"无"。"无"只是相对于"有"而存在的,其是"有之所遗者",不能脱离"有"而独立存在。

在批判“以无为本”的同时，裴頠对于《老子》也做了新的评价。在裴頠看来，《老子》在反对“秽杂之弊”、表彰“静一之义”方面，有着“令人释然自夷”的作用。但其所说的“有生于无，以虚为主”，仅是“一家之辞”“一方之言”。如果把“以无为本”作为终极之理就会带来片面的危害。

在批判何晏、王弼“以无为本”思想的同时，裴頠提出了对于宇宙万物的总体看法。他说：

> 夫总混群体，宗极之道也；方以族异，庶类之品也；形象著分，有生之体也；化感错综，理迹之原也。

整个宇宙万物本身就是最根本的道，除此之外并没有其他的本体。道虽然指宇宙万物的总体，但每个具体事物却各有着其自身的规定性。一切具体事物的存在都是有形有象的。万物之间的变化虽然错综复杂，但其本身就体现了事物变化的规律。宇宙间的规律（“理”）并不能脱离具体事物而存在，其是可以在事物变化中寻求的，“是以生而可寻，所谓理也；理之所体，所谓有也”。这就否定了“贵无论”所说的以“无”为“道”、以“无”为“理”的思想。

在裴頠看来，每个具体事物都有自己的规定性，这样其就必然是不“自足”的，因此，需要依靠其他事物才能存在。他说：

> 夫品而为族，则所禀者偏；偏无自足，故凭乎外资。……有之所须，所谓资也；资有攸合，所谓宜也；择乎厥宜，所谓情也。

世界上的每个事物都有自己的特点，都不是孤立存在的。每个事物都需要凭借、依靠外在的物质条件（“凭乎外资”）才能存在。每个事物都从外界择取符合自己生存发展的条件，这就是每个事物存在的实际情况（“择乎厥宜，所谓情也”）。在裴頠看来，世界万物的存在只能从其本身来说明，而不能从事物之外寻找原因。他最后得出结论说：“济有者皆有也，虚无奚益于已有之群生哉?”这是说，只有“有”才能成就事物，虚无对于事物的存在并没有任何益处。

在政治思想上，裴頠对于何晏、王弼的“无为而治”思想也进行了批评。

他认为,“无为”对于治理国家没有任何用处,“故养既化之有,非无用之所能全也;理既有之众,非无为之所能循也”。只有通过“有为”的方式才能完成一件事情、做成一个器物。裴頠说:“心非事也,而制事必由于心,然不可以制事以非事,谓心为无也;匠非器也,而制器必须于匠,然不可以制器以非器,谓匠非有也。”就是说,做一件事情需要用心思考,虽然心不等于事,但决不能就说心是无;制作器物需要工匠来做,虽然工匠本身不是器物,但决不能否定工匠的存在。治理国家也是如此,必须通过礼乐刑法等“有为”的方式才能达到良好的效果。裴頠说:“是以君人必慎所教,班其政刑,一切之务,分宅百姓,各授四职;能令禀命之者不肃而安,忽然忘异,莫有迁志。”

二、郭象“物各自造”的本体论

在本体论上,郭象沿着裴頠“崇有论”的思想对何晏、王弼的“贵无论”做了进一步的批判。在郭象看来,“无”是不能生“有”的,“无即无矣,则不能生有”(《齐物论》注)。既然“无”是空无,那么其怎么能生出“有”呢?因此,与王弼所说的“以无为本”不同,郭象认为,“无”不是相对于“有”而言的,其不过是用来说明天地万物都是自己生成这一道理的。他说:“夫庄、老之所以屡称无者何哉?明生物者无物,而物自生耳。”(《在宥》)

在郭象看来,不管我们如何追寻万物本体,最终都只能追寻到万物本身上面。他说:

> 谁得先物者乎哉?吾以阴阳为先物,而阴阳者即所谓物耳。谁又先阴阳者乎哉?吾以自然为先之,而自然即物之自尔耳。吾以至道为先之矣,而至道者乃至无也。既已无矣,又奚为先?(《知北游》)

这是说,在万物的存在之前并不存在一个先于万物的存在者。无论是“阴阳”“自然”,还是“至道”,它们或者是物或者是无,都不能成为万物得以存在的本体。

那么,天地万物是怎么产生出来的呢?郭象认为,天地万物都是自然而然地产生出来的。他说：

> 无即无矣，则不能生有。有之未生，又不能为生。则生生者谁乎哉？块然而自生耳。自生耳，非我生也。我既不能生物，物亦不能生我，则我自然矣。自己而然则谓之天然。(《齐物论》)

“无”不能生“有”。在“有”未产生之前，其也不能有意地生出。天地万物只能是莫名其妙地生出，“块然而自生”。因此，郭象否认在万物之上存在一个主宰者。他说：“万物万情，趣舍不同，若有真宰使之然也。起索真宰之朕迹，而亦终不得，则明物皆自然，无使物然也。”(《齐物论》引)天地万物万事，纷繁复杂，表面看来似乎有一个主宰者，但仔细追索起来，终究无迹可寻，一无所得。这说明天地间并没有一个支配万物的主宰者。因此，天地万物都是“块然而自生”“突然而自得”的。

郭象又把这种“自生”称作“独化”。他说：“然则凡得之者，外不资于道，内不由于己，掘然自得而独化也。”(《大宗师》)天地万物的生成，既不依靠外因，也不依靠内因，而是毫无根据地独自生成、独自变化。郭象还通过“形”“影”以及“罔两”之间的关系来说明这一道理：

> 世或谓罔两待景，景待形，形待造物者。请问：夫造物者有耶？无耶？无也，则胡能造物哉？有也，则不足以物众形。故明众形之自物，而后始可与言造物耳。是以涉有物之域，虽复罔两，未有不独化于玄冥者也。故造物者无主，而物各自造。物各自造而无所待焉，此天地之正也。(《齐物论》)

“罔两”是指影子的微阴。一般认为，“罔两”依赖于“影子”，“影子”依赖于有形的万物，万物则依赖于“造物者”。郭象反问说，这个“造物者”究竟是“有”还是“无”呢？如果是“无”，其怎么能造出万物呢？如果是“有”，其怎么能造出千差万别、形态各异的万物呢？因此，包括“罔两”这样微小存在在内的所有万物，都是从“玄冥”中“独化”出来的。也就是说，万物都是自己生出自己，并不需要依赖一个外在的“造物者”。所谓“玄冥”，就是指万物“独化”的场域，其是不可描述而又确实存在的。因此，郭象说：“玄冥者，所以名无

而非无也。”(《大宗师》)

可以看出,郭象所说的万物只是一个个独自存在的个体。它们虽然共同存在于宇宙间,但它们之间却没有任何关系。那么,世界万物难道不就杂乱无章了吗?在郭象看来,世界上每个个体虽然都是“自生”“独化”的,但在整体上却都要受到“理”的规定。郭象说:“夫我之生也,非我之所生也,则一生之内、百年之中,其坐起行止、动静趣舍、性情知能,凡所有者,凡所无者,凡所为者,凡所遇者,皆非我也,理自尔耳。”(《德充符》)世界的“所有”“所无”“所为”“所遇”,都不是个人所能决定的,而是由“理”规定的。

三、郭象“冥然自合”的认识论

在郭象看来,天地万物都是“自生”“独化”的,因此,每个事物都有其自身的规定性。郭象把这种规定性称作“性分”。他说:

> 夫以形相对,则大山大于秋毫也。若各据其性分,物冥其极,则形大未为有余,形小不为不足。苟各足于其性,则秋毫不独小其小,而大山不独大其大矣。若以性足为大,则天下之足未有过于秋毫也;若性足者非大,则虽大山亦可称小矣。(《齐物论》)

从外在形体上看,大山毫无疑问是大于秋毫的。但如果从“性分”上讲,形体大的未必多余,形体小的未必不足。如果“足于其性”,则大山、秋毫是没有什么差别的。如果以“性足为大”,那么天下之物没有比秋毫更大的;如果以“性足”为小,那么大山也可以称作小了。每个事物虽然有大小之分,但是从“性分”上讲,它们则是一样逍遥的。因此,郭象说:“夫小大虽殊,而放于自得之场,则物任其性,事称其能,各当其分,逍遥一也,岂容胜负于其间?”(《逍遥游》)

既然每个事物都有自己的“性分”,那么就不能超出其本性来追求本性以外的东西。郭象说:“外不可求而求之,譬犹以圆学方,以鱼羡鸟耳。虽希翼鸾凤,拟规日月,此愈近彼,愈远实,学弥得而性弥失。”(《齐物论》)如果追求自己“性分”之外的东西,就会越来越迷失自己的本性。因此,不应追求

"性分"之外的东西。他说:"夫知之盛也,知人之所为者有分,故任而不强也;知人之所知者有极,故用而不荡也。"(《大宗师》)这是说,人的认识能力都有其界限,因此在运用这种能力的时候都不能超出其能力之外("任而不强""用而不荡")。

从"独化"的角度来看,外在世界也是无法认识的。既然世界万物都是莫名其妙、突然地生出来的,那么就不能认识外界事物变化的原因。郭象说:"夫死者已自死,而生者已自生,圆者已自圆,方者已自方,未有其根者,故莫知。"(《知北游》)"凡此上事,皆不知其所以然而然,故曰芒也。"(《齐物论》)死生、方圆等事物都是没有任何根据"独化"而成的,因此,"不知其所以然而然"。知与不知都是自然而然的,而不是由人类所能决定的。他说:"所不能者,不能强能也。由此观之,知与不知,能与不能,制不由我也,当付之自然耳。"(《知北游》)一切的能与不能、知与不知都是没有任何原因的,都是自然而然的。在郭象看来,事物的近因或许是可以认识的,但其终极原因则是不可能知道的。他说:"物事之近,或知其故。然寻其源以至乎极,则无故而自尔。自尔则无所稍问其故也,但当顺之。"(《天运》)

郭象认为,既然外界事物是不可认识的,那么人类就应该放弃对于外在世界的认识。他说:"至人知天机之不可易也,故捐聪明、弃知虑,魄然忘其所为,而任其自动。"(《秋水》)在郭象看来,不知即知,不为即为。他说:"为出于不为,故以不为为主;知出于不知,故以不知为宗。是故真人遗知而知,不为而为,自然而生,坐忘而得,故知称绝而为名去也。"(《大宗师》)在此基础上,郭象提出了"冥然自合"的思想。他说:"夫物有自然,理有至极,循然直往,则冥然自合。"(《齐物论》)对于外界事物和道理,并不需要主动认识,只要顺其自然,就可以与外物相符合。这就完全取消了人的主观认识活动和主客体之间的差别对立,最终达到了一种"内不觉其一身,外不识有天地,然后旷然与变化为体而无不通也"(《大宗师》)的神秘主义境界。

四、郭象"无心顺有"的政治思想

在认识论上,郭象主张以"不知知之";在政治思想上,郭象则主张以"不治治之”，即以“无为”的方式来治理国家。他说：“夫能令天下治，不治天下者也。故尧以不治治之，非治之而治者也。”(《逍遥游》)郭象所说的“不治”也就是“无为”。“无为”并不是什么也不做。郭象说：“所谓无为之业，非拱默而已；所谓尘垢之外，非伏于山林也。”(《大宗师》)“无为”并非拱手缄默，无所事事；超尘脱俗也非隐居山林。

那么，“无为”在郭象那里是什么意思呢？郭象说：“率性而动，故谓之无为也。”(《天道》)“无为”也就是“率性而动”，即按照每个事物“性分”的要求来做事。他说：“故善用人者，使能方者为方，能圆者为圆，各任其所能，人安其性。”(《胠箧》)又说：“各用其性，而天机玄发，则古今上下无为，谁有为也。”(《天道》)这是说，只要按照自己的本性活动就是无为。

在郭象看来，君主对于一个国家的治理是必不可少的。他说：“千人聚，不以一人为主，不乱则散。故多贤不可多君，无贤不可以无君。”(《人间世》)一个国家必须有一个君主，否则就会混乱、涣散。郭象认为，只有贤人才能当君主，“夫时之所贤者为君，才不应世者为臣”(《齐物论》)。贤人虽多，但只能选取一人成为君主；但君主是必需的，贤人未必是必需的，因此，即使天下没有贤人，也还是需要一个君主。

既然每个事物都有自己的“性分”，那么其也就不能超出自己“性分”的规定。这种思想表现在政治上就是君臣名分都是自然而然的、不可改变的。郭象说：“君臣上下，手足外内，乃天理自然。”(《齐物论》)如果不按照自己“性分”的要求做事，就会丧失自己的真性。郭象说：“臣妾之才而不安臣妾之任，则失矣。”(《齐物论》)在这种思想指导下，郭象认为，君臣应该各司其职，不能相乱。他说：

> 夫工人无为于刻木，而有为于用斧；主上无为于亲事，而有为于用臣。臣能亲事，主能用臣，斧能刻木，而工能用斧。各当其能，则天理自然，非有为也。若乃主代臣事，则非主矣；臣秉主用，则非臣矣。故各司其任，则上下咸得，而无为之理至矣。(《天道》)

君主的职责在于用臣，不在于亲事。亲事是大臣的职责所在。君主、大臣之间的职责不能相互替代，否则，就会失去其本性。只有君臣各司其职，才能上下咸得。这才是“无为之理”的真正体现。

可以看出，郭象所说的“无为”与老庄原始道家所讲的“无为”意义并不相同，即其并非什么都不做，而是按照事物的本性去做。在政治上，郭象并非要去除君臣上下之间的等级关系和伦理纲常，而是对其进行了新的论证。在郭象看来，儒家所讲的仁义道德本身就是人的自然本性。他说：“夫仁义自是人之情性，但当任之耳”(《骈拇》)；“夫仁义者，人之性也”(《天运》)。因此，在“名教”与“自然”关系上，郭象主张“名教”即“自然”。他说：“夫神人即今所谓圣人也。夫圣人虽在庙堂之上，然其心无异于山林之中。”(《逍遥游》)“神人”指道家所推崇的最能体现“自然”的理想人格。“圣人”则是儒家所推崇的具有高尚品德的最高统治者。郭象认为，“神人”与“圣人”是一致的，“圣人”虽然忙于世务，然不妨碍其心理上的逍遥自得。因此，郭象认为，理想的统治者能够打通“方内”和“方外”。他说：“故圣人常游外以冥内，无心以顺有，故虽终日挥形而神气无变，俯仰万机而淡然自若。”(《大宗师》)在理想的统治者那里，没有内外的区别，游外即是冥内，无心即是顺有。虽然日理万机，忙于事务，但并不影响其逍遥自得的精神状态。

以裴頠、郭象为代表的西晋玄学，是魏晋玄学发展的第三阶段。与何晏、王弼的“贵无论”不同，裴頠、郭象主张“崇有论”，即认为万物自身就是其存在的原因，不需要在其自身之外再寻找别的原因作为其存在的根据。在“名教”和“自然”的关系上，郭象既不同于王弼的“名教本于自然”，也不同于嵇康的“越名教而任自然”，而提出一种“名教即自然”的思想，这样就在形式上解决了魏晋时期长期存在的“名教”和“自然”关系的矛盾。

思考题：

1. 试述裴頠的“崇有论”思想。
2. 试述郭象的“独化论”思想。
3. 试述郭象的政治思想。

第十七章
汉至隋唐的佛教哲学

佛教由乔达摩·悉达多创立于公元前6世纪的古印度，大约在两汉之际传入中国。据文献记载，汉明帝于永平十年（公元67年）曾派人去西域求取佛法；光武帝之子刘英则可能是第一个信奉佛教的皇族成员，《后汉书·楚王英传》说他"诵黄老之微言，尚浮屠之仁祠，洁斋三月，与神为誓"。最初，人们把佛教视同于"清虚""无为""省欲去奢"（《后汉书·襄楷传》）的黄老道术，或将其理解为神仙方术，佛被看作能飞、善变、放光、不为刀火所伤的神仙。早期翻译的佛教经典主要分为两大系统：安世高（约2世纪）所译属小乘佛教，重视精神修炼；支娄迦谶（约2世纪）所译属大乘佛教，阐扬般若性空思想。大乘佛教后来逐渐成为中国佛教的主流，并深刻影响了中国哲学和文化。魏晋时期，伴随着玄学的兴起和盛行，人们常用本土的中国哲学概念，特别是以当时流行的老庄思想去比附和解说佛教义理，这种方法被称为"格义"。晋代般若学思潮中的"六家七宗"就是格义佛教的典型代表。隋唐时期，由于帝王支持、佛典的大量翻译和广泛传播，以及佛教与中国社会文化愈加深入全面的交融，佛教在中国的发展达到鼎盛阶段，形成了天台宗、华严宗、三论宗、唯识宗、禅宗、净土宗、律宗、密宗等多个宗派，其中，禅宗和净土宗最富中国文化特色。

一、六家七宗的般若空论

"般若"是梵语的音译，指高于世俗知识的妙智，它被认为是涅槃成佛所必需的对于世界本质的认识。其基本内容是：无论客观的万物万象（"色法”），还是人的内在心理现象（“心法”），都由因缘聚合而生，其自身并没有恒常不变的自性，所以都是虚幻不真的，不真即“性空”。可以看出，这种思想从根本上否定了世界存在的真实性，或者说它认为现象世界缺少永恒的内在根基。

在支娄迦谶翻译《道行般若经》之后，更多的般若学经典被译介到中国。中国本土哲学原本没有与般若空论相一致的思想，唯有老子和庄子提出过一些相似但绝不相同的哲学观念。由于魏晋时期玄学盛行，而一些高僧又精通玄学中的老庄思想，于是他们就借由老庄的“无”和“有”等概念来阐说般若空论。“六家七宗”是晋代佛教学者阐说般若空论的六个或七个派别，各派代表人物和主要思想如下：

（一）本无

这一派又分为本无宗和本无异宗。本无宗的代表是道安，他认为：“一切诸法，本性空寂”，“无在万化之前，空为众形之始。夫人之所滞，滞在末有。若宅心本无，则异想便息”（《中观论疏》）。有无、本末都是王弼“贵无论”的重要概念。受其影响，道安用“无”和“有”比附般若学的“空”和“法”（现象），认为“空”是一切有形之物的本原和开端，这明显不合佛教“性空”思想的本义。道安对“贵无论”的借重，表明当时的中土佛教仍然依附于玄学，尚未建立起切合般若学义理的概念体系。

本无异宗的代表是竺法琛、竺法汰。其基本主张是：“未有色法，先有于无，故从无出有，即无在有先”（《中观论疏》），“夫无者何也？壑然无形，而万物由之而生者也……四大从空生也”（《中论疏记》）。“四大”即印度哲学中的地、火、水、风，它们被认为是构成世界万物的四要素。本无异宗强调空（无）在先、色法（有）在后，色法生于空，这其实是一种把空当作本原的宇宙生成论，也不符合般若空义。

（二）即色

即色宗的代表是支遁（字道林）。其思想包括两个方面：（1）“即色是空，非色灭空。……夫色之性，（色不自）色，虽色而空。”（《肇论疏》）意思是所谓空，并非指有形之物消失了才是空，而是说万物万象皆是因缘的聚合，所以都是没有自性的虚假存在。僧肇后来批评支遁仅从因缘而成的角度揭示事物并非自己生成，所以为空，而尚未领悟到事物自身本来就是空。换言之，支遁对事物存在真实性的否定还不彻底，对假有仍有所保留。(2)“青黄等相，非色自能，人名为青黄等，心若不计，青黄等皆空。”(《肇论新疏》)意思是青黄等颜色不是物自身本有的，而是人们用心计虑并加于物的名称；如果心不计虑，颜色就不存在，就是空。这种观点把外部事物看成是空的，但同时却肯定了“心”的真实存在；而般若学不仅不从这个角度论述“虽色而空”，并且连“心”的存在也不承认。不同于佛教，儒家和道家从不怀疑“心”的存在，支遁这个看法应是出于中国本土哲学的传统。

(三)心无

心无宗的代表是支愍度、竺法蕴、道恒。按僧肇《不真空论》中的概括，这一派主张“无心于万物，万物未尝无”。意思是只要根除“心”对万物的执着，万物即空。这种思想类似于支遁“即色义”的第二方面，也承认“心”的存在，并认为空取决于人们对万物的否定性态度。

(四)识含

识含宗的代表是于法开。其思想大要是：“三界为长夜之宅，心识为大梦之主。”(《中观论疏》)“三界”泛指众生轮回于其中的整个世俗世界，具体包括欲界、色界、无色界。该宗认为，世俗世界是不真实的，一切存在都是人们梦幻的产物，而心识则是梦乃至所梦之物的主宰。这种看法同样肯定了“心”的存在和作用。

(五)幻化

幻化宗的代表是道壹。该宗主张世界上的事物都是虚幻的，但“心神犹真不空，是第一义”。从该宗的角度说，之所以强调心神的真实存在，是因为心神如果也是空，“教何所施，谁修道隔凡成圣”(《中观论疏》)？也就是说，如果心神不存在，那么人们的宗教实践及其理想结果就没有了主体和承载者。

（六）缘会

缘会宗的代表是于道邃。该派主张事物因“缘会故有”，“缘散故即无”（《中观论疏》）。意思是说，如果事物赖以存在的各种因素和条件消失了，事物就将归于空无；反之，事物就是实有。这种看法近似于支遁批评的“色灭空”，实质上等于承认了“缘会故有”的事物的真实性，没有看到即便“缘会故有”的事物也是空而不真的。

二、僧肇的“不真空论”和“物不迁论”

僧肇（384—414），京兆（今西安）人，东晋著名的佛教哲学家。他出身贫寒，早年以为人抄书为生，故而得以饱读经籍，他尤其推崇老庄。不过他在称许《老子》“美则美矣”的同时，却又说：“期栖神冥累之方，犹未尽善也。”可见，老子思想仍不能满足他超脱世俗的精神追求。当读到大乘佛教的《维摩诘经》时，他“欢喜顶受，披寻玩味”（《高僧传·僧肇传》），认为这才找到了精神皈依。僧肇出家后因博学、精思、善谈而名闻遐迩，有人不远千里来和他辩论，莫不为其所败。后来，他追随杰出的佛经翻译家鸠摩罗什，从事译经和著述活动，成为罗什的四大弟子之一。僧肇的著作被编为《肇论》，其中的《不真空论》《物不迁论》《般若无知论》影响深远。

（一）“不真空”

《不真空论》乃针对当时关于般若空义的各种不确理解而作。“不真空”的意思是“不真即空”“不真故空”。在这篇辞玄义奥的文章中，僧肇对本无、即色、心无等各家都有批评。而他在阐释自己对空的理解时，虽然也运用了有、无等老庄哲学的概念，却精当地表达了般若空义，因此被誉为中土“解空第一”。

与本无等各家相比，僧肇的高明之处在于，其“不真空论”能够遵循般若学的中道思维法则，既不执着于有，又不偏执于无，从而较为圆融地处理了有（色）与无（空）的关系。除了中道思维法则外，理解般若空义的另一关键在于佛教的缘起思想。僧肇认为,既然事物都是因缘聚合而生,故可谓“非真非实有”;但是,我们也不能因此就说事物是无,因为它们毕竟已经显现为有形有象的存在,也就是说“象形不即无”。以通过魔幻手段变现出的幻化人为例:一方面,我们眼前确有幻化人,这是有或“不即无”;另一方面,须知“幻化人非真人”,这是无或“非实有”。对于任一事物,“非实有”与“不即无”这两个方面必须同时兼顾,缺一不可。

在僧肇看来,般若空义应完整表述为:事物既有又无,既非有又非无。说事物是无,是因事物确“有其所以不有”的根据;说事物是有,是因事物确“有其所以不无”的根据。这种根据,用印度佛教学者龙树《中观论》的话说就是:“物从因缘故不有,缘起故不无。”由此,我们可以认为有和无、非有和非无都是事物的本质,或者说都是事物本质的不同面相。僧肇进一步分析说:

> 夫有若真有,有自常有,岂待缘而后有哉?譬彼真无,无自常无,岂待缘而后无也?若有不能自有,待缘而后有者,故知有非真有。有非真有,虽有不可谓之有矣。不无者,夫无则湛然不动,可谓之无。万物若无,则不应起,起则非无,以明缘起故不无也。

僧肇这里自问自答:事物若是“真有”,就应因其自身的内在依据而常存,怎么还要依赖外在的因缘呢?事物若是“真无”,就应永远是无,怎么还要在因缘而生的意义上才是无呢?既然事物“待缘而后有”,所以就不是“真有”;既然事物已经因缘而有,所以就不是“湛然不动”的“真无”。

此外,僧肇还从名实关系的角度否定事物存在的真实性。他认为,如果“以名求物”,我们就找不到事物中与名完全相当的实质;反之,如果“以物求名”,就会发现名并不能完整真切地反映事物的实质。物没有与名相当的实质,可见它是虚假不真之物(“非物”);名不能反映事物的实质,可见它是假托不实之名(“非名”)。既然物是“非物”、名是“非名”,所谓“万物”又在哪里呢?僧肇由此得出结论说:“万物非真,假号久矣。”中国哲学早已讨论名实关系问题。完整地看,名与实既有一致性,又有不一致性。为了否定事物存在的真实性,僧肇显然夸大了名与实的不一致性,而完全撇除了二者的一致性。

(二)“物不迁”

为了否定世界万物存在的真实性，僧肇还在动静关系问题上力驳俗见。世俗认为事物是流变不息的，例如人有生死、岁有寒暑，但僧肇的《物不迁论》却反对这种看法。“物不迁”的意思是一切事物都不变迁，用《放光般若经》的话说就是：“法无去来，无动转者。”相较于那种把动静对立起来，然后通过否定动来强调静的简单做法，僧肇否定运动的论证更为精致。他的立论前提和论证思路是：动静没有根本差异，二者不能分开，所以不必脱离动来求静，而是应当“即动而求静”或“求静于诸动”；如果能动中求静，那么就可以得出事物“虽动而常静”“虽静而不离动”的结论。

过去的事物不会原样不动地延续至今，而是必然会发生某种变化，据此我们说事物“动而非静”。同样从“昔物不至今”这一现象出发，僧肇却提出了“静而非动”的相反观念。他的理由是：“昔物不至今”说明过去的事物只能永存于过去，不会跑到今天，而“往物既不来”与“今物何所往”实际是同一个道理，即“物不相往来”。照此，今天的事物只能永存于今天，而不会跑到其他时间去。

为了论证事物是不动的，僧肇还假设说：“今若至古，古应有今；古若至今，今应有古。”但事实却是“今而无古”“古而无今”。“今而无古”说明古代的事物不来，“古而无今”则说明今天的事物不去。既然“古不至今，今亦不至古”，可见“事各性住于一世，有何物而可去来”？

僧肇所说的“事各性住于一世”，是指事物都静止于某一时间点，或者说事物在某一时间点都是绝对静止的，“昔物自在昔，不从今以至昔；今物自在今，不从昔以至今”。由此，原本运动的万物就会静止为电影胶片上的一帧帧图片。这种观念类似于古希腊哲学家芝诺所说的“飞矢不动”。然而常识告诉我们：世界是流变不居而非静止不动的。僧肇和芝诺的观点之所以违背常识，究其根由，是因为他们对于事物运动的认识在时空维度上兼具中断性和连续性，一方面把中断性绝对化、片面化了，另一方面却完全否定了连续性。

僧肇否定运动的最终目的在于阐扬佛教的业报轮回思想。他说：

如来功流万世而常存，道通百劫而弥固。……果以功业不可朽故也。功业不可朽，故虽在昔而不化。不化故不迁，不迁故则湛然明矣。故经云："三灾弥纶，而行业湛然。"

佛教把人的行为、言语、思虑称作"业"，认为人们所造之"业"即便经历火水风"三灾"也不会消除，亦即僧肇所谓"不化""不迁""不可朽"。不同的"业"会引起相应的"果报"。僧肇从动静关系角度解释说："因因而果，因不昔灭；果不俱因，因不来今。不灭不来，则不迁之致明矣。"意思是"因"（"业"）之所以引起"果"，是由于"因"虽在过去，却永不消失；"果"与"因"之所以不同在，是由于过去的"因"不会来到今天。因果报应必然使人堕入无尽的生死轮回中，唯有信从佛教，"修途托至于初步"，一点点积累不灭不迁的善业，方能得善果而解脱。

我们知道，玄学的演变按时间顺序一般分为三种理论形态：贵无、崇有、独化。"六家七宗"和僧肇的佛教哲学继郭象的"独化论"而起，它们不仅运用玄学的概念，而且讨论的问题也与玄学密切相关。在此意义上，我们可把这一时期的思想形态称为玄佛合流。玄佛合流一方面形成了佛教中国化的早期产物——玄学化的佛教；另一方面，由于佛教在形上学、知识论及修养论等领域比较擅长抽象的理论分析，因此玄学也因般若学的参与而提升了思维水平，进入了新的发展阶段。

三、隋唐的佛教宗派

魏晋南北朝之后，经过与中国文化长期的互动融合，伴随着大一统国家的再生，佛教在隋唐时期迎来了发展高峰，其重要标志是兴起了天台宗、华严宗、禅宗、唯识宗等多样化的佛教宗派。借由这些宗派，佛教为中国哲学带来了新的问题意识、价值观念、理论范畴和思维方法，在丰富中国哲学的内涵、扩大中国哲学思想之边界的同时，佛教自身也通过不断汲取中国哲学的理论资源而越来越中国化，以至与儒家和道家鼎立，最终成为中国思想和文化不可或缺的组成部分。

(一)天台宗

天台宗由隋朝的智顗(538—597)开创于浙江天台山,由于该宗依《法华经》而立,因此又被称为法华宗。印度的龙树被智顗的后继者追认为初祖。“三谛圆融”“一念三千”“性具善恶”“无情有性”等是天台宗最具特色的教义。

“三谛圆融”由智顗提出。大意是说,每一事物都是因缘和合而生,皆无自性,这是“空谛”“无谛”或“真谛”;然而恰如僧肇所说,事物虽不真而空,但毕竟已显现为有形之物,这是“假谛”、“有谛”或“俗谛”;进一步,事物既是真空又是假有,既不只是真空,又不只是假有,所谓非有非无、即有即无,空假不二,真俗不落一端,这是“中谛”或“第一义谛”。智顗认为,任何事物都同时具有三谛,并且每一谛含摄另外两谛,三者相即相入、圆融无碍而不可分割。要言之,智顗所说的三谛,既是事物本质不可或缺的三个层面,也是我们理解事物本质的三个角度。

关于“一念三千”,智顗在《摩诃止观》中说:

> 一心具十法界,一法界又具十法界、百法界。一界具三十种世间,百法界即具三千种世间。此三千在一念心,若无心而已,介尔有心,即具三千。

“法”指事物,“界”谓界别、分界,佛教把同类事物归为一法界。这里的十法界由“六凡”“四圣”组成:前者指天、人、阿修罗、地狱、饿鬼、畜生,后者指声闻、缘觉、菩萨、佛。十法界中的任何一种都可以上升或下降为其他九种。如此相入相具,则有百法界。另一方面,每一法界又各具由众生构成的“有情世间”、山河大地构成的“国土世间”以及构成前两者的“五蕴世间”(“五蕴”指色、受、想、行、识),十法界则具三十种世间。由于十法界相具相入而有百法界,因此推算下来,百法界即具三千种世间。智顗认为,三千种世间皆在人的一念心中,都由此心造作而生。相较于本土的中国哲学,这个具有极大包容性的“一念心”可以说是一个全新的思想观念。

“性具善恶”是“一念三千”的推论。既然三千世间的事物有净有染、有善有恶,那么造作并蕴含这些事物的"一念心"自然兼具善恶的属性。按智顗的说法,即便被认为善根断尽的一阐提人从不为善,"但性善在";即便佛从不为恶,"但性恶在"。其间的区别在于,一阐提人虽具善性,却并不自觉,若能自觉,就可以修善而"广治诸恶";反之,"佛虽不断性恶"(《法华玄义》卷上),但由于他自觉于此,因此永不为恶所染,且永不有恶行。强调一阐提人有善性,也可为善治恶以至成佛,这种佛教心性论很大程度上是智顗受到儒家性善论影响的结果。

智顗之后的湛然进一步从"一念三千"引申出了"无情有性"的观点。"无情"指动物之外的事物,如草木瓦石等;"性"指佛性,它是成佛的内在依据。湛然认为,一切色法(物质现象)和心法(心理现象)都可归于"一念",因此"一切诸法无非心性"(《十不二门》),色法和心法在这一点上并没有区别,"故知一尘一心即一切生佛之心性,何独自心之有无耶?"(《金刚錍》)意谓不仅是有情的众生,即使是一粒尘埃,乃至花草瓦石、山河大地也都具有佛性,都可成佛。这种思想把佛性泛化为遍及宇宙万物的存在,实质上等于提出了一种本体化的心性论,这对后世的中国哲学特别是对宋明理学产生了极其深刻的影响。

(二)唯识宗

唯识宗由唐代高僧玄奘(602—664)创立,所依经典是《瑜伽师地论》等所谓"一本十支"。不同于僧肇等人,玄奘传承的是印度大乘有宗思想,因其主张"实无外境,唯有内识"(《成唯识论》卷一),万法"唯识"变现,故名唯识宗。由于该宗重视分析法相,即事物的本质和相状,且玄奘曾在长安大慈恩寺居住译经,因此又被称为法相宗、慈恩宗。玄奘的哲学著作主要是他编译的《成唯识论》,其弟子窥基撰有注释此书的《成唯识论述记》。与其他中国佛教宗派相比,唯识宗最显著的特征是概念烦琐、义理玄奥、论证复杂,这是它流传不远的重要原因。

唯识宗所说的"识"包括前六识、末那识、阿赖耶识等八种。前六识是指与"六根"(眼、耳、鼻、舌、身、意)对应的眼识、耳识、鼻识、舌识、身识等五种感觉(视、听、嗅、味、触),以及第六意识(综合感觉的知觉和思维),它们分别变现出色、声、香、味、触、法等虚幻的“六尘”或“六境”。第八种阿赖耶识是人的全部意识和精神活动的本体，前七识皆由它生出，因被认为其中藏有无量的“种子”，所以又称藏识或种子识。所谓“种子”，实为变现一切事物和现象的精神性元素。按其由来，“种子”分为阿赖耶识久已蕴藏的“本有种子”和由于人造业而新成的“始有种子”；按性质则分为清净的“无漏善种”、染污的“有漏恶种”以及非善非恶的无记“种子”。第七种末那识的功能是恒审思量、执着计较，它不仅起于阿赖耶识并以其为对象，而且把阿赖耶识执着为常存的自我，使人由此产生我痴、我见、我慢、我爱等烦恼。

以“八识”理论为基础，该宗认为人们的修行就是一个“转识成智”的过程，即通过增加“善种”，减少乃至断除“恶种”，把“八识”从“有漏”转变为“无漏”，以最终得到成佛所需的智慧。从现代哲学的角度看，唯识宗的“八识”说虽以宗教信仰为归趣，但它对人的意识和精神现象所做的极其深入细密的分析，却有重要的理论价值。

在分析法相时，唯识宗还提出了“三性”说。这三者分别是“依他起性”“遍计所执性”“圆成实性”。所谓“依他起性”，是说事物和现象都由外在的因缘（“他”）和合而生，都是没有自性的虚幻存在。所谓“遍计所执性”，是说人们不知万物皆无自性，以至于通过周遍的计度，把假有错误地执着为恒常真实的万物和自我（“二执”）。如果说以上二者都是应当破除的谬误，那么“圆成实性”则是真谛。关于其含义，玄奘说：“此即于彼依他起上，常远离前遍计所执，二空所显，真如为性。”（《成唯识论》卷八）意思是人们应当认识到万物都是因缘生成的假有，由此可以破除普遍的计度执着，洞见万物与自我都是空（“二空”）的真相。“三性”说与“八识”说的关系在于，和合而生万物的因缘、被人们执着为实存的假有，归根结底都是“唯识”变现的产物，“圆成实性”则是把握“二空”之后获得的“一切唯识”的真谛。

哪些人可以成佛？他们可以修得什么果位？这是中国佛性论的焦点问题。在这方面，唯识宗的“五种姓”说区分了五种不同情况。其一是声闻种姓，这种人听闻佛的言教即可觉悟。其二是缘觉种姓，这种人察知万法不过是因缘的起灭即可觉悟。其三是如来种姓，这种人已大彻大悟且悲悯众生。前二者的修行果位只能是小乘的罗汉、辟支佛，如来种姓之人则可修得大乘的菩萨或佛。其四是不定种姓,这种人可以修得前三种果位中的任一种,故名“不定”。除此四种外,另有无种姓者,其中包括悲智双运、誓愿度尽众生的菩萨和善根断尽的“一阐提”人。菩萨本可成佛,“一阐提”人却自蔽于愚痴、自溺于生死欲海而不求解脱,所以永不可成佛。换言之,“一阐提”人不具佛性,这与中国佛教的主流传统——“一切众生,悉有佛性”(《大涅槃经》),显然是格格不入的。

唯识宗在唐代曾传入日本和朝鲜半岛,但在中国本土,其于玄奘师徒之后即逐渐走向衰落。衰落的原因,一是由于该宗的概念过于烦琐,义理过于玄奥,不符合以直观简洁为主流的中国传统思维方式;二是该宗力主“一阐提”人不具佛性、不可成佛,有违在中国文化中影响深远的儒家“人皆可为尧舜”的人性论传统。这严重制约了唯识宗的传播以及人们对它的理解和接受。

(三)华严宗

华严宗的开创者是唐代高僧法藏(643—712),其所依经典是《华严经》,同时对天台宗、唯识宗的思想也有所吸收。该宗又被称为贤首宗、法界宗:前者因为法藏俗姓康,字贤首,他曾为武则天讲解《华严经》而获封“贤首大师”;后者因为“法界缘起”是该宗的基本教义。

在佛教哲学中,法界有多种含义,它既指不同类别的事物和现象,又指事物和现象的本质或本体、本原。华严宗的“四法界”思想兼涉这两种含义。具体来说,其所谓“事法界”指作为假有的事物和现象;“理法界”指作为事物和现象之共同本质或本体的“理”,即空性、真如、佛性、本心或如来藏自性清净心,千差万别的事物和现象都由这一本质或本体随缘生成,这就叫“法界缘起”。除此二者外,华严宗另外还用“理事无碍法界”指称本体与事物之间的关系,用“事事无碍法界”指称不同事物之间的关系。前者的大意是,作为本体的真如或佛性等与其随缘生成的千差万别的事物不可截然分开,理与事相即相入、相融相通而无障碍,二者恰如水与波、金与金质的狮子;后者的大意是,既然真如、佛性随缘生成一切事物,那么不同事物便因共具同一本体或本质而相即相入、相融相通、彼此无碍,用华严五祖宗密的话说就是:

“无尽事法同一性故”，所以“一切分齐事法，一一如性融通”（《注华严法界观门》）。

由“事事无碍法界”，华严宗进而主张“一即多，多即一”，乃至“一即一切，一切即一”（《华严一乘教义分齐章》）。意思是每一事物都涵具或就是一切事物，一切事物都涵具或就是每一事物。以金质的狮子为例：狮子由眼、耳、鼻、口及毛发、四肢等构成，而眼、耳、鼻、口及毛发、四肢等都是金质的，所以眼即狮子、耳即狮子、每一根毛发即狮子，或者说狮子即眼、即耳、即每一根毛发，还可以说眼即耳、耳即鼻、鼻即毛发、毛发即四肢，等等。更进一步，每一事物不仅涵具一切事物，而且还涵具一切事物中的每一事物所涵具的一切事物。仍以金狮子为例：它的每一根毛发都涵具整个狮子，而后者又有数不清的毛发，这些毛发中的每一根又都涵具整个狮子，如此无限类推下去，“一一毛中，皆有无边狮子”（《金狮子章》）。按照这种关系模式呈现出来的事物彼此互含互入以至层层无尽的世界景象，叫作“华严无尽藏”或所谓“因陀罗网”。这张网之所以能编织起来，“一即一切，一切即一”之所以成立，关键在于华严宗认为各个不同的万物皆由同一本体随缘生成，且本体整全无别地存在于各个不同的具体事物中。这一思想对宋明理学的“理一分殊”说有重要的启示意义。

如果说“四法界”和“一即一切，一切即一”描述了宏观世界的存在方式，那么华严宗的“六相圆融”思想则揭示了任一具体事物的实相。法藏在《华严一乘教义分齐章》中说：

> 总相者，一含多德故；别相者，多德非一故，别依止总，满彼总故。同相者，多义不相违，同成一总故；异相者，多异相望，各各异故。成相者，由此诸缘起成故；坏相者，诸义各住自法不移动故。

“六相”包括三对共六个概念：总与别、同与异、成与坏。以房子为例：(1)房子是由砖、瓦、柱、椽等构成的整全之物，是总名，是一，这是总相；砖、瓦、柱、椽等是构成房子的要素或部件，是局部，是多，这是别相。离开砖、瓦、柱、椽等则无房子，没有房子则砖、瓦、柱、椽等也不存在，可见，总相与别相相即相入、圆融无碍。(2)砖、瓦、柱、椽等共同构成房子，都是房子的部件，此为同相；砖、瓦、柱、椽等在构成房子的同时又各有不同的属性，这些属性把它们区别开来，此为异相。砖、瓦、柱、椽等既是房子的部件，又各具不同属性，这两个方面是二而一、一而二的不可分割的关系。可见，同相与异相相即相入、圆融无碍。(3)就砖、瓦、柱、椽等聚合而有房子来说，这是成相；就砖、瓦、柱、椽等各具不同属性、各为其自身而非房子来说，则房子只是一个不真的假名、假有，这是坏相。但是，砖、瓦、柱、椽等不同之物毕竟已聚合而有房子，可见，成相与坏相相即相入、圆融无碍。

华严宗的上述教义在现代哲学中属于存在论的范畴，涉及整体与局部、共性与殊性、一与多、本质与现象的关系问题。透过其对这些问题似乎颇为辩证圆融的解说，可以发现该宗在抹杀不同事物之差异性的同时，变相地承认了作为假有的世俗生活的合理性，而由此则可以引申出一种修行不离世间、即"事"达"理"的宗教实践方式，这是佛教中国化的一个重要路径和特点。

(四)禅宗

"禅"是梵语"禅那"的简称，指静坐内观、寂心澄虑的精神修持方法。印度佛教本无禅宗，只有禅法、禅学；禅宗是佛教中国化的产物。在禅宗的法统中，南梁时来华的南天竺人菩提达摩被奉为东土初祖，实则禅宗作为佛教宗派直到五祖弘忍(602—675)才基本成型，弘忍的两大弟子神秀(606—706)、慧能(638—713)分别开创了重渐修的北宗禅、主顿悟的南宗禅，大大促进了禅宗的传播和发展，而慧能一宗后来不仅成为禅宗主脉，更深刻影响了中国哲学和文化。

慧能的生平言行记载于其弟子法海所编《坛经》中。据该书载，慧能本是新州(今广东新兴)一个贫寒且目不识丁的樵夫，偶然听人诵《金刚般若经》，心有领悟，便去见弘忍求成佛。弘忍讥其为不开化的岭南"獦獠"，没资格成佛，慧能却说："人即有南北，佛性即无南北。"意谓人皆有佛性，皆可成佛。弘忍见他悟性高，遂纳为徒。一段时间后，弘忍令弟子作偈以示所悟，他器重的上座神秀写的是："身是菩提树，心如明镜台；时时勤拂拭，莫使惹尘埃。"慧能则作偈云："菩提本无树，明镜亦非台；佛性常清净，何处惹尘埃。""佛性常清净"，或作“本来无一物”。弘忍赞赏慧能的解悟，于是密授衣法。慧能南归后，在曹溪（今广东韶关）弘扬南宗禅，是为六祖。

从慧能的生平言行，可知他的佛性论贯通了般若空义和“一切众生，悉有佛性”（《大涅槃经》）的思想。具体来说就是，空作为一切事物的本性（“法性”或“诸法实相”），也就是人所具有的真如佛性。既然空性即佛性，所以慧能才会说“世人性本自净”或“佛性常清净”，“本来无一物”与此同义。在《坛经》中，心或本心、自心，性或本性、自性，实际上都是指佛性。由人皆有“常清净”的本心、本性，可推出以下三点：第一，“即心即佛”“即心元是佛”，即人在本性上原是佛；第二，“自性平等，众生是佛”，佛性面前人人平等，这一点迥异于唯识宗所谓“一阐提”不具佛性、不可成佛的主张；第三，“佛是自性作，莫向身外求”，人们只需从自我本有的佛性出发，“各于自身自性自度”“自见本性”“自悟自修”“自作自成佛道”，这叫作自力解脱。

以自性清净的佛性论为基础，慧能认为：“自性若悟，众生是佛；自性若迷，佛是众生。”这就是说，众生与佛的区别只在迷悟之间。众生之所以迷，是因为他们的本性被妄念遮蔽，如同清明的天空被浮云覆盖而变得晦暗；一旦浮云散尽，天空就将恢复清明的本貌。所以，修行成佛的关键在于脱开妄念遮蔽，由迷转悟，“识自本心，见自本性”，并使自心自性充分挺显。怎样才能悟呢？慧能认为，迷悟只在一念之差，“前念迷即凡夫，后念悟即佛，前念着境即烦恼，后念离境即菩提”。不难看出，慧能主张的“悟”乃是通过转念之间的“顿悟”——而非“时时勤拂拭”的渐修，使心念彻底脱离对虚幻的事物和现象的执着，以获得成佛的无上智慧，所谓“顿见真如佛性”“一悟即至佛地”。具体方法是：“无念为宗，无相为体，无住为本。”“无念”不是丝毫不起心念，而是要“于念而无念”，即任心自起而不执着于念；“无相”不是弃绝事物，而是要“于相而离相”，即在接触事物时不执着于虚幻的事物相状；“无住”不是远离善恶好丑亲冤等世间万象，而是指心念不滞碍于其中。实际上，对于外境和心念，“无念”“无相”“无住”强调的都是不起执着之心。

慧能主张的“即心即佛”和顿悟成佛对于佛教具有革命性的意义。首先，既然成佛的依据是人的清净自心，成佛的途径在于瞬间领悟自性即佛性，那么，原先那些耗费时间和精力的修行方法，例如读经、打坐、拜佛、布施甚至苦行等，便都是不必要的了，修行者完全可以“不假文字”，单刀直入，明心见性。由此，后来禅宗的呵佛骂祖、抛却经典也就不难理解了。其次，既然顿悟的要诀是不执着于外物和心念，于境而离境，那么，为成佛而遁世出家也就是不必要的了，修行者完全可以在日常生活中“自见本性”，所谓饥而饭、困则眠，“运水搬柴，无非妙道”。由此，世俗生活就不再是必须逃离的苦海，而是可以身历其中的了。这一方面是对经典和偶像的破除，另一方面是对日用伦常的接受，禅宗由此成为大众化、世俗化的最具中国文化特色的佛教宗派。

在思想来源上，慧能的佛性论吸收了传统儒家的性善论思想，而他所说的“自见本性”以成佛的修行方法，则类似于孟子所谓“求放心”而为尧舜的儒家工夫论。在历史影响方面，慧能的思想对后来的中国哲学尤其是宋明时期的陆王心学产生了重要影响，明清之际王夫之等人批评阳明心学为禅学并不是毫无因由的。

思考题：

1. 简述僧肇“不真空论”的基本思想。

2. 简述隋唐佛教的宗派划分以及禅宗的中国文化特色。

第十八章
汉至隋唐的道教哲学

不同于佛教，道教是中国社会和文化孕生的本土宗教，其核心信仰是长生成仙，老子被神化为道祖，《道德经》被奉为立教经典。曾有学者提出，上古时有一种原始“巫教”，它很可能是作为后世道教之前身的“古道教”。一般认为，道教的起源可追溯至战国时期杂糅神仙思想和民间方术的方仙道，而具有特定的经典、思想信仰和组织系统的道教则成型于东汉末年，“道教”一词也初见于大约这一时期成书的《老子想尔注》中。道教成型之初就与民间巫术相杂，并作为民间社团的组织形式而存在。以《道德经》等道家经典为基础，经过两晋南北朝对儒家以及佛教思想的不断吸收和整合，道教的发展在唐代达到了空前繁荣的局面。

一、东汉末年的“太平道”和“五斗米道”

东汉末年的“太平道”和“五斗米道”是最早的两大道教组织。“太平道”的创立者是于吉、张角。《后汉书·襄楷传》记载：有人把从于吉那里得到的《太平清领书》献给汉顺帝，该书“以阴阳五行为家，而多巫觋杂语”，“妖妄不经”，后来张角亦有此书。据考，此书可能就是《太平经》的早期传本，“太平道”之名应由此书而来，因此我们可从书中略窥其大概的教义。

在宇宙论方面，《太平经》用汉代流行的元气论解释天地万物的由来，认为元气首先凝合而生天，“名为一”，随后“分而生阴而成地，名为二”，继而阴阳相合而生人，“名为三”。更进一步，天地人“三统”协和而生“财”，即万物。这种宇宙生成模式显然受到老子所谓“道生一，一生二，二生三，三生万物”

的启发。与“三统”相匹配，在社会领域，“人有三名，父、母、子；治有三名，君、臣、民，欲太平也。此三者常当腹心，不失铢分，使同一忧，合成一家，立致太平”。“太”即大，“平”是平均。“太平”作为一种社会理想，是指父母子、君臣民同心同忧，凡事对任何人都一致，没有特殊，其中包括经济上的平均。把元气论贯彻于宗教修炼，该书认为：“上士将入道，先不食有形而食气，是且与元气合。”这种人叫“神士，天之吏也”，他们可以像天地之道那样“长且久”。

或许是受到《太平经》“三统”观念的影响，张角兄弟三人分别号称“天公将军”“地公将军”“人公将军”。不仅如此，张角还奉事黄老道，自称“大贤良师”，广收弟子，并用符水咒术为人疗病，百姓多信从，十余年间，信徒竟达到数十万之众。张角把徒众分为三十六方，每方各立统帅，他们宣称“苍天已死，黄天当立，岁在甲子，天下大吉”，意在发动推翻汉政权的起义。起义爆发后，“天下响应，京师震动”（《后汉书·皇甫嵩传》），这就是著名的“黄巾起义”。

“五斗米道”的创立者是张陵。据《三国志·张鲁传》记载，张陵“学道鹄鸣山中，造作道书以惑百姓”，入道者需缴五斗米，所以世称其为“米贼”。张陵死后，子张衡、孙张鲁先后继承其道。张鲁本为武将，他通过军事手段占据了汉中。史称他自号“师君”，用“鬼道”教民，初入道的信徒叫“鬼卒”，入道久、信仰坚定的叫“祭酒”。他们教导信徒诚信不欺，并诵习《老子》五千言。信徒违法则惩处，有病则自悔己过，治病方法与“太平道”相似。此外，“祭酒”还设义舍、义米肉，为路人提供免费食宿。其辖区内没有政府官员，“祭酒”掌管各项事务，百姓也乐于接受他们的管理，俨然一个独立王国。另据考证，张陵或张鲁曾作《老子想尔注》，书中通过对“道”等概念进行神格化的诠释，把《老子》这部哲学著作改造成了神秘主义的宗教经典。

张鲁后来归服了曹操，并携族人徙居江西地区，“五斗米道”随之在江南传播开来，许多上层人士也成为信徒。伴随着从民间向上层的发展，其名称亦改为“天师道”，张陵则被尊为“张天师”，“天师道”后来演变成为道教的主流宗派。

二、两晋南北朝的道教哲学

两晋南北朝是道教迅速发展的时期。在这一时期，道教的传播范围遍及南北方，信徒从底层民众向上层贵族扩展，而在思想理论、经典、科仪、戒律、组织以及神仙谱系等方面，道教也逐渐走向成熟并定型。这期间，对道教发展起到重要作用的人物有葛洪、寇谦之、陆修静、陶弘景等。

葛洪(约284—364)，今江苏丹阳人，字稚川，号“抱朴子”。他出身名门，叔祖父是被称为“葛仙公”的三国时期吴国道士葛玄。葛洪早年因平叛有功而获封“关内侯”，后厌于世乱而倦功名，乃远仕进，晚年隐居广州罗浮山炼丹修道。他的哲学著作主要是《抱朴子·内篇》和《抱朴子·外篇》，前者“言神仙、方药、鬼怪变化、养生延年、禳邪却祸之事，属道家”，后者“言人间得失，世事臧否，属儒家”(《抱朴子自叙》)。此外，他还著有《金匮药方》《肘后备急方》《神仙传》《隐逸传》等。葛洪的著述和炼丹修仙虽以宗教信仰为目的，但却“歪打正着”对中国古代的医学、化学作出了重要贡献。诺贝尔医学奖获得者屠呦呦从中草药中分离出用于疟疾治疗的青蒿素，正是受到了葛洪《肘后备急方》有关记载的启发。

葛洪的修仙是以其宇宙论为基础的。《抱朴子·内篇》有三个宇宙论概念：“道”“玄”“一”。他说：

> 道者，涵乾括坤，其本无名。论其无，则影响犹为有焉；论其有，则万物尚为无焉。(《道意》)
>
> 道也者，所以陶冶百氏，范铸二仪，胞胎万类，酝酿彝伦者也。(《明本》)
>
> 玄者，自然之始祖，而万殊之大宗也。眇昧乎其深也，故称微焉；绵邈乎其远也，故称妙焉。其高则冠盖乎九霄，其旷则笼罩乎八隅。(《畅玄》)
>
> 老君曰：“忽兮恍兮，其中有象；恍兮忽兮，其中有物。”一之谓也。(《地真》)

可以看出，“道”“玄”“一”实质上是同一层次的三个概念，都是指创生天地万物的宇宙本原，它们既是“有”又是“无”，既深且远、既高且广，无所不在、无限玄妙。撇开夸饰性的语言风格，这些看法与老子似乎没有差别，但葛洪的理论意图却并不在于建构一种宇宙论。《抱朴子・内篇》又说：

> 上士得道，升为天官；中士得道，栖集昆仑；下士得道，长生世间。（《金丹》）
>
> 其唯玄道，可与为永。（《畅玄》）
>
> 仙经曰：子欲长生，守一当明。（《地真》）
>
> 得合一大药，知守一养神之要，则长生久视。（《辨问》）

概括起来说，人只要能与宇宙的本原“道”“玄”“一”相合，即可长生、成仙乃至升天。这就背离了老子哲学的理性精神。

长生成仙意味着形体不坏，其中涉及形神关系的问题。《抱朴子・内篇・至理》认为，形是“神之宅”，形与神正如堤与水、烛与火。“堤坏则水不留”，烛尽则火不存，同样的道理，“身劳则神散”，“气疲欲胜，则精灵离身”。把形看作是“神之宅”，并把形神比喻为堤与水的关系，这固然指出了形的重要性，但其中却潜含着承认神的独立性的形神二元论。另外，葛洪又认为“形须神而立”，也就是说，神比形更为根本，不是神依赖形，而是形依赖神，神灭则形亦将不存。按照这种看法，炼形的最终目的是存神、炼神，如果精神不离散，那么形体就可以常存不坏。

在葛洪看来，为使形体不坏，最重要的方法是服用金丹。《抱朴子・内篇・金丹》做了个比较：呼吸导引、服食草药只能使人延年益寿，然而最终仍“不免于死”，但“服神丹令人寿无穷，已与天地相毕，乘云驾龙，上下太清”。神丹为何能使人长生呢？该篇解释说：“黄金入火，百炼不消；埋之，毕天不朽。”同样，金丹“烧之愈久，变化愈妙”，所以服用金丹可“炼人身体”，令人不老不死。这种观念显然出自想象性、想当然的比附，完全没有科学依据。

在追求长生成仙的同时，葛洪也非常重视儒家。他认为，与儒家相比，“道家之言”虽然高明玄妙，但在现实社会中“用之则弊，辽落迂阔”（《抱朴子外篇・用刑》），即缺少治世功能。所以，“竞尚儒术，撙节艺文”，“精六经之正道”(《抱朴子·外篇·崇教》)是非常必要的。而葛洪推崇的理想人物则兼具以道治身、以儒治世的特点,“内保养生之道,外则和光于世,治身而身长修,治国而国太平。以六经训俗士,以方术授知音,欲少留则且止而佐时,欲升腾则凌霄而轻举”。(《抱朴子·内篇·释滞》)不难看出,这是一种儒道并重、内道外儒的人格模式。

寇谦之(365—448),北魏天师道的代表人物。他早年习张鲁之术,在嵩山修道期间编造了太上老君亲临并授予他“天师”之位的神话。后来在北魏太武帝的支持下,大力推行经他改造过的天师道。其主要特点是:(1)废除了早期天师道要求入教者缴纳租米钱税的做法,强调信徒应遵守孝慈忠义的社会规范,反对犯上作乱、违逆祸世。(2)整顿并建立完备严明的戒律体系,废除了父死子继的道官传承制度以及男女合气等淫秽之术,要求入道者心志无邪、精进善行、严守教规。(3)把诵经礼拜上升为长生成仙不可或缺的修炼方法,改进和完善斋醮科仪,使之更加完整、细化。由于寇谦之重视吸收儒家的伦理规范,经他改造过的天师道有利于帝王统治,因此深得太武帝之崇奉而获封“国师”。不同于民间化的早期天师道,我们把寇谦之改造而形成的天师道称为“北天师道”或“新天师道”。

陆修静(406—477),南朝刘宋时期天师道的改革者。他出身士族,所学广涉儒家、图谶、佛教等,然以道术为归。为修道,他不惜抛家弃妻,远赴江南各地访求道书。声名隆盛的陆修静深受刘宋多位君主的礼遇,经他改造的天师道被称为“南天师道”。陆修静对天师道的改造主要有如下几方面:(1)整饬道教组织,把信徒人数及其增减情况登记造册,要求信徒在规定时间参加宗教活动,按德行和功绩擢升道官,废除父死子继之制,参照世俗官服制定等级化的道教服饰体系。(2)借鉴儒家礼法和佛教仪轨,改造民间天师道原始粗蛮的斋戒仪规,使其具有修仙济世、消灾祈福之功能,以适应上层贵族和社会政治的需要。(3)广泛搜集、整理道教典籍,编定《三洞经书目录》,该书是道教史上最早的道经目录,其体例对于后世的道经编纂具有典范意义。

陶弘景(456—536),南朝齐梁时期道教上清派的领袖。他长期隐居句容茅山,是茅山宗的开创者。由于他曾经帮助梁武帝萧衍谋取政权,因此备受其尊崇。朝廷每遇军国大事，梁武帝常派人进山请教于他，许多官员也与他交往密切，甚至成为他的弟子，故而世称其为"山中宰相"。陶弘景博学多识，著述颇丰，对道教的发展有重要贡献，主要包括：(1)编撰《真诰》一书，该书征引丰富，系统梳理了道教的方术、神仙、教义及师承授受，从而成为道教史研究的必备文献。(2)参照世俗社会的品秩等级，规整道教原本芜杂混乱的神灵世界，排定了一个秩序井然、等级分明的神仙谱系。在这个谱系中，既有虚无缥缈的天神、地祇、人鬼、仙真，也有真实的古代历史人物，他们被分为高低不同的七个等级，每个等级由一个主神及其统率下的其他神灵组成。(3)完善了养神与炼形并重的道教修炼理论，主张饮食有节有度以炼形，平和思虑、减损贪念以养神，同时辅以行气、导引、按摩、房中、服食丹药等道术。

三、唐代的道教哲学

隋朝建立后，隋文帝杨坚、隋炀帝杨广都很重视道教，杨坚把帮他建立政权的道士焦子顺封为国师，杨广则拜茅山道士王远知为师。其后，李唐王朝的统治者出于神化自身血统之目的，声称老子(李耳)是他们的先祖，对道教极为尊崇，且从多方面加以扶持。例如，唐高祖于武德八年(625 年)颁诏，规定道在儒佛之先；唐太宗于贞观十一年(637 年)再次颁诏，规定道教高于佛教；唐高宗曾拜谒亳州老君庙，封老子为"太上玄元皇帝"，又诏令大臣习《老子》；唐玄宗亲自注解《老子》，开元二十九年(741 年)设玄学博士，准许习《老子》《庄子》《文子》《列子》四书者参加科考，而在天宝元年(742 年)，他又诏封庄子、文子、列子、庚桑子分别为"南华真人""通玄真人""冲虚真人""洞虚真人"，封其书为《南华真经》《通玄真经》《冲虚真经》《洞虚真经》。玄宗在位期间还组织编纂了历史上最早的道教经典总集《开元道藏》。

在帝王的大力扶持下，道教在唐代迎来了它的鼎盛时期，全国不仅道观之多、信徒之众皆远超前代，许多王公贵族也成为道教的信仰者；另外，一些道士也与皇族关系密切，甚至主动参与国家政治。在思想领域，因应统治者调和三教的文化政策，成玄英、王玄览、司马承祯等道教学者通过吸收儒家和佛教的理论观念,使道教哲学的发展达到了高峰。

成玄英,字子实,唐初道士,生卒不详,曾被唐太宗召至长安,赐号“西华法师”,高宗年间被流放郁州(今江苏连云港附近)。他的著作很多,现在传下来的有《老子道德经注》(已佚),近人蒙文通辑其佚文为《校理老子成玄英疏》(简称《老子疏》)和《庄子疏》。清郭庆藩所著《庄子集释》中收有《庄子疏》全文。《老子疏》和《庄子疏》是研究成玄英哲学思想的重要文本。

《老子》第一章曰:“玄之又玄,众妙之门。”以此为本,成玄英构建了一个被称为“重玄学”的哲学体系。在他看来,“玄者,深远之意,亦是不滞之名”。所谓“深远”是说,我们既可以从“有”的角度观“道”而名其为“有”,也可以从“无”的角度观“道”而名其为“无”。同一个“道”竟然具有两个完全不同的名,既是“有”又是“无”,故可谓“深远”而“玄”。“不滞”即不偏滞、不滞碍。成玄英认为,既然“道”是“深远之玄”,所以必然是“无滞”的,“既不滞有,亦不滞无”,即“道”既不只是“有”,又不只是“无”,“二俱不滞”(《老子疏》),故可谓“不滞”而“玄”。“深远”而“玄”,“不滞”而“玄”,都是从存在论的角度对“道”的描述。

在此基础上,成玄英又提出了修道者对“玄”应有的态度:

> 有欲之人,唯滞于有;无欲之人,又滞于无。故说一玄,以遣双执。又恐行者滞于此玄,今又说玄,以祛后病。既而非但不滞于滞,亦乃不滞于不滞,此则遣之又遣,故曰玄之又玄。(《老子疏》)

对修道者来说,无论把“道”仅理解为“有”,还是仅理解为“无”,都违背“道”的“无滞”之性。为破除“有”与“无”的“双执”,必须把“道”既理解为“有”又理解为“无”,这是“一玄”。进一步,鉴于有人可能偏滞于此,所以必须再说“一玄”,把上一层面的“玄”也破掉,这就叫“玄之又玄”,即“重玄”。很明显,成玄英“遣之又遣”的论述逻辑借鉴了佛教大乘空宗的中观思想。

除了以“双遣”的方式阐说“道”“非有非无,而无而有”的特性外,成玄英还对“道”进行了具体描述:

> 夫道者何也?虚无之系,造化之根,神明之本,天地之源。其

大无外，其微无内，浩旷无端，杳冥无对。至幽靡靡而大明垂光，至静无心而品物有方。混漠无形，寂寥无声，万象以之生，五音以之成，生者有极，成者必亏。生生以成，今古不移，此之谓道者也。(《老子疏》)

这段话用文学性的语言，把“道”推崇为天地万物的至上本体，它无形而生万象，无声而成五音，超越时间和空间，幽而能明，静而能动，是没有对立面的唯一的最高存在。由于“道”具有这些特点，因此成玄英又说：“至道深玄，不可涯量，非无非有，不断不常。”(《老子疏》)“不断”是指“道”绵延始终、永不停断，“不常”是指“道”永恒流转、从不驻止。

另外，成玄英还用“双遣”的方式讨论形而下的天地万物的存在特点。他认为：“天地万物皆应道有法而生，即此应有，从妙本而起，元乎妙本，即至无也。”(《老子疏》)又说：“万象森罗，悉皆虚幻，故标此有，明即以有体空。”(《庄子疏》)这两段话的语言和理路类似于僧肇的《不真空论》。大意是说，既然万物已经因“道”而生，所以就应是“有”；同时，既然“道”是“无”，万物因“道”而生就可说是以“无”为本，在此意义上，万物又可归于“无”。也正是因为这一点，万物万象虽然丰富多样，但从本体的层面看，实质上都是虚幻的存在。若能明白这一点，就可以不离“有”而体悟“无”(“空”)。

基于“双遣”的思想方法，成玄英的宗教修行观与此前的道教有很大不同。首先，他主张在世俗生活中开展宗教实践，反对逃避现实，“断情忍色，栖托山林，或却扫闭门，不见可欲”(《老子疏》)。其中的关键在于“即本即迹，即体即用，空有双照”(《庄子疏》)，或者说“妙悟诸法，同一虚假，不舍虚假，即假体真”(《老子疏》)，意思是不离世俗(“迹”“假”)以契悟本体之“道”(“本”“真”)，同时也从“道”的角度观照世俗生活。如果能够做到这一点，既不陷溺于世俗，又不执着于“道”，那么世俗生活就是仙境，“恣目之所见，极耳之所闻，而恒处道场，不乖真境……见无可见之相，听无定实之声”(《老子疏》)。这种宗教生活类似于禅宗所说的“运水搬柴，无非妙道”。

其次，道教历来把肉身成仙视为修行的最终目标，成玄英却提出：“水火金木，异物相假，众诸寄托，共成一身，是知形体由来虚假。”(《庄子疏》)这里借助佛教的缘起思想，认为事物都是各种外部因素聚合的结果，因此都是虚假不真的，人的身体也是这样。既然形体只是假象，那么肉身成仙在根本上就是不可能、不必要的。相比于肉身成仙，成玄英更推重精神上与“道”合一的理想境界，其特点是“不见有我身相，故智慧明照”（《老子疏》），“彼我两忘，是非双遣”“心境两空，物我双幻”（《庄子疏》）。总之，这是一种超越了物我与是非的玄冥之境，它比那种粗糙的肉身成仙信仰更为精致，也更富有思辨性。

王玄览（626—697），本名晖，“玄览”为道号。他30岁左右时曾前往茅山访道，途中又放弃而归故里。神功元年（697），他应武则天之召进京，未至而逝，其著作有《玄珠录》等。

或是受到庄子所谓“道”“无所不在”思想的影响，王玄览非常强调“道”与万物的一体性。他认为，既然“万物禀道生”，所以“道”遍在于万物之中，“即物是道”，“道皆是物”。从一多关系来看，“万物有变异，其道无变异……物异道亦异，此则是道之应物”，意谓万物是多、道是一，同一个“道”可以因为“物”的不同而有不同的显现方式。从动静关系来看，“物动道亦动”“物既生灭，道亦生灭”，但显现于具体事物中的“道”的生灭（动），并不影响作为本体的“道”的常寂（静）。他以印章和印在泥上的字为喻：前者可以显现为很多个后者，后者可能消灭，但这并不影响前者的恒常存在。所以，“为道是常，物皆非常”“道动不乖寂”。

把“道”“物”的关系具体化为“道”与众生的关系，王玄览一方面认为二者是一体相因的：“众生与道不相离”“道中有众生，众生中有道”“若有众生即有道，众生既无道亦无”“道与众生相因生，所以同”；另一方面，他认为二者又有根本的不同，“众生有生灭，其道无生灭，所以异”，意即“道”是永恒的，众生则是无常的存在。

“道”与众生的不同决定了宗教修行的必要性。王玄览说：“众生禀道生，众生非是道。……以非是道故，所以须修习。”通过修行而“得道”的结果是“道显众生隐”，反之则“道隐众生显”。这个说法与禅宗所谓“前念迷即凡夫，后念悟即佛”有相通之处。关于修行方法，王玄览并不看重肉身成仙，而是强调“心”的修炼，所谓“此身既乖，须取心证”。他说：“空见与有见，并在一心中。此心若也无，空有当何在？……是故心生诸法生，心灭诸法灭。”也就是说，事物存在与否最终取决于“心”的作用，甚至天地万物都在人的“一心一念里”，都可归结为“一识知”。借助法相宗的术语，他认为“识体是常是清净，识用是变是众生”，而修行就是要“修变求不变，修用以归体”（《玄珠录》），即通过“坐忘”等方式，使“心”从变动操用中脱离出来，复归恒寂清净的本体。

司马承祯（647—735），字子微，陶弘景的四传弟子。他与帝王关系密切，曾多次受到武则天、唐睿宗、唐玄宗的召见和厚待。其著述甚多，《坐忘论》《天隐子》二书尤其值得重视。

在《坐忘论》中，司马承祯以“神与道合”为最终目标，把修道依次分为七个环节和阶段：“敬信”“断缘”“收心”“简事”“真观”“泰定”“得道”。具体来说，“敬信”指对“道”要有虔敬的信仰，这是全部修行的根基，疑而不信则祸必及之。“断缘”是指断除一切尘缘，“弃事”“无为”，“无事安闲，方可修道”。“收心”是指把“心”从尘俗中疏离出来，使之回归心体原本的虚静状态。在司马承祯看来，“心者，一身之主，百神之师，静则生慧，动则生昏”，唯有“自入虚无，心乃合道”。因此，“学道之初，要须安坐”，使“心”脱离外物而向内收拢，进而使其达到“不著一物”的空无之境，“虚静至极，则道居而慧生”；反之，如果追逐外物，对于虚幻的外境“若心受之，即心满，心满则道无所居”。《庄子·人间世》篇云：“唯道集虚，虚者，心斋也。”司马承祯关于“收心”的主张显然吸收了庄子的“心斋”思想。“简事”指修道者应安于本分，不做“伤于智力”“弊于形神”的分外之事，对于事物能知其次与要、轻与重，“非要非重，皆应绝之”。“真观”指应善于察知事物的吉凶祸福，以求全生自适，而要做到这一点，关键在于“收心简事，日损有为，体静心闲”。“泰定”出自《庄子·庚桑楚》篇，指内心宁定，司马承祯赋予这个词的意思是“无心于定，而无所不定”。按照他的说法，“泰定”说明修道者已经“出俗”，接近于“致道”。在此阶段，修道者“无感无求，寂泊之至”，其本性固有的智慧开始“自明”。这个说法明显借鉴了佛教“三学”（戒、定、慧）的思想。“得道”是修行目标的最终实现。司马承祯认为，“道者，神异之物，灵而有性，虚而无象”，“得道”之人不仅“体无变灭，形与道同，故无生死”，而且还具有某些特异功能，例如

“对日月而无影”、不受水火之害等。

在《天隐子》一书中，司马承祯又把长生成仙的修炼过程由低到高分为五个“渐门”：“斋戒”“安处”“存想”“坐忘”“神解”。“神解”是经过前四个环节的修炼而达到的最终结果，其“在人谓之仙矣，在天曰天仙，在地曰地仙”。总体来看，《天隐子》提倡的修道方法与《坐忘论》多有一致或相通之处，因此二书可以相互补充。

综上所述，司马承祯以老庄思想为基础，同时汲取佛教的修行理论，较为系统地提出了以“主静去欲”为基本精神的修炼思想。这种思想对后来的道教内丹学以及宋明理学“主静”“窒欲”“居敬”的工夫论都有重要影响。

思考题：

1. 简述东汉末年道教的产生和发展过程。
2. 简述成玄英的重玄学思想。

第十九章
韩愈和李翱

唐朝中期以后，由于“安史之乱”给社会经济、政治和文化造成巨大震荡，哲学思想领域出现了一些新的现象和特点。其中，影响较大的是韩愈、李翱对佛道的批判和对儒家思想之正统地位的维护，以及柳宗元、刘禹锡对于天人关系的反思和新论。

一、韩愈

韩愈（768—824），字退之，河南河阳（今河南孟州南）人，是位列“唐宋八大家”之首的著名文学家、思想家，古文运动的倡导者。他早年生活坎坷，勤奋好学，后通过科举考试而登进士第，曾因向唐宪宗上疏反对佛教而被贬为潮州刺史。其著作被编为《韩昌黎集》，其中《谏迎佛骨表》《原道》《原性》《原人》《与孟尚书书》等集中反映了他的哲学思想。

（一）排佛

得益于统治阶层的扶持，道教和佛教在唐代达到极盛，儒家则相对衰微。以承续儒家“道统”为己任，韩愈对佛、道展开了激烈的批判。这里主要介绍他是怎样批判佛教的。

在社会经济层面，韩愈指出，遍布各地的佛教寺院占据大量土地，拥有巨额资产，众多出家人不仅不事劳作，还不承担国家的徭役和赋税，而朝廷迎奉佛骨来供养不仅劳民伤财，还将诱使官宦和民众竞相“解衣散钱”“老少奔波，弃其业次”（《谏迎佛骨表》）。这些都会给国家经济造成沉重负担，势必危害社会的稳定和发展。

从历史的角度看，佛教“自后汉时流入中国”，而上古时中国并没有佛教，但黄帝、尧、舜以及汤、文、武等圣王不仅长寿，并且“天下太平，百姓安乐”。反之，“汉明帝时，始有佛法，明帝在位，才十八年耳。其后乱亡相继，运祚不长”。种种历史教训表明，帝王“事佛求福，乃更得祸”（《谏迎佛骨表》）。韩愈的言外之意是，唐宪宗事佛实为亡国灭身之举。

从夷夏之辨和文化传统的角度看，佛教原是“夷狄之一法耳”，佛陀则是“夷狄之人，与中国言语不通，衣服殊制，口不言先王之法言，身不服先王之法服，不知君臣之义，父子之情”（《谏迎佛骨表》）。韩愈的这种看法颇有“严夷夏大防”之意。在《原道》一文中，他同样批评佛教抛弃天下国家和父子君臣之义，唆使人们不务“相生相养之道”，只追求一己之“清净空寂”，从而完全违背了人伦常情和圣人之教。因此，他坚决反对佛教的地位高于儒家。在他看来，“释老之害过于杨（朱）墨（子）”（《与孟尚书书》），如若“举夷狄之法，而加之先王之教之上”（《原道》），必然“伤风败俗”，使文明之华夏堕入夷狄的蛮野状态。

基于以上几点，韩愈建议唐宪宗把佛骨“投诸水火，永绝根本，断天下之疑，绝后代之惑”（《谏迎佛骨表》），他并且表示甘愿承担因排佛而降于己身的殃咎，可见其决心之坚定。

（二）道统

在批判佛教的同时，为对抗佛教，韩愈根据儒家的基本理念和历史传承脉络，同时借鉴佛教的“法统”说，构建了一个影响极为深远的儒家“道统”。按照他在《原道》开篇的解释，儒家之“道”的根本内容是：“博爱之谓仁，行而宜之之谓义，由是而之焉之谓道，足乎己而无待于外之谓德。”其中居于核心地位的是仁义，承载仁义道德的典籍是《诗》《书》《易》《春秋》，仁义道德落实在社会层面就是圣人建立的由君臣、父子、师友、昆弟、夫妇等构成的政治和伦理生活秩序，而礼乐刑政则是这一秩序得以维系的法则。在韩愈看来，儒家的仁义道德和政教秩序简明易行，“以之为己，则顺而祥；以之为人，则爱而公；以之为心，则和而平；以之为天下国家，无所处而不当”。也就是说，儒家的伦理法则可以有效调节和规范自我与他人、内在精神生活与外在政治实践的关系。

依据韩愈的说法，儒家之“道”有一个清晰的历史传承脉络，即“尧以是传之舜，舜以是传之禹，禹以是传之汤，汤以是传之文、武、周公，文、武、周公传之孔子，孔子传之孟轲，轲之死，不得其传焉”。之所以说“道统”中断于孟子之死，是因为其后虽然也有儒者试图传承儒家之“道”，例如荀子、扬雄，但他们却“择焉而不精，语焉而不详”。另外，孟子之后，先有秦之“焚书坑儒”，后有刘汉王朝推崇黄老，继而佛教长期泛滥，这些都严重压制了儒家之“道”的传播和张扬，导致“言道德仁义者，不入于杨，则归于墨；不入于老，则归于佛”，而真正的仁义道德却不可闻于世。在《与孟尚书书》中，韩愈自述其心志说：“韩愈之贤不及孟子”，“虽然，使其道由愈而粗传，虽灭死万万无恨”。由此可见，他希望上接孟子，做儒家“道统”的当代传承者。

韩愈的“道统”论具有明确的“判教”作用。以“道统”为基准，在儒家阵营之内，他认定荀子、扬雄的学说不是圣人之“道”的正宗或全部。在儒家外部，韩愈强调：“斯吾所谓道也，非向所谓老与佛之道也。”因为，与儒家的仁义道德相比，老子所谓仁义不过是“一人之私言”，而非“天下之公言”；佛教则是夷狄之法，更与圣人之“道”大相背离。这样一来，只有他所推崇的孔孟之“道”才是唯一的正统了。

（三）性三品

在人性论上，韩愈首先把“性”看作是人的天赋本质：“性也者，与生俱生也。”（《原性》）在儒家思想史上，孟子主张性善，荀子主张性恶，扬雄主张人性是善恶混杂的，韩愈对这三种观点都不同意，他把人性分为上、中、下三个等次。从“性”所包含的仁义礼智信等五德来看，上品之人以一德为主，其他四德也无偏弊；中品之人某一德不是不足，就是时有违背，同时其他四德也不纯粹；下品之人既违反了某一德，对其他四德也都有所背离。因此，上品之性为善，下品之性为恶，中品之性则因为受到不同的外在引导，既可能向上进而为善，也可能向下堕落而为恶。

孔子云：“唯上知与下愚不移。”（《论语·阳货》）意思是“生而知之”的

“上智”之人和“困而不学”的“下愚”之人的本性都是不可改变的。韩愈持类似看法，他说：

> 上之性，就学而易明；下之性，畏威而寡罪。是故上者可教，而下者可制也。其品则孔子谓不移也。(《原性》)

意思是上品之性的人如果主动学习，就能自明其性而为善；下品之性的人如果畏惧威慑，就能减少罪过。所以上品之性者可以教化，下品之性者可加以约束，但其内在本性却都是不可改变的。然而，现实生活中有人起先表现为善，后来却变为恶；有人起先表现为恶，后来却变为善；还有人起先善恶相杂，后来却变为善或变为恶。怎样解释这些现象呢？韩愈认为，这些现象中发生变化的善和恶，实际上既不是上品之性，也不是下品之性，而都只是中品之“性”，它会由于外在诱导的差异而表现出不同特点。同样，孟子、荀子和扬雄“三子之言性也，举其中而遗其上下者也，得其一而失其二者也”(《原性》)，这是批评三者只抓住了人性本质之一种，没有看到人性的多样性和复杂性，所以都是简单片面的。

在《原性》一文中，韩愈还讨论了“情”的问题。他把“情”定义为“接于物而生也”，即人接触万物而产生的主观反应。情有七种：喜、怒、哀、惧、爱、恶、欲。与性三品相对应，情也有上、中、下三个等次：上品之情，七种情感的发动都能保持中和状态；中品之情，七种情感的发动或过度，或有所不及，但仍然希望做到中和；下品之情，七种情感的发动都不知节制、任情而为，所以要么过度，要么不及，总是偏离中和状态。至于“性”与“情”的关系，韩愈认为：“性之于情视其品”，“情之于性视其品”。这似乎是说“性”的三个等次与“情”的三个等次是一一对应的，例如上品之性必有上品之情，反之亦然。

韩愈的思想深刻影响了后世的儒学。宋明时期理学大兴，绝大多数儒者皆以排“二氏”(佛、道)、彰圣道为己任，韩愈则是批判佛、道的先驱。另外，他所建构的儒家“道统”在宋明理学中也被普遍接受。因此，韩愈的思想可以说是宋明理学的先声。

二、李翱

李翱(772—841),字习之,陇西成纪(今甘肃秦安东)人,贞元年间进士。他是韩愈的弟子、侄女婿,唐朝中期的文学家,古文运动的重要参与者。他的著作被编为《李文公集》,其中《复性书》一文最具哲学价值。

李翱与韩愈一道致力于复兴儒学、排拒佛教。但与韩愈有所不同,李翱对佛教采取的是“明排暗取”的态度,即他在批判佛教的同时,又以儒家的性善论为根本,借鉴佛教的佛性和修行理论,提出了“性善情恶”的思想。

(一)性善情恶

《中庸》开篇云:“天命之谓性。”通过解释这句话的含义,李翱给“性”下定义说:“敢问何谓‘天命之谓性’?人生而静,天之性也,性者天之命也。”(《复性书》,下同)意即性乃是人的天赋本质。除了性,人还有情,“喜怒哀惧爱恶欲,七者皆情之所为”。性与情的关系是:“情者,性之动”,“情由性而生,情不自情,因性而情,性不自性,由情以明。”这就是说,天生而静的性必然发动而表现为后天之情,情是性的外在澄明和显性化。

在性与情的道德属性问题上,李翱的观点非常明确,他认为:“情有善有不善,而性无不善焉。”关于性善,他引孟子的话论证说,正如水必然流向低处那样,“人无有不善”。在性善这一点上,凡人与圣人、桀纣与尧舜没有任何差别。据此可以推论:任何人在本性上都是圣人,性善是人人都可以成为圣人的先天内在依据,正所谓“人之所以为圣人者,性也”。从李翱的这一主张,我们可以看到孟子性善论的“人皆可以为尧舜”思想的影响,以及佛教基于佛性论的人皆可以成佛的思想痕迹。至于情的善恶属性,李翱认为有两种情况:其一是昏妄之情会遮蔽善性,这种情是不善之邪情;另一种情正如《中庸》所说,“喜怒哀乐……发而皆中节谓之和”,这种合乎礼节的中和之情是善性的恰切表现,所以是善的。

由李翱的性善情恶论来看历史和现实中的众生态,可知桀纣之所以为恶徒,并不是因为他们的本性是恶的,而是由于其不善之情的迷惑。李翱强调，即便是桀纣之类的恶徒，其不善之情也不会影响其性之善。举例来说，清净之水会由于泛起泥沙而变得浑浊，但水的清净本性丝毫不会因此而发生改变，一旦泥沙沉淀下来，浑浊之水就会现出其本性，重新变得清净。同样道理，如果桀纣之类的恶徒能够克除邪恶之情，使其情成为发而中节的中和之情，那么他们仍然可以复归先天的善性，乃至成为圣人。这一主张与禅宗所谓"前念迷即凡夫，后念悟即佛"的说法有相通之处。

（二）复性

既然人性本善，而"人之所以惑其性者，情也"，那么，以成圣为最终目标，自我修养以复归善性的工夫着力点便在于祛除邪妄之情的遮蔽。为此，李翱提出了两个层次的复性工夫。

第一层次的工夫是"斋戒其心"，具体内容是："弗虑弗思，情则不生，情既不生，乃为正思。"这一层工夫的关键是断绝一切思虑，从而遏止情的产生。然而李翱同时指出，断绝思虑是刻意求静，其结果是"犹未离于静"，进而"有静必有动，有动必有静，动静不息，是乃情也"。换句话说，刻意求静不仅不能达到静以遏情的目的，反倒会因动静不息而导致情的产生。另外，即便人们偶尔能做到不思不虑，一旦与外物接触也仍然会产生情，此时如果刻意追求不思不虑，实质上就是"以情止情"，而"以情止情，是乃大情也"，这样就愈加为情所惑，以致永远不能复其善性。所以，工夫修养停留在"斋戒其心"的层次是远远不够的。

第二层次的工夫是"寂然不动"，具体内容是："方静之时，……知本无有思，动静皆离，寂然不动者，是至诚也。"这一层工夫的关键是回归本然之心，自觉此心原本无思无虑，这样就可以既不滞于动又不滞于静，这才是真正的"寂然不动"。李翱认为："心寂然不动，邪思自息，惟性明照，邪何所生？"意思是说，实现本然之心的自觉，就可以无动无静，这时即便有情产生，也无不体现善性的要求。这种境界可谓性情一致，性善情亦善，《中庸》称之为"至诚"。李翱又强调，这一层的工夫并不是说对外物一概"不睹不闻"，而是指在接触外物时不受所见所闻的拘系。果真如此，则物可知、事可为，"其心寂然，光照天地，是诚之明也"。这种修养工夫很明显借鉴了禅宗所谓"于念而无念"

的思想。按照李翱的说法，“心寂然不动”并不意味着不产生情，而是说不产生邪妄之恶情，无恶情则可复善性而为圣人。

与韩愈把情三品与性三品简单、机械地对应起来的人性论相比，李翱的性善情恶论及其复性说既继承了儒家传统的性善论，又提出了相应的修养思想，因此显得更为系统、精致。但李翱的性善情恶论归根结底是一种性情二元论，其中存在的一个逻辑矛盾是：既然“情不自情，因性而情”，那么，以先天本善之性为根本，怎么会生出邪恶之情呢？这一思想矛盾发展到宋明理学时期，便转化为“天地之性”与“气质之性”的矛盾，而宋明理学所谓“存天理，灭人欲”的修养论则与李翱的去恶情、复善性的修养论一脉相承。

思考题：

1. 简述韩愈的“道统论”。

2. 简述李翱的“复性说”。

第二十章
柳宗元和刘禹锡

柳宗元和刘禹锡都是唐朝中期著名文学家,他们还积极参与了当时的社会政治变革。在哲学方面,柳宗元主张"天人不相预",刘禹锡主张"天人交相胜",二者都继承了王充以来的元气自然论的思想传统,同时又将其发展到了新的理论高度。

一、柳宗元

柳宗元(773—819),字子厚,河东解县(今山西运城)人。他出身于官宦之家,21岁中进士,后参与王叔文等人领导的政治改革,因改革失败而先后被贬为邵州刺史、永州司马、柳州刺史,47岁即病逝于柳州。他的著作被编为《柳河东集》,其哲学思想主要体现在《天说》《天对》《封建论》《非国语》等文章中。

(一)"惟元气存"的宇宙观

战国时期,屈原在《天问》中提出了一系列极具哲学意味的问题,例如:天地由何而来?明暗变化究竟是为什么?谁能探究万物的根本?谁能传达万物之初的情形?谁造作了天地万物?等等。柳宗元的《天对》即针对这些问题而作。该文开篇说:"本始之茫,诞者传焉。鸿灵幽纷,曷可言焉?曶黑晰眇,往来屯屯,庞昧革化,惟元气存,而何为焉?"意思是说,宇宙的原初状态是混茫幽暗、不可述说的,但可以明确的是,其间并没有神秘的主宰者,往来变化的只有无意志的元气。从柳宗元天人关系思想的总体来看,其根基就是这段话所说的"惟元气存",这是一种一元主义的宇宙观。

从元气一元论出发,柳宗元认为,所谓天其实就是"上而玄者",地是"下而黄者",元气浑然充满于天地之间,由元气分化而成的阴阳二气的变化则导致四季寒暑轮替。所以,天地虽大,其与果蓏、痈痔、草木并无本质的区别,它们都是由元气构成的。正是在此意义上,"天地,大果蓏也;元气,大痈痔也;阴阳,大草木也"(《天说》)。进一步,既然无意志的元气是宇宙万物的共同本原,那么万物之间的关系及其变化也就是自然而然的,那种认为天能赏善罚恶的观念是非常荒谬的。柳宗元举例说,我们把瓜果草木上的蛀虫除去,瓜果草木并不会因此报答我们;反之,如果我们繁育更多的蛀虫,瓜果草木也不会因此而发怒。可见,"功者自功,祸者自祸"(《天说》),功和祸都是人们自身的所作所为导致的结果,其背后并没有赏善罚恶的神秘力量。

以元气自然论为理据,柳宗元对天地万物的运动变化作出了客观主义的解释。他说:"山川者,特天地之物也。阴与阳,气而游乎其间者也。自动自休,自峙自流,是恶乎与我谋? 自斗自竭,自崩自缺,是恶乎为我设?"(《非国语》)这段话强调天地万物的变化都是事物自身运动的结果,并且事物的运动并没有任何目的性,更不是为人而动,而导致运动的根本原因则是阴阳二气。在《天对》中,柳宗元更具体指出,元气与阴阳"合焉者三,一以统同。吁炎吹冷,交错而功"。意谓元气是阴阳二气的统一体,阴阳二气具有相反的特质(例如冷与热),所以就会在矛盾的交相互动中产生实际功效,即导致天地万物的产生和运动。

基于元气自然论的宇宙观,柳宗元深刻检讨和批判了荒谬的天人感应思想。这种神秘主义思想的预设是认为天地万物及其变化的背后有一个主宰之天,人类社会的治乱兴衰也受其支配。对此,柳宗元一针见血指出:"古之所以言天者,盖以愚蚩蚩者耳,非为聪明睿智者设也。"(《断刑论》)这是说,所谓主宰之天不过是用来愚骗无知者的,有智慧的人不会相信它的存在。有人认为自然界的灾异现象都是天对世人之罪的谴告和惩罚,柳宗元举例反驳说:春夏时雷霆击破巨石、摧裂大树,难道是因为木石"为非常之罪"? 秋冬时霜雪残败草木,难道是因为草木"有非常之罪"? 事实无疑并非如此,迷信于此之人完全不明白这些都是自然现象,天"无所惩"(《断刑论》)。既然这样,如果有人仍然认为春夏草木生长是天对人类的奖赏,秋冬万物肃杀是天对人类的惩罚,就是极为荒唐的。正确的态度是对自然现象和天绝不作神秘的理解,“不穷异以为神,不引天以为高”(《非国语》)。

否定了神秘之天的存在之后,柳宗元对社会历史现象的解释是:“受命不于天,于其人;休符不于祥,于其仁。惟人之仁,匪祥于天;匪祥于天,兹惟贞符哉!未有丧仁而久者也,未有恃祥而寿者也。”(《贞符》)大意是说,政权兴衰、人事吉凶的决定性力量不在于天命,而在于人为,其中的关键是统治者必须坚持仁义之道,那些“丧仁”而一味迷信祥瑞护佑的政权一定不可能长久。至于祭祀、占卜,柳宗元则把它们都看作是神道设教的产物:“夫祀,先王所以佐教也,未必神之”(《非国语》);“卜者……圣人之用也,盖以驱陋民也,非恒用而征信矣”(《非国语》)。照此说,祭祀和占卜只是统治者姑且用以治国理民的手段,他们并不是真相信有神灵可永久依赖。有力者知道万事皆取决于人为,只有无力者才会寄希望于神明,而实则神明对人事没有任何意义。

在《答刘禹锡天论书》中,柳宗元把他的上述思想概括为天人“不相预”:“生植与灾荒,皆天也;法制与悖乱,皆人也。二之而已,其事各行不相预。”按照这种主张,统治者要实现国家的长治久安,必须在制度和治术方面积极作为,而不必在意自然灾异。这一主张固然排除了神秘的天命对人事的支配,但却没有看到政治“悖乱”可能加重甚至引发“灾荒”。质言之,柳宗元在天人二分而“不相预”的前提下,在强调“天”不能作用于“人”的同时,忽视了“人”可以反作用于“天”。

(二)重“势”的社会历史观

如前所述,柳宗元认为政权能否长久取决于统治者是否践行仁义。在他看来,作为践行仁义的典范,圣人“以生人为己任”,而唐王朝的统治之所以具有合法性,则在于其“受命于生人之意”(《贞符》)。所谓“生人”即“使人生”,指满足民众的生存意愿和要求。柳宗元认为,使民众的生存意愿得到满足是统治者的首要任务,也是政权存续的合法性根基,“势”则是由民众的生存意愿决定的社会历史发展的客观规律和必然趋势。

回顾社会历史的开端，柳宗元认为，当时人与鸟兽草木共生，其一己之力还不足以“自奉自卫”，于是只好借助于外物。但“假物者必争，争而不已”，这就需要有聪明睿智者来裁断曲直是非，并惩罚那些不听从裁断之人，于是“君长刑政”即国家机器就出现了。另外，为了生存，人们“聚而为群，群之分，其争必大”。为解决不同层次的社会群体之间的矛盾纷争，由里胥、县大夫、诸侯、方伯、连帅、天子所构成的封建等级和世袭制度就产生了。在描述了这一历史演变过程之后，柳宗元得出结论：“封建非圣人意也，势也。”(《封建论》)即封建制度并非像传统儒家所说的那样，乃是圣人的天才创造，而是社会政治发展不得不然的结果。既然符合历史发展规律，所以，“彼封建者，更古圣王尧、舜、禹、汤、文、武而莫能去之。盖非不欲去之也，势不可也”(《封建论》)。换言之，“势”是历史发展的决定性因素，任何人都无法违背。

同样道理，封建制后来被秦之郡县制所取代，也是“势”使之然，也符合客观历史规律的要求。柳宗元认为，当封建制走向衰败而周王朝徒具虚名之时，“秦有天下，裂都会而为之郡邑，废侯卫而为之守宰，据天下之雄图，都六合之上游，摄制四海，运于掌握之内，此其所以为得也”(《封建论》)。这里的“得”是指郡县制的历史进步性，具体表现为秦所采取的政治措施符合“势”的要求，有利于天下统一和国家管理。

有人可能质疑：实行郡县制的秦王朝既是应“势”而生，为什么会二世而覆呢？在回答这个问题时，柳宗元提出了两个重要概念：“制”和“政”。“制”指国家的根本制度，“政”则是指统治者的具体施政举措。柳宗元认为，秦朝之所以二世而覆，“失在于政，不在于制”。意思是说郡县制本身没有问题，问题出在秦朝施行的滥征劳役、刑罚残暴以及严重的经济压榨等政治措施上，这些措施都激起了民众的强烈反抗。一言蔽之，秦之覆亡，“咎在人怨，非郡邑之制失也”。反过来说，实行封建制的周王朝虽然存在时间远超过秦，但到了晚周时期，治理得好的国家少而乱国多，改革无法施行，诸侯骄横且贪婪好战……这些败象表明封建制已是穷途末路。因此，周之亡，“失在于制，不在于政”(《封建论》)，且灭亡是必然的。

传统儒家大多言必称“三代”，而且往往一面美化周政，一面贬视秦汉。与这种复古或崇古主义的历史观迥异，柳宗元却一面指出封建制已被社会发展规律所淘汰，丧失了现实存在的合理性；一面肯定郡县制取代封建制的积极意义，体现了一种非常可贵的进步主义历史观。

二、刘禹锡

刘禹锡(772—842)，字梦得，河南洛阳人。他于贞观九年中进士，后曾积极参与顺宗年间的“永贞革新”，革新失败后屡遭贬谪，71岁逝于洛阳。他的著作被编为《刘梦得集》，其中《天论》一文具有重要的哲学价值。刘禹锡与柳宗元友情颇深，世称“刘柳”，其《天论》乃针对柳宗元的《天说》而作。按刘禹锡自己的说法，柳宗元对天人之际问题的探讨尚有所未及，所以他“作《天论》以极其辩”，即全面透彻地阐发柳文的未尽之处。

《天论》开篇首先提到两种相反的天人关系思想：“阴骘之说”与“自然之说”。前者认为，天是赏善罚恶的主宰者，人则因其善恶之行而招致福祸；后者认为，雷霆伤及牲畜并非惩罪，春雨滋润草木也并非择善，盗跖之类的恶徒照样一生顺遂，至善如孔子却屡遭困厄，这些都说明根本不存在赏善罚恶的主宰之天。刘禹锡对这两种主张都不赞同，他认为：

> 大凡入形器者，皆有能有不能。天，有形之大者也；人，动物之尤者也。天之能，人固不能也；人之能，天亦有所不能也。故余曰：天与人交相胜耳。其说曰：天之道在生植，其用在强弱；人之道在法制，其用在是非。

意思是说：有形之物皆各有所能与所不能——“能”指能力、特性、作用、功能；作为最大的有形之物，天之能在于生养万物，而作为最高级的动物，人之能则在于建构社会规范和秩序；人不能像天那样生养万物，天则不能像人那样建构社会秩序。由此可见，天与人各有所能，各有胜于对方的长项，这就叫“天与人交相胜”。

刘禹锡进一步指出，虽然天可以生养万物而胜于人，却不能干预人类社会的治乱兴衰；人类虽然可以治理万物而胜于天，但却不能干预四季的寒暑更替。而且，天不会主动地胜于人，人却能自觉地追求胜于天，这是因为“天无私”,即没有自我意识,而人却有主观能动性。言下之意,人类可以通过创造性的实践活动,构建社会规范和秩序,以求胜于天。

既然天不能干预人事,为什么还有人把天奉若神明,甚至相信天可以赏善罚恶呢?对此,刘禹锡从两个方面作出了解释。一方面,从社会政治的角度说,“人能胜乎天者,法也”,如果法制昌明、社会有序、是非公正,人们依法而行即可得到奖赏,违法为恶则必定受到惩罚,这时就不会有人相信赏善与罚恶都是天之所为。然而,如果“人之能胜天之具尽丧”,以致法制松弛、社会失序、是非不公,奸佞之徒总是受赏得福,正直之士却反倒遭罚招祸,这时人们就不再相信法制,而是诉诸冥冥之天,认为这些依据社会规范无法解释的反常现象都是神秘的天意支配的结果。

另一方面,从认知心理的角度说,以操舟行船为例:如果是在小河上,船之疾缓与行止都由人控制,无论顺风顺水而平稳前行,还是遭遇狂风怒涛而搁浅倾覆,人们都会认为这是人力所致,而不会说是天之所为,因为事实和原因都是显而易见的。然而,如果是在大河大海之上,船之疾缓与行止都难以掌握,加之风云浪涛变幻无常,这种情况下,无论平稳前行还是遇险幸存,人们都不清楚是什么原因造成的,“理昧故也”,所以人们就会相信这些都是天之所为,而非人力所能及。

在谈到船的沉浮问题时,刘禹锡还提出了另外两个重要概念:“数”与“势”。他说:“水与舟,二物也。夫物之合并,必有数存乎其间焉。数存,然后势行乎其间焉。……彼势之附乎物而生,犹影响也。”从中可见,“数”是指事物的本质规定及事物之间的内在关系,“势”是由“数”所决定的事物运动的必然趋势和规律。一方面,“数”与“势”都依附于具体事物,善于把握“数”与“势”有助于人们更为有效地驾驭事物。例如,操舟者如果能了解、依循水与舟之间的“数”,并且能顺应、利用水与舟的运动之“势”,那么船就不会沉没,反之则非。另一方面,任何事物都不能“逃乎数而越乎势”,即事物必然具有且不能脱出其内在本质和运动规律的制约,即便是作为“有形之大者”的天也有其“数”与“势”,并且天一旦有高大之形,便不能还归于小,一旦乘气而动,便不能片刻止息。由于万物都受“数”与“势”的制约,因此刘禹锡认为,任何事物都各有所短、各有所长,而不同事物的“交相胜”恰恰可以使其

“还相用”，即互为资用或相互为用。

在《天论》的下篇，刘禹锡又用元气思想解释了人胜于天的根本原因：“浊为清母，重为轻始。……乘气而生，群分汇从，植类曰生，动类曰虫。倮虫之长，为知最大，能执人理，与天交胜，用天之利，立人之纪。”意思是说，宇宙的开端是一团重浊之气，气的运动导致不同事物的生成，由于人在所有动物中最有智慧，因此就能通过构建社会规范和秩序来“与天交胜”。通过以上分析可见，与柳宗元相比，刘禹锡“天与人交相胜”的思想虽然也基于元气自然论，但他对天与人之间关系的论述显然比柳宗元的看法更为缜密、全面。

思考题：

1. 简述柳宗元的“天人不相预”思想。

2. 简述刘禹锡的“天人交相胜”思想。

第三编

宋至清代的哲学

第二十一章
周敦颐和张载

北宋初期，社会上出现了一股儒学复兴的思潮，这一思潮的基础是唐代韩愈以来的古文运动，主要表现是尊经排佛、崇道抑文，同时也为后来的理学（道学）创立奠定了思想基础。因此，宋、元、明时期的主要学术特点就是通过吸纳佛、道的超越性来重塑儒学的价值，特别是重建了形上本体论与心性修养论。这种重建以不同的方式展开，比如不同学派分别基于理、气、心、性等基本范畴来建构儒家的形而上学。

北宋中期的周敦颐和张载就是道学创立初期的两位重要代表，他们分别以"太极"和"气"为基础，通过哲学性的思考方式建构了一个天道性命相贯通的形上体系，体现了天人合一思想在宋代理学中的新发展。

一、周敦颐：太极本体

周敦颐（1017—1073），字茂叔，湖南道州营道人。本名周敦实，为避宋英宗的名讳而改为"敦颐"。他曾经做过分宁县主簿，断案明决，后来又任南安军司理参军、知南康军等。晚年定居在庐山莲花峰下，山下有溪，合于湓江，周敦颐便以家乡营道的濂溪名之，溪上筑濂溪书堂，故世称"濂溪先生"。两宋理学中的"濂、洛、关、闽"四大学派，其中的"濂"就是指的周敦颐（"关"是本章下一节将讲授的身居关中讲学的张载，"洛"是居住洛阳讲学的程颢、程颐二兄弟，而"闽"则是指身居福建讲学的理学集大成者朱熹）。

周敦颐被尊为道学开山，在《宋史・道学传》中被列为道学之首。他为人超脱，有很高的精神境界，黄庭坚曾评价说他"人品甚高，胸怀洒落，如光风霁月”，南宋理学家朱熹对周敦颐尤为推崇，认为他真正接续了千年之前的孔孟儒学道统。周敦颐的思考体现出一种对“生生之谓易”的人生觉解，据说他窗前有杂草却并不除去，觉得“与自家意思一般”，后来的理学家如张载喜欢听驴叫，程颢喜欢看刚出生的小鸡，其实都是在体味生生不已的生命与自然的融合。

周敦颐的主要著作有《太极图说》和《通书》，二者是对中国经典《周易》和《中庸》思想的结合性阐释。他还有名篇《爱莲说》，特别称赞“莲之出淤泥而不染”，对本来属于佛教的莲花这个意象进行了重新塑造，使之成为儒家君子的象征。由此也可以看出北宋初年以来排佛的儒学复兴思潮在当时的影响。

(一)孔颜乐处

周敦颐的一个重要思想贡献，是指明了儒家士人的成学路向和理想人格。他所理解的“学”，是指“圣希天，贤希圣，士希贤”(《通书·志学》)，这里的“希”是以之为范型，认为“士”应当将成圣成贤作为人生的理想，清代乾隆皇帝的书房“三希堂”就出自此句。古时的伊尹和颜渊是两位大贤，二人分别是辅君泽民和道德修养的典范，士人应当“志伊尹之所志，学颜子之所学”(《通书·志学》)，这正是儒家“内圣外王”的体现。当然，治理国家和致力百姓尚需外在的条件，而自我修养则是“我欲仁，仁斯至矣”(《论语·述而》)的个体主动性的发挥。因此，周敦颐特别重视讨论颜回乐学的精神。二程的父亲程珦曾让二兄弟问学于周敦颐，据程颢回忆，“昔受学于周茂叔，每令寻颜子、仲尼乐处，所乐何事”(《二程集·程氏遗书》)，探寻“孔颜乐处”也成为理学家的重要话题。

《论语》中记载孔子是“饭疏食饮水，曲肱而枕之，乐亦在其中矣”(《论语·述而》)，孔子评价颜回“一箪食，一瓢饮，在陋巷，人不堪其忧，回也不改其乐”(《论语·雍也》)，为什么孔子和颜回身处他人所不能忍受的贫贱境遇，却依然能够安然自得，这正是周敦颐所思考的。他认为：

> 夫富贵，人所爱也。颜子不爱不求，而乐乎贫者，独何心哉？

天地间有至贵至(贵可)爱可求而异乎彼者,见其大,而忘其小焉尔。见其大则心泰,心泰则无不足。无不足则富贵贫贱处之一也。(《通书·颜子》)

在儒家思想里,人生中有比富贵更值得追求的东西,这就是道德价值和理想人格。当一个人以超功利的态度面对其所身处的贫贱时,就达到了“见其大而忘其小”,具有内心的充实之乐。当然,我们常讲“安贫乐道”,但“道”并不是乐的外在对象,程颐就曾说“使颜子而乐道,不为颜子矣”(《二程外书》),意思是“乐”是人达到与道为一的境界所自然享有的精神和悦;颜子所乐也并非贫贱本身,而是道德修养让颜子达到一种超越了追求富贵名利的人生境界,从而即便是贫贱也不能改变这种精神之“乐”。

“孔颜乐处”问题的实质,是为人的道德修养和道德行为寻找心性上的依据,换言之,人为什么要有道德?这一问题可能有各种回答,比如对道德和幸福关系的讨论,典型的西方哲学式的回答偏重于分析和论证(“知道”),而道学家的回答则侧重于实践和体证(“体道”)。周敦颐让二程兄弟体会“孔颜乐处”,展现了北宋道学家对道德的思考和理解,强调真正的道德行为不是出于功利,而是道德本身有一种具有内在自足感的“乐”,也就是说,不从道德行为的动机或者结果来看,而是强调道德所具有的精神境界内涵。

(二)太极与诚

周敦颐的另一个重要思想贡献,是依据《周易》建立了一个天道性命相贯通的体系,为道德性命寻找形上根基,并将《周易》的“太极”与《中庸》的“诚”相互阐释,形成了从太极到人极的天人关系架构。《太极图说》本名《太极图易说》,是周敦颐对《太极图》所做的解释:

无极而太极。太极动而生阳,动极而静;静而生阴,静极复动。一动一静,互为其根;分阴分阳,两仪立焉。阳变阴合,而生水、火、木、金、土。五气顺布,四时行焉。五行,一阴阳也;阴阳,一太极也;太极,本无极也。五行之生也,各一其性。无极之真,二五之精，妙合而凝。乾道成男，坤道成女；二气交感，化生万物。万物生生而变化无穷焉。

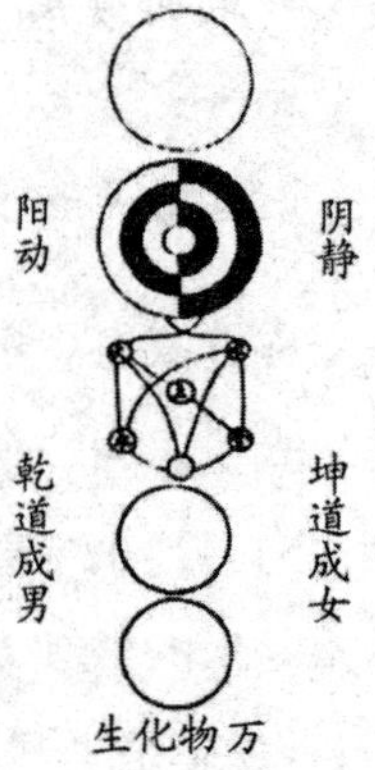

周敦颐的《太极图》

“无极”出自《老子》“复归于无极”，“太极”出自《周易·系辞传》“易有太极，是生两仪”，周敦颐将“无极”和“太极”合用，以儒家对道德价值的肯定冲破道家的“无”。“太极”既可以理解为无形无限的、混沌未分的原始物质，“无极”就是形容这种无形无限；也可以根据朱熹的解读，认为“太极”是一种本体性存在的形上之理，“无极”是表明这种形上之理的“无形”，与具体有形的事物相对。周敦颐《通书》中对“诚”的论述，更突出了太极本体的含义，将“太极”从汉唐哲学的“元气说”发展为对“形上之理”的解读，这也成为后来宋明理学的主要解释路向。

《太极图说》形成了一个生成序列：太极—阴阳—五行—万物。未分化太极的运动是阴阳产生的根源，而动静二者发展到极点，是可以相互转化的。在阴阳的相互作用之中，就生成了水、火、木、金、土五行，并进而形成万物。在这个万物化生的过程中，“太极”存在于其中的每一个环节，《太极图》中象征太极的圆圈“○”就完整地出现在每一个阶段中。周敦颐还特别强调，这种生生变化是无穷无尽的，这也就是前面所说的他对“生生之谓易”的体认。

在万物的生生变化之中，“唯人也得其秀而最灵，形既生矣，神发知矣”，也就是说人禀得了宇宙间最灵秀的气，具有知觉和思维的能力。虽然人是天地间得其秀而最灵者，但“五性感动而善恶分”，内在的本性为外物所感，从而形成了善恶的价值区分，于是就需要圣人的治理。圣人是“太极”天道下贯到人身上的完善体现，“圣人定之以中正仁义而主静，立人极焉”，圣人在善恶之中以仁义中正作为道德原则，以主静而无私欲作为修养方法。周敦颐在《通书》中说“诚者，圣人之本”，确立人类道德价值标准（立人极）的圣人，是太极在人身上的最高体现，也就是说“诚”作为人的本性是道德的最高原理。

其实,孔子本人并不太讨论天道性命的问题,“夫子之言性与天道,不可得而闻也”(《论语·公冶长》)。而自周敦颐开始,道学家却将天道性命作为最重要的内容,这与当时的儒家面对佛教和道家的挑战有关,因为佛家善讲心性,道家擅论宇宙。但是道学家并不像佛老那样陷入某种道德虚无或者道德相对,如老子说“天地不仁,以万物为刍狗”,而周敦颐的“太极—诚—人极”恰恰是强调人的道德价值根源于天地。周敦颐讲的“无欲故静”也与佛老的“定”“无欲”不同,而是类似于孟子讲的“养心莫善于寡欲”,不是让人成为无情之物,而是强调心的不妄动,不要有过或不及人类自然欲望的私欲。这是建构在自然的道德情感之上的一种修养方式。

二、张载:太虚即气[①]

张载(1020—1077),字子厚,河南开封人。因为长年在陕西凤翔府横渠镇讲学,世称“横渠先生”。据说他年轻的时候,“慨然以功名自许”,喜欢谈论兵事,曾上书谒见当时担任陕西招讨副使的范仲淹。范仲淹“一见知其远器,欲成就之,乃责之曰:儒者自有名教,何事于兵!因劝读《中庸》”。张载读《中庸》颇有所得,但依然不满足,于是又读了很多佛老之书,“累年尽究其说,知无所得,反而求之六经”(吕大临《横渠先生行状》)。张载真正的学问归旨在儒家,而他这种“出入佛老,返于六经”的过程也是后来如朱熹、王阳明等许多理学家所经历的为学心路。

张载的主要著作有《正蒙》《横渠易说》《经学理窟》。他行文之中思想表达极尽穷索,“改得一字即是进得一字”(《儒学理要》),因此张载的文字有很强的表达力和感染力,他所说的“为天地立心,为生民立命,为往圣继绝学,为万世开太平”四句话,成为后世许多儒家知识分子的人生理想和使命。他

---

① 张载是二程兄弟的表叔,但朱熹认为张载的学问实源自二程,“(张载)实亦自成一家,但其源则自二先生发之耳”(《伊洛渊源录》)。据说张载曾经坐在虎皮上讲《周易》,听众很多,但与二程讨论《周易》以后,认为“二程深明《易》道,吾所弗及”(《宋史·张载传》),便撤坐辍讲。从学问思考来看,张载确实自认为有某些不如二程的地方,也吸收了二程的一些思想,但是从其学说的内容和风格来看,都与二程有明显的区别。本书依年辈,先讲张载的思想。

还写过一首《芭蕉》诗："芭蕉心尽展新枝，新卷新心暗已随。愿学新心养新德，旋随新叶起新枝。"与周敦颐的《爱莲说》相似，芭蕉本来也是佛教常用的意象，因为它看似粗壮有节的茎实际上不是真的茎，倘若将外面的叶子一层层剥落，内里则是中空的，故而佛教中常用其来比喻虚空之物。但是芭蕉这个佛教意象在诗中被张载一转，成为儒家易学生生之意的体现。

周敦颐在《太极图说》中力图以"太极"建构一个天道性命相贯通的体系，张载则以其气本论的方式对天人关系做出了不同的体系架构，对此他有四句高度凝练的表达，"由太虚有天之名，由气化有道之名，合虚与气有性之名，合性与知觉有心之名"（《正蒙·太和》）。本节即从"太虚""气化""性""心"等方面展开，对张载思想做一个概述。

（一）太虚即气

"由太虚有天之名"，张载的哲学思想是气本论，"太虚即气"是这一思想的核心命题。在此之前如《老子》讲"有生于无"，类似于说虚空在具体的气之先。张载则认为，宇宙中并没有真正的空间上的"虚"或时间上的"无"的阶段，虚空本身也是气的存在形态。因此"气"从时间和空间的意义上而言都是永恒的，所谓的虚实有无，只是气之幽明隐显的不同状态和形态，"太虚无形，气之本体；其聚其散，变化之客形尔"（《正蒙·太和》）。"本体"是指事物本然的状态，无形无象的太虚就是气本来的状态；"客形"相对于气之本体而言，强调气在流行变化之中暂时的状态。

张载的气本论宇宙观根据"气"的不同状态，又区分了"太虚—气—万物"三个层次，"太虚不能无气，气不能不聚而为万物，万物不能不散而为太虚"（《正蒙·太和》），太虚是气的本来状态，而通过气之聚散又形成万物。可见，太虚与气实际上是统一的，正如水和冰的关系一样：

> 气之聚散于太虚，犹冰凝释于水，知太虚即气，则无无。（《正蒙·太和》）

"气之聚散于太虚"并不是说太虚是一个虚空的场所，气在太虚之中聚散变化；而是说二者如同冰变成水、水结为冰一样，太虚聚则为气，气散则为太虚，二者是同一事物的不同状态而已。因而张载认为只有“幽明之分”，而无“有无之别”，“知太虚即气，则无无”，进而在气本的基础上，对佛老的“空”“无”等观点进行了哲学层面的批判。

具体来说，一方面，张载从生死观的角度，认为佛教的寂灭观和道教的长生不老思想都没有认识到生死是自然也是必然的现象，“彼语寂灭者往而不反，徇生执有者物而不化”（《正蒙·太和》），既然人身等万物皆由气聚而成，就会有气散的时候，而散尽之气又会重新聚集形成新的生命和事物。另一方面，张载从本体论的层面，认为道家和佛家的问题在于体用的割裂：道家讲无能生有，但“无”是无穷的，而“有”则是有限的，因此《老子》“有生于无”是有限和无限之间的体用割裂；佛家认为世间万物看似存在，但其本性是虚妄的（性空），张载认为这导致了“形自形，性自性”，没有认识到世界是生生不已的真实存在，都是天道实有的体现，造成了形性之间的体用割裂。

需要指出的是，张载以“太虚即气”的气本论批判佛老时，对佛教和道家思想存在一定程度的误读；但就其理论架构本身而言，这种气一元论是中国古代气论思想中相当完备的本体论形态，并且他以气之本体的“虚”来对应道家的“无”和佛家的“空”，以此回应佛老在本体论上的挑战，体现了宋代儒家在形上建构中所做的努力。

（二）一物两体

“由气化有道之名”，在气本的基础上张载进一步讨论了宇宙的运动变化，也就是“气化”的问题。他认为宇宙运动的依据在于气自身所具有的动静相感的本性，“太和所谓道，中含浮沉、升降、动静、相感之性”（《正蒙·太和》），这里气的“浮沉、升降、动静”都是相对立的二者，张载称之为“两体”：

> 一物两体，气也。一故神，两故化，此天之所以参也。（《正蒙·参两》）

“一物两体”的观点，是为了解答无形无象的太虚之气为什么能生成宇宙万物、气为什么能够生生变化不已的内在动力问题。“一故神，两故化”，神化学说肯定了运动变化的根源来自世界自身，而不是有一个外在的推动者。也就是说，一方面，这个世界不能是浑沦的、整全无分的“一”，这样的世界是内部没有变化动力的一团死寂，比如没有黑夜和白昼的区分，那也就无法产生昼夜的更替，因此应该有对立的、分化的“两”；另一方面，也不能只有截然二分、不可转化的“两”，这样的世界虽然有分化但是没有转化的可能，也就不可能具有生生不已的变化，比如黑夜和白昼都不能是世界永恒的样子，一定要有昼夜的不断更替，因此应该有推行于“一”的化。张载不能接受那种僵死的（无两）和分裂的（无一）世界图景，而是强调对立和统一互为存在的条件。

张载用“感”来描述两体之间的相互作用和联系。“二端故有感，本一故能合”（《正蒙・乾称》），“感而后有通，不有两则无一”（《正蒙・太和》），可见“一物两体”是万物之间能够相感的逻辑前提，因为只有两体之间才能相感，而二者的相感也就意味着彼此之间能相通，“通”就是以一合异。感通的思想成为道学的重要内容，程子也曾说“天地之间，只有一个感与应而已”（《二程遗书》）。更进一步说，基于这种本体论意义的“感”，张载认为“感”也是儒家伦理的基础，“感”意味着人与人、人与世界之间普遍的关联性，并且这种关系是真实的，不是幻妄的，“屈伸相感而利生焉，感以诚也”，可见张载的“感”与佛教以因缘和合来理解世界万物之间的关系是不同的。

（三）德性所知

“合虚与气有性之名”，张载基于“太虚即气”的本体论进一步讨论了人性的问题。这里的“虚与气”是指太虚之气的本性与气质的属性。一方面，人的本性根源于太虚的本性，“天性在人，正犹水性之在冰，凝释虽异，为物一也”（《正蒙・诚明》），不同的个体都禀受了太虚之性，这种清虚湛一的太虚之性下贯在人身上，也就表现为仁义礼智这种价值上的善性，张载称之为“天地之性”。另一方面，每个人的气质又有清浊、昏明的不同，因而人各有差别，就像冰既具有水之性，也有冰自己的属性一样，这种因气聚成形后而具有的性，张载称之为“气质之性”，人的气质之性就表现出具体的善恶之习。

关于“天地之性”和“气质之性”的关系，张载认为“形而后有气质之性，善反之则天地之性存焉”(《正蒙·诚明》),这也是一种复性论。张载特别强调“学”在复返善性中的作用,“为学大益,在自求变化气质”(《经学理窟·义理》)。虽然人在生下来以后的禀气和际遇中未必能尽如人意,比如每个人天生的资质不同,人生中遇到的各种时机也不同,但是倘若因此就放弃个人的努力,甚至怀疑禀受于太虚之气的、本有的善性,那就是未能做到“学”的工夫。因此,“善反”天地之性的为学工夫也就是要“穷理尽性”,要以道德意识作为生命活动的主宰。张载以太虚之天为人的价值善性确立依据,与周敦颐以太极贯通天人而立人极的思路,都是“天道性命相贯通”这一道学精神的体现。

“合性与知觉有心之名”,性与心的区别在于心具有知觉的能力,心是能感的。张载据此提出“大其心”的思想:

> 大其心则能体天下之物。物有未体,则心为有外。世人之心,止于闻见之狭。圣人尽性,不以见闻梏其心,其视天下无一物非我,孟子谓尽心则知性知天以此。天大无外,故有外之心不足以合天心。见闻之知,乃物交而知,非德性所知。德性所知,不萌于见闻。(《正蒙·大心》)

“大其心”的说法本于孟子的“尽心”,是要求人的思维超出感性表象的范围,尽可能地扩展思维的深度和广度。“如只据己之闻见,所接几何？安能尽天下之物?”(《张子语录》)“见闻之知”依据耳目等感官的闻见,但是见闻本身所能够感知的外物是有限的;“大其心”则能够超出感性见闻的范围,充分发挥思维的能力,心知本于见闻而又不局限于见闻,从而使得个体存在者具有了突破有限的可能性,是一种“德性所知”。

“德性所知,不萌于见闻”,对此可以从两个层面来理解。在认识一般事物的层面,“大其心”相当于思想实验和哲学思辨所到达的地方,意味着思维的能力超出耳目感官的闻见之知,“不萌于见闻”也就是不局限于见闻的范围。具体到德性的层面,“大其心”相当于理性分析之外需要通过直觉体悟所把握的地方,以心之能感而突破心的内外,所以说“有外之心不足以合天心”。这一思想继承了孟子的性善论和性命观,意味着道德是源于人的内在本性的一种固有倾向，而不是外在对象的某种性质或者结果，比如父母对子女的慈爱是一种先天具有的自然情感，而不是因为子女乖巧可爱或者头脑聪明。

因此，张载所讲的变化气质、德性之知，是要人们觉知到自己内心的天地之善性，觉知到自己对他人的这种感通关系，并进而通过“学”来改变气质之性对天地之性的遮蔽，达到与天地万物同体的境界，也就是《西铭》所讲的“民胞物与”的境界。

（四）民胞物与

“民胞物与”的思想出自张载《西铭》篇中“民吾同胞，物吾与也”一句。张载在学堂的东、西双牖各书写了《正蒙·乾称》的一部分，并称之为《砭愚》和《订顽》，作为自己的座右铭。程颐见后，将《砭愚》改称《东铭》、《订顽》改称《西铭》。二程兄弟对《西铭》非常推崇，程颢特别表彰道，“《西铭》，某得此意，只是须得子厚如此笔力，他人无缘做得。孟子已后未有人及此文字”，程颐也认为“《西铭》，是横渠文之粹者”（《伊洛渊源录》）。

> 乾称父，坤称母；予兹藐焉，乃混然中处。故天地之塞，吾其体；天地之帅，吾其性。民吾同胞，物吾与也。……富贵福泽，将厚吾之生也；贫贱忧戚，庸玉汝于成也。存，吾顺事；没，吾宁也。（《西铭》）

“民胞物与”的思想也是基于张载的气本论，因为宇宙世界的一切都是气的不同形态的呈现。“乾称父，坤称母”，天人同此一气，乾坤所象征的天地可以说是“我”的父母，所以天下之人皆是我的同胞，所谓“民吾同胞”；万物共此一气，所以天下事物都与“我”相关联，所谓“物吾与也”。人的生死存亡不过是气的聚散变化，人生在世则穷理尽性以至于命，“存，吾顺事”；死亡就是回归天地自然之气的大化流行，“没，吾宁也”。这种从容坦然的生命观，万物一体之仁的价值观，是张载的思想和人生境界的最好体现。

不过，“民胞物与”的说法可能会与墨家的“兼爱”思想相混淆，当年二程的弟子杨时读到《西铭》篇时就有此疑虑。程颐特别辨析了张载所代表的儒家“万物一体”思想与墨家“兼爱”的区别，指出“《西铭》明理一而分殊，墨氏则二本而无分”(《程氏文集》),儒家虽然讲对他人以及万物的关爱和感通,但是这种仁爱是有差等的,比如对于自己的父母和路上的陌生人,情感上有自然的分殊;而墨家的兼爱则是一种无差等的爱。“理一分殊”这个表达后来也成为南宋理学家朱熹讨论的重要命题,我们在讲到朱熹时会做进一步阐述。

思考题:

1. 谈谈周敦颐对“孔颜乐处”精神旨趣的理解。
2. 谈谈张载对“一”和“两”关系的理解。

第二十二章
程颢和程颐

程颢(1032—1085),字伯淳,世称“明道先生”;程颐(1033—1107),字正叔,世称“伊川先生”。二人并称“二程”,与前一章所讲的周敦颐和张载都有交游,二程早年问学于周敦颐,而张载是二程的表叔。程颢与张载同年(嘉祐二年)举进士,做过县主簿、县令等,因反对王安石变法,被贬外放。程颐二十七岁时廷试落第,便不再参加科举考试,只是一介布衣,在程颢去世后才出仕做了“崇政殿说书”,也就是皇帝讲师。二程出生于湖北黄陂,后来长期在河南洛阳讲学,故称他们的学派为“洛学”。

二程兄弟虽然年龄仅差一岁,但两人的气象风格颇为不同。据时人所记,程颢的气象比较和乐,“明道先生坐如泥塑人,接人则浑是一团和气”(《二程外书》),但程颐则“直是谨严,坐间无问尊卑长幼,莫不肃然”(《二程外书》)。这一点从二兄弟年少时就比较分明,两人曾随父亲远行,宿一僧寺,程颢入门右转,仆从都跟随着他;程颐入门左转,结果无一人跟随,他也自觉道:“这是我不及家兄处。”

二程门人众多,两人为师的风格不太一样,明道曾说:“异日能使人尊严师道者,吾弟也。若接引后学,随人才而成就之,则予不得让焉。”(《宋元学案》)程颐当年做小皇帝宋哲宗的老师时,要求改变讲官站着讲的规矩,允许讲官坐着讲,培养尊师重道之心;讲书的时候也非常庄严,还常常训教皇帝,后来皇帝及同朝之士和他的关系都很紧张。后世说起师道尊严常提起的“程门立雪”,就是发生在程颐与弟子杨时、游酢之间的故事。程颢则不然,人们与他交流问学,就好像“在春风中坐了一月”(《伊洛渊源录》)。

如果说周敦颐是宋代道学的开山，那么二程的“洛学”则是宋明理学[①]真正的开创者，他们自觉地担负道统，批判儒学，形成了理学所共有的概念术语和问题意识。不过两人在学术思想上的同异也值得注意。程颐自己说，“我之道盖与明道同”（《伊川先生年谱》），兄弟二人对儒家价值的高扬、对“理（天理）”的发明确实是一致的；但在具体的修养工夫方式以及对人性等问题的理解上，二人有明显的区别。近代的中国哲学大家冯友兰先生就认为，程颢开启了陆王心学一系，而程颐则开启了程朱理学一系。

二程的著作和言论被后人编为《二程全书》，包括《二程遗书》《二程外书》《二程文集》，以及程颐的《伊川易传》等。

一、天理与性理

“理”或者“天理”是二程思想的基础和核心。程颢曾说，“吾学虽有所受，天理二字却是自家体贴出来”（《二程外书》）。其实“天理”二字在先秦就出现过，但二程之所以说是自家体贴出来的，就在于对其哲学内涵的重新诠释。我们现在日常语言中的“天理难容”“没天理”等表达，在内涵和精神上就继承自理学。

（一）道与天理

二程对“天理”的阐释与其对“道”的理解有关。针对北宋初期士大夫沉溺经文训诂的风气之弊，二程认为“谈经者泥为讲师，惟知道者乃儒学也”（《二程遗书》），因此北宋道学的时代任务就是要重建两汉特别是隋唐以来受佛、道所冲击的儒家精神传统，体知圣人之道，而这个道就是“理（天理）”。

宇宙自身是充满了差异和变动的，在这种时间和空间的不断变化中，二程要思考的是一种普遍的、永恒存在的东西，它能够作为贯通自然与社会的普遍性基础，这就是“天理”。可以说，二程与周敦颐、张载一样，试图以天道

---

① “理学”一词有广义和狭义的区分。狭义的“理学”指程朱理学，广义的“理学”则同于“道学”，包括理学、心学、气学等不同的学派和脉络。通常所说的“宋明理学”就是在广义的内涵上使用的。

性命相贯通的“天人合一”方式来重建儒学，不同之处在于他们的哲学体系的基础性范畴是“天理”：

> 天理云者，这一个道理，更有甚穷已？不为尧存，不为桀亡。人得之者，故大行不加，穷居不损。这上头来，更怎生说得存亡加减？是它元无少欠，百理俱备。(《二程遗书》)

这里对“天理”的描述，融合了孟子所讲的“君子所性，虽大行不加焉，虽穷居不损焉”(《孟子·尽心上》)，以及荀子的“天行有常，不为尧存，不为桀亡”(《荀子·天论》)，强调“理”是不生不灭的最根本存在，这就与张载以“气”作为根本性的存在不同。具体到“理”的内容，既包括自然世界的物理，也包括人类社会内部的伦理，“物物皆有理，如火之所以热，水之所以寒，至于君臣父子间皆是理”(《二程遗书》)。

如果进一步追问，为什么二程要以“天理”作为根本性的存在，而不是像张载那样以“气”作为宇宙间普遍永恒的存在，就要涉及对形而上和形而下的区分。这种区分并不是在具体现实中的，而是在思维方式上的：

> 形而上者谓之道，形而下者谓之器……阴阳亦形而下者也，而曰“道”者，惟此语截得上下最分明，元来只此是道，要在人默而识之也。(《二程遗书》)

“形而上者谓之道，形而下者谓之器”本来是《周易·系辞传》里的话，二程对这句话的理解是，凡是具体的、有生灭的东西属于形而下之器，而抽象的、永恒的、不能用感性直接把握的就属于形而上的道。比如生活中的一个杯子，这个杯子本身属于“器”，而这个杯子之所以能装水的道理，就属于“道”，这个道理不是感性的直接存在，而是通过理性的思维能力来把握的；另外，二程虽然区分了形而上和形而下，但是道器二者是不分离的，“道亦器，器亦道”，杯子能够装水的道理也就在这个具体的杯子上呈现出来，而不是道和器分开成两个东西。所以这种形而上和形而下的区分是思维方式上的，永恒的、普遍存在的天理就属于形而上的层面，而正是这种区分为哲学思考创造了空间。对这一点程颐的解释更加清楚：

离了阴阳更无道，所以阴阳者是道也。阴阳，气也。气是形而下者，道是形而上者。(《二程遗书》)

按照《易》中的讲法，既说“一阴一阳之谓道”，又说“形而上者谓之道，形而下者谓之器”(《系辞传》)，似乎阴阳是属于形而上的道的层面。对此程颐特别指出，阴阳是气不是道，属于形而下的层面；而阴阳开阖变化背后的形而上的依据才是道。因此，阴阳与道、器与道、气与理就分别对应于形而下与形而上的层面；但形而上和形而下之间并不是分离的，所谓“离了阴阳更无道”。这种不分离的分别性关系，用程颢的表达是“形而上为道，形而下为器，须著如此说。器亦道，道亦器”(《二程遗书》)，用程颐的表达就是“至微者，理也；至著者，象也。体用一源，显微无间”(《易传序》)。因此，对于道与器、形而上与形而下的关系，既要强调其在思维层面的分别，也要注意其在现实层面的不分，两个方面结合起来，不可偏执一边。程颢说，“与贤说话却似扶醉汉，救得一边倒了一边，只怕人执着一边”(《二程外书》)，就是要人在理解道器关系时注意二者有分有合。这一点后来被朱熹发展成理气不离不杂，我们在下一章将具体阐释。

(二)性即理

“天理”作为二程思想中贯通天人的基础，普遍地表现在各个层面。比如自然界运行的法则，可以称之为“天道”；事物的具体性质和规律，可以称之为“物理”；人伦社会的道德法则可以称之为“义理”；而具体呈现在个体之中的道德本质可以称之为“性理”。其中，“性理”是二程在“天理”架构下对先秦儒家孟子一系性善论的再诠释，程颐说“性即理也。所谓理，性是也。天下之理，原其所自，未有不善”(《二程遗书》)。这就是说在“天人一理”的思想下，人性所禀赋的性理本质上也是源自于天道的天理，在本原上而言都是善的，因此人性从溯本而言也应该是善的。

进一步追问，为什么有的人是性恶的呢？孔子也说“性相近，习相远”(《论语·阳货》)，如果人性从禀赋于天道的角度而言都是善的，那么不同人性之间的差异是如何产生的？对此，程颐认为：

性即是理。理则自尧舜至于涂人，一也。才禀于气，气有清浊，禀其清者为贤，禀其浊者为愚。（《二程遗书》）

孟子的性善论将恶的来源归结为后天外在环境的影响，这并没有从根本上解释恶的根源。程颐改造了孟子“才”的概念，认为性通于理，而才禀于气，气的清浊就会在根本上影响人性的善恶贤愚。可以看到，程颐所讨论的“性”主要是指形而上的本然之性，也就是孟子讲的性；而孔子论“性相近”，则已经是从才的层面在讨论了。因此，全面而深刻地理解人性之善恶，就要以形而上之“性”与形而下之“才”兼而论之：

论性不论气，不备；论气不论性，不明。（《二程遗书》）

孟子的性善论是“论性不论气”，问题在于讨论不够完备，未能解决恶的根本性来源；孔子等人则是“论气不论性”，问题在于讨论得不够清楚，未能意识到现实人性背后的天道本原。二程基于形而上与形而下的“性—气”框架对人性问题做了发展性的阐释。

程颢也肯定“性即理”的表述，不过在关于人性禀受天理之善恶的问题上，他与程颐略有不同。程颐认为性即理，天理未有不善，则人性推本溯源皆是善的；程颢则说，“事有善有恶，皆天理也。天理中物须有善恶”（《二程遗书》）。因此，人生气禀也理当有善有恶，那么“善固性也，然恶亦不可不谓之性也”。但善与恶并不是在人性中相对的二者分别产生出来的，“不是性中元有此两物相对而生也”，“谓之恶者非本恶，但或过不及便如此”（《二程遗书》）。所谓的“恶”就是善的过或者不及，比如孟子所批评的杨朱和墨子，杨、墨的思想出发点本来并不坏，但是杨朱过于利己而墨子过于利他，因此对于人心情感的自然之理有所偏离，所以孟子才批评甚严。

二、程颢：识仁与定性

二程对“天理”有共同的理解，但在具体的为学和工夫方法上却大不相同。周敦颐胸怀洒落的气象对程颢影响比较大，他自十五六岁时听周敦颐论道，就慨然有求道之志，后来再见周敦颐，“吟风弄月以归，有‘吾与点也’之意”（《宋史·周敦颐传》）。因此，程颢的工夫论更侧重合内外物我，自然体贴，不废穷索，通过以身体道而达到与万物为一体的和乐境界。

（一）识仁：与物同体

识仁是程颢工夫论的主旨。“仁者，浑然与物同体”（《二程遗书》），程颢认为“仁”在根本上是一种最高的精神境界，体现为与天地万物为一体。一个真正达到“仁”的人，必然能够感受到天下万物与己身相关，万物在感通之时皆是“我”的一部分。程颢将“仁”从博施济众和道德修养这些具体的层面上升到“仁体”的层面，这与先秦孔孟儒家的理解不同，是对先秦儒学的发展。这种言仁方式可以称之为“以一体言仁”，但是与张载的“民胞物与”的一体观不同，张载是基于气一元论上的同此一气，而程颢则是基于天理观的天人一理，所以他说“人以不知觉、不认义理为不仁”、“所以谓万物一体者，皆有此理”（《二程遗书》）。

程颢还特别从“以觉言仁”来表述“仁”的感通性。仁者能自觉到自我与万物的同体关系，那么不仁者则在物我之间有所限隔：

> 医书言手足痿痹为不仁，此言最善名状。……如手足不仁，气已不贯，皆不属己。故博施济众乃圣人之功用。（《二程遗书》）

我们常以“麻木不仁”来说某人对他者的冷漠，这其实就是以身体上的不仁来譬喻心灵上的不仁。如果说手足痿痹是身体的不醒觉状态，那么与他人以及万物的限隔就是心灵的不醒觉，这些都是不仁。古代圣贤之所以是仁者，不仅在于他们自身具有道德修养，还在于他们能够时时觉知到自己对天下生民的责任，也就是一种自我与他者的感通之仁，所以能够施济生民是圣人具有仁德的具体表现，这也是孔子虽然认为管仲“不知礼”，但依然赞许他是仁人的原因。

根据程颢对“仁”的理解，那么佛家恰恰是麻木不仁的。佛家寻求一个明净清澈的清净之心，但却弃绝人伦，没有对家国天下和他人的责任承担。因此，以程颢为代表的理学家常从这一点批评佛教，认为佛教“自谓之穷神知化，而不足以开物成务。言为无不周徧，实则外于伦理”（程颐《明道先生行状》），对社会秩序以及道德伦常的破坏极大。

(二)定性：以理化情

程颢的识仁所强调的“与物同体”，在个体的修养工夫上表现为物我兼照、内外两忘，也就是“定性”。程颢对定性的阐述缘起于张载的致信请教，“定性未能不动，犹累于外物”，朱熹认为这个“定性”实际上就是指的“定心”。大概是张载当时年近四十岁，仍未能做到孟子所说的“四十不动心”，故向程颢求教。可见，程颢以修养工夫达到内心的安宁是当时的人特别推崇的。

张载在信中说，内心之所以无法平静是因为外在事物的扰动牵累，比如因为自己的好恶之情而对发生的事情患得患失；但人又不可能消除外物，而是必然地要与社会以及他人产生联系。程颢指出，张载的困难在于对心区分了内外，“所谓定者，动亦定，静亦定；无将迎，无内外”（《答横渠张子厚先生书》），“定”并不是让内心不活动，而是要在心灵当下活泼泼的状态中获得宁静；也不是对外物不反应，而是要在应接外在纷杂的事物和事务时，心灵不为外物所牵引。“定性”的关键在于“廓然而大公，物来而顺应”，让内心有所主，从而在面对外物时能够循理而动，而不以情伤理、以物累心：

> 与其非外而是内，不若内外之两忘也。……圣人之喜，以物之当喜；圣人之怒，以物之当怒。（《答横渠张子厚先生书》）

圣人能够做到定性而不累于外物，并非圣人不去应接事物，也不是圣人如同无情之人而内心毫无喜怒之情，而是圣人的或动或止、或喜或怒都合于天理之当然。因此，“廓然而大公”是说内心公而无私，顺天理之公而为，不从自我的私利出发，就能做到“情顺万物而无情”，也就是“定性”的境界。

程颢的“定性”说强调的是人在应接外部事物时，要以理化情。所谓“无将迎”就是内心的自然无执滞，对已经发生或者尚未到来的事情自然顺应；所谓“无内外”就是内心的合理之当然，不做物我、内外、公私之分。可见，在程颢的工夫论中，识仁与定性是贯通的：真正的仁者与天地万物为一体，故而没有内外、物我之分，也就是定性的内外两忘。

识仁与定性的工夫论体现了程颢讲求的诚敬与和乐合一的境界。是孔子的“恭而安”，既不放纵，又未尝拘迫；也是孟子不动心讲的“勿忘勿助长”，既时时保持心灵的感通和醒觉状态，又不对内心强力把持。正因如此，程颢的诗文在理学家中也别具洒落从容的气象，充满了自由活泼的生生之意，比如《春日偶成》中的“云淡风轻近午天，傍花随柳过前川。时人不识余心乐，将谓偷闲学少年”，《秋日偶成》中的“闲来无事不从容，睡觉东窗日已红。万物静观皆自得，四时佳兴与人同”，等等。

三、程颐：主敬与穷理

程颐在天理观的基础上，特别突出了“主敬”和“穷理”的工夫方法，他说，“涵养须用敬，进学则在致知”（《二程遗书》）。涵养与进学大致类似于儒家讲的仁与知的关系，二者不可偏废。本节就从这两个方面来讲程颐的修养论。

（一）涵养用敬

“敬”是程颐的主要修养方法。程颢也重视敬，但更强调敬乐合一的境界，不以恭敬严肃伤害心境的和乐；程颐的“敬”则除了内心的庄重外，还有外表的严肃，在内外两个方面提出要求。程颐的工夫论虽不及其兄圆融，但却循序渐进，更容易把握。程颐从小就重视礼仪，非礼不动，据说当年有人问他，“先生谨于礼四五十年，应甚劳苦”。程颐回答说自己按照礼的规范行事，就如同走在平地上一样，内心平静踏实，有什么劳苦的呢？反倒是那些投机取巧、不按照道德规范和礼仪要求做事的人，每天提心吊胆如同走在危地之上，这才是真正的劳苦。可见，程颐所关注的也是内心的平静，这种静不只是一种身体行为上的“气之静”，更是一种合乎道德法则和规范的“理之静”，这就是程颐所讲的“敬”。

“敬”的外在要求是整齐严肃，从衣着容貌到行为举止都要合于礼仪的规范，要时时检省自己。我们常讲“表里如一”，内外是相关联的，外表的庄重严肃能够自然带动内心的恭敬。当然,程颐对“敬”讨论更多的还是内在修养方面,表现为“主一”:“所谓敬者,主一之谓敬;所谓一者,无适之谓一。”(《二程遗书》)“主一”就是专心在一处,不要三心二意。当然,这个“一”是内心而不是外物,是有道德价值内涵的,是主于善而不是恶,专心在吃喝玩乐之类的享受之事上,并不能谓之“主一”。

与程颢的定性相似,程颐的主一之敬也是针对内心容易为外物所牵引的问题,只是程颢强调的是要自然顺应,而程颐更侧重在心有所主,也就是“有主则实”:

> 吕与叔尝言:患思虑多,不能驱除。
>
> 曰:此正如破屋中御寇,东面一人来未遂得,西面又一人至矣,左右前后,驱逐不暇。盖其四面空疏,盗固易入,无缘作得主定。又如虚器入水,水自然入。若以一器实之以水,置之水中,水何能入来?盖中有主则实,实则外患不能入,自然无事。(《二程遗书》)

内心无法应对外物的纷扰,就好像在一间破屋子里抵御强盗,侵扰从四面八方而来,无从应对;但若是把屋子做得坚实了,那么无论多少盗贼来袭,屋中之人都不必担忧。也就是说,心中要有主才实,就像杯中装满水,那么其他的水也就无法进入了,思虑纷扰便自然去除。同时,内心有主并不是专注在某一个具体的事物或者原则上,程颐就曾批评司马光只管心中念念一个“中”字;而是要在静中持敬,自然涵养。比如,与其天天默念“我要做一个好人”,不如以持敬的工夫涵养自己,那么在面对道德选择时,自然能够循理而为,做出合道德的事。

程颐的“敬”,也是要与佛、道二教“静”的工夫相区别。他认为一旦说了“静”,就容易流于佛教,因此不用静字,只用敬字,“敬则自虚静,不可把虚静唤做敬”(《二程遗书》)。其实程颐对于静的工夫并不排斥,他每见人静坐,便称赞其善学。只是一味强调“静”容易导致过于关注自己内心的平静,而忘记对天下生民的担当;而敬则自然能静,又能导向儒家家国天下的入世关怀。

(二)格物穷理

程颐的“涵养须用敬”重在修养自己的内心,主一在于内心合于天理。

那么，人如何能够在理性上明晓“理”，这是“进学则在致知”所强调的。“格物”“致知”出自《大学》，二程对《大学》非常重视，将从格物到治国、平天下的八条目作为修养工夫的基础，其中对格物的理解成为贯穿整个宋明理学的重要问题，而程颐的解释影响了后来的朱熹，成为宋代理学的主流。

程颐认为，“格，犹穷也。物，犹理也。犹曰穷其理而已也。”（《二程遗书》）把“格物”解释为穷理，是程颐的重要阐释，将格物致知的工夫论与形上天理的本体论贯通起来，形成了理本论上的修养方法。与其兄程颢的无内外思想相似，程颐也强调物无分于内外，因此格物穷理的方法也是多样的，读书讲明义理，讨论古今人物的得失是非，应接事物而处理合宜，这些都是在穷理，因为事事物物上各有其理，都要通过“格”的方法去知晓。

那么，天下事物是无限的，要以格物而致知，是否意味着要把事物之理都格一遍？程颐认为不是：

> 或问：“格物须物物格之，还只格一物而万理皆知？”
>
> 曰：“怎生便会该通？若只格一物便通众理，虽颜子亦不敢如此道。须是今日格一件，明日又格一件，积习既多，然后脱然自有贯通处。”（《二程遗书》）

既然事物是无穷的，那么一一格物既不可能，也不必要，从格物到致知须有个“脱然贯通”的飞跃，也就是格物的过程积累得多了，就会达到对事物背后的普遍之理的认识，类似于从量变到质变的过程。由此可见，这里涉及个别与一般的辩证关系，也就是个别事物之理与普遍天理的“一”“多”关系。程颐指出了这一点，但并未清晰地从本体论上为这个关系做出理论解释，到南宋时朱熹才以“理一分殊”对此进行了更深入的讨论。

由于二程的天理本身包含了天道、物理、义理、性理等诸多层面，程颐的格物穷理说也兼具伦理知识和物理知识的指向，最终的目标是通过格物而体察天地之理。“格物”继承了儒家对“学”的精神的高扬，特别是其中道德性和精神性的方面。当年胡瑗在太学为主教导，曾以《颜子所好何学论》为题让学生们写文章，程颐的文章大受赏识，他在文中特别指出颜回所代表的儒家之学，是“学以至圣人之道”（《颜子所好何学论》）。因此，“格物穷理”并不完全对应于科学。不过这一思想自从程子拈出，就成为整个北宋以后理学话语的重要命题，朱熹继承了程颐的穷理说，阳明对程朱理学的修正也从格物问题开始，及至明末清初受到西方自然科学的冲击，产生了诸如《格致草》这样的科学和博物学著作，才开始将中国传统的格物思想与西方的科学精神相融通。

思考题：

1. 谈谈二程对“天理”的理解。

2. 谈谈二程在修养工夫方法上有什么区别。

第二十三章
朱熹的哲学

朱熹(1130—1200),字元晦,号晦庵,晚号遁翁。徽州婺源人,生于福建尤溪,长期居住崇安、建阳讲学,因此称他的学派为“闽学”。朱熹早年中进士第,后任泉州同安县主簿,还曾在江西南康、湖南长沙等地为官,颇有政绩,但朱熹平生不喜做官,常以各种理由辞免,《宋史》记载他“仕于外者仅九考,立朝才四十日”。他后来主要以著书讲学为业,兴办书院、发展教育,兴建了白鹿洞书院,还曾与张栻在岳麓书院讲学,是南宋时期最有声望的学者,与吕祖谦、张栻被合称为“东南三贤”。

朱熹是理学的集大成者。他推尊周敦颐为道学宗主,并吸收了张载、邵雍以及二程的思想,特别是继承了程颐的思想,故而这一派被称为“程朱理学”。朱熹与程颐在学问传承上也确实师承有自,二程四大门人之一的杨时也是福建人,他把程学传到了福建,开创了道南学派,杨时一传为罗从彦,再传为李侗,三传而至朱熹,因此朱熹是二程的四传弟子。朱熹与张载和程颢等人一样,求学的早年也经历了一段“出入佛老,返于六经”的过程。据说他参加进士考试时,行李箱中只带了一本禅师语录《大慧语录》,可见他当时对佛教的兴趣。因此,朱熹对佛教的思想教义非常熟悉,在归旨儒家之后,对佛教的批评也相当深刻,同时对佛教思想的吸收也很多。

朱熹终身致学,经史子集无所不窥,著作颇丰。其中比较重要的有《四书章句集注》《四书或问》《太极解义》《周易本义》《诗集传》等,有《朱文公文集》一百二十卷,还有后人汇编的讲学语录《朱子语类》一百四十卷。他还与吕祖谦合编了《近思录》。朱熹的诗文也很出众,我们所熟知的“半亩方塘一鉴开,天光云影共徘徊。问渠那得清如许?为有源头活水来”一诗就是他所作的《观书有感》。

在中国文化史上，朱熹特别重要的贡献就是将《论语》《孟子》《大学》《中庸》合编为“四书”，自此四书成为高于五经的经典体系，他对四书的解释也成为后来历代朝廷科举考试的标准解释。朱熹的学说不仅深刻地影响着元代以后的中国思想界，还传播到东亚诸国。他是一位具有典范意义的文化名人。

一、理气论

朱熹哲学思想体系的基本范畴是理、气。理、气二字并不是朱熹的发明，二程也常讲天理、理以及气，张载也重视谈气，但直到朱熹才将理、气二者作为哲学架构的基本概念，并对理气关系做了充分讨论，比如理气先后、理气动静、理一分殊等问题。

（一）太极与理

朱熹继承了二程对“天理”的理解，但对理气关系的讨论主要是来自对周敦颐《太极图说》的阐释。他对“无极而太极”一句做了具有哲学创造性的解释，认为“无极”是形容太极之无形，而“太极”是理，所以这一句说的是“无形而有理”。因此太极并不是别有一物，而是指事物背后无形不可见的形而上之理，这就综合了周敦颐的“太极”和二程的“天理”。

具体到“理”的内涵和性质，朱熹认为：“至于天下之物，则必各有所以然之故与其所当然之则，所谓理也。”（《大学或问》）这是说事物都有其之所以如此的道理，也有其不得不如此的理则，对于自然之理和伦常之理都是如此。比如对于物理而言，粉笔在松手以后会落下，这既是万有引力所决定的自然会落下之理，也是粉笔不得不（应当）落下之理，二者是统一的。对于伦理而言，比如子女孝顺父母，既有子女之所以能孝顺父母之理（父母与子女之间的自然亲情，也就是所以然之故），也有子女应该孝顺父母之理（子女孝敬父母的道德伦理规范，也就是所当然之则），这二者也应该是统一的，也就是说，人类社会的种种法则也是宇宙普遍原理的一种体现。

“气”是形成具体事物的形质之源，具体事物的生灭存亡就是气的聚散变化，而理是永恒的、普遍的，无所谓生灭。这里对“气”的理解也吸收了张载的气之聚散说，但朱熹是在理气论的架构中讨论的。这里就涉及了理、气二者的关系：

> 天地之间，有理有气。理也者，形而上之道也，生物之本也；气也者，形而下之器也，生物之具也。是以人物之生，必禀此理然后有性，必禀此气然后有形。（《答黄道夫书》）

朱熹认为一切事物都由理与气构成，气是构成事物的材料，理是事物的理则，是气聚散变化的根据。一方面，理与气是形而上与形而下、道与器的关系，因此朱熹说“道器之间，分际甚明”，理、气是分属于不同层面的，二者不可混淆，所谓“理气不杂”。另一方面，既然事物都由理、气构成，那么就没有无理之气，也没有无气之理，所谓“理气不离”。

（二）理气先后

理、气关系涉及的一个问题是二者的先后。虽然就现实世界而言，朱熹认为理气不离，有理必有气。但从本源上来说，则是理在气先、理在事先，“未有这事，先有这理。如未有君臣，已先有君臣之理；未有父子，已先有父子之理”（《朱子语类》）。这是说具体的事物还未形成之前，事物之理已经存在，比如具体的飞机被造出来之前，飞机之所以能飞行的自然理则就已经存在；婴儿在出生之前，父母能慈爱子女的道德理则就已经存在。朱熹认为形而上之理在本原上相对于形而下之气具有先在性，因此他的理学可以称之为“理本论”。

不过，理在气先的说法很容易导向一个结论：如果说理气是有先后的，是否有某个阶段（哪怕时间很短）只有理而没有气？这个结论显然与理气不离相矛盾。朱熹当然也意识到了这一点，当学生质疑“理在先，气在后”时，他说“理与气本无先后之可言，但推上去时，却如理在先、气在后相似”（《朱子语类》）。从现实的时间先后而言，理气二者不离，不能说有先后之分；但是从事物的本原来说，理更加根本，对事物的性质和气的聚散变化具有决定性的作用，因此说理在先。这一思想更加细致的表述是：

> 若论本原，即有理然后有气，故理不可以偏全论；若论禀赋，则有是气而后理随以具，故有是气则有是理，无是气则无是理。（《答赵致道》）

"本原"强调理是第一性的，理不会随着具体事物的存亡而生灭，这是从事物的普遍性来说的；"禀赋"强调具体事物生成后，形上之理才能在事物上体现其用，这是从事物的个别性来说的。因此，所谓的"理先气后"并不是说今天有了理，明天再有气，不是时间意义上的先后，而是理相对于气而言逻辑在先，是强调理的重要性。所以朱熹说，"且如万一山河大地都陷了，毕竟理却只在这里"（《朱子语类》），也并不是认为所有天下万物都消失了，还有一个洁净空阔的理世界存在；而是说理总是存在的，因此任何具体的事物消亡了，还会有新的山河大地（气）与之相生。

（三）理气动静

朱熹在讨论理气先后时，还涉及理气动静的问题。这一问题的产生也与周敦颐的《太极图说》有关，周敦颐说"太极动而生阳，动极而静"，既然朱熹将太极解释为理，似乎意味着理是有动静的；但形上之理既然本无形体，不占据空间，那理之动静是在何种意义上而言的呢？

对此，朱熹在解释《太极图说》此句时说："太极之有动静，是天命之流行也……盖太极者，本然之妙也；动静者，所乘之机也。"（《太极图说解》）动静属于现实世界的具体表现，而太极本身是不可以动静来描述的，太极作为事物之所以能够动静变化的理，自身并不动静，所谓动静其实是指理所乘的气具有动静。对此朱熹还做了一个很形象的比喻：

> 太极，理也；动静，气也。气行则理亦行，二者常相依而未尝相离也。太极犹人，动静犹马，马所以载人，人所以乘马，马之一出一入，人亦与之一出一入。（《朱子语类》）

理乘在气上，就如同人骑在马上。一方面，理本无动静，动静为气的表现,就像骑马人自身并没有动,但是随着马的奔跑,人也跟着有了动静;另一方面,理本身蕴含着气之所以动静的理则,就像骑马人虽然没有动,但是马跑的快慢、跑的方向等,都是骑马人意志的体现。因此,朱熹认为周敦颐的“太极动而生阳”并不是说太极或者理在动,而是理乘气而动。

简言之,在朱熹的理气关系中,理气先后不以时间言,理气动静不以空间言。形而上的理本身是不可以用时间和空间来限定的,所谓“先后”强调的是理相对于气而言逻辑在先,所谓“动静”强调的是理的能动性。

(四)理一分殊

朱熹关于理气关系的另一个重要命题是“理一分殊”。“理一分殊”本来是程颐在回答杨时关于《西铭》的疑问时提出的,杨时认为张载在《西铭》中说的“民胞物与”,与墨家的兼爱思想相近,可能有流于墨氏之弊,对此程颐回答说:“《西铭》明理一而分殊,墨氏则二本而无分。”(《答杨时论西铭书》)指出《西铭》的思想是既肯定万物一体,又强调了在一体之仁中,个人对不同的人以及物的仁爱也有不同的具体表现,比如对邻居也是关爱的,但是这种关爱的程度显然比对自己父母的关爱要弱一些。此外,朱熹特别指出“理一分殊”重在“分殊”,也就是理在不同事物上的具体表达,这一点继承自他的老师李侗,“吾儒之学所以异于异端者,理一分殊也。理不患其不一,所难者,分殊耳,此其要也”(《朱子年谱》)。当然,程颐的“理一分殊”主要从伦常之理的角度来说,强调个人对不同对象所承担的不同责任,朱熹则发展了这一命题,将其扩展到更加普遍意义上的理。

与讨论太极和理、太极动静等问题一样,朱熹对“理一分殊”的解释也体现在对周敦颐《太极图说》的解释中。周敦颐说“五行之生也,各一其性”,既然天下万物都是阴阳五行的交合变化而生成的,为什么会产生各种不同的物类以及人呢?朱熹认为原因就在于气质禀赋的不同,体现了万物所共的“理一”与气禀影响的“分殊”之理的关系,“盖合而言之,万物统体一太极也;分而言之,一物各具一太极也”(《太极图说解》)。这里特别要注意的是对“理一分殊”中“分”的理解,“分”并不是说理一与具体事物之理是整体与部分的关系,“分”不是“分裂”的意思,因为太极或者理是形而上层面的无形者，当然不能进行类似有形事物的分裂。为了说明这一点，朱熹用了“月印万川”的比喻：

> 本只是一太极，而万物各有禀受，又自各全具一太极尔。如月在天，只一而已；及散在江湖，则随处而见，不可谓月已分也。（《朱子语类》）

“理一分殊”阐释的是“一”与“多”的关系，是宇宙本体的太极与万物之性的关系。天地万物之理是太极，就是理一，是宇宙的本体；而具体到每一个事物，也是有理有气，这个理就是具体事物自身的理。每个事物完整地禀受太极之理，又各具有差别之理。由于太极无形而不可分，因此每一个事物包含与本体的太极完全相同的太极作为自己的理，“全具一太极”的“全”就是强调太极的不可分。就如同月亮映照在各地的江湖中，每个月影都是天上那一轮月亮的完整呈现。朱熹还用“随器取量”的例子来讲理一分殊：因为人的气禀有清浊偏正的不同，天理在各人身上的禀受便不同，但都是一个天理；就好比用不同的器具去盛水，杯子和水桶所装的水量不同，但是皆为水。

可见，朱熹讲“理一分殊”是要在分殊之中见理一，“万物共一太极”的这种万物一理，不是说天下万物的分殊之理是直接同一的，而是说分殊之理是同一普遍规律的具体表现。

二、心性论

朱熹对心性问题的讨论是建立在他对理气关系的理解之上的。他特别推崇程颐的“性即理也”和张载的“心统性情”这两句，认为“二句颠扑不破”（《朱子语类》）。本节将从朱熹对这两个命题的阐释讲他的心性论，并讨论基于理气关系的天理人欲之辩。

（一）性即理

朱熹继承了二程“性即理”的说法，同时吸收了张载关于“天地之性”与“气质之性”的区分，提出了“天命之性”和“气质之性”。他认为天地之性是人的本性，人物之性都是禀受了天地之理；而气质之性则是由人生下来后天的气质所决定的。可见，朱熹是在理、气二分的基础上，继承和发挥了程颐坚持以“论性”和“论气”来讨论人性问题的思路。

“天命之性”本于《中庸》首句“天命之谓性”，是指人的善性禀受于天理，人的本性与天地之理相贯通。但是，仅仅讲天命之性只能解释人具有先天善性的原因，并未说明人性之恶的产生根源，这就涉及“气质之性”。气质之性是指人在禀受的气质中有清浊偏全的不同，气质的昏浊和偏塞是人性之恶的原因，这就从先天依据上解释了恶的品质的来源问题。也就是说，人的气禀昏浊会对天命在人身上的至善本性造成遮蔽，从而导致了恶：

> 人之性皆善。然而有生下来善底，有生下来便恶底，此是气禀不同。（《朱子语类》）

既然朱熹认为天地之间有理有气，那人为天地所生，也是有理有气的。因此，现实的人性就不纯粹由理或者气决定，“论天地之性，则专指理言；论气质之性，则以理与气杂而言之”（《答郑子上》）。这个以理与气杂而言之的“气质之性”，就是对每个人直接发生作用的现实人性。

要强调的是，气质之性并不是说相对于天命之性而另外有一个性，因为人无二性；而是指现实的人性既有理的作用，也有气的影响，理的作用表现为人的道德善性，而气的影响则表现为人的感性欲求，因此要结合本然之善性与气禀之性来理解人性。同时，气质本身并不等于恶，但气质的昏浊在人身的现实成形中对天命之善性有遮蔽，从而产生了善恶之别。就好比一颗明珠放入水中，水的清浊不同，那么珠子呈现的昏暗便有区别。

根据朱熹这种基于理—气架构的人性论思想，中国哲学史上关于人性的争论就可以做出哲学性的解释了。孟子讲的性善，专指天命之性；而荀子的性恶论、扬雄的性善恶混论以及韩愈的性三品论等，指的都是气质之性。从“性即理”的角度来说，人性的本来状态是纯善无恶的，这是朱熹用理气观对孟子性善论做出的新发展。

（二）心统性情

朱熹心性论的另一个重要贡献，就是基于理气观对张载提出的“心统性情”命题做出了发展。性、情关系是宋代理学的重要问题，二者都与心相关，但是对于心、性、情的内涵以及三者之间的关系，理学家有不同的理解，比如湖湘学派的胡宏就认为性为体，心为用。对此朱熹并不认同，他结合《中庸》“喜怒哀乐之未发谓之中，发而皆中节谓之和”一句中对“未发已发”的说法，认为喜、怒、哀、乐这些情感的未发状态便是性，已发状态便是情，性是体，情是性体之发用，所以说“情之未发者，性也，是乃所谓中也，天下之大本也；性之已发者，情也，其皆中节，则所谓和也，天下之达道也”（《太极说》）。

在朱熹看来，性、情关系不仅是性为体、情为用，而且性体情用的主体是心，也就是性是心之体，情是心之用，心为统贯性情之主，这就是“心统性情”：

> 仁、义、礼、智，性也；恻隐、羞恶、辞让、是非，情也；以仁爱、以义恶、以礼让、以智知者，心也。性者，心之理也；情者，心之用也；心者，性情之主也。（《元亨利贞说》）

孟子以恻隐、羞恶、辞让、是非为仁义礼智的四端之心，并以此作为性善的论证。但朱熹不同于孟子对四端之心的界定，他做了更细致的辨析和区分，认为恻隐、羞恶、辞让、是非的四端之心并不是“心”，而是人的道德情感，在朱熹的思想中属于“情”；情之发用是性体的具体表现，比如恻隐之心这一道德情感的产生，就是因为人心中有“仁”作为基础，因而在突然看见一个小孩子快要掉进井里的时候，自然会内心隐隐作痛，这个心中的仁就是“性”，而恻隐的情感则是通过“心”表现出来的。

朱熹对“性”与“情”的区分，与程颐所讲的“恻隐固是爱也，爱自是情，仁自是性”（《二程遗书》）是一致的。程颐和朱熹对“仁”与“爱”的区分，在哲学上正是基于理学对形而上之理与形而下之气的区分：仁是性，性即理，因此仁属于心之体，是道德情感产生的根源；而恻隐、爱等是具体的道德情感，是气的层面，属于心之用，是道德原则在内心的具体表现。心统性情，心统贯形而上和形而下的性与情，是贯通体用的总体。因此，朱熹对“仁”的解释明显与程颢在“识仁”中所呈现的那种以觉言仁、以万物同体言仁的进路不同，他说“仁者，心之德，爱之理”（《四书章句集注》），仁是爱这种道德情感背后的道德理则，是“爱之理”，仁并不直接等于爱，这是朱熹在理学话语结构下对孔子说的“仁者爱人”所做的诠释。

朱熹还特别强调心的知觉含义，“心者，人之知觉，主于身而应事物者也”(《大禹谟解》)，心之所以能够应接各种事物，就在于它是虚灵知觉的。另外，心的虚灵知觉并不是说心是空的，“人之一心，湛然虚明，如鉴之空，如衡之平，以为一身之主者”(《大学或问》)，虚灵知觉的人性就好像镜子，只有当镜子明亮而中无一物时，才能如实地映照出各种外物。在“心统性情”的心、性、情关系中，作为心体的性禀受天理，因此心本身也是具众理的，“心虽是一物，却虚，故能包含万理”(《朱子语类》)。这种有知觉并且包含众理的心灵，就是朱熹理解的以心格物的基础。

(三)天理人欲

朱熹认为心是兼含理气的结构，故而有人心、道心之别，“心之虚灵知觉，一而已矣。而以为有人心、道心之异者，则以其或生于形气之私，或原于性命之正”(《中庸章句序》)。“人心”“道心”的说法来自伪《古文尚书·大禹谟》中的“人心惟危，道心惟微”一句，“其觉于理者，道心也；其觉于欲者，人心也”(《朱子语类》)。“道心”是指心的知觉遵循义理，“人心”是指心的知觉顺从于欲望，当然这并不是说人有两个心，而是指人心的知觉是听命于理还是欲。这种义理和欲望的区别就是朱熹所讲的“天理”和“人欲”。宋明理学中无论程朱一系还是陆王一系，都主张要“存天理，去人欲”，可见天理、人欲之分是理学的重要话题。

“天理”“人欲”的范畴出自《礼记·乐记》中“人化物也者，灭天理而穷人欲者也”。朱熹认为，天理是本于心所具之理，是人生下来就先天具有的自然能力以及潜在的道德理性，而人欲则是人的耳目口鼻四肢等感官所产生的感性欲望，人循天理而为就是善，逆天理而纵人欲就是恶。不过，人欲并不是泛指一切感性欲望，而是指过度的欲求，比如“饮食者，天理也；要求美味，人欲也”(《朱子语类》)，人饥则食，渴则饮，这都是人天生就具有的能力，都是天理；而如果一定要过分地追求美食，那就是人欲了。

不过，正如道心和人心不是相对的两个心，天理和人欲也不是截然二分的，“人欲便也是从天理里面做出来，虽是人欲，人欲中自有天理”(《朱子语类》)。正如气中有理,气质之性中有天地之性,在朱熹理气观架构上的天理与人欲的关系,也必然意味着人欲之中有天理。因此,与其说天理与人欲相对,不如说人欲是天理的过或者不及的状态。比如前面所说的饮食是天理,而如果有过分的欲望,比如非得吃野味,这就是过于天理,是人欲;或者像道教修炼要辟谷,饿出毛病来,这就是不及,其实也是人欲。因此,朱熹强调道心和人心、天理和人欲的区分,不是为了对立二者,而是要求人在现实的利益欲望中充分突出、自觉点醒个人心中真正决定人之为人的道德性,人的道德性就是当下现实性中的朗现。

三、工夫论

朱熹的心性架构中对未发已发的区分,为静中涵养留出了工夫的空间。从这种心性论出发,朱熹将工夫分为两个方面:一种是未发工夫,即主敬涵养;一种是已发的工夫,即格物致知。这两个方面都继承了程颐的工夫论,不过在具体阐释上更加细密,一是对"敬"的理解强调"敬贯动静",二是对格物穷理中的心与物的关系做了结构性的表述。

(一)敬贯动静

朱熹的主敬说有广义和狭义两种。狭义的主敬工夫专指心未发时的主敬涵养,这与程颐相似,因此朱熹也特别强调身心的收敛,比如外在的整齐严肃,内心的主一无适等。朱熹说,"敬只是常惺惺法,所谓静中有个觉处,只是常惺惺在这里,静不是睡着了"(《朱子语类》),就是说敬并不等于身体的静,而恰恰是内心时时处于一种醒觉的状态,时时检省自己。另外,朱熹更加突出广义的主敬,"敬字通贯动静"(《答林择之》),也就是涵养工夫贯通未发已发,敬是贯通动静的全过程。

因此,朱熹所说的未发时主敬,主要是指人在内心无思无虑的时候所保持的收敛、醒觉、谨慎的知觉状态,内心专一,精神不外驰,这种工夫可以涵养德性,保证人的心境清明,所以朱熹本人也并不排斥静坐的修养方法。贯通动静的主敬,则突出了敬在心的已发时的工夫,特别是敬要贯穿于知与行，“致知不以敬，则昏惑纷扰，无以察义理之归；躬行不以敬，则怠惰放肆，无以致义理之实”（《朱子年谱》）。也就是说，一个人在任何时候都要主敬，这样才能知得明确，行得笃实。朱熹的这些工夫方法是很好的为学入手处。

（二）格物致知

朱熹发展了程颐关于“格物穷理”的思想。他对《大学》八条目中的“格物”和“致知”分别做了解释：“致，推极也。知，犹识也。推极吾之知识，欲其所知无不尽也。格，至也。物，犹事也。穷至事物之理，欲其极处无不到也。”（《四书章句集注》）所谓“格物”，就是要对具体事物进行考察探究，研究其中的事物之理，并且对事物之理要穷至其极，所以朱熹用“至”来解释“格”。所谓“致知”，就是通过格物穷理的工夫方法，达到知识的扩充和完备，因此格物以后自然能致知，而不是说格物和致知是两个工夫。

关于格物的对象，朱熹认为涵盖一切物和事，无分内外，“或考之事为之著，或察之念虑之微，或求之文字之中，或索之讲论之际，使于身心性情之德，人伦日用之常，以至天地鬼神之变，鸟兽草木之宜，自其一物之中莫不有以见其所当然而不容已与所以然而不可易者”（《大学或问》）。无论是外在的人伦事物，还是内在的思维念虑，无论是自然的天地草木，还是人事的文字讲论，一切世界上的存在都是格物的对象，都应该去探究其中的事物之理。通过这种广泛的格物工夫，人就能达到对“所以然之故”与“所当然之则”的认识，也就是朱熹所说的“理”。

对此，朱熹特别做了一段《补格物致知传》来阐释“格物致知”的思想。朱熹认为古本《大学》文段顺序错乱，因此按照《大学》开头三纲领、八条目的顺序，对文本进行了重排，形成了经传体的《大学》改本。同时，在《礼记·大学》的原文中并没有对“格物”的解释，朱熹认为按照经传体的结构，应当是亡阙了“格物致知”一章，使得后世对格物的理解出现问题，因此他增补了一段文字，也就是《补格物致知传》：

> 所谓致知在格物者，言欲致吾之知，在即物而穷其理也。盖人心之灵莫不有知，而天下之物莫不有理，惟于理有未穷，故其知有

不尽也。是以大学始教，必使学者即凡天下之物，莫不因其已知之理而益穷之，以求至乎其极。至于用力之久而一旦豁然贯通焉，则众物之表里精粗无不到，而吾心之全体大用无不明矣。（《四书章句集注》）

此段文字与程颐的格物穷理说在基本内容上是一致的，不过朱熹更加清晰地解释了“格物何以可能”的问题，也就是格物为什么能达到致知。朱熹说人心之灵莫不有知，而天下之物莫不有理，根据前面所讲的心的理气结构，人心本身是具众理而有知觉的，因此以心格物可以进行内外的贯通。格物穷理的结果也就是“心”与“物”的理之贯通，即朱熹所说的“众物之表里精粗无不到，而吾心之全体大用无不明矣”。

此外，朱熹还解释了在程颐的格物说中为什么不能只格一物而众理皆通，但是在格物工夫做到一定的阶段时，又可以达到豁然贯通的原因。这基于朱熹的“理一分殊”说。一方面，理不患其不一，所难之处在于分殊，也就是说抽象的、普遍性的天理必然会在具体事物上有不同的呈现，仅仅探究一事一物的分殊之理，还不足以把握普遍的理一。另一方面，因为分殊之理皆本于理一，因此通过格物对具体事物之理有一定的了解，就能够推本到对本原性的天理的贯通。可见，朱熹的“理一分殊”说为程颐的格物穷理说提供了形而上层面的理论依据。

思考题：

1. 谈谈朱熹对“理”的理解以及对理气关系的讨论。

2. 谈谈朱熹对“天理”和“人欲”关系的看法。

第二十四章
陆九渊的哲学

在宋明理学中，除了张载的气学、程朱的理学外，还有一个重要的思想流派是陆王心学。这里的“陆”指的就是陆九渊，他是心学的开创者。当然，我们前面在讲程颢时也提到了，程颢的思想特别是工夫方法和精神旨趣对心学一派也有影响，但直到陆九渊才明确地提出了“心即理”的说法。陆九渊和朱熹是同时代人，理学和心学也在南宋时期成为对峙性的思想学派，并一直影响到明代中后期，成为宋明理学的主流。

陆九渊(1139—1193)，字子静，生于江西抚州今溪。他曾在贵溪象山讲学，自称“象山居士”，学者也常称其为“象山先生”。陆九渊从小天资聪颖，三四岁的时候就思考“天地何所穷际”的问题，以至于废寝忘食。十几岁的时候，就写出了“宇宙便是吾心，吾心便是宇宙”的惊人之语。陆九渊思想早熟，出仕却比较晚。三十四岁那年进士及第，他参加省试时的主考官是当时的知名学者、“东南三贤”之一的吕祖谦，虽然试卷是糊名制的，但吕祖谦还是一眼就认出答卷，称赞道“此卷超绝有学问者，必江西陆子静之文也”(《象山先生年谱》)，可见陆九渊当时虽未出仕，但在思想界已经相当有名气。他中进士后在各地为官，后来回到江西，在象山筑精舍讲学。晚年任知荆门军，在任颇有政绩，但为官仅一年就卒于任上。

陆九渊的学问直承孟子，自述“读《孟子》而自得之”(《语录》)，真正接续了儒家自孟子以来的道统。确实，他的核心论点如“发明本心”“先立乎其大者”等都来自于孟子。陆九渊对程颐的理学颇有微词，听到人读程颐的语录，“自觉若伤我者”(《象山先生行状》)，觉得程颐的讲法和孔子、孟子的思想并不一致。与朱熹专注于经典注疏不同，陆九渊从不著书，他的学问主要是以讲学的形式传播和产生影响的。他善于辩说，演讲极富感染力，并具有一种高伟宏阔的人格气象，达到了对宇宙与本心贯通浑融的深度觉解。他曾经慨叹道："仰首攀南斗，翻身倚北辰。举头天外望，无我这般人。"(《语录》)本章将从陆九渊"本心即理"的本体论以及"发明本心"的工夫论来讲他的思想，并对南宋时期理学与心学的代表性论辩"朱陆之辩"做简要介绍。

一、本心即理

陆九渊思想的基本命题是"心即理"，他说"人皆有是心，心皆具是理，心即理也"(《答李宰书》)。这一表述主要包含两层意思：一是每个人具有的本心是相同的，即"心同理同"；二是这个相同的本心是人的道德原则的根源，本心之理与宇宙之理是同一的，即"本心即理"。

(一)心同理同

陆九渊继承了孟子所说的"圣人与我同类者"，强调人的普遍共性，认为圣人与我所共同具有的是此心之理。他有一天读到《尸子》中"天地四方曰宇，往古来今曰宙"一句时，忽然大省，说"宇宙内事乃己分内事，己分内事乃宇宙内事"，又说"东海有圣人出焉，此心同也，此理同也；西海有圣人出焉，此心同也，此理同也；南海、北海有圣人出焉，此心同也，此理同也。千百世之上有圣人出焉，此心同也，此理同也；千百世之下有圣人出焉，此心同也，此理同也"(《象山先生行状》)。东、西、南、北海意味着空间，千百世之上、千百世之下意味着时间，陆九渊的意思是，此心此理不因时空的转换而有所增减生灭，"心同理同"说突出了理的永恒性和普遍性。"心同理同"说在后来的中西文化交流史上也发挥了重要作用，明代中期欧洲的耶稣会传教士进入中国，所带来的自然科学知识以及文化和哲学与中国本土的传统学术不同，中西文化产生碰撞和冲突，晚明士大夫对西方文化采取了开放的态度，认为东西方都有圣人，不存在华夷高下之分，这就是文化观的"心同理同"。

从陆九渊对"宇宙"的理解来看，他也认为天理是具有普遍性、恒常性的，这一点与朱熹其实没有差别，他承认“此理乃宇宙之所固有”“此理在宇宙间，固不以人之明不明、行不行而加损”（《与朱元晦》），不因人的意志或看法的改变而改变。当他说“吾心即宇宙”时，并不是说天地之理是由人心所生，或者理是由人的主观意愿所决定和影响的；理就是宇宙中普遍的、客观的存在，任何人都不能违背这种宇宙之理。同时，关于“理”的内容，陆九渊也认为包含了客观规律与道德理则两个方面，“天覆地载，春生夏长，秋敛冬肃，俱此理”（《语录》），“典礼爵刑，莫非天理”（《祠堂记》）。不过，在“心即理”这个命题中，陆九渊更强调的是人心先验具有的道德理性，是内心的道德准则与宇宙普遍之理的同一性。

（二）本心即理

陆九渊与张载、朱熹等人论“心”不同，张载说“合性与知觉有心之名”，朱熹说“心之虚灵知觉”，都强调心的知觉能力，而陆九渊在一般所讲的知觉之心上，还特别强调本心。“心即理”命题更准确的内涵就是指“本心即理”，而不是说一切的知觉之心都与天理一致。

“本心”是陆九渊学说中最核心的概念，他的学生就曾说，“先生之道，精一匪二，揭本心以示人，此学门之大致”（《象山先生年谱》）。“本心”一词来自《孟子》，陆九渊对“本心”的讨论也主要从《孟子》的文本出发：

> 孟子曰“所不虑而知者，其良知也；所不学而能者，其良能也。此天之所与我者，我固有之，非由外铄我也”。故曰“万物皆备于我矣，反身而诚，乐莫大焉”。此吾之本心也。（《与曾宅之》）
>
> 今吾友既得其本心矣，继此能养之而无害，则谁得而御之。如木有根，苟有培浸而无伤戕，则枝叶当日益畅茂。（《与邵中孚》）

“本心”之“本”具有三层含义：先天本有、至善之本、存养之本。陆九渊以孟子的“良知良能”说解释本心，说明任何人都先天具有道德理性，本心是不假安排、不待穷索的本有之知，在本心未受遮蔽的情况下，能够自然地产生道德情感；只不过，愚者或者不肖之人的内心被物欲蒙蔽，失去了本有的道德之心，如孟子说“失其本心”，但并不是说这些人没有本心。同时，这种道德理性也意味着本心是至善的，而且是具有生生能力的道德根本，就如同树木有根，继而能由此树根生长出枝叶；同样的，人都具有这个本心，只要如孟子所说的“养而无害”，就自然能够具有道德意识，产生道德情感，并继而做出相应的道德行为。因此，对于圣人和普通人来说，区别不在于有没有本心，而在于是存养本心还是放失了本心。

陆九渊所讲的“本心”的具体内容就是孟子的四端之心。孟子以“今人乍见孺子将入于井，皆有怵惕恻隐之心”来讲恻隐之心，但是对羞恶、辞让、是非之心并没有直接给出例证，陆九渊常以四端之心指点学生明其本心之天理，让学生知道这些都是人的心灵当下具有的道德理性。比如学生杨简就曾追问到底什么是本心，正巧一桩卖扇子的纠纷告到县衙，杨简当即断其是非曲直，陆九渊在旁边看到就说，“是者知其为是，非者知其为非，此即是本心”(《象山先生年谱》)，这就是以“是非之心”说本心。还有一次弟子詹阜民请教本心是什么，陆九渊突然站起来，詹阜民想也没想就跟着站起来，陆九渊说“还用安排否”(《语录》)，意思是詹阜民自然有尊师重道之心，因而能够自然而然做出这样的反应，这就是以“恭敬之心”说本心。由此可见，本心是人先天本有的道德善性，是一切具体的道德情感和道德行为的生发点和原初动力，而且也能看出陆九渊指点学生的方式，不是从经书文字上讲求，而是在人的现实生活和当下境遇之中体证天理，这与他的工夫论是一致的。

因此，陆九渊心学的核心命题“心即理”与以程颐、朱熹为代表的理学言“性即理”不同，这个差别不在于二者对“理”的理解，心学和理学都认可天理的普遍性、客观性；区别在于，陆九渊所说的“心”与朱熹所讲的“心”不同，是一种道德本心。

二、发明本心

陆九渊的心学思想将本体与工夫打通为一，与程颐、朱熹需要以格物致知来探究天理不同。本心即理，此理是每个人先天本有的，那么切己自反、不假外求就是真正的易简工夫。这就是“发明本心”的工夫论。

(一)先立其大

陆九渊的易简工夫,是对孟子“此天之所与我者,先立乎其大者,则其小者弗能夺也”一语的发挥。曾有人批评他的工夫过于粗疏,说“除了‘先立乎其大者’一句,全无伎俩”,象山知道后并不生气,反而说“诚然”(《语录》)。“先立乎其大”强调的是在修养身心时要重本,也就是要发明本心,这里的“大”是指此心之理,“此理即是大者”(《与朱济道》)。一个人能够知晓自己本心之天理,那么心就能为身体之主宰,外在的物欲就不能改变心志,各种淫邪的学说也就不会扰乱心思,所谓“小者弗能夺也”。这一工夫主要表现为剥落物欲、自作主宰。

“剥落物欲”是一种做减法的工夫,陆九渊常说别人是给人增担子,而他自己是给人减担子,他要真正点醒人们心灵最高的道德主动性。陆九渊认为人心有病,须是剥落,“剥落得一番,即一番清明,后随起来,又剥落,又清明”(《语录》)。“剥落”就是要去除遮蔽本心的私意和物欲,类似孟子所讲的“养心莫善于寡欲”。剥落物欲并不是让人没有任何欲望,而是让人在心灵与外界事物交接的时候不要为外物所牵引,以至于失其本心。

发明本心更重要的是要“自作主宰”。陆九渊非常强调“自”,认为从根本上来说,人的道德行为都出自于自身,“汝耳自聪,目自明,事父自能孝,事兄自能弟,本无欠阙,不必他求,在自立而已”(《语录》)。《中庸》讲“诚者,自成也”,《孟子》讲“自暴自弃”,成德在己而不在人,善恶福祸都是人自己所求、所致的,发明本心也是要求人对自己的本心充分觉知。所以当学生问他如何立志时,他说:“立是你立,却问我如何立?”(《语录》)可见,陆九渊特别强调人的道德自觉,通过“自作主宰”使得本心成为个人道德意识的主宰。

发明本心所包含的“剥落物欲,自作主宰”,强调人不是仅仅克制自己的欲望不去做违反道德的事,还要将道德行为变成行为主体的自觉行动,从强制变成自觉。从陆九渊到后来的王阳明,心学一派都强调要充分建立主体的道德主动性和自觉性,这一工夫方法不仅对于道德修养重要,对个体的心知扩充也大有帮助。比如,对事情的当下决断不能仅仅依赖于外在的知识,有的事情从来没有遇到过,那人是依据什么做出判断和应对的呢?依据的就是自身的主体性，在陆九渊这里是“本心”，在王阳明那里是“良知”。当然，王阳明的“良知”说比陆九渊的易简工夫要更加精细，阳明认为先天具有的道德理性还需要在后天的道德实践中不断纯化和精熟，这一点在讲王阳明的“致良知”说时将进一步展开。不过，陆九渊先立其大、发明本心的工夫方法，已经将心学对道德主体的主动性和自觉性提点得非常清楚。

陆九渊的易简工夫虽然粗疏，但在道德践行上自有其优势，这种重“本”的工夫论能够为人的道德行动提供源源不断的内在动力，若如程朱那般非要明得理气心性方能做居敬穷理诸工夫，则一般人不易有耐心践行。不过，易简的工夫也容易导向流弊。陆九渊有个学生叫傅子渊，象山称他“人品甚高，非余子比”，但朱熹就曾经批评过傅子渊的为学工夫，据说此人后来果然“以丧心而死”(《宋元学案》)。此事的真实性虽有待考证，但“自作主宰”确实容易在具体的修养过程中变成随一己之心的自作主张，这是特别要注意的。

(二)义利之辨

“义利之辨”是儒学的重要话题，孔子说“君子喻于义，小人喻于利”(《论语·里仁》)，《孟子》开篇就指出“先义而后利”，汉代董仲舒讲“正其义不谋其利，明其道不计其功”，儒家一直强调“义”相对于“利”的优先性。“义利之辨”在南宋成为思想界争论的热点，下一章要讲的功利学派代表人物陈亮和叶适，就主张要义、利并重，而陆九渊以及朱熹等理学家则延续了先秦和汉代的儒学传统，以“义”为第一位。

陆九渊认为“义利之辨”是为学的基本，是确立人生和学问大方向的问题。他的学生傅子渊向他问学后回家，另一个学生陈正己问子渊：“陆先生教人何先?”子渊回答：“辨志。”正己又问：“何辨?”子渊说是“义利之辨”。陆九渊听说之后评价道：“若子渊之对，可谓切要。”(《语录》)理学家认为“志”是心之所向，立志决定了一个人内心的动机，所谓“辨志”就是要看一个人的思想和活动是由什么原则决定的：以义立志，则人的行动以道德理则为第一原则；以利立志，则人的行为容易在理、欲冲突之时倒向欲望的一边。

陆九渊对“义利之辨”最深入的阐发，是在白鹿洞书院的一次讲学中。

南宋淳熙八年(1181),朱熹在任知南康军时修复了庐山白鹿洞书院,便请陆九渊登书院讲席。象山的演讲很有感染力和穿透性,对“义利之辨”的看法直指人心,切中学者隐微深痼之病,在场听众颇受感动,连朱熹听了都汗流浃背,不停地扇扇子。演讲结束后,朱熹担心时间久了会忘记,又请陆九渊写成讲义,并说:“凡我同志,于此反身而深察之,则庶乎其可不迷于入德之方矣。”虽然今日我们所见的文字版无法完全还原现场讲演的真切生动,但陆九渊对“义利之辨”的道理还是讲解得非常清楚的。

陆九渊从《论语》的“君子喻于义,小人喻于利”一句说开,认为人的思想取决于日常所习,而人之所习又取决于心之所志,也就是人的内在动机,“志乎义,则所习者必在于义,……志乎利,则所习者必在于利”(《白鹿洞书院讲义》)。但是当时的学者往往终日埋头苦读圣贤之书,心中却并没有成圣贤之志,只是为了考取科举,以获得功名利禄,这就是没有真正在辨志上区别“义利之辨”,也就不能称之为“君子”。因此,判断一个人的追求和志趣,不是看他的外在行为,而是看他的内在动机,如果内心不是真正向学,那么即便读尽圣贤之书,心中也不过一个“利”字而已。进一步说,若是为了名利而考功名为官,那也只会牟取私利,而不会真正为国是民生操劳。陆九渊所说的这一点,可谓切中要害,正点出在场不少学者的心病,所以“听者莫不悚然动心”(《白鹿洞书院讲义》)。

由此也可以看出心学的力量,陆九渊曾说“某观人不在言行上,不在功过上,直截是雕出心肝”(《语录》),对一个人的判断不是通过他的具体行为,也不是通过他的行为产生的具体功绩,而是要追本溯源地考察这个人的行为动机,是出于“义”的道德动机,还是出于“利”的利己动机。当然,“义”优先于“利”并不是说陆九渊反对建功立业,只是他更强调行为的动机是合道德的,这也是他重视“本心”的原因。

三、朱陆之辩

陆九渊与朱熹的学术活动时期大体相近,二人作为心学和理学的代表,在思想上有诸多的分歧,也通过当面辩论以及书信往来对相关问题进行了讨论。朱陆之辩中的关键性分歧，一是尊德性与道问学的为学方法，二是无极与太极关系的辩论。

(一)为学工夫之辩

朱、陆关于为学工夫的辩论主要发生在“鹅湖之会”。在鹅湖之会之前，朱熹就有意与陆九渊见面论学。朱熹认为陆九渊的学问与《中庸》的学问思辨然后笃行的宗旨相悖，而且思想近于禅学。另外，陆九渊的易简工夫、先立其大等说法也有针对朱熹的格物致知、支离工夫的为学方法的倾向，因而朱熹有意与陆九渊当面讨论以纠其所偏。南宋淳熙二年(1175)，吕祖谦访朱熹于寒泉精舍，停留数月，同辑《近思录》。吕祖谦为陆九渊省试的考官，“虑陆与朱议论犹有异同，欲会归于一而定其所适从”(《陆九渊年谱》)，于是召集朱熹与陆九渊、陆九龄兄弟在江西鹅湖寺会面，双方就各自的哲学观点展开辩论。关于鹅湖之会的论辩并没有留下详细记载，根据所见材料来看，双方的分歧集中在“为学工夫”，陆九渊主张发明本心，而朱熹主张格物穷理。

在鹅湖会上，陆九渊请其兄陆九龄先陈述为学主张，陆九龄作诗云：“孩提知爱长知钦，古圣相传只此心。大抵有基方筑室，未闻无址忽成岑。留情传注翻榛塞，着意精微转陆沉。珍重友朋相切磋，须知至乐在于今。”(《年谱》)认为人有天赋的道德本心，此心发明即为天理，而自古圣贤相传的也就是这种本心。不过陆九渊对其兄的诗并不完全认同，认为“第二句微有未安”，因为“古圣相传只此心”只说到古今圣贤的心同理同，似乎与一般人无关，而陆九渊恰恰要肯认无论圣、凡，每个人心中先天本有的道德本心，他遂赋诗道：

> 墟墓兴哀宗庙钦，斯人千古不磨心。
> 涓流积至沧溟水，拳石崇成泰华岑。
> 易简工夫终久大，支离事业竟浮沉。
> 欲知自下升高处，真伪先须辨古今。

“斯人千古不磨心”指明了本心是圣人和普通人所同样拥有的，成为圣贤就是对本心的发明，不须依赖前圣的相传，这就是“易简工夫”，而“支离事业竟浮沉”针对的是朱熹的“格物穷理”工夫。朱熹对此诗大为不满，听后脸色大变，双方不欢而散。三年以后，朱熹才以和诗的方式回应了这场论辩：

> 德义风流夙所钦，别离三载更关心。
> 偶扶藜杖出寒谷，又枉篮舆度远岑。
> 旧学商量加邃密，新知培养转深沉。
> 只愁说到无言处，不信人间有古今。
>
> ——(《鹅湖寺和陆子寿》)

“旧学商量加邃密，新知培养转深沉”正是朱熹的格物工夫，从旧学到新知是通过心对外物之理的不断探究而使得心之知识愈加显明。鹅湖之会成为朱、陆之争的开端，体现了理学与心学之间在道问学与尊德性、穷理与尽性上的分别：朱熹令人先泛观博览，而后归之约，陆氏兄弟则希望先发明人之本心，而后使之博览，“朱以陆之教人为太简，陆以朱之教人为支离，此颇不合”(《年谱》)。陆九渊甚至有个非常尖锐的问题：如果像朱熹所说，必须通过读圣贤书才能格物穷理，那尧舜以前并无经书可读，他们是怎么成为圣人的呢？陆九渊认为当然是通过发明本心。不过，朱熹其实也可以回应象山：如果不读书便可成圣贤，那孔子强调“学”而终日与弟子讲学论道，又是为了什么？可知格物穷理也是必要的。

朱、陆关于为学工夫的论辩，实质上是对孔子所说“博”与“约”方法的各有侧重，也是道问学与尊德性之间何者为先的问题。对于儒学教法来说，二者自然不可偏废，只不过陆九渊强调以尊德性作为修养学问的统领，尊德性为本而道问学为末，若不知本，则格物穷理之所学皆流入支离。因此，陆九渊常讲，“学苟知本，六经皆我注脚”(《语录》)。不过，一味强调尊德性而轻视道问学，便可能导致漠视知识甚至“脱略文字，直趋本根”的后果，朱熹的批评也自有其用意，不可不察。

(二)无极太极之辩

在鹅湖之会的十多年后，淳熙十三年(1186)，朱、陆又因为对周敦颐《太极图说》中“无极而太极”一句的不同理解而发生了争论。这一争论起于陆九韶(陆九渊之长兄,其学与九龄、九渊并称“三陆子之学”),他认为“无极”出自《老子》,所以《太极图说》不是周敦颐的作品,或者是周敦颐早年的作品,因为《通书》中已经不讲“无极”了。后来陆九渊加入这场争论,辩论的要点转成“无极”与“太极”的内涵以及二者的关系。

朱熹训“极”为“至极”,太极是万理的总汇,因为理是无形的,所以称之为“无极”。朱熹的解释重在指出太极属于形而上的理的层面,用“无极”来界定太极能够表明太极不是一物;而且将“无极”解释为“无形”,也强调了太极之前或者之上都没有另一个叫“无极”的超然存在者,太极就是最根本、最高的存在。但陆九渊不认同朱熹的解释,他训“极”为“中”,认为“无极而太极”就是老子“有生于无”的观点,朱熹将“无极而太极”解释为“无形而有理”,是叠床架屋、头上安头。由此,双方又引发了对阴阳是形而上还是形而下的不同理解:

> 至如直以阴阳为形器,而不得为道,此尤不敢闻命。《易》之为道,一阴一阳而已。……今顾以阴阳为非道而直谓之形器,其孰为昧于道器之分哉?(《与朱元晦》)

双方的争论要点在于:道与阴阳是否应该区分为形而上和形而下者。这其实也与两人的为学进路之不同有关。朱熹注重道问学的知识性进路,对太极以形上本体性的规定,突出了理与物的形上形下分层,体现出理性的哲学思维方式;而陆九渊注重尊德性的道德性进路,更注重收摄性的、返本性的探究,不主张形上形下之分的支离思考方式。这一点反映在“性即理”与“心即理”的差异上也很明显:朱熹讲“心统性情”,性属于理,心涵摄形上形下;而陆九渊讲“本心即理”,性、理都是贯通性的道德本心,心不区分形上形下。

思考题:

1. 谈谈陆九渊对“心”与“理”关系的理解。

2. 谈谈陆九渊“发明本心”的工夫论内涵。

第二十五章
陈亮和叶适

南宋思想界最有影响力的几派学者，一是东南三贤，即朱熹、吕祖谦、张栻；二是江西二陆，即陆九渊、陆九龄两兄弟；还有一派是浙东事功学派，代表人物是陈亮和叶适。以朱熹和陆九渊为代表的理学家虽然在理论和为学方法上有差异，但他们都强调义利之辨、天理人欲之辨，高扬道德性命的价值；事功学派则对义利、天理人欲的关系提出了不同看法，他们的思想主张关注实际问题，重视现实利益。事功学派的出现与南宋时期的政治、经济现实密切相关，当时政治上宋金对峙、南北分裂，事功学派主张要实行改革、北伐抗金；经济上，陈亮、叶适身处经济较为发达的江浙地区，主张要发展农商，重视理财。这些政治和经济上的现实主张反映在哲学思想上就是对"利"的推重，陈亮、叶适都反对空谈性命而不务实利，在义利问题上与朱熹、陆九渊等理学家形成对峙，是南宋哲学思想发展的重要环节。

一、陈亮的事功思想

陈亮(1143—1194)，字同甫，号龙川，浙江永康人，曾讲学龙川书院，世称龙川先生。陈亮少喜谈兵，颇有才气，下笔数千言立就。绍熙四年(1193)，陈亮五十一岁时参加礼部的进士试，考中了状元，但未及至官而卒。陈亮平生曾两度入狱，幸得辛弃疾等诸多好友相救，才躲过劫难。由于陈亮主张"利"与"义"同样重要，不像朱熹那样重视道德性命之学，朱熹对陈亮颇有微词，认为陈亮虽有才气，但是内心并不清和，所以文字也不明莹，是"在利欲浇漆盆中"(《龙川学案》)，心为利欲所裹挟。

(一)即事言道

陈亮哲学思想的基本主张是即事言道,他反对朱熹理学的离事言道。这与当时南宋积贫积弱的形势有关,当时朝廷里主张息战求和的绥靖路线占上风,官府为了维持偷安的现状,不断增加税收,导致社会矛盾激化。陈亮认为,这种社会现状与理学有直接的关系,因为宋朝南渡二十余年,道德性命之学兴起,重视实务的文章政事几于荒废,对此陈亮批评甚厉:"始悟今世之儒士自以为得正心诚意之学者,皆风痺不知痛痒之人也。举一世安于君父之仇,而方低头拱手以谈性命,不知何者谓之性命乎!"(《上孝宗皇帝第一书》)他认为,心性之学对道德主体主动性和自觉性的高扬当然很重要,但若只空谈性理之虚而不投身家国天下之实,则其流弊甚害,后来清代学者颜元批评理学家"无事袖手谈心性,临危一死报君王",也是这个原因。

因此,陈亮不同意朱熹所讲的在现实形而下的世界之上还有普遍永恒的形而上之道或理,而是认为道就在日用常行之间体现,"天下岂有道外之事哉?……夫道非出于形气之表,而常行于事物之间者也"(《勉强行道大有功》)。理不是超出具体事物的根源性依据,也不是可以从器物和事物上抽离出来的绝对存在,而是道在物中,理在事中,要从事上见道。

陈亮的这种理事观、道器观体现在对理气关系的反思上,就是对"理一分殊"的重新解读:

> 伊川先生曰《西铭》之为书,推理以存义。……一物而有阙,岂惟不比乎义,而理固不完矣。故理一所以为分殊也,非理一而分则殊也。苟能使吾生之所固有者,各当其定分而不乱,是其所以为理一也。(《西铭说》)

陈亮认为,有其体则有其用,有其理则有其义,一件事情不合于义,首先就是这件事情的理不完备,而不是有个客观存在的、完满的天理在那儿,用事情去比对这个天理的标准,看是不是合于"义"(儒家认为"义"就是合宜)。可见,陈亮不像朱熹那样强调理的优先性,而是注重对物之用的落实,体现了事功学派重视实用的立场。那么,所谓"理一分殊"并不是说万物因为天理之分割而有殊别，恰恰是万物自身呈现殊别，即物而见理，由万物的差异性而知道事物之理的差异性。因此，“理一分殊”的意思是，决定事物分殊之别的依据就是“理一”。

（二）王霸义利

在“即事言道”的思想基础上，陈亮自然更加偏重于物事，体现在道德学问上就是对事功的推许，主张要在具体的实践中实现事物之理。他特别反对由董仲舒提出的并为理学家所宣扬的“正其谊不谋其利，明其道不计其功”，认为义与利、道与功不是对立的，而是“功到成处，便是有德；事到济处，便是有理”，事情能够有功利之实效，就说明背后有其之所以成功的道理，现实的功效足以证明思想的合理。

由此，陈亮与朱熹所代表的道学家在王霸义利、天理人欲等问题上产生了根本性冲突。陈亮与朱熹有多封书信论辩，集中表述王霸义利观的在这一段：

> 谓之杂霸者，其道固本于王也。诸儒自处者曰义、曰王，汉唐做得成者曰利、曰霸。一头自如此说，一头自如彼做。……如此却是义利双行，王霸并用。（《甲辰答朱元晦书》）

朱熹认为三代以前的圣王行的是王道，三代以后的君王则行的是霸道，即便是颇有功业的汉唐之世，其君王治世也是出于“利”而不是“义”；结合朱熹的天理人欲观，三代以前是天理流行的盛世，而其后则是天理暗昧，专以人欲行。对此陈亮坚决反对，认为朱熹所谓的王道之世，其中也有不合天理的事件发生，比如“汤放桀于南巢而为商，武王伐纣取之而为周，周公违众议举兵而后胜之”（《与朱元晦秘书》），商汤、周武王、周公等圣王和圣人，也有征伐杀戮的行为；与之相应，比如唐太宗虽然有玄武门事变这类不义的行为，但终究有贞观之治，“只是发他英雄之心，误处本秒忽，而后断之以大义，岂右其为霸哉！”（《甲辰答朱元晦秘书》）朱熹仅凭唐太宗部分的不义之举而否定其整个的事功之业，是不公允的。陈亮还特别提到管仲，孔子多次说管仲“不知礼”，却依然认为他是仁人，就在于“仁”的标准不是仅仅有内在的道德修养,而是对天下国家生民有责任和担当意识,做出利于天下社稷的功业。

陈亮不认同朱熹批评他是“义利双行,王霸并用”,他力图取消王霸义利之间的截然对立。一方面,陈亮并不认为王道与霸道是平等的,他认同王道的主导地位,也就是霸道“其道固本于王”;另一方面,他也看重霸道在现实功业方面的成就,强调王、霸一体,从事功的角度来说,汉唐君王在开邦立国上的霸业不逊于三代圣王的王道事业,都具有各自历史时代的合理性。因此,陈亮主张王道和霸道只是程度的不同,也就是所谓“做得尽”:“某大概以为三代做得尽者也,汉唐做不到尽者也。故曰:心之用,有不尽而无常泯。法之文,有不备而无常废。”(《又与朱元晦秘书》)“心之用,有不尽而无常泯”,正是强调人心对天理的觉知并没有泯灭的时候,只是在某些时候可能有不尽分之处。所以陈亮尤其不认同朱熹说汉高祖、唐太宗等人皆是人欲流行,他们治世卓有功业只是暗合天理,陈亮认为天理在历史的发展中本就是有断续的,就好比人的眼睛总有睁开和闭上的时候,睁眼时就是合于天理,闭眼时就是人欲胜于天理。如果按照朱熹所说三代以后都是人欲流行,那就意味着人心对天理的觉知有泯灭的时候,这就不是闭眼而是盲眼了。

陈亮与朱熹关于王霸义利、天理人欲的辩论往复数番,但最终都没有说服对方,“与朱文公熹论皇帝王霸之学,文公虽不与,而亦不能夺也”(《龙川学案》)。反观这场论辩,其实双方的讨论并不是在同一层次展开的。陈亮是浙东史学一派,主要从历史的角度来看待和检验思想,所以在辩论中常举实例以说明现实事功的重要性;朱熹则关注形上哲学建构,是从超越性的层面来看待王霸义利的关系,强调二者背后所具有的深层的天理和人欲之间的冲突和张力。可见,陈亮与朱熹的论争,实则为史学与哲学思考方式的不同,体现了儒学内部道德主义和事功主义在治理世事上的不同进路。

二、叶适的功利之学

叶适(1150—1223),字正则,号水心,浙江永嘉人。晚年居永嘉城外水心村讲学,世称“水心先生”。叶适是二程的后学,因此他对理学的批判并不像陈亮那么激烈，但是在事功之学的理论条目上有更深入的阐发，对义利关系在哲学性上做了更细致的发挥。《宋元学案》评价说："乾、淳诸老既殁，学术之会，总为朱、陆二派，而水心龂龂其间，遂称鼎足。"(《水心学案》)由此可知叶适在当时学界的地位和影响，他的思想足以与朱、陆两派相并立。

(一)因物见理

叶适的学问非常重视"礼"。作为程门后学，他认为"礼"是对二程所讲"敬"的发挥，"程氏诲学者，必以敬为始。予谓学必始于复礼，礼复而后能敬"(《敬亭后记》)。实际上，这种发挥已经可以看出叶适与理学的分别，因为"敬"是个人的修养，属私人事；而"礼"是公共性的秩序规范，属社会事，这便是理学与史学的区别。

与陈亮的即事言道相似，叶适的思想主张可以表述为"因物见理"，要求人们在具体事物中见理，在事功之中见道。"形于天地之间者，物也；皆一而有不同者，物之情也；因其不同而听之，不失其所以一者，物之理也。"(《水心别集》)他认为天地间的物各有别，于这殊别之中又有一贯性，就是万物之理。可以看到，这是对"理一分殊"的新诠释，接近陈亮所说的"理一所以为分殊"。

由此，叶适对"格物致知"的理解在于要通过格物而见物之理，"欲折衷天下之义理，必尽考详天下之事物而后不谬"(《题西溪集》)。他在哲学上特别强调"时自我为""机自我发"，只不过这种对主体性和主动性的强调与陆九渊的自作主宰所侧重的有所不同，陆九渊所讲在于道德本心的充分觉醒，而叶适则突出了个体主动性在具体的行事之中要创建功业，"随世就功，因事用力"(《寄王正言书》)，是一种事功向度上的主动性。他说，"立论于此，若射之有的也。或百步之外，或五十步之外，的必先立，然后挟弓注矢以从之。故弓从矢的，而的非从弓矢也"(《水心别集》)，做事就如同射箭，首先要确立目标("的")，然后依据事物之理而行动("挟弓注矢以从之")，这就是弓从矢的；若是只关注做事本身，而忽视了行事之理，则可能导致事无其功，这就说明要在行事之中遵循事物之理。叶适"弓从矢的"的思想，是格物穷理下贯到具体行事的体现。

叶适还特别反对子思、孟子等先儒专门发展的儒家的心性之学，认为他们忽视了事功的一面。他认为自宋代儒学复兴以来，理学家对于汉代儒者未讲明的心性之学特别有阐明，这是他们的贡献；但是《尚书》《中庸》《大学》所讲的道理并不局限于治心，道心人心的提法也不是仅仅关注于心，只是到了孟子特别关注和高扬心的主体性，“孟子始有尽心知性、心官贱耳目之说，盖辩士索隐之流多论心，而孟、荀为甚”（《习学记言》），这又为宋代理学家所承继，故而对于内心的关注超过了对外在事功的推崇。但问题在于，三代以上的圣王是治心与治世并重，“内外无不合，故心不劳而道自存”，而当时学者却是“务出内以治外”（《水心外集》），所以在处理心性与事功的关系上往往有不合之处。

（二）正谊谋利

作为事功学派的代表人物，叶适也主张要重视物质利益。他说：“正谊不谋利，明道不计功，初看极好，细看全疏阔。古人以利与人，而不自居其功，故道义光明。既无功利，则道义乃无用之虚语。”（《习学记言序目》）认为脱离功利的道德和正义只是高谈阔论的空言，没有任何实效。叶适反对将义与利、道与功相对立，强调道德正义不能脱离现实功业，真正的道德是实现了道与功、义与利相互促进的统一。对此，叶适以先秦儒家的文本作为依据，从学理上对义利统一的观点进行了阐释：

> 古人之称曰“利，义之和”，其次曰“义，利之本”，其后曰“何必曰利”。然则虽和义，犹不害其为纯义也；虽废利，犹不害其为专利也。此古今之分也。（《习学记言》）

“利者，义之和也”出自《周易》，“德义，利之本也”出自《左传》，可见五经典籍中并没有将义、利二者的冲突绝对化，也没有一味地反对利，反而是强调义、利之间的调适关系，主张要由义而利，既要正其义，也要谋其利。

可见，相对于陈亮从历史的角度来说明义利之间不冲突，叶适对义利关系的理解更具有哲学深度；与之相应，在对待唐太宗等君王的评价上，叶适与陈亮的态度也明显不同。他认为，“以势力威力为君道，以刑政末作为治体，汉之文、宣，唐之太宗，虽号贤君，其实去桀、纣尚无几，可不惧哉！”（《习学记言》）汉唐的君王虽有事功之业，但实际上是以力而治，不是推行仁政，这就与叶适主张的“由义而利”不一样，叶适认为汉唐之君只有利、没有义，与夏桀、商纣这样的暴君并没有太大的区别。这种义利观的本质，是将义与利的冲突转换为公利与私利的取舍问题，现在常说的“绿水青山”和“金山银山”之间的关系，也是类似的问题：如果利重于义，私利优先，那么可能导致官员腐败而无政绩；如果义重于利，只重视道德和公利，也可能导致官员不敢做决断而变成懒政，最好的情况就是德才兼备，义利并重。实际上，叶适对南宋的政治就做过类似的评价。他认为当时人都知道向金请和是不义之举，但是又惮于武力用兵，故而选择和亲以及贿赂金人以求偷生；实际上，和亲贿赂这样的不义之举自然不可为，但不去向金求和，也不一定会导向战争，因为“战在敌，使之不得战在我，所当施行者，有次第焉”（《水心学案》）。在道德与事功之间并不是非此即彼的对立和冲突，而是可以通过人的积极努力达到以义为基础的利，这就是“利者，义之和也”的道理。

三、理学与事功学派

关于南宋时期的朱熹理学、陆九渊心学以及陈亮、叶适的事功学派，从朱熹本人的一句话大概可以窥见其中的分别，“陆氏之学虽是偏，尚是要去做个人；若永嘉、永康之说，大不成学问。不知何故如此？”（《朱子语类》）这是说，朱熹和陆九渊虽然学问和方法有所不同，但都重视道德性命的心性之学，他们的分歧是道学内部的分歧；而事功学派则将功利事业推举到与道德心性相并重的地位，因此朱、陆与陈、叶的分歧是道学与事功的分歧，同时又是儒学内部道德主义与功利主义的区别。

理学与事功之学的思考进路，有哲学与史学的不同，这一点前面已经提及。而具体到思想的区别，二者也是各有偏重和偏颇。对此，《宋元学案》中的评价比较公允：

> “功到成处，便是有德；事到济处，便是有理。”此同甫之说也。

如此则三代圣贤，枉作工夫。“功有适成，何必有德；事有偶济，何必有理。”此晦庵之说也。如此则汉祖、唐宗贤于仆区不远。（《龙川学案》）

一方面，如果对功业的强调超过了道义的标准，认为凡是有功利实效的事情都具有合理性，那么尧、舜这样的圣王与汉高祖、唐太宗这样的君王就没有区别了，这种后果主义的思想可能导致内在道德动机不足；另一方面，如果对道义的推重压制了对事功的追求，只关注行为的动机而忽视行为的具体实效，那么汉唐的君王又与普通人没有区别了，这种道德主义的思想可能导致对道德标准的不断拔高，忽视了普通人在成圣成贤的工夫上具有循序渐进的可能，因此事功学派特别指出了理学家重本不重末、重内不重外、重心性不重事功的偏失。

具体到陈亮和叶适在对待事功的态度和思想差别上，前者更侧重从历史事实评判，而后者则在义利关系上做了更加哲学性的表达，对此钱穆先生讲得很清楚：“陈亮所反对的是朱熹抹去了汉唐诸儒，叶适则是反对朱熹的道统谱系中所定孔子、曾子、子思、孟子四书之不合。陈亮是在争态度，所依据的还是功利立场；叶适始是争思想，直接从正统宋学的义理立场来辩论。”（《宋明理学概述》）

现在我们回看这场南宋思想界的学派之争，应该说陈亮、叶适的功利之学是对儒学自身的革新和发展，重回儒学经世致用的面向，具有重要的思想史意义。但理学家对功利学派的激烈批评也不无考虑，对于人心而言，堕于物欲容易，常存天理则难，若讲王霸并用、义利双行，则人心极易偏于霸道和功利的一边，以至于不断降低道德的标准，在逻辑上的最终结果可能就是道德与法律无差别。正因如此，从治世的具体道德实践来说，理学高扬道德主体性的面向也有其意义。

思考题：

1. 谈谈陈亮和叶适在义利关系上的不同理解。
2. 谈谈你对事功学派和理学家思想分歧的看法。

第二十六章
王守仁的哲学

程朱理学经过南宋到元代，逐渐成为官方哲学，元代的许衡致力普及儒学，定朱子学于一尊，使得《四书章句集注》成为科举考试的主要内容。与此同时，陆九渊的心学也逐渐受到重视，到了朱子后学吴澄，出现了和会朱、陆的趋势，也为明代中期的心学复兴提供了理论准备。王阳明就是明代心学的旗帜性人物。

王守仁(1472—1529)，字伯安，浙江余姚人。因常讲学于会稽山阳明洞，世称“阳明先生”。王阳明是中国古代在立德、立功、立言三方面都卓有成绩的人物，称得上是“真三不朽”。与程颐、朱熹这样的书斋型理学家不同，王阳明在军事上非常有见识和才华，特别是平定了宁王朱宸濠的叛乱，屡建军功，政绩斐然。朝廷封王阳明为“新建伯”，隆庆初，追封为“新建侯”，谥文成。

王阳明的思想经历过数次变化和发展，他早年有五溺，“初溺于任侠之习，再溺于骑射之习，三溺于辞章之习，四溺于神仙之习，五溺于佛氏之习”(湛若水《阳明先生墓志铭》)，尤其对佛道教有兴趣，三十五岁才归正于圣贤之学。因此，王阳明也有“出入佛老，返归六经”的历程，其思想中有浪漫主义的神秘色彩，在对心体的理解以及工夫方法上对禅学也有吸收，当时学者常“讥阳明为禅”。不过王阳明的学说与禅学在追求境界上还是有着根本性的区别，他说圣贤之学简易广大，佛老之学“其妙与圣人只有毫厘之间”，但二者的归旨则差以千里：禅学通过明心见性所要达到的是自性清净心，而儒学则是建构和安顿社会的伦常秩序。

王阳明与陆九渊一样，也不喜注疏典籍，他的思想主要保留在语录和书信中，其中最主要的是《传习录》。阳明的语录具有一种直指人心的力量，当时慕名从其问学的人很多，王阳明讲学时盛况空前，“夜无卧处，更相就席，歌声彻昏旦”(《传习录》)。他的诗文也有一种洒落的豪情，他在天泉桥与弟子吟诵的《月夜》诗颇能见得他的心志：“处处中秋此月明，不知何处亦群英？须怜绝学经千载，莫负男儿过一生。影响尚疑朱仲晦，支离羞作郑康成。铿然舍瑟春风里，点也虽狂得我情。”

一般将王阳明与陆九渊的学术并称为“陆王心学”。不过，陆九渊的心学直承《孟子》而来，王阳明的心学则是通过对朱熹学说的反思，主要是通过对《大学》的思考而来。在王阳明思想发展的不同阶段，其学术主旨分别表现为心即理、知行合一、致良知以及四句教，这四个命题也相应地是对《大学》八条目中格物、诚意、致知以及正心的阐释。本章即从以上四个方面介绍王阳明的哲学。

一、心即理

“心即理”是由陆九渊提出的，王阳明对这一命题的哲学内涵做了发展和丰富，不过这一工作并不是直接继承陆九渊的学说，而是通过对朱熹理学“格物”说的反动而展开的。

(一)格竹与悟道

王阳明少时便有成圣之心，曾问他的塾师“何为第一等事”，塾师说是读书考取功名，王阳明觉得不对，“登第恐未为第一等事，或读书学圣贤耳”(《王文成公年谱》)。但如何才能成圣贤，这条路他探索得颇为曲折。王阳明早年笃信朱熹的格物穷理说，既然理学家说“一草一木皆有至理”，他便与朋友去格庭前的竹子，不想对坐七日后，竹子之理没有格通，反以劳思致疾，王阳明由此感叹圣贤不是人人可做，自此放弃了通过格物穷理而成圣贤的渐进之路。这就是“庭前格竹”，它是阳明心学问题意识的开启。

王阳明三十四岁时，因反对宦官刘瑾，受廷杖四十，被贬贵州龙场驿。居夷处困三年，对人的身心都是极大的考验，王阳明开始思考圣人处此境地应当如何应对。他某天突然醒悟，“格物致知之旨，圣人之道，吾性自足，不假外求”（《姚江学案》）。格物并不是向外去格事物之理，而是向内在自己的身心上下工夫，若按照这个方式圣人便是人人可做，这也是古人说“人皆可以为尧舜”的用意所在。这就是“龙场悟道”，是王阳明“心即理”思想的形成。

可见，王阳明对“心即理”的理解是本于自身的道德实践，他认为朱熹格物说的问题在于“物理吾心，终若判而为二”（《王文成公年谱》），心与理的分离导致了工夫方法上的困境：

> 先儒解“格物”为格天下之物，天下之物如何格得？且谓“一草一木亦有理”，今如何去格？纵格得草木来，如何反来诚得自家意？我解“格”作“正”字义，“物”作“事”字义。（《传习录》）

王阳明认为朱熹格物说的困境有两点：一是如果格物是用内在之心去格外在之物，那么内、外如何能够打通？二是如果格得外在事物之理，那么物理又如何能够转换成道德性理，也就是格草木之理如何能够诚意的问题。基于这个困境，王阳明主张格物要反求诸身，“格者，正也，正其不正以归于正”，格物就是正心的工夫。这里王阳明当然有将朱熹格物穷理说的范围理解过窄的问题，不过他确实在本体和工夫的贯通性上实现了心、性、理的同一。

（二）心外无理

关于“心即理”的具体内容，王阳明表述为“心外无理”“心外无事”。“心外无理”实际上是“心即理”的推衍性表达，它直接针对朱熹要在事事物物上求至理的格物方法，认为这是将心与理分离为二，“即物穷理是就事事物物上求其所谓定理者也，是以吾心而求理于事事物物之中，析心与理而为二矣”（《答顾东桥书》）。王阳明认为，如果按照朱熹的说法去事事物物上格物穷理，也就意味着理在事事物物上，如此就好像说孝亲之理在亲人身上，那么亲人去世之后难道就没有孝亲之理了么？显然不是，对去世亲人的祭奠恰恰就是孝亲之心的体现。王阳明以此证明孝亲之理即在自己的心上，也就是“心外无理”。

王阳明对“理”的讨论主要是针对道德性的伦理，而不是讲客观的自然事物之理，他认为善的选择源于完善的心灵，而非仅仅对客观规律的把握。王阳明批评朱熹“析心与理为二”，其实朱熹并非不承认在本体上心与理的同一性，他也讲“心与理一，不是理在前面为一物，理便在心中”（《朱子语类》）；只是从心作为知觉能力的经验意识的意义上来说，朱熹强调心与理不能现实地同一，从而要求用人心之灵所具有的知性能力去格事物之中普遍存在的理，以此使性体真正地在心体之中澄明，这就是格物穷理。王阳明则强调通过体认本心的方式，当下直接实现心、性与理的同一，天理直接就是人的至善之性的心体。

（三）心外无事

“心即理”的另一层内涵是“心外无事”。“心外无理”侧重心体的本体意义，而“心外无事”则侧重心体的发用流行，也就是修养工夫之心。王阳明的得意弟子徐爱对这个说法也曾颇有不解，认为即使承认人心具有天理的至善之性，但是在做事情的过程中还是要探究具体的要求，比如孝亲之理确实在心上，但是如何去孝亲，比如温凊定省之类，还是应该通过在具体事情上的格物来获得，所以对于理的探寻依然需要在外物上做工夫。对此阳明说：

> 只是就此心去人欲存天理上讲求。就如讲求冬温，也只是要尽此心之孝，恐怕有一毫人欲间杂。讲求夏凊，也只是要尽此心之孝，恐怕有一毫人欲间杂。只是讲求得此心。此心若无人欲，纯是天理，是个诚于孝亲的心，冬时自然思量父母的寒，便自要求个温的道理。……却是须有这诚孝的心，然后有这条件发出来。（《传习录》）

这里涉及本末的问题。王阳明与陆九渊的心学一样，都重视道德修养中的返本。具体的道德行为当然要关注，但更根本的在于主体的道德意识。比如孝亲之时当然要做具体的温凊定省之事，但这些道德行为的产生首先还是源于孝子之心，就如同有根本才能有枝叶自然生发，有孝亲之心才能自然做出孝亲的行为。如果没有道德意识，而只是做一些表面上善的行为，王阳明认为就如同扮作戏子，并不是真正的至善。因此，人的修养工夫就在于去除私欲的遮蔽，使得本体之心自然发用。从这个意义上说，一切的道德行为都与道德主体的心灵状态相关，也就是"心外无事"。

(四)心外无物

虽然王阳明所理解的"心即理"主要是指道德性理，但他也确实讨论过心与外在客观事物的关系，最典型的就是"南镇观花"中所说的"心外无物"。当时王阳明的一个朋友质疑心外无物的说法，认为诸如深山中的花树自开自落，和人的思维意识以及主体行为都没有关系，可见物是在心之外的。对此王阳明说：

> 你未看此花时，此花与汝心同归于寂；你来看此花时，则此花颜色一时明白起来。便知此花不在你的心外。(《传习录》)

首先，王阳明并不否认自然事物的独立存在，故而花树的客观存在并不受人的心灵状态影响，所以"心外无物"不是讨论客观事物的存在问题，也不是讨论人心对自然事物的认识问题。王阳明说的"与汝心同归于寂"以及"此花颜色一时明白起来"讲的其实是中国哲学思想中的"寂"与"感"，而不是"无"与"有"，强调的是心的明觉感应，而不是心的思维认知。因此，在"心外无物"命题中的"无"字，不是以有无而是以寂感来表明此心与物的关系。

此外，"物"在王阳明的思想中也有特定的哲学内涵。他认为"意之所在便是物"，"意"就是心之所发，是心灵的意向性，比如意在于孝敬亲人，那么孝亲就是一物。可见王阳明所讲的"物"主要是指有心灵参与的事情，而不是客观的事物，与己心不相感应的客观事物不构成"格物"的对象。在南镇观花这个事例中，花树并不是王阳明所理解的物，人观花这件事才是一物，那么这件事自然与人的心灵感应状态相关。

二、知行合一

在龙场悟道的第二年，王阳明开始讲“知行合一”。“外心以求理，此知行所以二也；求理于吾心，此圣门知行合一之教”(《答顾东桥书》)，“心即理”是“知行合一”说的理论前提，王阳明正是在心与理一的基础上讲知行本体合一的。

(一)知行本体

“知行合一”刚提出来的时候，受到普遍质疑，一方面朱熹的“知先行后”说影响很深，另一方面现实中知而不行的情况也比比皆是，知与行似乎并不内在地统一，而是往往有割裂。对此王阳明以《大学》诚意章中的“如恶恶臭，如好好色”来说明知行本体：

> 未有知而不行者。知而不行，只是未知。……故《大学》指个真知行与人看，说‘如好好色’‘如恶恶臭’。见好色属知，好好色属行，只见那好色时已自好了，不是见了后又立个心去好；闻恶臭属知，恶恶臭属行，只闻那恶臭时已自恶了，不是闻了后别立个心去恶。(《传习录》)

王阳明对知行合一的理解与其重视《大学》古本有关，他不同意朱熹所做的《大学》改本，认为格物到诚意不是渐进式的为学工夫，他根据古本《大学》将“诚意”作为工夫的第一要义。《大学》中说诚意是“毋自欺也，如恶恶臭，如好好色”，某人闻到恶臭的味道是人的自觉意识，属于知；闻到的时候自然就会产生对臭味的厌恶之心，这就是行，二者是自然而然、同时发生的，也就是内心的知与外在的行不可分割，这就是“知行本体”。人的道德之知与道德行为也是如此，只是人心往往容易为私欲所遮蔽而失了知行的本体，就像某人鼻子堵塞，虽然能闻到臭味，却并不真正知道是臭味，因而就不会产生厌恶之心，这就是知行的分离。通过对“如恶恶臭、如好好色”的分析，王阳明指出知行本体在道德实践上应该如同人的身体实践一样，是知与行合一的，也就是孔子所说的“好德如好色者”。

在“知行合一”说中，王阳明所讲的也是道德性的“知”，而不是一般性的认识之“知”，所以与道德行为的好善恶恶相关。知行合一说针对的是常人将知与行打成两截，“知行工夫本不可离，只为后世学者分作两截用功，失却知行本体，故有合一并进之说。真知即所以为行，不行不足谓之知”（《答顾东桥书》）。王阳明强调“真知必能行”，目的在于批评当时有一批人是知而不行的，不行则不是真知。

当然，我们可以进一步追问，如果不知是不是一定不能行？如果能行是不是一定意味着真的知道？现实中似乎存在这种情况，内心并没有自觉的道德意识，但是外在行为表现出善。对此王阳明并不认同，“若行而不能精察明觉，便是冥行；……知而不能真切笃实，便是妄想”（《答友人问》）。在没有自觉的道德之心情况下的善行只是偶合于义，是冥行；有道德之心却不能真正践行的是昏昧之知，是妄想。所以王阳明所说的知行本体中知与行的关系是，“行之明觉精察处便是知，知之真切笃实处便是行”，既要知得精察，知作为行的头脑，也要行得笃实，行作为知的工夫。

（二）一念发动即是行

王阳明认为在知行本体自然发用的情况下，人的道德觉知自然能够表现为道德行为，他的典型表达就是“一念发动即是行”，知行二者不能割裂，而是一个事情的首尾，所谓“知是行之始，行是知之成”。王阳明之所以特别强调一念发动即是行，就是要防止有一类人有恶的念头却不去纠正：

> 今人学问，只因知行分作两件，故有一念发动，虽是不善，然却未曾行，便不去禁止。我今说个“知行合一”，正要人晓得一念发动处，便即是行了。发动处有不善，就将这不善的念克倒了，须要彻根彻底不使那一念不善潜伏在胸中。此是我立言宗旨。（《传习录》）

此处的“一念”确实与禅宗有相似之处，慧能在《坛经》中讲“一念悟，众生是佛；一念迷，佛是众生”，就是一种易简直接的工夫方法，重在人的意念对于行为的决定性影响。“一念发动即是行”是王阳明讲“意为心之所发”的必然结果，比如一个人抬脚准备走路，虽然还没有开始走，但已经有了向前的趋势，只要没有别的东西挡住，那么在自然状态下一定会迈出步子，正如心体在未受遮蔽的本然状态之下具有的真知，一定会落实为行动。

不过，“一念发动即是行”并不是说只要有了善的念头，就等于做出善的行为，这显然会导致前面说的“知而不行”。因此，王阳明这一表述的意思是，善念发出则存此善念，在知行本体合一的情况下，真知此念是善的，就必然能够有善的行为；恶念发出则去此恶念，真知此念是恶的，就必然不会做出恶的行为，这才是“一念发动即是行”的主旨。可见，这一说法依然是在知行合一的思想下讨论的。

三、致良知

“致良知”是王阳明思想的精炼性表达，王阳明晚年专提致良知，说自己“平生讲学，只是‘致良知’三字”，“致良知是学问大头脑，是圣人教人第一义”（《传习录》）。王阳明的“致良知”说是将《大学》的“致知”和《孟子》的“良知”相结合，主张致知并不是像朱熹所说的通过格物而达到推及知识，而是扩充自己内心先天本有的良知，因此致良知是“心即理”和“知行合一”说的成熟表达。

（一）良知与天理

王阳明的良知说并不是来自理性思辨，而是来自道德实践，“某于此良知之说，从百死千难中得来，非是容易见得到此”（《传习录拾遗》）。王阳明讲的“良知”主要是指人的至善之性自然知是知非：

> 心自然会知，见父自然知孝，见兄自然知弟，见孺子入井自然知恻隐。此便是良知，不假外求。（《传习录》）
>
> 良知只是一个天理自然明觉发现处，只是一个真诚恻怛，便是他本体。（《传习录》）
>
> 尔那一点良知，是尔自家底准则。尔意念着处，他是便知是，非便知非，更瞒他一些不得。（《传习录》）

在王阳明的解释中，良知具有内在性（不假外求）、至善性（天理自然明觉发现处）、直觉性（是便知是，非便知非）。可见，王阳明的"良知"与陆九渊的"本心"内涵相似，但是良知更强调至善之性自然发用于知觉是非，突出了孟子所讲的是非之心。良知即是天理，但又具有知觉的能力，所以明末的刘宗周曾评价说"所性之觉，曰良知"（《明儒学案·师说》），也就是性体直接转换为心体，在心里面呈现，被主体所知，从而自然能够知是知非，并进而能够好善恶恶。简言之，良知既是道德理性，又能发动道德情感。

（二）致良知

良知虽然是每个人本来具有的，"随你如何不能泯灭"（《传习录》），但是容易受到私欲的遮蔽，因此王阳明提出了"致良知"的工夫，只有在致良知中，良知才能真正地知是知非。他说：

> 所谓致知格物者，致吾心之良知于事事物物也。吾心之良知，即所谓天理也。致吾心良知之天理于事事物物，则事事物物皆得其理矣。致吾心之良知者，致知也。（《答顾东桥书》）

在这里，"致"有三层含义：一是扩充，将人心本有的良知不断扩大；二是至极，使良知的知是知非充分展现，没有丝毫私欲的蒙蔽；三是实行，这是在知行合一的意义上来说的。同时，"致"表现为两个方面：一是推致，将己心本有的良知推致事事物物上去，使事事物物皆得其理；二是招致，良知虽然先天本有，但是自然知是知非的能力却是在道德实践中逐渐获得的，是一个不断扩充以至其极的过程。这里的致良知已经包含了道德理性和知识理性两个方面，随着致良知的工夫不断精熟，道德和知识逐渐统一，心的主体性将知识包纳在自身之内，在外物之中不断展现自己。因此，王阳明的思想是以道德为知识的统领。

王阳明还曾说，"良知是知，致良知是行"，可见致良知与知行合一在思想上是一致的，"然知得善，却不依这个良知便做去，知得不善，却不依这个良知便不去做，则这个良知便遮蔽了，是不能致知也"（《传习录》）。不过，王阳明讲知行合一是强调本体上的真知必能行，在良知未被遮蔽的情况下，良知必能致；但是，致良知更强调工夫上的知行合一，虽然良知本有，但是人未必皆能致良知，致良知只有在道德实践中才能真正发挥作用。

四、四句教

四句教是王阳明晚年总结自己的学术思想而提出的四句话。在王阳明去世前一年，他被任命赴广西平息少数民族暴乱，临行前他与弟子钱德洪和王畿在天泉桥上阐发了四句教的宗旨，这一事件被称为“天泉证道”。这四句话是：

无善无恶心之体，有善有恶意之动。
知善知恶是良知，为善去恶是格物。

这四句话所阐释的问题分别对应《大学》的四个条目，即正心、诚意、致知、格物。关于首句“无善无恶心之体”的争议最多，钱德洪与王畿的不同理解也起于此。对此句的争议在于，认为心体是无善无恶的，似乎落入佛教“不思善，不思恶，便是自家本来面目”的说法，与儒家的心性至善相悖；而且王阳明在《传习录》中又有“至善者，心之本体”的说法，似乎也与此处不一致。按照王阳明的意思，这句话是说心体本来的样子是没有善念也没有恶念的，善念恶念都是意，而意是后起的，不是心中本有的。此句是对《大学》中“正心”的解释，《大学》中说“所谓修身在正其心者，身（心）有所忿懥则不得其正，有所恐惧则不得其正，有所好乐则不得其正，有所忧患则不得其正”，王阳明认为这是说心体本然的样子是明莹无滞的，心体正如眼睛，眼睛中没有任何外物滞留的时候才能看清事物，眼睛里当然容不得沙子，但也容不得金子。王阳明以此比喻心体的无善念无恶念的状态，认为要把心里面的杂念、一切东西都给去掉，只有这样良知本体才能呈露。心体越空灵，良知本体呈露越充分，所以要预设一个“无善无恶心之体”。因此，“无善无恶心之体”与“至善者，心之本体”的指向不同，前者是心体的存有层面，后者是心体的价值层面。

当然，心体的明莹无滞并不是说所有的情绪都一过而化，如父母去世的悲伤之情便应该有所持续，所以才有子女守丧三年之礼。只是这种情感的持续应该是合乎自然之理的，就像王阳明与弟子陆澄说，“天理亦自有个中和处，过即是私意。……大抵七情所感，多只是过，少不及者。才过，便非心之本体，必须调停适中始得”（《传习录》）。从心体的存有状态而言，无过、无不及是心体之正，而无过无不及的标准就在于合乎天理，也就是心体在价值层面上的至善。所以，心体的价值与存有两个层面是统一的。可见，儒佛虽然都讲无善无恶，但是佛家的心体是空，而儒家的心之本体是天理。

相应的，四句教的后三句也要分别理解为：有善念、有恶念是具体的意念产生，知善念、知恶念是良知的发用，而存善念、去善念是格物的工夫。特别要说的是，“知善知恶是良知”强调的不仅是知道外物是善还是恶（良知自然知是知非），还指良知能够自然判断内心发出的念头是善还是恶。王阳明认为，你心里发一念是善的还是恶的，自己的良知最清楚，比如做慈善这件善行，是出于乐于助人的善良本心还是出于博得舆论名利的一己私心，行为者自己最清楚，其他人只能看到外在的行为。那么，发了一念善的就奉行，发了一念恶的就克制，这就是“为善去恶是格物”。可见，王阳明首先是用良知来框定主体的道德意识，其次才是知道外界事物是善还是恶。

在宋明理学中，王阳明是与朱熹同等重要的思想家。他的心学以道德实践的方式将致良知的工夫落实为每个人都可以践行的方法，给予了每个人以道德自觉的内在动力。他的学说以德性为知识的统领，具有易简直接的力量。不过，王阳明的学说对于道德良知的过度收摄，必然会导致忽视外在客观的物理世界，从而走向对知识性的背离；而且王阳明后学将这种本体性、主体化的思想发展到极端，以及对满街都是圣人的过分夸大，也容易流入空虚无忌惮之风。明末清初学者在总结明代灭亡的教训时，便将其归罪于阳明后学的流弊，对此不可不察。

思考题：

1. 谈谈王阳明思想中“心即理”与“致良知”的关系。
2. 谈谈王阳明“知行合一”说的立言宗旨和理论意义。

第二十七章
李贽的哲学

李贽(1527—1602),原名载贽,号卓吾,又号宏甫、温陵居士,福建晋江人。从传统的标准看,李贽的家族背景颇不寻常:他的多位先祖尝以航海商贸为业,其祖父和父亲都是回教徒。李贽本人于嘉靖三十一年中举人,后却不应会试,他曾做过南京刑部员外郎、云南姚安知府,晚年辞官,致力于讲学著书,最后因遭诬陷而下狱,自杀于狱中。他的主要著作有《焚书》《续焚书》《藏书》《续藏书》等。

李贽一生多有惊世骇俗之言行,他曾坦言自己"自幼倔强难化,不信道,不信仙释,故见道人则恶,见僧则恶,见道学先生则尤恶"(《王阳明先生年谱后语》)。他对传统的价值观念和儒家的礼教伦常进行了激烈批判,可以说在晚明时期乃至在整个中国哲学史上都是一位极富叛逆品格的"异端"思想家。

一、"天地一夫妇"的宇宙论

程朱理学主张理或太极是唯一的本体,阴阳二气以及宇宙万物皆为其所生。李贽坚决反对这种思想,他认为"天下万物皆生于两,不生于一",所谓"两"是指天地或阴阳二气。他说:"夫厥初生人,惟是阴阳二气、男女二命,初无所谓一与理也";又说:"吾究物始,而见夫妇之为造端也","乾为夫,坤为妇","天地一夫妇也,是故有天地然后有万物"(《焚书·夫妇论》)。基于此,李贽反问:既然天地或阴阳二气相互作用而产生了万物,那么,"所谓一者果何物?所谓理者果何在?所谓太极者果何所指也?"他的结论是:追寻万物的起源，“夫妇二者而已”，“天地人物共造端于夫妇之间”，根本没有必要在此二者之外另立绝对的理、一、太极。进一步，“一尚不言，而况言无？无尚不言，而况言无无！”（《焚书·夫妇论》）多言只会使人更加迷惑。不难看出，李贽用阴阳气化的思想彻底排除了生阴生阳、独立自存的本体之理。

由于受到佛教思想的影响，李贽又把山河大地乃至他的身体全部归结为“吾妙明真心中一点物相”（《焚书·解经文》），称它们不过是“真心”变现的产物。在李贽看来，“真心”即“清净本原”，它必然要变现为宇宙万物。他说：“若无山河大地，不成清净本原矣，故谓山河大地即清净本原可也。若无山河大地，则清净本原为顽空无用之物，为断灭空不能生化之物，非万物之母矣，可值半文钱乎？”（《焚书·答自信》）所谓“顽空”“断灭空”是指“清净本原”与万物完全断离，因为这样的空不能生化万物，所以李贽认为它是毫无意义的。既然虚空的“清净本原”必然变现为宇宙万物，其与万物是彻上彻下的一体关系，所以李贽认为，在社会生活中“学者只宜于伦物上识真空，不当于伦物上辨伦物”（《焚书·答邓石阳》），意思是不应停留于人伦物理之表象，而是应当透过但又不偏离表象，认识到人伦物理乃是“真空”的变现。

佛教主张“诸行无常”，在此思想的影响下，李贽认为天地间没有永恒不灭的事物。他说：

> 究竟坚固者是何物？此身非究竟不坏也，败则归土矣。此心非究竟不坏也，散则如风矣。声名非究竟不坏也，天地数终，乾坤易位，古圣昔贤载籍无存矣，名于何有、声于何寄乎？切须记取此一着子：何物是坚固？何年当究竟？究竟坚固不坏是真实语，是虚谬语？是诳人语，是不诳人语？若诳人，是佛自诳也，安能诳人？（《焚书·书方伯雨册叶》）

概言之，身心、天地、圣贤、名声皆非坚固究竟之物，一切终将朽坏，一切必然消逝。通过这段透显着虚无主义的论述，我们可以看出佛教对李贽的深刻影响。受此影响，一方面，李贽对于人生和社会现实怀有强烈的幻灭感，他曾说：“今年不死，明年不死，年年等死；等不出死，反等出祸。然而祸来又不即来，等死又不即死，真令人叹尘世苦海之难逃也！”另一方面，虚无主义的世界观一定程度上也为他激烈批判乃至否定现实的礼教伦常提供了思想资源和无畏的理论勇气。

二、“人必有私”的人性论

受到王阳明所谓人人皆具至善良知思想的影响，李贽在人性论问题上提出了“童心”说：

> 夫童心者，真心也。……绝假纯真，最初一念之本心也。若失却童心，便失却真心；失却真心，便失却真人。人而非真，全不复有初矣。童子者，人之初也；童心者，心之初也。（《焚书·童心说》）

除了阳明心学外，这段话中显然还有禅宗“世人性本自净”“即心即佛”的佛性思想痕迹。李贽指出，人们之所以失却未受任何污染的天然“童心”，是因为“闻见”“道理”自外而入并主宰于内，而随着所知所觉的增广，人们又去追逐美名、掩盖恶名，于是其心便失去了本初之真。在他看来，遮蔽“童心”的“道理闻见，皆自多读书识义理而来”，但这并不意味着不要读书或不要多读书，而是说不能“既以多读书、识义理障其童心”（《焚书·童心说》）。

李贽认为，一旦“童心既障”而不复其真，“发而为言语，则言语不由衷”，进而就会以假心“言假言，而事假事、文假文”，“盖其人既假，则无所不假矣”。更糟糕的是，现实世界中“以假言与假人言，则假人喜；以假事与假人道，则假人喜；以假文与假人谈，则假人喜”，于是“无所不假”“满场是假”（《焚书·童心说》）。这是对当时虚伪的道德人伦、社会风气的生动刻画和激愤谴责。

从李贽人性论思想的总体来看，同样是讲一念本心，他赋予“童心”的实质内涵却迥异于王阳明的良知说和禅宗的佛性论。他说：“夫私者，人之心也。人必有私而后其心乃见，若无私则无心矣。”（《藏书·德业儒臣后论》）儒家历来把“私”视为洪水猛兽、万恶之源，李贽却认为“私”是人心的本质，甚至说“势利之心亦吾人禀赋之自然”（《道古录》卷上），这无疑是一个极具异端色彩的论断。为证明人人皆有私心，他引用《论语·雍也》"仁者先难而后获"一句指出，即便孔子也是期望有所收获的，"非谓全不求获、全无所为"(《藏书·德业儒臣后论》)。由此可见，"虽圣人不能无势利之心"(《道古录》卷上)。推而广之，对于芸芸众生来说，"趋利避害，人人同心，是谓天成"(《焚书·答邓明府》)。正是因为求利之心的驱动，人们才会努力做事。例如，种田者为求"秋之获"，所以"治田必力"；居家者为求"积仓之获"，所以"治家必力"；为学者为求"进取之获"，所以"举业之治也必力"(《藏书·德业儒臣后论》)。在此意义上，追求利益乃至升官发财就都是合乎本心、天经地义的；反之，"以无心及无私心尚论无为之学者"，则都是有违本心的"不根之论"(《焚书·答邓明府》)。

从人人皆有私心出发，李贽对宋明道学乃至儒家传统的思想观念进行了反思和修正。他说："穿衣吃饭，即是人伦物理。除却穿衣吃饭，无伦物矣，世间种种皆衣与饭类耳。"(《焚书·答邓石阳》)换言之，世俗的物质生活就是"人伦物理"，这是对宋明道学以伦理道德定义"人伦物理"的片面做法的纠正。针对董仲舒所谓"正其义不谋其利，明其道不计其功"的主张，李贽反驳道："夫欲正义，是利之也；若不谋利，不正可矣"，"吾道苟明，则吾之功毕矣。若不计功，道又何时而可明也?"(《藏书·德业儒臣后论》)意思是说，恰恰是为了谋利、计功，所以人们才去正义、明道；如果不谋利、不计功，则义将不可正、道将不可明。

儒家历来以商为末，并且在道德上对商人阶层持鄙视态度。李贽却以"人必有私"的思想为依据，为商人的谋利行为进行了辩护。他说："商贾亦何可鄙之有？挟数万之赀，经风涛之险，受辱于关吏，忍诟于市易，辛勤万状，所挟者重，所得者末。然必交结于卿大夫之门，然后可以收其利而远其害，安能傲然而坐于公卿大夫之上哉!"(《焚书·又与焦弱侯》)不难发现，这段话在对商人求利之艰辛表示同情的同时，又流露出对傲然安坐的食利者即所谓"公卿大夫"的不满和讽刺之意。

鉴于晚明时期商品经济愈加活跃、商人阶层逐渐兴起，李贽对人之私心以及对人之求利行为的肯定，实质上是从人性论的角度反映了那个时代的经济发展和社会文化的特点。

三、“是非初无定质”的真理观

王阳明曾经认为，“良知之体本自聪明睿智”(《答南元善》)，所以人们在判断是非时应以自有的良知为基准，而不可盲从权威。以自我良知为立足点，王阳明甚至大胆触及了孔子的神圣权威，他说：“夫学贵得之心。求之于心而非也，虽其言之出于孔子，不敢以为是也，而况未及孔子者乎！求之于心而是也，虽其言之出于庸常，不敢以为非也，而况其出于孔子者乎！”(《传习录中》)李贽不仅继承了王阳明敢于质疑权威的思想，而且走得更远、更决绝，他所提出的看法也由此显得更为大逆不道。

李贽说：“人之是非初无定质，人之是非人也，亦无定论。无定质，则此是彼非并育而不相害；无定论，则是此非彼亦并行而不相悖矣。”所谓“无定质”“无定论”，是指既不存在绝对不变、确定无疑的客观真理，也没有唯一正确、不容置疑的主观真理，所以各种是非不同的观念完全可以并行不悖。这个观念与庄子所谓“两行”有相通之处。在此基础上，李贽又说：“今日之是非，谓予李卓吾一人之是非，可也；谓为千万世大贤大人之公是非，亦可也；谓予颠倒千万世之是非，而复非是予之所非是焉，亦可也。”(《藏书·世纪列传总目前论》)如此一来，是与非、昔之是非与今之是非，乃至自我之是非与他人之是非，其间就没有了确定的界限。很明显，这是相对主义的真理观。

在儒家传统中，孔子被奉为绝对真理的象征。从相对主义的真理观出发，李贽对孔子的神圣地位提出了强烈质疑：

> 前三代，吾无论矣；后三代，汉唐宋是也。中间千百余年而独无是非者，岂其人无是非哉？咸以孔子之是非为是非，固未尝有是非耳。然则予之是非也又安能已！夫是非之争也，如岁时然，昼夜更迭，不相一也。昨日是今日非矣，今日非而后日又是矣。虽使孔子复生于今，又不知作何是非也，而遽可以定本行赏罚哉？(《藏书·世纪列传总目前论》)

这里认为是非是不断变化、古今不一的，所以如果把孔子曾经的是非定为不变的标准和唯一真理，实际等于否定了其他是非观念存在的合理性；即使孔子处于今天，他所提出的是非判断也未必同于其从前的主张。李贽的言外之意是，孔子的是非观念并不是绝对的标准和最后的真理，而只是纷杂多元的是非观念中的普通一种罢了，它相对于其他的是非观念并不具有优先性。质言之，李贽用多元主义的真理观消解了奉孔子为绝对权威的一元主义真理观。

李贽对孔子之神圣性的消解乃至颠覆还不止于此。例如他说："夫天生一人，自有一人之用"，故其立身行事完全没有必要以孔子为标尺，如果人们在任何事情上都仰赖孔子，"则千古以前无孔子，终不得为人乎"？事实上，"孔子未尝教人之学孔子，而学孔子者务舍己而必以孔子为学"，在李贽看来，那些否定自我、盲从孔子的人"真可笑矣"（《焚书·答耿中丞》）。通过李贽对孔子之权威地位的消解，我们可以看出晚明时期独立的个体意识的觉醒。同样秉持独立的个体意识，李贽甚至提出："大抵我一世俗庸众人心肠耳，虽孔夫子亦庸众人类也。"（《焚书·答周柳塘》）显然，这是基于庸常个体的心理和角度，试图把孔子拉下神坛，使其成为世俗众生中的一分子。

根据"童心"说，李贽还对儒家经典的神圣性进行了否定。他认为，天下最好的文章"未有不出于童心焉者"，但六经、《论语》、《孟子》等儒家经典却并非出于"童心"。首先，从其成书过程来看，这些所谓的经典都是虚假不真、杂乱无章的，"非其史官过为褒崇之词，则其臣子极为赞美之语；又不然，则其迂阔门徒、懵懂弟子，记忆师说，有头无尾，得后遗前，随其所见，笔之于书。……其大半非圣人之言"。其次，在流传过程中，这些原本驳杂不堪的著作又被后世学者误信为"出自圣人之口"的经典，进而把书中那些"因病发药，随时处方"的思想妄执为解决任何问题的灵丹妙药或"万世之至论"。要言之，六经、《论语》、《孟子》等著作皆非"童心之言"，它们都不过是"道学之口实、假人之渊薮"（《焚书·童心说》）罢了。

对于韩愈创立宋明儒者普遍信奉的"道统"说，李贽也表示质疑。韩愈认为，儒家的"道体"在孟子死后就中断了，而程朱一派则自许其学上追孟子，继承并发扬了"道统"。李贽批评这种说法"真大谬也"。他认为"道之在人"，"人无不载道"，而自秦至宋历经了漫长的历史时期，如果像韩愈所说的那样，这期间“道统”中绝，“人尽不得道，则人道灭矣”（《藏书·德业儒臣后论》）。李贽的意思是说，既然孟子之后人类不曾灭绝，就说明道仍然是存续着的。他进一步指出，如果说宋儒继承了“道统”，那么宋朝为何衰弱不竞，反倒不如“道统”不存的汉唐强大呢？由此可见，宋儒奉持的“道统”说是非常荒诞的。

在“晚明大变局”的背景下，李贽通过批判宋明儒者信仰的“道统”说，否定孔子的神圣性和儒家经典的权威地位，对儒家的价值理念和传统的礼教秩序构成了巨大的冲击。因其思想过于“离经叛道”，明清之际的王夫之等儒家学者曾指斥李贽为肆无忌惮之小人，但在今天看来，李贽的“异端”思想实为晚明时期道学衰微、中国哲学即将转向另一形态的特异征候。

思考题：

1. 简述李贽“人必有私”的人性论思想。

2. 简述李贽“是非初无定质”的真理观。

第二十八章
黄宗羲和方以智

晚明以降，世风大变。阳明后学的蹈虚之风，使得儒学经世致用的治世向度越加被淡化；而李贽以童心说肯定人欲和私心的合理，又使得宋明理学的天理人欲之防开始松动。清兵入关以后，明末的知识分子开始反思明王朝灭亡的原因，认为阳明后学的谈心性是“亡国之首”，而李贽作为阳明学思想的异端，在明末也受到很多抨击。与此同时，欧洲耶稣会传教士将当时西方先进的自然科学知识以及方法介绍到中国，理性的科学精神对晚明思想界的空虚之风刺激很大。因此，明清之际的学术风格整体上呈现出一种“由虚返实”的特点，包括东林学派在内的知识分子大多主张经世致用的“实学”，在学术思想上有融合气、理、心而归本于气学的倾向，在学问方法上开始注重考证，是宋明理学到清代考据之学的过渡阶段。

黄宗羲与方以智是明末清初思想启蒙与创新的代表性哲学家。二人身处明清易代之际，屡次拒绝清廷征召，是明代遗民学者。二人在学术上都表现出气论的倾向，不过黄宗羲更多是从对阳明心学的总结和反思来阐发自己的气论思想，而方以智则是直接继承张载的气学而做出新的阐释。

一、黄宗羲：一本而万殊

黄宗羲(1610—1695)，字太冲，号南雷，浙江余姚人。学者常称其“梨洲先生”。他的父亲黄尊素因揭发魏忠贤而遭到迫害，黄宗羲继承父志，成为“复社”领袖，与宦官作斗争。清兵入关以后，他积极开展抗清斗争，反清失败后四处流亡，在四十六岁时返回家乡。晚年恢复其师刘宗周所创办的“证人书院”，著书讲学。

黄宗羲学识广博，对天文历算、经史百家等无不研究，特别是在对宋明学术史的梳理中形成了重视史学的风气，成为浙东史学学派的开创者。他的主要著作有《明儒学案》《明夷待访录》《孟子师说》《易学象数论》等。

（一）“盈天地皆心”的气本论

在黄宗羲理解宇宙万物的哲学表达中，既有“盈天地皆心”，也有“盈天地皆气”，不过这两种说法并不矛盾，因为黄宗羲是从“气之灵处”的角度来讲“心”的，体现出一种心学向气学的转向。

黄宗羲继承了他的老师刘宗周的思想，认为气是天地间最基本的存在实体和形式，他不认同朱熹的理本论，即使朱熹也讲理气二者不离，但是理与气的形上、形下截然二分很容易导致认理、气为二物的弊病。黄宗羲的气论主张天地都是气的运行和变化，无始终，无间断：

> 天地间只有一气充周，生人生物。人禀是气以生，心即气之灵处。……理不可见，见之于气，性不可见，见之于心，心即气也。（《孟子师说》）

理并非别有一物，气在变化流行中呈现出来的条理就是理，气在人身之灵处就是心，心在发用中呈现出的条理就是性，因此理、心、性等都是以气为依据，“夫在天为气者，在人为心；在天为理者，在人为性。理气如是，则心性亦如是，决无异也。人受天之气以生，只有一心而已”（《明儒学案》）。心是气在人身上的呈现，而性是理在人身上的呈现，性与理分别是心之发用和天地之气运动的条理而已，这就是理气合一、心性合一，即理即气，即主宰即流行。

由此，黄宗羲的气论归本在“心”，心是天地自然之气的价值和意义的承载者。“盈天地皆心”的表达视天地万物为一体，这种价值结构受王阳明影响很深，阳明认为良知就是人心的灵明，“人的良知就是草木瓦石的良知，……天地无人的良知，亦不可以为天地矣”（《传习录》），阳明和黄宗羲对“心”的强调并不是从外在世界的客观存在来说的，而是突出人与万物是同一价值的体现，宇宙的精神性是人所赋予的。黄宗羲所理解的宇宙万物是一个价值意义的结构，而不是逻辑认知的结构，“盈天地间无所谓万物，万物皆因我而名。如父便是吾之父，君便是吾之君，君父二字，可推之为身外乎？然必实有孝父之心，而后成其为吾之父；实有忠君之心，而后成其为吾之君”（《孟子师说》）。比如父亲当然是客观独立的存在者，但是某人之所以是父亲，在于他与子女的关系，是子女赋予了他作为父亲的意义。

在黄宗羲这里，理气与心性是同一序列，都是气的不同表现。这种“天地之理在心中”的观点，并不同于朱熹所说的“心具众理”，理学认为人只有通过格物的工夫才能把握万物的众理，达到心体澄明的状态；而黄宗羲则认为，心是气之灵明，理是气之条理，因此众理就内在于人心之中。同时，黄宗羲的气论与张载的气论也不同，张载以气本身的性质为重点，以太虚之性的湛一清虚为人性至善和心体虚明的保证，并非直接以灵知之气来界定心；黄宗羲论心性，则皆以气为依据。此外，黄宗羲还认为心能够更好地表达“一本而万殊”之旨，对阳明后学中重工夫与重本体的不同侧重也可以用心来统摄：

> 盈天地皆心也。变化不测，不能不万殊。心无本体，工夫所至即其本体。故穷理者穷此心之万殊，非穷万物之万殊也。（《明儒学案・序》）

将工夫和本体分为两截，弊病在于认理、气为二，黄宗羲认为“人心之理，即天地万物之理，非二也”（《明儒学案》），人心之理并不是在天地万物之外别为一物，而是万事万物的总合，“盈天地皆心”就是一本而万殊的体现：宇宙是“一本”的大心，同时也是具体事物在万殊之心中的朗现。因此，心之本体就是宇宙万物变化流行的呈现，而不是在万物之外另有一个本体，存在的只是工夫中的本体，这就是“心无本体，工夫所至即其本体”。黄宗羲这一思想旨在纠正阳明后学特别是王龙溪一派的流弊，反对不做工夫而空谈本体的空虚之风，要求以工夫彰显本体，是对心学的深化。

（二）“一本万殊”的学术史观

黄宗羲是史学家，也是学术史家，“盈天地皆心”与“一本而万殊”的关系也体现在他的学术史编纂思想中，最典型的就是《明儒学案》的体例安排。《明儒学案》虽然只是明代的儒学史，但其中蕴含着超越儒学史的、带有一般学术史意义的思想内涵。《明儒学案》序言的改本中有一大段原序中所没有的文字：

> 盈天地皆心也。人与天地万物为一体，故穷天地万物之理，即在吾心之中。后之学者错会前贤之意，以为此理悬空于天地万物之间，吾从而穷之，不几于义外乎？此处一差，则万殊不能归一，夫苟工夫着到，不离此心，则万殊总为一致，学术之不同，正以见道体之无尽。（《明儒学案》）

黄宗羲以“一本”与“万殊”的对比言说表明他编纂《明儒学案》的原则，所谓“一本”就是不同儒学家所共同具有的精神，“万殊”是指各个儒学家思想的独特之处，不同的学术是一本之心的不同表现，不必也不能使之尽同，“此编此列，有一偏之见，有相反之论，学者于其不同处，正宜着眼理会，所谓一本而万殊也”（《明儒学案》）。黄宗羲从肯定“心之万殊”的哲学思想出发，肯定了学者思想独创性的价值，反对“举一废百”的学术专制思想，强调学术的本心自得，反对倚门傍户的为学风气，认为那只是流俗之士或者经生之业。《明儒学案》一书选取的都是最有代表性的哲学家，标准在于要有独立的见解，对“一本”有所发明，“上下诸先生深浅各得，醇疵互见，要皆功力所至，竭其心之万殊者而后成家，未尝以懵懂精神冒人糟粕”（《明儒学案・序》）。

黄宗羲编著学案的最大特点是尊重史实，主张从思想家的学术本身出发，准确概括各家的思想特征，反对以编著者自己的学术宗旨作为各家宗旨的评判标准。在编撰《明儒学案》的过程中，他主要以思想家的著作和书信作为文本依据，体现了实事求是的实证精神。

（三）“公天下”的政治哲学

黄宗羲是明王朝灭亡的亲历者，因此很重视总结明亡的教训。他从政治哲学的高度反思了“家天下”政治的弊病，写成了《明夷待访录》一书。黄宗羲在书中对君臣关系、法律本质、教育人才、财政兵制等方面进行了有益的思考，并对民本政治做了制度性的设计，在当时具有思想启蒙的重要意义。该书中的《原君》《原臣》《原法》为政治哲学的纲领性篇目，全书的贯穿性主题就是“公私之辩”，主张要“公天下”，而不是“一姓之天下”。

首先，黄宗羲从人的本性分析了国家的起源和君主的产生。他认为，人都有自私自利的本性，不愿为天下的公利而谋划，因此只有那些能够兴天下之公利、除天下之公害的人才能成为君主。黄宗羲在《原君》篇中讨论了民本政治中的理想君主形象，“不以一己之利为利，而使天下受其利；不以一己之害为害，而使天下释其害”（《明夷待访录・原君》）。他认为，儒家的上古三代圣王是理想君主，他们为天下生民谋利益而不是为一己之私利，为天下生民除灾害而不是仅为一己除私害，这就是“公私之辩”在君道中的体现。这种为公不为私的君主自然要比天下生民更辛苦，所以古人避君主之位，唯恐及其身。但是，后世的君主职分发生了变化，他们将原本是为生民兴利除害而设的国家视为一己的财产，使天下之利归于己，天下之害归于人，“使天下之人不敢自私，不敢自利，以我之大私为天下之大公。”（《明夷待访录・原君》）后世之君颠倒了君民关系，将天下视为自己一家的产业，由于他们的权位是毒害天下生民而获得的，因此也就不惜毒害生民以保有权位，并传给子孙后代以受享无穷，“然则为天下之大害者，君而已矣”（《明夷待访录・原君》）。黄宗羲发扬了《孟子》所讲的“民为贵，社稷次之，君为轻”的君民关系，是一种具有进步意义的民本思想。

由此，黄宗羲主张要破除对君主的崇拜，削减君主的权力，使得“天下之治乱，不在一姓之兴亡，而在万民之忧乐”（《明夷待访录・原臣》）。对君主权力的限制就产生了臣，理想的君臣关系应该是臣辅佐君，君与臣共同为天下生民百姓办事。可见，君臣只是职分之别，而不是主仆高低之分，二者应该相互配合，共同为百姓服务，如果臣子“出而仕于君也，不以天下为事，则君之仆妾也；以天下为事，则君之师友也”（《明夷待访录・原臣》）。

黄宗羲之所以推崇上古三代的圣王，还在于三代以上有法，三代以下无法。三代之法以百姓的需要为依据，法律政令和制度的设立都从百姓的公利出发；而后世的君主，法律政令和制度的设立都是为了一己之私利，“三代以上之法也，因未尝为一己而立也。后之人主，既得天下，惟恐其祚命不长也，子孙之不能保有也，思患于未然以为之法”（《明夷待访录·原法》）。可见，黄宗羲对“法”的思考也是本于公私之辩，真正的法应该是天下之公法，而不是一家之私法，法之公私是大关键，有治法而后有治人，有公法才能真正形成公天下的君民和君臣关系。

“公天下”的政治理念还体现在教育方面，就是要扩大学校的职权，不以君主个人意见的是非为评判标准，而是“公其非是于学校”（《明夷待访录·学校》），既然天下是所有人的天下，不是天子一姓的天下，那么有关天下大事的是非之论也不应该由天子决定，而是应由学校作为议政机构对地方官吏行使监督职能。同时，他还对科举制度提出了批评，认为这种制度选取人才过于严苛，而任用人才又过于宽松，这种“严取宽用”导致大量的人才被弃用于科举之外，而在位者又往往不能尽其才，因此他主张要拓宽取士途径，尽取有用之才。

黄宗羲主张的“公天下”是一种政治理想，所谓三代以上的圣王之治，并不是说这是上古时代真实的政治实践，而是从“理想政治应该是什么样的”这个角度来讨论，也是对后世“家天下”专制政治的批评。“公天下”的政治哲学在古代已有提出，比如《礼记·礼运》篇的“大道之行也，天下为公”，但《礼记》中还只是一种非常简单的观念，缺乏与此观念相一致的基本制度设计，而黄宗羲在《明夷待访录》中则做了比较细致的制度设计，这也是该书及其思想受到推重的原因。

二、方以智：一与二与三

方以智（1611—1671），字密之，号曼公，又号愚者，安徽桐城人，“明末四公子”之一。他曾参与“复社”的活动，后因宦官迫害而流亡岭南，清军入关后，又为避清兵搜捕而出家。方以智生于理学世家，从曾祖父方学渐、祖父方大镇、父亲方孔炤到他自己，四世治《易》，他的名字即取自《系辞传》中“蓍之德圆而神，卦之德方以知”一句，其哲学思想也主要来自对《周易》的诠释。方以智学识渊博，是一位百科全书式的哲学家，他特别提倡“坐集千古之智，折中其间”（《考古通论》）的学术方法，具有开放性和包容性的品格，对儒、释、道三教不设门户之见，体现出晚明学术界“三教合流”思潮的特点。主要著作有《通雅》《物理小识》《东西均》《易余》《药地炮庄》等。

(一)“盈天地皆物”的气本论

方以智是明末清初具有科学精神的思想家。在中晚明西学东渐的过程中，欧洲的耶稣会传教士向中国介绍西方科学知识，方以智就曾与毕方济、汤若望等传教士有过交流，而且阅读了大量的西学著作，吸纳西学进行思想创新，比如他将天文历算方面的《崇祯历书》与易学的象数图书之学结合，还参考传教士金尼阁所著《西儒耳目资》，仿西文列汉字成字母，依音韵变化撰成《旋韵图》。这些都反映了方以智重视格致实学的学术特点，而体现在哲学思想上就是对“物”的关注：

> 盈天地间皆物也。人受其中以生，生寓于身，身寓于世，所见所用，无非事也，事一物也。圣人制器利用以安其生，因表里以治其心。器固物也，心一物也，深而言性命，性命一物也，通观天地，天地一物也。(《物理小识》)

方以智认为整个宇宙都可以归结为“物”，无论是事情、器物这些具体外在之物，还是身心、性命这种内在思想之物，特别是“心一物也”、“性命一物也”说明了人的思想感官、人生境遇也都是实在之物。“一切物，皆气所为也；空，皆气所实也”(《物理小识》)，物在本质上就是气，因此“盈天地皆物”是一种气本论的哲学。不过，这种气本论与黄宗羲的“盈天地皆心”不同，是从物的形质来贯彻的气论思想，将心收摄为物的内涵，而不是以心来呈现物的意义。

气之所以能作为宇宙万物的存在本原，在于气是可见可感的，充贯一切虚实，构成一切形质。那么如果一切都是气构成的，世界万物的差异是如何形成的？方以智认为是气的运动，比如“水为润气，火为燥气，木为生气，金为杀气，土为冲和之气”(《物理小识》)，五行就是气的不同状态和作用，由此进而构成差异性的万物。

方以智的气论特别重视“火”，因而也可以表述为“气—火一元论”。“火与气,一也”(《物理小识》),方以智主张“五行尊火”主要是从气的基础上讨论的,因为火与金、木、水、土不同,它是无定形的,可以贯通于有形之质和无形之气,这与气“充一切虚,贯一切实”的性质相似。气—火一元论还体现了道器不离的思想,“火弥两间,体物乃见,惟心亦然,体物而节度见焉,道器不可须臾离也”(《药地炮庄》),气、火、心等都具有体用相即不离的特点,比如火本身是不可见的,纸张靠近火就会变热燃烧,说明火之体即在具体的火之用上呈现;人心的体用也是这样,心体虚灵本不可见,但在应接具体事情之时便能呈现心之用。因此,方以智的气本论也是一种即体即用的思想。

(二)“公因反因”的辩证思想

“公因反因说”由方以智的父亲方孔炤提出,方以智做了丰富的阐释,并以此作为统贯他整个哲学体系的基本思维结构。方以智的儿子方中通说:“公因,一也;反因,二也。此方氏之易学,真破天荒,一切皆然。”(《物理小识》)可见这是方以智哲学思想的核心命题。

公因反因说表达的是一与二与三的关系。方以智认为世界上的一切物凡相反者皆相因。天地间万物都有对待者,没有无对待的孤立之物,也就是“相反”,这就是“二”。而一切相反的事物之间都可以互相转化,也就是“相因”,就是“一”。相反者之所以能够相互转化,在于有统贯相反二者的公因,但公因不是脱离反因二者的独立超然的存在,而是统贯于反因二者之中,即所谓“公因在反因中”,这就构成了“三”,“三”本身也即是“一”。也就是说,世间对立的双方构成矛盾,矛盾的双方又无不处在统一之中,同时双方都以对方为自身存在的依据,而统一是矛盾双方得以共存和转化的依据。

“相反相因”的哲学内涵在于,天地万物中只有相反的对待之物才能产生具体的“用”,相同的事物之间是无法发生转化的,是绝对的、静止的“一”,这样的世界没有生生变化的可能性和内在动力,这是对张载“一物两体”说的发展。因此,方以智主张要“由三而一”,在事物的区别和变化之中认识世界背后的统一之理。这一思想来自易学,比如天地生物有阴阳相对、六十四卦的卦序都是颠对或者正对的关系,等等,方以智常用水、火二者的反因关系解释相反者如何相因而成用:

一不住一，故用因二之一，以济民行。……水湿火燥，至相反也。《坎》《离》继《乾》《坤》立极，上下经皆终水火，民用甚急，刻不相离，人身之水火交则生，不交则病，可不谓相因乎？（《东西均》）

《周易》以乾坤两卦象征天地，所谓“天地交泰”就是天在下、地在上而相交为泰；以坎离两卦象征水火，所谓“既济”就是水在上、火在下，水火才能相交以成，所以既济是事之成。就水火之性而言，二者冷热、干湿、内外、有体无体、用多用少等皆为相反，但是这些相反的性质实则又相因，如干湿冷热的性质交合轮转而成水火土气，从而五行互相转变和作用构成了世界生生变化的根源；对于人来说也是如此，水火相交、阴阳调适才能健康，否则体内之气不能周流运行，人就会生病。所以，方以智特别强调相反者相因，相对的双方如果不发生关联就不能产生功用，只有矛盾双方的相互依存才能推动事物的发展，“所谓相反相因者，相救相胜而相成也”（《东西均》）。

基于相反者相因的思想，方以智又提出了“交、轮、几”的概念。“交”本于《周易》，书中多言“天地交”、“刚柔交”、“阴阳交”等，以相对二者为“交”。“轮”本于佛教，方以智认为“佛辟天荒而创名曰‘轮’”（《东西均》）。“几”出自《系辞传》“夫《易》，圣人之所以极深而研几也”，以天地万物深蕴之理为“几”。三者的内涵和关系是：

交以虚实，轮续前后，而通虚实前后者曰贯，贯难状而言其几。（《东西均》）

交也者，合二而一也；轮也者，首尾相衔也。凡有动静往来，无不交轮，则真常贯合于几，可征矣。（《东西均》）

所谓“交”是相反的双方之间有统一者，也就是“合二而一”。但与张载的“本一故能合”不同，方以智解释“交”的关键在于指出“虚实交”。虚、实就是有、无，言“虚实交”就是强调有、无相交而又不落有无，因此有、无相对待实际上只是权宜之分，“有无不可分，而强分之曰：未生以前，有在无中；既分以后，无在有中”（《东西均》）。“轮”与“交”不同，“交”是指有在无中、无在有中，而“轮”则是由无而变为有、由有而变为无，针对的是有、无二者之间的轮转变化，故而以“前后轮”表之。“几”是“动之微”，也就是有而未形的有无之间的状态，故而虽有此理却并不可见。“几”之所以可征见，在于天地间事物的交轮有动静往来的纷繁复杂，由此知晓天地的真常。这种“交轮征几”的方法，方以智称之为“三征”，意指“由三而征”。“征”即征显隐微之几，“几”作为事物背后之理本来是不可见的，必须通过具体的事物变化来知晓，在这种一与二与三的关系之中才能把握和认识不可见之“几”。因此，“三征”是一种认识世界的方法。

(三)“质测通几”的格物方法

方以智对“征几”的讨论，实质上是回应宋明理学中格物穷理的方法问题。他对“格”的理解是“心物交格”，是对朱熹和阳明格物说的折衷，以物理之学与性命之学并重。朱熹强调向外于事物而穷理，阳明主张返归于己心致良知，方以智则认为格物应该包含向外和向内两个方面，主张“能格之物”(心)与“所格之物”(外物)的相互作用，这是对心、物关系的重新思考，力图纠正阳明和朱熹的各执一边：阳明的“心即理”认为心具有先天之理，但此理必须指向具体的事物，即“离物无心”；朱熹的“即物穷理”在后天具体事物上求理，但之所以能穷理在于心能知物，即“离心无物”。“心物交格”说是心与物交轮而格得其理，体现了“交轮征几”的思想，这就是“通几”的理论基础。

在西学东渐科学理性的影响下，方以智对格物穷理的讨论走到了实测和考证的路向上，他用“质测”和“通几”的关系来表述：

> 物有其故，实考究之，大而元会，小而草木蠢蠕，类其性情，征其好恶，推其常变，是曰“质测”。(《物理小识》)
>
> 推而至于不可知，转以可知者摄之，以费知隐，重玄一实，是物物神神之深几也。寂感之蕴，深究其所自来，是曰“通几”。(《物理小识》)

无论是宇宙天地，还是自然事物，都有产生和变化的道理，也就是“物有其故”；这些道理可以通过考证和理性的方式来把握，这就是质测之学，类似于我们今天说的科学。对于不可见、不可知的物，则要以可见和可知之物来认识，这就是通几，是对根本问题之理的探寻，类似于我们今天说的哲学。

对于二者的关系，一方面是“质测即藏通几”，离开对具体事物的考察和认识而空谈事物之理，就可能导致对客观世界的忽视，这是对心性之学走向空虚之风的批评。另一方面，要以“通几护质测之穷”，人能直接考察的自然事物是有限的，实测的方法也是有限度的，因此质测之学是有局限性的，要以事物的通理来反思这种质测的方法，这是对西学方法缺陷的批评。方以智认为西学“详于质测而拙于通几”，虽然具有科学精神和方法，但对身心性命的体察和万物一理的探究不够，使得西方的质测之学并不完备。他在《物理小识》中曾举西方人用测量和计算方法得出了太阳半径为日地距离三分之一的荒谬结果，认为原因就在于不知“光肥影瘦”之理，因此实测计算之法看似精备却不能正确测量，以此说明要以“通几”补充“质测”的局限，以哲学的思辨性和反思性引导科学的实证方法。方以智总结说，“不可以质测废通几，不可以通几废质测”(《物理小识》)，质测与通几不能互相取代，而是要相互配合发挥作用。因此，“质测通几”的格物方法，强调了格物既不是仅仅向外的质测之学，也不是空谈格心的通几之学，而是二者的结合，这与“心物交格”的思想是一致的。

方以智以“心物交格”说对宋明格物说的所格之“物”、“格”物之方进行了反思和改造，认为“物”包含天地间一切的存在，“格”是心与物的互相作用。这种反思是在面对西学的冲击之下对阳明后学蹈虚风气的纠正，既突出了对外在事物切实做格致的工夫，从而避免了阳明学的格心之说可能导致的重本体而废工夫；又强调了格物并不是仅仅指向外物的质测之学，而是须有个反向格心的交互过程，从而与西学的科学方法也有所区分。

思考题：

1. 谈谈黄宗羲“公天下”的政治哲学思想。
2. 谈谈方以智的“质测通几”说与宋明理学中格物说的关系。

第二十九章
王夫之的哲学

王夫之(1619—1692),字而农,号薑斋,湖南衡阳人,因晚年隐居石船山,世称船山先生。他早年随父兄读书,24岁于武昌应乡试而中,后因李自成攻陷北京,举业之途被迫终止。清兵入关后,王夫之曾追随南明政权,并积极参与武装抗清。因对永历小朝廷的腐败昏庸和自相倾轧非常失望,加之抗清活动失败,乃于中年回到家乡,从此避居山野,倾全部身心于学术事业。王夫之著述极为繁富,其中既有儒家和佛道经典诠释、史学批注、社会政治评论、思想文化短札,又有历史人物传记、诗赋文论等,诚可谓"经史子集"无所不包,今人将其著作编为《船山全书》。

身处明清易代之际,王夫之以"六经责我开生面"为己任,其哲学思想的主题是破除与圣人之道相抵牾的异端邪说,以接续和重建儒家的精神传统。为此,他对自先秦以来的儒家思想遗产展开了全面反思,而在宋明道学中,他最为推崇张载,对程朱既有吸收又有修正,对陆王则大力挞伐。与此同时,他还激烈批判老庄(道家)、佛教、申韩(法家),斥三者为"古今之大害"。

由于王夫之具有坚贞的民族气节,始终抗拒清廷统治,加之长年隐居,因此他的著作和思想长期处于湮没无闻的状态,直至晚清始为世人所知,其社会影响也逐渐扩大。

一、虚空皆气、日新之化的世界观

王夫之在自题墓铭中坦言他"希张横渠之正学而力不能企"(《薑斋文集》卷十),可见张载在其心中地位之高,而他撰于晚年的《张子正蒙注》则可以说是代表其思想归宿的重要著作。我们知道,张载在宇宙论上的根本主张是“太虚即气”,王夫之继承了这一思想并有所发挥。他说:

虚空者,气之量;气弥沦无涯而希微不形,则人见虚空而不见气。凡虚空皆气也,聚则显,显则人谓之有,散则隐,隐则人谓之无。……气在空中,空无非气,通一而无二者也。其聚而出为人物则形,散而入于太虚则不形,抑必有所从来。(《张子正蒙注·太和》)

这段话认为,宇宙中充满着无形无涯的气;气凝聚为有形之物,就被称为“有”,气消散而入于无形,就被称为“无”,所谓“虚空”实质上是气的无形状态;事物既不可能来自绝对的“虚空”,也不可能落入或沦为绝对的“虚空”。气“散而入于太虚”,是复归其混沌无形之本体,“非消灭也”;气“聚而为庶物之生”,则是基于其混沌无形之本性,“非幻成也”(《张子正蒙注·太和》)。对于气的运动变化,我们可以“曰往来,曰屈伸,曰聚散,曰幽明,而不曰生灭”(《张子正蒙注·太和》),因为气本无生灭,只有运动方式和存在状态的变化。从这个角度说,佛教所谓“空”、老子所谓“无”都是错误的观念。

气与理的关系是宋明道学讨论的重要问题。对此,王夫之的看法是:“理在气中,气无非理。”(《张子正蒙注·太和》)又说,“天人之蕴,一气而已。……气外更无虚托孤立之理也”,“天下岂别有所谓理?气得其理之谓理也。气原是有理底,尽天地之间无不是气,即无不是理也”(《读四书大全说》卷十)。这些说法反驳了朱熹的理在气先的理本体论,体现了气一元论的思想,即天地万物的唯一本体是气,气是有理的,理是气的特性和规律,因此理在气中,气之外没有独立自存的理。

《周易·系辞上》曰:“形而上者谓之道,形而下者谓之器。”器指实存的事物,道指事物的规律和规范。在道器关系问题上,王夫之指出:“天下惟器而已矣。道者,器之道;器者,不可谓之道之器也。无其道则无其器,人类能言之;虽然,苟有其器矣,岂患无道哉?……无其器则无其道,人鲜能言之,而固其诚然者也。”(《周易外传》卷五)意谓器是唯一的客观存在者,道从属于器,是器的道,因此不能反过来说器是道的器;没有道就没有器,人们只能这样说说而已，但并非事实；如果有了器，就一定有其道，没有器则必然没有道，这个道理虽然很少人明白，但却是客观事实。例如，无车马则无驾驭之道，无弓箭则无射道，无子则无为父之道，无弟则无为兄之道，如此等等。

宋明道学还经常讨论“太极”作为至上本体的动静问题，其中周敦颐和朱熹的观点影响较大。对此，王夫之的看法是：“太极”既动又静，其动是“动之动”，其静则是“动之静”。换言之，“太极”是绝对运动的，静止乃是其运动的另一种形式。王夫之强调，绝对不动的“废然之静，则是息矣”（《思问录·内篇》），“息”是指绝对静止所导致的本体创造力的寂息，这必将从根本上使天地万物之生生不息不再可能，因此“太极”的“废然无动而静”是不可想象的。相较于周敦颐、朱熹的“太极”，“太虚”是更具有王夫之思想特色的本体概念。在他看来，“太虚者，本动者也，动以入动，不滞不息”（《周易外传·系辞下》）。这里把运动确定为“太虚”的本质特性，所谓“动以入动”是指从一种运动形式转为另一种运动形式，如前文所言，其运动形式有往来、屈伸、聚散等。

既然本体是运动的，那么天地万物也就始终处于新旧更替、生生不息之中，用王夫之的话说就是“天地之化日新”（《思问录·内篇》）。他举例说，今天的风雷日月实际上已不是昨天的风雷日月，人的身体也已不是昨天的身体。有些变化容易被人察知，例如指甲和头发的生长；有些变化却不容易被人察知，例如肌肉的生长。如果有人不能察知事物的变化，误以为今天的日月、肌肉仍是“邃古之日月”“初生之肌肉”，我们就无法与他谈论“日新之化”（《思问录·外篇》）。进一步，如果有人不能因顺变化，“守其故物而不能日新”（《思问录·内篇》），那么虽然他们仍存在于世，却已如同枯槁之木，丧失了生机和活力。王夫之认为，面对“日新”的世界，正确的态度是“推故而别致其新”（《周易外传·无妄》），即抛弃失去生命力的陈旧之物，另外寻求和创造新的事物，这显然是一种进步主义的变化观。

二、气质生理、日生日成的人性论

人性论是儒家历来都十分关注的问题。在这个问题上，王夫之从他的理气关系思想出发，通过其于不同著作中表达的理论观点，对宋明理学特别是程朱一派的人性论进行了反思和修正。

王夫之认为，包括鸟兽草木在内，万物都有性，这是因为“凡物皆太和氤氲之气所成，有质则有性”。所谓“质”是指由气构成的事物的形质，“性”则是不同形质的事物具有的本质特征。由于鸟兽草木与人类所禀之气不同、形质不同，“则性亦殊”。而对于人类来说，不同个体的材资或有差别，但由于其形质皆由“一阴一阳继善之理气”构成，因此“人无有不善”（《张子正蒙注·至当》）。从根源的意义上把万物之性归本于气，进而借以解释人之共性及其与物性的差异，这说明王夫之肯认的只有气质之性，这与程朱所谓理为天命之性、理与气杂而为气质之性的二元论迥异。

在程颐那里，气质之性是与天命之性对立的，但在王夫之看来，程颐的气质之性“殊觉崚嶒”，甚至使学者“疑人有两性在”。为此，他另立新义：“所谓‘气质之性’者，犹言气质中之性也。质是人之形质，范围著者生理在内；形质之内，则气充之。”由于气含有起主持调剂作用的理，因此在此意义上，王夫之说：“一人有一人之生；……一人有一人之性。”这个说法在把气质之性进一步归本于气中之理的同时，肯定了每一生命形式以及不同个体之自性的天然合理性。与程朱的另一不同是，王夫之指出，气质之性不应被看作是后天的，这是因为无论人是否存在，即气是否构成人的形质，“理行乎气之中”“气必有理”这一本质关系始终如一，而气与气中之理的关系、人的形质与形质之性的关系，二者又是同构的。也就是说，有了人之后，内充于其形质内的气与理的关系，一如未有人之前流行于天地间的气与理的关系。从这个角度说，气质之性“依然一本然之性”（《读四书大全说》卷七）。由此可推，人的本然之性就是气质之性，“非本然之性以外，别有一气质之性也”（《读四书大全说》卷七）。王夫之的这一论断实质上是对程朱的天命之性及其性二元论的彻底否定。

关于人性的内涵，王夫之说：“性者，生之理也。均是人也，则此与生俱有之理，未尝或异。故仁义礼知之理，下愚所不能灭，而声色臭味之欲，上智所不能废，俱可谓之为性。”（《张子正蒙注·诚明》）这里明确指出人性兼包“理”和“欲”，“理”指道德和理性特质，“欲”指感性欲望，二者皆不可或缺。

王夫之认为，“理”为形而上，“欲”为形而下，但这种不同并不会导致性二元论，因为“形而上者为形之所自生”，“形而后有者资形起用”。换言之，“理”是人之形体的固有本质，“欲”是人之形体的功能，二者统一于人的形体之中。这种人性论与程朱片面肯定“理”而贬视“欲”的观念截然不同。不仅如此，王夫之还说：“声色臭味顺道则与仁义礼智不相悖害，合两者互为体。”（《读四书大全说》卷七）这里虽然主张欲望的满足应遵循道德规范，但却并未否定欲望，而是认为“欲”与“理”可以相合而互相为体，这无疑是对程朱一派“存天理，灭人欲”思想的反驳。

把“天地之化日新”的世界观贯彻于人性论，王夫之认为人性并不是固定不变的，而是始终处于变化生成之中。他说：“夫天之生物，其化不息”，“性者，生理也，日生则日成也。”（《尚书引义》卷三）具体来看，人自从胎孕而生之后，“形日以养，气日以滋，理日以成”，或者说“目日生视，耳日生听，心日生思”。既然性是人的形质之性，而人的形质每日都在变化生成中，那么性也一定是“日生而日成之”，“岂一受成侀，不受损益也哉”？从整个中国哲学史来看，把人性看作是变化日新、不断生成的后天产物，确是王夫之的独特见解。

另外，基于儒家的传统立场，王夫之并不否认人性初生之时固有天命的成分。理由是：如果“无所命”，不仅“仁义礼智无其根”，而且随着年岁流逝，“幼而少，少而壮，壮而老”，人们必然会遗忘自己的本性。但强调“初生之顷，非无所命”绝不意味着王夫之放弃了日生日成的人性论，恰恰相反，通过对“天命”进行动态的历时性解释，其日生日成的人性论反而得到了强化。首先，王夫之认为人的生存依赖于阴阳五行、天地万物，这些皆可“谓之命”。由于人对“天命”的取用日月不绝，因此“命日受则性日生”。其次，《诗》云“天命靡常”，既然“惟命之不穷也而靡常，故性屡移而异”。最后，《诗》曰：“昊天曰明，及尔出王；昊天曰旦，及尔游衍”，王夫之发挥道：“天日临之，天日命之，人日受之。命之自天，受之为性。……天命之谓性，岂但初生之独受乎？”（《尚书引义》卷三）意思是说，“天命之谓性”并不是一次性的，而是每天都在进行，因此人性也就是日生日成的。

三、居要者心、行可兼知的知行观

知行关系也是宋明理学中的重要问题，朱熹、王阳明对此都提出了影响深远的理论观念，王夫之则通过反思和批评朱、王等人的思想，形成了他自己的知行观。

首先来看王夫之关于知识产生机理的思想。他说："形也，神也，物也，三相遇而知觉乃发。"(《张子正蒙注・太和》)这里的形指具有各种感觉器官的身体，神指人的理性能力和精神作用，物是客观事物。形和神是主体的认识能力之所在，物则是作为认识对象的客体。王夫之认为，只有这三者同时具备且相互作用，知识才能产生。借用佛教术语，他有时又把认识对象称为"所"(所知)，把主体的认知能力称为"能"(能知)，并且认为"能取诸耳目心思之用"(《尚书引义》卷五)。也就是说，人的认知活动依赖感觉器官(如耳目)和思维器官(心或神)。

分开来看，感觉器官和思维器官使人分别具有感性认识能力、理性认识能力。关于二者之间的关系，王夫之一方面认为，虽然"一人之身，居要者心也"，但心的理性思维能力离不开感觉器官的作用，具体来说，"心之神明散寄于五脏，待感于五官"(《尚书引义》卷六)。如果某一种感觉感官丧失了功能，心的灵妙作用也将不复存在。例如，"无目而心不辨色，无耳而心不知声，无手足而心无能指使"(《尚书引义》卷六)。可见，对于王夫之来说，感觉是理性认识的前提和基础。

另一方面，王夫之更为强调心在整个认识活动中的主导地位和决定性作用。他举例说，人们以耳闻声、以目见色，这些感性认识活动都是心认识外部客观事物的途径；反过来，耳之所以能闻声、目之所以能见色，关键在于心的主导作用。如果"非意所属"，即感性认识活动中缺少心的作用，即便是"舆薪过前，群言杂至"(《张子正蒙注・大心》)，人们仍然会视而不见、听而不闻。从现代哲学认识论的角度说，缺少了理性认识的引导，仅仅基于感官的认识活动必将陷入盲目而无所得的境地，而王夫之这里指出理性认识对感性认识具有能动的引导或主导作用，确是一个深刻洞见。

但王夫之有时难免过度夸大了心在认识活动中的主导作用，以致表现出贬低感性认识能力的倾向。他说："声色之丽耳目，一见闻之而然，……岂如心之愈思而愈得，物所已有者无不表里之具悉，耳目但得其表。"（《读四书大全说》卷十）意思是说，耳仅能闻声、目仅能见色，声色都只是事物的外部属性，而心通过思维活动，却能认识事物内在和外在的全部特质。王夫之甚至认为，人的感性认识能力终归是有限的、片面的，例如目总是不能看见全部颜色，耳总是不能听闻全部声音，但具有思维能力的心对于事物及其理的认识却可以"无不得"。王夫之过度夸大心之作用的根本原因，在于他认为"心者，天之具体也"（《思问录・内篇》），又说："理者人心之实，而心者即天理之所著所存者也。"由于心被抬高到了形而上的"天"和"理"的地位，因此他才会认为心无所不能，乃至"知之不昧，行之不疑"（《四书训义》卷八）。

与此相应，王夫之的格物致知思想也具有贬低感觉、夸大心知的特点。他对格物的定义是"博取之象数，远证之古今"，由此获得的是实证、经验的知识；对致知的定义是"虚以生其明，思以穷其隐"（《尚书引义》卷三），由此获得的是抽象、超验的知识。格物和致知既相互区别，又"相济"相成。他说：

> 大抵格物之功，心官与耳目均用，学问为主，而思辨辅之，所思所辨者皆其所学问之事。致知之功则唯在心官，思辨为主，而学问辅之，所学问者乃以决其思辨之疑。"致知在格物"，以耳目资心之用而使有所循也，非耳目全操心之权而心可废也。（《读四书大全说》卷一）

这段话较为全面地阐述了格物与致知、感觉与心知的关系，认为格物需要人的感性和理性能力同时发挥作用，致知却仅靠理性，感觉为心知的理性思辨提供素材和依据。但与此同时，王夫之又转而认为："吾心之知，有不从格物而得者。"他举了两个例子：酒肉黍稻可以养生，但过量食用就会伤人，这一点"唯求诸己之自喻"（《读四书大全说》卷一），靠研究酒肉黍稻是不可能明白的；孝亲是人"不学而知"的本能，同样不需要研究外部事物。在这两个例子中，人心的自知自觉确实发挥了重要作用，但如果由此就把某些知识片面归结为"吾心"而否定格物，则是不正确的。因为很显然，对酒肉黍稻一无所知、完全脱离社会生活，是不可能懂得养生之术和孝亲之道的。

在知识和实践的关系问题上，朱熹主张知先行后，王阳明主张知行合一，王夫之对这二者都不赞同。针对朱熹的主张，他以《尚书·说命》所谓"非知之艰，行之惟艰"以及《论语·雍也》中孔子所谓"仁者先难而后获"为依据，认为："艰者必先也，先其难而易者从之易矣。"（《尚书引义》卷三）可见他主张行先知后。针对王阳明的主张，他认为这是"以知为行"，且"销行以归知"（《尚书引义》卷三）。意思是王阳明混淆了知与行，以至取消了行。

在王夫之看来，知与行既有分又有合。关于知行之分，他说："从大段分限者，则如讲求义理为知，应事接物为行是也。"（《读四书大全说》卷三）关于知行之合，他的看法有如下几方面：首先，"同者不相为用，资于异者乃和同而起功"，由于知行有分，所以二者可以"相资以为用"（《礼记章句》卷三十一）。其次，"讲求之中，力其讲求之事，则亦有行矣"（《读四书大全说》卷三），即勉力求知也是一种行。最后，"知不可兼行"（《尚书引义》卷三），但行却兼括或涵蕴了知，因为"知也者，固以行为功者也；……行焉可以得知之效也"（《尚书引义》卷三），意思是任何实践都以知识为指导和支持，都是知识的应用和落实，不存在无知之行。

从上述几点可以看出，王夫之虽然主张知行有分而互用，但相比之下，他实际上更强调行。正因此，他提出："君子之学，未尝离行以为知"，"行也者，不以知为功者也。……知焉未可以得行之效"（《尚书引义》卷三）。这种看法固然意在批评与实践无关或不能落实为实践的知识，但无形中却弱化了认识活动和纯知的独立意义，并且也没有看到实践对认识活动的促进作用，所以是有失偏颇的。

四、理势合一的历史观

相比于绝大多数宋明儒者，身处明清鼎革之际、罹遭家国丧乱之大痛的王夫之对社会巨变的感受格外深切，由此他对中国历史发展中的治乱兴衰及其规律展开了深入思考，并撰写了两部历史评论著作《读通鉴论》和《宋论》，提出了许多极为精辟的理论见解。

柳宗元在《封建论》中曾以"势"解释郡县制和封建制之兴废，王夫之继承了柳宗元的这一概念，且有重要发展。他认为："势者事之所因，事者势之所就，故离事无理，离理无势。势之难易，理之顺逆为之也。理顺斯势顺也，理逆斯势逆矣。"(《尚书引义》卷四)所谓势是指历史发展的必然趋势，任何历史事件和社会现实都由势所导致，理则是内在于势的历史演变的客观规律。遵循历史规律就可以顺应历史发展趋势，达成某种社会现实；反之，逆理逆势而为必然会失败。

作为历史哲学概念的理和势，实质上是王夫之将其理气关系思想推展于历史领域的结果。他说："言理势者，犹言理之势也，犹凡言理气者，谓理之气也。"理在气中，"即于气上见理"；同样，人们也只能"在势之必然处见理"。进一步，正如"理与气不相离"那样，"势因理成"，理与势也"不可以两截沟分"。由于"势之顺者，即理之当然者"(《读四书大全说》卷九)，因此顺应"势之必然"实质上就是遵循"理之当然"。换言之，顺应历史发展趋势即遵循客观的历史规律。

既然"势因理成"，体现了历史发展的必然规律，因此王夫之强调："凡言势者，皆顺而不逆之谓也；……不容违阻之谓也。"也就是说，历史发展趋势只可顺应、不可违逆。以宋朝的灭亡为例，王夫之指出："天非不祚宋也，谋国者失之于天。"这里的"天"即"理而已矣"，而理则是"势之顺而已矣"，即理外在地表现为势。由此，逆势即逆理，逆理即逆天。统治者不明乎此，强行违背历史发展的必然趋势及其规律，"力与天争，而天且去之"(《宋论》卷七)，因此其灭亡也就在所难免了。

从理势合一的思想出发，王夫之认为统治者的主观意志并不是历史发展的决定性力量。例如，"秦以私天下之心而罢侯置守"，即废封建、立郡县，虽然统治者的主观动机是为了求其私利，但客观上，"为天下计，则害不如封建之滋也多矣"，"后世生民之祸亦轻矣"。在此意义上，可谓"天假其私以行其大公"(《读通鉴论》卷一)，统治者的营私之举反倒促进了历史进步。再如，汉武帝开疆拓土之目的本是为求良马，但其逐欲之措却使得贵州、云南由蛮荒之野变为文明之域。可见，历史发展的进程和结果并不受统治者之主观动机和意志的支配，而是自有其内在的客观规律，即所谓"天牖之也"(《读通鉴论》卷三)。

另外，与宋明理学崇尚唐虞、三代的主流观念不同，王夫之还是一位历史进步主义者。在他看来，“中国之天下，轩辕以前，其犹夷狄乎！太昊以上，其犹禽兽乎！”那时候尚不知文明为何物的人们无异于“直立之兽”（《思问录·外篇》）。尧舜以前的情况不仅不可详考，而且彼时人们同样处于野蛮状态，“人之异于禽兽无几”。三代之季虽历历可征，但商纣却荒淫无道，以致“臣叛其君、子叛其父”，而春秋之世更是频见弑君弑父、兄弟相杀、姻党相灭之乱象。只有在孔子“成春秋……删诗书，定礼乐”之后，“道术始明”。通过回顾从远古到孔子的历史演变过程，王夫之得出结论：“治唐虞、三代之民难，而治后世之民易，亦较然矣。”（《读通鉴论》卷二十）这一论断虽有夸大孔子历史贡献之失，但却表现出了进步主义的历史观，在宋明理学的崇古氛围中实属难能可贵。

思考题：

1. 简述王夫之的虚空皆气、日新之化的世界观。
2. 简述王夫之的理势合一的历史观。

第三十章
颜元的哲学

颜元(1635—1704),字易直,号习斋,河北博野人,清初思想家、教育家。他19岁中秀才,后因家道中落,靠耕稼、开塾教学、卖药行医为生,晚年曾主持漳南书院。在自立一宗之前,颜元的思想历程颇为曲折驳杂:他曾修丹道、习兵法,继而推崇陆王,视其为"孔孟后身",而后又虔心信从朱熹,甚至依其所定之礼处丧尽哀。在经过一番思考和实践后,颜元转而归宗周公、孔子,批评程朱陆王为沾染了禅学和俗学的旁门左道,而非儒学正宗。颜元的著作主要有《四书正误》《四存编》《习斋记余》《朱子语类评》等。弟子李塨继承并发展了颜元的思想,故世称"颜李学派"。

总体来看,颜元的思想有两个显著特点:一是早年生活经历及其与底层民众长期的近距离接触,促使他非常强调切合事物、躬身践行,反对凌空蹈虚;二是他在思想成熟之后对宋明道学进行了反思,批判程朱陆王遂成为其哲学思想的重要内容。

一、主张"理气俱是天道",批评道学悬空虚华

关于理气关系,朱熹认为"理在气先",理是"形而上之道,生物之本",气是"形而下之器""生物之具"。这一思想在宋明道学中影响巨大。颜元则针锋相对地指出,"理气俱是天道"(《存学编》卷一),气是"为寒热风雨生成万物者",即构成万物万象的质料,理是万物"往来代谢流行不已"的"所以然者"(《言行录》卷上),即事物变化的固有规律。由此可见,理气是同一层次的概念,不存在孰先孰后的问题。不仅如此,颜元还认为理与气"融为一片"

(《存性编》卷二)、密不可分:“气即理之气,理即气之理”(《存性编》卷一),而天地万物的生成和变化则是二者共同作用的结果,正如他所说:“莫不化生也,无非是理是气也。”(《存性编》卷二)

这种理气关系落实到人性论上,颜元认为:“万物之性,此理之赋也;万物之气质,此气之凝也。”(《存性编》卷二)既然理气“融为一片”,那么二者所构成的万物之性与气质也就是一体而不可分的,即“非气质无以为性,非气质无以见性”,“若无气质,理将安附”? 按照这种说法,人性只是气质所具之性,气质之外无性。由此他批评宋明道学的性二元论:“乌得谓理纯一善,而气质偏有恶哉?”(《存性编》卷一)其矛头所指显然是程朱一派的性(理)为善而气或气质为恶的人性思想。

性与气质的关系,有时又被颜元表述为性与形的关系。《中庸》云“天命之谓性”,颜元则从“理气俱是天道”出发,做出了“性形俱是天命”(《存学编》卷一)的论断。在肯定形具有天然合理性的前提下,他把性与形的关系表述为:“舍形则无性矣,舍性则无形矣。”(《存人编》卷一)这里的形与气质同义,而这句话实则是他的性与气质一体而不可分思想的另一种表达形式。具言之,人性只是形之性,形之外无性。据此,颜元进一步指出:“失性者,据形求之;尽性者,于形尽之。贼其形则贼其性矣。”(《存人编》卷一)肯定形必然导致对基于形的感性欲望的肯定,这与程朱一派强调天理、贬视人欲的主张无疑是格格不入的。在颜元看来,宋明儒者之所以贬视欲望和形体,乃是因为受到了佛老虚无逃世思想的消极影响,“于是始以性命为精,形体为累,乃敢以有恶加之气质,相衍而觉其非矣”(《存性编》卷一)。

颜元将理气“融为一片”的思想贯彻在理事关系问题上,因此特别重视事和物。他说:“尧舜之道而必以事名,周孔之学而必以物名,伊若预烛后世必有离事物而为心口悬空之道、纸墨虚华之学。”(《习斋记余》卷三)这里的“事”和“物”有特定含义:“事”指《尚书》所谓正德、利用、厚生之“三事”,“物”指《周礼》所谓六德(知仁圣义忠和)、六行(孝友睦姻任恤)、六艺(礼乐射御书数)之“三物”。可以看出,作为颜元心目中的尧舜周孔之道的基本内容,“三事”和“三物”具有显著的实践性,他认为这才是儒家思想之正宗,而后儒离却事物的悬空虚华之学则有悖于此。颜元指出,孔子与程朱的根本区别在于:“孔子则只教人习事,迨见理于事,则已彻上彻下矣”,这是因为理在事中、离事无理,所以践行“三事”和“三物”,即可于形而下的事物中明达形而上之理;宋儒却脱开事物而“只教人明理”,这样即便“见理已明”,最终仍然“不能处事”(《存学编》卷二)。

以其理气关系和理事关系思想为依据,颜元对宋明道学展开了全面的反思和批判。关于程朱一派,他认为其学“以主静致知为宗旨,以静坐读书为工夫,……以释经注传纂集书史为事业”,“此所谓自得孔子真传”,实际情况却是“弥近理而大乱真”(《存学编》卷一),这是因为“空静之理,愈谈愈惑;空静之功,愈妙愈妄”(《存人编》卷一)。关于陆王一派,他认为陆象山之“分析义利……先立其大”云云、王阳明之“致良知……知行合一”云云,皆“自谓得孟子之传”,实则都有“蹈虚无”而“近禅”(《存学编》卷一)之弊病,所以并不能使真德秀等儒者信服。

在颜元看来,程朱陆王之学的流行不仅导致“人人禅子、家家虚文,直与孔门敌对”(《年谱》),而且造成了非常严重的负面社会历史效应,即“百里无一士,千里无一贤,朝无政事,野无善俗,生民沦丧”(《习斋记余》卷六)。关于虚空不实之学的流弊,他甚至说:“训诂、清谈、禅宗、乡愿,有一皆足以惑世诬民,宋人兼之,乌得不晦圣道、误苍生至此也?仆窃谓其祸甚于杨墨,烈于嬴秦。”(《习斋记余》卷三)颜元为此感到痛心疾首,所以他誓言:“必破一分程朱,始入一分孔孟。乃定以为孔孟程朱判然两途。”(《年谱》)不仅要与程朱划清界限,颜元甚至认为:“天下宁有异学,不可有假学。异学能乱正学而不能灭正学,有似是而非之学乃灭之矣。”(《年谱》)毫无疑问,悬空虚华的程朱陆王之学正是颜元批判的似是而非的“假学”。

二、强调“犯手实做”,批评宋儒死读经史

在儒家极为重视的格物致知问题上,颜元针对宋明道学特别是程朱一派的思想,提出了迥然相异且独具特色的理论主张。

颜元首先指出,“知无体,以物为体。犹之目无体,以形色为体也”,也就是说,物是认知的前提,认识活动的开展不能脱离物,“人心虽灵,非玩东玩

西，灵无由施也”（《四书正误》卷一）。这里的人心之“灵”指主体的认识能力，“东西”（物）是作为认识对象的客体，认识活动则是主体的认识能力施加于客体的过程。颜元认为，如果主体与外物完全脱离，“耳目不接天下之声色，身心不接天下之人事”，“惟阖眼内顾，存养一点性灵”（《存人编》卷一），人们是不可能获得对事物的认识的。

在此基础上，颜元把格物之“格”解释为“‘手格猛兽’之格，‘手格杀之’之格”，并认为它的意思是“犯手捶打搓弄”（《习斋记余》卷六），阳明一派释其为“正”、朱熹一派释其为“至”、汉儒释其为“来”均欠妥当。显而易见，颜元对“格”的解释更强调主体与事物的实际接触，更具有实践特点。与此相应，他又说：“‘格物’谓犯手实做其事，即孔门‘六艺’之学是也。”（《言行录·刚锋》）按照这种解释，格物就表现为一个主体以物为对象的动态的实践过程。以饮食为例：即便上智之人也不可能预先知道某种蔬菜是否可食，即便能从形色猜测某种蔬菜可食，也不可能知道其味道如何，“必箸取而纳之口，乃知如此味辛”，这充分说明“手格其物而后知至”（《四书正误》卷一）。

以此为依据，颜元对不接触事物、脱离实践的格物致知思想进行了批评。他说：“今之言致知者，不过读书、讲问、思辨已耳，不知致吾知者，皆不在此也。”例如，欲获得音乐知识，“任读乐谱几百遍，讲问、思辨几十层，总不能知。直须搏拊击吹，口歌身舞，亲下手一番，方知乐是如此”（《四书正误》卷二）。颜元这里批评的实质上是以朱熹为代表的宋儒，因为朱熹认为儒者应“读尽天下书，方且要每篇读三万遍”（《言行录·禁令》），但在颜元看来，“以读经史、订群书为穷理处事以求道之功，则相隔千里；以读经史、订群书为即穷理处事而曰道在是焉，则相隔万里矣”（《存学编》卷二）。简言之，撇开事物、脱离实践而一味强调“读经观史，非学”（《言行录·齐家》），格物致知的正确途径应当是“只向习行上做工夫”（《言行录·王次亭》），“习行”也就是“犯手实做”。

《论语》开篇云“学而时习之”，颜元指出这便是儒家精神之真髓所在，而朱熹之所以片面强调读书以求知，恰恰是因为他“忘了孔门‘学而时习之’一句”（《言行录·教及门》），以至于背离了儒家的真精神。颜元发挥孔子这句话的思想说：“思过读过总不如学过。一学便住也终殆，不如习过；习三两次，终不与我为一，总不如时习方能有得。‘习与性成’，方是‘乾乾不息’。”

(《言行录·学习》)由此可见,颜元所说的"习行"是指持续不断地练习、实践,最终达到的"与我为一"的效果则是指主体已经通透地理解和掌握了客体,以致将其完全内化于己心之中。

颜元认为,朱熹一派不重"习行"而一味死读书的社会历史影响极其严重:"千余年来,率天下入故纸中,耗尽身心气力,做弱人、病人、无用人者,皆晦庵(即朱熹)为之也。"(《朱子语类评》)他甚至认为:"读书愈多愈惑,审事愈无识,办经济愈无力"(《朱子语类评》),又说:"读书著书,能损人神智气力,不能益人才德"(《言行录·教及门》),"书之病天下久矣,使生民被读书者之祸,读书者自受其祸"(《言行录·禁令》)。表面上看,颜元对读书的否定具有浓厚的反智主义色彩,但放在具体的思想语境中来理解,这些言辞其实只是针对朱熹一派的激反之言。事实上,颜元并不是绝对地否定读书,他曾经说:"开聪明,长才见,固资读书;若化质养性,必在行上得之。"(《言行录·理欲》)曾经有人问颜元:"书可废乎?"他明确回答:"否。学之字句皆益人,读著万卷倍为累。如弟子入则孝一章,士夫一阅,终身做不尽;能行五者于天下一章,帝王一观,百年用不了,何用读著许多!"(《言行录·教及门》)可见颜元的真实态度是:读书固然有助于增广人的才智和见识,但践行比读书更重要,所以仅读书是远远不够的,个体人格的培养、社会事业的建设必须通过实践才能最终完成。

除了反对死读书外,颜元重视"习行"的另一独特表现是他提倡"精一艺""专一事"。在他看来,格物致知而能够"上下精粗皆尽力求全"固然是"圣学之极致",但如若做不到,毋宁在某一方面或某一环节求实践行,也不应盲目追求虚华无实的"全体大用","如六艺不能兼,终身只精一艺可也"(《存学编》卷一)。更具体地说,"人于六艺,但能究心一二端,深之以讨论,重之以体验,使可见之施行,则如禹终身司空,弃终身教稼,皋终身专刑,契终身专教,而已皆成其圣矣",即便他们未曾"更读一书、著一说",仍不妨其为"儒者之真而泽及苍生"(《习斋记余》卷三)。颜元又以"各专一事"的舜之五臣、孔门诸贤、汉室三杰为例指出,"不必多长"或"未尝兼摄","学须一件做成,便有用,便是圣贤一流"(《言行录·学须》)。把宋明道学对玄远的"全体大用"即终极真理的追求向下降落为"精一艺""专一事",这种格物致知思想显然更为切实可行，同时也具有了平民化的取向。

三、提倡“谋利计功”，批评宋儒空谈心性

作为儒家学者，颜元一定程度上接受了宋明道学的传统观念，认为应当对天理与人欲进行清晰划界，因为“理欲之界若一毫不清，则明德一义先失”（《言行录·理欲》）。他还曾结合自己的亲身经历提出了克制人欲的具体方法：“吾用力农事，不遑食寝，邪妄之念，亦自不起。若用十分心力，时时往天理上做，则人欲何自生哉?”（《言行录·理欲》）从中可知，颜元参照天理并通过体力劳动克制的乃是邪妄不当的欲望。事实上，不同于主流的道学思想，颜元把人性看作是形质之性，因此他并不绝对否定基于形质的欲望。例如，“礼乐缤纷，极耳目之娱而非欲也”，“男女者，人之大欲望也，亦人之真情至性也”（《存人编》卷一）。不难发现，对于那些出自人的自然本性以及符合伦理规范的欲望，即便这些欲望臻于极致，颜元也仍然持肯定态度。

与这种理欲观相一致，他对道义与功利之关系的看法也与传统儒家有所不同。董仲舒说：“正其义不谋其利，明其道不计其功。”颜元坚决反对这种观念。他反问说：“世有耕种而不谋收获者乎？世有荷网持钩而不计得鱼者乎？这不谋不计两‘不’字，便是老无、释空之根。”（《言行录·教及门》）这就是说，谋取功利是人们行为处事的固有动机，这种动机是天然合理的，而那种完全排斥功利的主张实质上是受到佛老虚无主义影响的结果。因此他提出：“正其谊以谋其利，明其道而计其功”（《四书正误》卷一），“正谊便谋利，明道便计功，……全不谋利计功，是空寂，是腐儒”（《言行录·教及门》）。显然，颜元的主张兼顾了道义与功利，从而迥异于绝对排斥功利的所谓“腐儒”。

这种义利观表现在政治领域中，颜元提出的治国理政主张就表现出了较为突出的功利主义的外王取向。为求“富天下”，他认为应“垦荒、均田、兴水利”；为求“强天下”，他认为应“人皆兵、官皆将”；为求“安天下”，他认为应“举人才、正大经、兴礼乐”（《年谱》）。对于孟子宣扬的王道手段，颜元明确表示：“窃有一二不愿学处，如善战、辟草莱之才，自是行道所必用，……七雄以富强为主，此辈皆居腹心要路，只合包容任用。”（《言行录·王次亭》）意思

是说，为求国家之富强，必须重用擅长耕战的人才，而颜元政治思想的基本特点则是以外王为取向、用霸道以行王道。对于饱受儒者非难的王安石所采取的富国强兵之策，颜元所做的辩护同样体现了他的功利主义的政治取向。他认为王安石之所忧、所见、所为都是司马光、二程、邵雍之辈所不及者，同时更是他们“所不肯为、不敢为、不能为者”（《习斋记余》卷六），而“腐儒”群起诬诟王安石所造成的后果则是：“天下后世，遂群以苟安颓靡为君子，而建功立业欲搘拄乾坤者为小人也。”为此，颜元感叹：这不仅是“荆公（指王安石）之不幸，宋之不幸也哉”（《年谱》）！

基于功利主义的政治立场，颜元对宋儒的批评还不止于此。他曾一针见血地说：“宋人但见料理边疆，便指为多事；见理财，便指为聚敛；见心计材武，便憎恶斥为小人。此风不变，乾坤无宁日矣。”（《年谱》）这是对宋儒全然不考虑国家富强的泛道德主义的尖锐批评。颜元指出，这种风气的形成和泛滥，很大程度上应归因于朱熹。他批评朱熹说：“居恒传心，静坐主敬之外无余理；日烛勤劳，解书修史之外无余功；在朝莅政，正心诚意之外无余言。”（《存学编》卷三）颜元认为，一味读书论道、只重修身养性不仅使朱熹本人在政治上毫无建树，而且败坏了士风民俗。例如，其“重文轻武”之“遗风至今日，衣冠之士羞与武夫齿，秀才挟弓矢出，乡人皆惊，甚至子弟骑射武装，父兄便以不才目之。长此不返，四海溃弱，何有已时乎”（《存学编》卷二）？受此颓弱之风的影响，士大夫阶层往往“无事袖手谈心性，临危一死报君王，即为上品矣”（《存学编》卷一），而与此同时，有宋一朝则一边“多圣多贤”，一边“上不见一扶危济难之功，下不见一可相可将之材”（《存学编》卷二），以至于节节败退、亡国灭顶，这不能不说是荒诞的历史悲剧。

接续明清之际反思宋明道学的时代风潮，颜元提出的“理气俱是天道”“犯手实做”“谋利计功”等思想主张，以及据此对程朱陆王之学所作的批判都是极为深刻的，而他也因此成为清代实学的重要开创者之一。

思考题：

1. 简述颜元的理气关系思想及其对宋明道学的批判。
2. 简述颜元的格物致知思想及其对宋明道学的批判。

第三十一章
戴震的哲学

戴震（1724—1777），字东原，安徽休宁人，清朝中期思想家、考据学家。他出身于一个家道久已中落的商贩家庭，自己也曾靠教书维生。虽然戴震青少年时期便因天资聪颖、才华出众而闻于四方，但其科举之路却颇为不顺，直到 39 岁才中举人，此后六次参加会试却又屡屡不第。然而，由于戴震知识渊博且久负盛名，在文字音韵、天文历法以及数算、名物、地理等领域都有精深的研究和造诣，乾隆特召他担任《四库全书》纂修官，52 岁时又获赐同进士出身，但不幸的是，两年后他就病逝于北京。戴震的思想成就和学术贡献非常大，故梁启超称誉他为“前清学者第一人”，其哲学著作主要有《孟子字义疏证》《原善》《绪言》等。

在戴震生活的雍正、乾隆时期，程朱理学受到朝廷的推崇，甚至被奉为官方的唯一“正学”。但如颜元一样，戴震对作为思想遗产和政治现实的宋明道学特别是程朱理学进行了激烈批判，表现出了可贵的理论勇气，产生了深远的历史影响。

一、“气化流行”的道论

不同于程朱一派，戴震哲学思想的最高概念是道，而不是理。关于道的含义，他说：“道言乎化之不已也”（《原善》上）；“道犹行也，气化流行，生生不息，是故谓之道”（《孟子字义疏证》卷中）。很明显，这是以气的运动来解释道，同时又把万物的生生不息看作是气化即道流行的结果，正如戴震所说：“气化之于品物，可以一言尽也，生生之谓欤。”（《原善》上）《周易·系辞》曰

"一阴一阳之谓道",《尚书·洪范》曰"五行:一曰水,二曰火,三曰木,四曰金,五曰土",戴震认为"行亦道之通称","阴阳五行,道之实体也"(《孟子字义疏证》卷中)。这里把阴阳五行统摄于道之下,其意思是说,道具体落实为阴阳五行的运动,并通过阴阳的对待和五行的共同作用而化生万物。

以此为基础,戴震反对在阴阳五行之外另设一个独立自存的道。他说:

> 气化之于品物,则形而上下之分也。形乃品物之谓,非气化之谓。《易》又有之:"立天之道,曰阴与阳。"直举阴阳,不闻辨别所以阴阳而始可当道之称,岂圣人立言皆辞不备哉?一阴一阳,流行不已,夫是之谓道而已。(《孟子字义疏证》卷中)

这段话实际上是在批评程朱。程颐曾说,"道非阴阳也","所以阴阳者是道也;阴阳,气也,气是形而下者,道是形而上者";朱熹则说:"太极(理),形而上者,谓之道也;阴阳,形而下者,谓之器也。"戴震在这里却指出,形是指千差万别的事物,而非气化流行之道,阴阳二气流行不已才是道,更准确地说,"一阴一阳,盖言天地之化不已也,道也"(《原善》上)。既然如此,也就完全没有必要在阴阳二气及其化生的天地万物之外再悬设一个自存之道,并将其视为阴阳及天地万物的本体依据,即程颐所谓"所以阴阳者"。历代儒家对《周易·系辞》所谓"形而上者谓之道,形而下者谓之器"聚讼不已,戴震认为这句话并不是说道为形而上者、器为形而下者,而只是借道、器以"区别其形而上、形而下耳"。按照他的说法,"形谓已成形质,形而上犹曰形以前,形而下犹曰形以后",阴阳二气的流行如果尚未"成形质,是谓形而上者也,非形而下明矣"(《原善》上)。戴震从"气化流行"的道论出发,把"形而上""形而下"分别解释为"形以前""形以后",等于从根本上取消了程朱主张的独立自存的至上之理。

进一步,戴震又用"气化流行"之道收摄了宋明道学的理,并对其作出了新的解释。他说:"生生而条理者,化之流"(《原善上》);"由其生生,有自然之条理"(《孟子字义疏证》卷下)。所谓"条理"是指万物生生不息所固有的内在规律,它"秩然有序""截然不可乱"(《孟子字义疏证》卷下),礼和乐则是"条理"在人伦社会中的具体形式。戴震认为,万物生生不息的运动变化必然遵循一定的“条理”，“惟条理，是以生生；条理苟失，则生生之道绝”（同上），“未有生生而不条理者”（《原善》上）。在戴震这里，如果说“条理”是就生生的整个运动变化过程而言，那么“理”则是就某一事物而言。他说：“理者，察之而几微必区以别之名也，是故谓之分理”；“分之，各有其不易之则，名曰理。……是故明理者，明其区分也”（《孟子字义疏证》卷上）。可见“理”是指某一事物“必然不可易”的本质规定，即现代哲学中的殊性，把各种事物相互区分开来的正是其各自不同的“理”。“理”和“条理”的关系是：“得其分则有条而不紊，谓之条理。”（《孟子字义疏证》卷上）意思是说，如果不同的事物能够保持各自的殊性，“气化流行”而生生不息的过程就会呈现出有条不紊的规律性特点。

据此，戴震对朱熹的“理一分殊”之说提出了批评。在他看来，朱熹一方面把“理”视为超越于“天地、人物、事为”的存在者，另一方面又认为“理”于万物之中无所不在，势必“使学者皓首茫然，求其物不得”（《孟子字义疏证》卷上）。实际上这种独立于天地万物之外的“理”是不存在的。戴震认为，朱熹之所以悬设一个脱离天地万物的“理”，乃是受到佛道影响的结果。具言之，庄子、佛教在本体论上分别有“真宰”以及“真空”“神识”的概念，朱熹不过是把这些异端的概念“转之以言夫理，就老庄、释氏之言转而为六经、孔孟之言”，进而“尊理为超乎阴阳气化”的主宰（《孟子字义疏证》卷上）。戴震指出，不仅是程朱，陆王在这个问题上也受到了佛道的影响，二者的不同在于：程朱之失是“转其说以言夫理，……误以释氏之言杂入于儒”，陆王之误则是“就老庄、释氏所指者，即以理实之，是乃援儒以入于释者也”（《孟子字义疏证》卷上）。显然，无论哪种错误情形，都玷污和背离了儒家思想的正统，甚至误导“学者转相传述，适所以诬圣乱经”（《孟子字义疏证》卷中），其流弊甚为恶劣。

二、“血气心知”的人性论

从“气化流行”的宇宙论出发，戴震提出了他的人性论思想。他说：“举凡品物之性，皆就其气类别之”，“知其性者，知其气类之殊”（《孟子字义疏证》卷中)。由于人与禽兽所禀之气不同,所以人性也就异于禽兽之性。对于人而言,“人之血气心知,原于天地之化”,“血气心知,性之实体也”(同上)。血气是生理基础,心知是人的知觉能力。至于人性的具体内容,戴震说:

> 人生而后有欲、有情、有知,三者血气心知之自然也。给于欲者,声色臭味也,……发乎情者,喜怒哀乐也,……辨于知者,美丑是非也,……声色臭味之欲,资以养其生;喜怒哀乐之情,感而接于物;美丑是非之知,极而通于天地鬼神。(《孟子字义疏证》卷下)

戴震认为,“欲根于血气”(《孟子字义疏证》卷中),其表现为口之于味、目之于色、耳之于声、鼻之于臭、四肢之于安逸,人们以声色臭味之物满足欲望是生存的必需条件,“天下必无舍生养之道而得存者”(《孟子字义疏证》卷下)。人与禽兽的差异,表面上看是人有礼义而禽兽没有,更根本的差异则是“人之知觉大远乎物”(《孟子字义疏证》卷中),也就是说知觉是人高于禽兽的特殊本质。

这种特殊本质一方面可使“人能进于神明也”(《孟子字义疏证》卷上),即使人获得至高无上的智慧;另一方面,“有心知,则知有父子、有昆弟、有夫妇,而不止于一家之亲也,于是又知有君臣、有朋友,五者之伦相亲相治”(《孟子字义疏证》卷中),即使人拥有伦理和政治生活。由于知觉是人的特殊本质,戴震赞同孟子的性善论,他说:“欲者,血气之自然;其好是懿德也,心知之自然,此孟子所以言性善。心知之自然,未有不悦理义者。”(《孟子字义疏证》卷上)意谓正如追求欲望的满足是人之血气的生理本性那样,对于美德的追求是其心知(精神)的本性。这个说法实质上赋予了人以道德本能。因为有“好是懿德”的本能,所以人在满足欲望的活动中就可以做到“知其限而不踰”(《孟子字义疏证》卷中),即遵守必要的社会规范,行为节制而不失当。

在肯定人有道德本能的同时,戴震又认为现实生活中人们未必能“尽得理合义”,使其所作所为完全符合道德规范。为此,他提出:“由血气之自然,而审察之以知其必然,是之谓理义”,或者说,“就其自然,明之尽而无几微之失焉，是其必然也”。戴震这里强调的是，人们应充分运用心知的自觉意识，使其所作所为完全听从内在的道德本能而毫无爽失。如果能这样，“自然之与必然，非二事也”，内在的道德本能就与外在的道德规范对应一致，而听从道德本能与遵守道德规范由此也就可以统一起来。戴震认为“是乃自然之极则”（《孟子字义疏证》卷上），即行为符合道德规范是人之道德本性的完满实现。

值得注意的是，戴震并没有把实现道德理想奉为人性的唯一目标，事实上，他同样强调感性的人欲、人情的满足和实现。他说：“合声色臭味之欲、喜怒哀乐之情，而人道备。”（《孟子字义疏证》卷中）换言之，人欲和人情是人道不可或缺的内容。正是由于这个原因，戴震说：“天下之事，使欲之得遂、情之得达，斯已矣。”在他看来，不能仅仅“遂己之欲”，还要“广之能遂人之欲”；不能仅仅“达己之情”，还要“广之能达人之情”。这个看法与孔子所谓“己欲达而达人”是相通的。戴震进一步认为：“道德之盛，使人之欲无不遂、人之情无不达，斯已矣。”（《孟子字义疏证》卷下）这就把整个社会的道德理想的实现转化为人们欲望和情感的满足，并将二者完全统一起来了。

基于“血气心知”的人性论，戴震对程朱一派“截然分理欲为二”的主张进行了猛烈批判。他把理和欲的关系表述为，“理也者，情之不爽失也，未有情不得而理得者也”，“今以情之不爽失为理，是理者存乎欲者也”（《孟子字义疏证》卷上）。质言之，理在欲中，理是欲之理，满足人之情感和欲望而不失当即为理，或者说，满足人之情感和欲望的恰当方式就是理。反过来，“无欲无为又焉有理”，例如佛、道主张无欲无为，“故不言理”（《孟子字义疏证》卷下）。正因此，“古之言理也，就人之情欲求之，使之无疵之为理”，与此迥异，“今之言理也，离人之情欲求之”。例如，程朱便“以理为如有物焉，外乎人之性之发为情欲者”（《孟子字义疏证》卷上），这种脱离情欲之理显然是与人无关的存在。与“截然分理欲为二”相应，朱熹还高标天理、贱视人欲，进而主张“存天理，灭人欲”。对此，戴震反驳说：不应把天理与人欲对立起来，并认为“天理为正，人欲为邪”；事实上，人欲“非不可有”，如果能有所节制而不过度即是“依乎天理”（《孟子字义疏证》卷上）。

戴震深刻地指出，脱离欲望而高标所谓天理造成了严重的社会危害。

首先,“以不出于欲为理”从根本上有悖“圣人体民之情,遂民之欲”的儒家精神,全然漠视民众饥寒愁怨、饮食男女的合理欲求,“用之治人,则祸其人”(《孟子字义疏证》卷上)。其次,由于不合乎人性的真实情况,空谈天理而罔顾人欲只会造成虚伪的社会风气,使“天下之人尽转移为欺伪之人,为祸何可胜言也哉”(《孟子字义疏证》卷上)。最后,虚伪的理必然沦为尊者、长者、贵者指责卑者、幼者、贱者的压迫性工具,“上以理责其下”,虽然所责不当,下者也不得不顺受,而下者的抗争虽然合理,也会被斥为叛逆乃至被治罪。对此,戴震不由感叹:“人死于法,犹有怜之者;死于理,其谁怜之!”(《孟子字义疏证》卷上)感叹之余,他不由激烈谴责说:“此理欲之辨,适成忍而残杀之具,为祸又如是也。”(《孟子字义疏证》卷下)在当时程朱理学被官方定为唯一“正学”的意识形态笼罩下,戴震的批判和谴责可谓振聋发聩、石破天惊。

三、“外内相通”的认识论

戴震认为,人的认识是“外内相通”的结果。所谓“外”是指外在的客观对象,“内”指人的认识器官及其认识能力,只有“外”与“内”结合起来,并且人们能够真实地把握客观对象的特质,才会形成正确的认识。

谈及“内”即人的认识器官及其认识能力,戴震说:“血气心知,有自具之能。”(《孟子字义疏证》卷上)如上节所述,血气是人的生理基础,而心知则是人高于动物的特殊本质,这句话是说人因其生理基础和特殊本质而自然具有某些能力。至于二者之间的关系,戴震认为“有血气,夫然后有心知”(《原善》上),意谓人的生理基础是其心知之能的前提。

具体来看,戴震把人的认识能力分为两种:一是基于血气生理的感性认识能力,二是基于心知的理性认识能力。关于前者,他说:“人物受形于天地,故恒与之相通。盈天地之间,有声也,有色也,有臭也,有味也,举声色臭味则盈天地间者无或遗矣。外内相通,其开窍也,是为耳目鼻口。”(《孟子字义疏证》卷上)声色臭味代表着作为认识对象的事物及其属性,它们是客观存在的;耳目鼻口代表着主体的感觉器官,它们敞开并指向客观事物,“耳之能听也,目之能视也,鼻之能臭也,口之知味也,物至而迎而受之”(《原善》中)。客体与主体的感觉器官相结合而形成感性认识的过程就是:“味与声色,在物不在我,接于我之血气,能辨之而悦之。”(《孟子字义疏证》卷上)

关于人的理性认识能力,戴震说:“心之精爽,有思辄通,……思者,心之能也。精爽有蔽隔而不能通之时,及其无蔽隔,无弗通,乃以神明称之。”(《孟子字义疏证》卷上)这里指出思是心的功能,而且这种功能具有精妙灵明的特点,如果能剥离外加于心的遮蔽,心就可以发挥思的功能而与外在的对象相通。所谓“神明”即指心真切、完整地把握了客观对象的本质而达到的通透之境。除了认识客观对象,戴震认为心还具有主宰感觉器官的功能,他说:“心之精爽,驯而至于神明也,所以主乎耳目百体者也。”(《原善》中)用现代哲学的语言说,人的感觉器官功能的实现不完全是自发的,而是会受其理性认识能力的主导和驱使。不过戴震同时强调,虽然“心能使耳目鼻口”,但却“不能代耳目鼻口之能,彼其能者各自具也,故不能相为”(《孟子字义疏证》卷上)。意思是不应把人的两种认识能力混而为一,更不能用心知之思取代感觉器官的功能。

与内在的心构成“外内相通”关系的外在对象是客观的理或理义。戴震说,“理义之悦心,犹味之悦口、声之悦耳、色之悦目之为性。……口能辨味,耳能辨声,目能辨色,心能辨夫理义”;“神明之盛也,其于事靡不得理”(《孟子字义疏证》卷上)。这里的理或理义可被看作是事物的本质或规律,相较于事物的声色臭味等属性,本质或规律显然是内在抽象的。戴震认为,虽然理或理义具有内在抽象的特点,但它们终归是客观事物本有的,而非存在于事物之外,所以他说:“理义在事,……理义在事情之条分缕析,接于我之心知,能辨之而悦之。”(《孟子字义疏证》卷上)无疑,对事物进行条分缕析而得到的是理性认识。

戴震强调“理义在事”,意在反驳宋儒“理得于天而藏于心”的主张。在他看来,“理义岂别若一物”,“就事物言,非事物之外别有理义也;……就人心言,非别有理以予之而具于心也”。人心虽然没有理或理义,但却具有精妙灵明的理性认识能力,所以能够“于事物咸足以知其不易之则”而“中理”(《孟子字义疏证》卷上),即准确把握客观事物的本质或规律。

进一步，对于程朱陆王所谓人心中原本有理，“但为私欲所蔽”的看法，戴震也进行了批评。为此，他首先区分了“私”和“蔽”。他说：“人之患，有私有蔽。私出于情欲，蔽出于心知。”（《孟子字义疏证》卷下）具体来说，“私生于欲之失，蔽生于知之失”（《孟子字义疏证》卷上）。“私”表现为物质生活中的情欲失当，“蔽”表现为对事物的认知有误，但却自以为是，二者的含义截然不同。戴震认为，与“私”相反的是无私之仁，与“蔽”相反的是不蔽之智，为了达到无私之仁和不蔽之智，“绝情欲”与“去心知”的极端做法都是错误的。对于欲望，正确的处理方法是不失其当，“无私而非无欲”；对于心知，正确的处理方法是博学、审问、慎思、明辨以至于不蔽，而不应“主于无欲，不求无蔽”。在此意义上，宋明道学所谓“人欲所蔽”及其祛欲的主张显然混淆了“私”和“蔽”，进而既否定了不应被否定的欲望，同时又盲目地“自信无蔽”。事实上，人们之所以不能明白理或理义，并不是因为人欲的遮蔽，而是因为认识错误，“自信之理非理也”（《孟子字义疏证》卷下）。按照这个思路，若要认识理或理义，唯有剥去心知之蔽，而非禁灭欲望。

戴震对“私”和“蔽”的辨析以及他对宋明道学的批评，实质上是严格区分了道德问题和认识论问题，认为不应把认识错误归结为道德失当，更不应也不可能通过道德修养的途径来获得对客观事物的正确认识。今天看来，他的这一思想仍然具有重要的理论价值。

思考题：

1. 简述戴震的“气化流行”的道论思想。

2. 简述戴震的“血气心知”的人性论思想。

第四编

近代哲学

第三十二章
龚自珍和魏源

18世纪末至19世纪初，清王朝由盛转衰之象逐渐显露，吏治败坏、财政拮据、军备废弛、社会矛盾激化等问题日益严峻。嘉庆元年（1796），白莲教徒发动起义，席卷湖北、四川、河南、陕西等地，持续近十年；嘉庆十八年（1813），天理教徒又在直隶（今河北）、河南、山东等地发动起义，部分教徒甚至混进北京城，与入教太监里应外合，一度攻入紫禁城。这两次暴动虽然最终都被镇压了下去，但沉重冲击了清廷的统治秩序，充分暴露了当时的各种矛盾和问题。与此同时，英国等西方列强已经在世界范围内形成全面扩张之势，迫使中国打开国门只是时间问题，道光二十年（1840）鸦片战争的爆发，以及后续的一系列侵华事件，可以说是势之所至。在这样的氛围中，一批开明的士大夫思想家敏锐地感受到了日渐浓烈的危险气息，从而对当时的社会现实及传统文化进行了批判性的反思，成为改良和变法的先驱，也由此引发了中国哲学乃至思想文化领域的“古今中西”之争。龚自珍和魏源就是揭开这场旷日持久的论争序幕的代表人物。

一、龚自珍

龚自珍（1792—1841），又名巩祚，字璱人，一字尔玉，号定盦，浙江仁和（今杭州）人。龚自珍生长于仕宦之家，其父丽正，从学于乾嘉时期的朴学大家段玉裁，官至江南苏松太兵备道、署江苏按察使；其母段驯，为段玉裁女，亦富才学。龚自珍六岁随母入京，同在朝任职的父亲一起生活了近十五年，又因父亲迁官而辗转于安徽、江苏等地，其间受到了优越的家庭教育，也结识了许多关心时务的师友。龚自珍于嘉庆二十三年(1818)中举,但其科场及仕途都不顺利,且因经常指陈时弊而遭权贵嫉恨,故而长期担任内阁中书、宗人府主事、礼部主事等闲职。龚自珍一直关心国计民生,尤其留意西北边务、东南海疆安危和鸦片走私问题,鸦片战争前就一再表明自己的禁烟抗英主张,并向林则徐表示愿意助其赴粤禁烟,但林则徐出于对其爱护之心未允其请。道光二十一年(1841),英军逼近江浙沿海地区,龚自珍决意赶赴上海助友人梁章钜(时任江苏巡抚)筹办防务,但竟因病暴卒。龚自珍的著述,后人辑为《龚自珍全集》。

作为一位士大夫,龚自珍的哲学思想主要从传统的经史之学生发而来,同时又有明确的经世济用指向,如其所说:"不研乎经,不知经术之为本源也;不讨乎史,不知史事之为鉴也;不通乎当世之务,不知经史施于今日之孰缓孰亟、孰可行孰不可行也。"(《对策》)

龚自珍的经世济用思想,使他对儒家经典及经学能够秉持比较开放包容的态度。按《四库全书总目》所说,经学大体可分为汉学、宋学两派,而汉学又有今文经学、古文经学之别,宋学则有理学、心学等支。清代学者虽常倡导消解门户之见、融合汉宋之学,但事实上往往有宗汉学者指宋学为"空疏"、守宋学者斥汉学为"浅陋",两派彼此攻讦并不鲜见。比如江藩曾撰《汉学师承记》和《宋学渊源录》,历述清代初中期的学术源流,而其扬汉抑宋之立场昭然若揭;方东树的《汉学商兑》,对汉学家则近乎攻击或诋毁;唐鉴的《学案小识》也是一部清初以来的学术史论著,其中护持理学、贬抑汉学之态度也显而易见。龚自珍从其外祖、父亲所得之家学,原本近于汉代的古文经学,但他对经学中的森严壁垒颇不以为然,曾致书江藩,认为其《汉学师承记》书名不妥,宜改为《经学师承记》(《与江子屏笺》)。

与此相关,龚自珍本人治学也不专主一经一家之说,而是注重揭示经典中所蕴含的圣人的始终一贯之道:

> 圣人之道,本天人之际,胪幽明之序,始乎饮食,中乎制作,终乎闻性与天道。(《五经大义终始论》)

按这里的理解,经典中的圣人之道本于难解难分的天人关系,存于可见和不可见的世界秩序，首先体现于民众的日常生活，其次彰显于社会的制度礼仪，最终由此升华为可以领会的天道与性命之旨。按龚自珍的看法，这样的下学上达、贯通始终的圣人之道，既见于某部经典，也见于整体的经典系统，而通观其论著，他对今文经学尤其是《春秋公羊传》还是有更多的认同，尽管他说自己有时也兼采《谷梁传》和《左传》及汉代经师之说（《春秋决事比自序》）。

《春秋公羊传》，又称《公羊春秋》，因战国时期经师公羊高（师从孔子弟子子夏）为《春秋》作传而得名，西汉初期由于胡毋生和董仲舒等今文经师的传扬而成为官学，即《春秋》公羊学。西汉以后，除了东汉末年的何休和唐代的徐彦分别为《公羊春秋》作注和疏之外，公羊学研究没有特别显著的发展。乾隆年间，武进（属江苏常州）学者庄存与重新研究公羊学，被视为清代今文经学之首倡者和常州学派之创始人，其外孙刘逢禄又发扬光大其学，而龚自珍曾于嘉庆二十四年（1819）在京向刘逢禄问学，受《公羊春秋》。大体说来，龚自珍从《春秋》公羊学中吸收和阐扬的主要是基于"三世说"的历史哲学和政治哲学。

《春秋》原本只是鲁国的国史，但由于孔子晚年曾对其重新加以整理，所以至少从孟子开始，儒者多以为其中寄寓了孔子的微言大义，乃至"孔子成《春秋》而乱臣贼子惧"，并将其与大禹治水、周公制礼作乐相提并论，认为孔子整理《春秋》是行"天子之事"（《孟子·滕文公下》）。《公羊传》解说《春秋》也特别注重这一点，以为《春秋》寄托了君子（实指孔子）"拨乱世，反诸正"的政治理想（哀公十四年）。对于《春秋》记录人事时的措辞差异，《公羊传》以为是君子"所见异辞，所闻异辞，所传闻异辞"（隐公元年）；董仲舒据此认为《春秋》所记人事分属"三等"，即君子亲身经历（"所见"）、君子所听闻而讲述者亲身经历（"所闻"）、君子所听闻但讲述者也只是听闻而未亲身经历（"所传闻"）这三个历史阶段（《春秋繁露·楚庄王》）；何休又分别称之为"太平""升平""衰乱"（《春秋公羊经传解诂》，隐公元年），而若由远及近观之，这三个历史阶段即为拨乱反正、趋向大一统的发展过程。显然，中国经过春秋战国的长期纷乱以及秦朝的二世而亡，在汉初终于建立起稳固的大一统政权，董仲舒的三世说正是要为这个新政权的合法性提供理论依据；东汉中后期，政坛及社会乱象丛生，何休的新三世说也隐含了针对现实的拨乱反正之期待。徐彦的公羊学研究应与董仲舒、何休有着类似的现实关切，而庄存与及常州学派研究公羊学则主要着眼于今古文经学的论争。到了嘉庆、道光时期，中国社会又呈现出衰乱之势，此时的龚自珍讨论公羊学当然又是出于感时忧世之苦心了。

事实上，龚自珍在问学于刘逢禄之前就已对公羊学有所了解，并据以评论时局：

> 吾闻深于《春秋》者，其论史也，曰：书契以降，世有三等，三等之世，皆观其才；才之差，治世为一等，乱世为一等，衰世别为一等。衰世者，文类治世，名类治世，声音笑貌类治世……当彼其世也，而才士与才民出，则百不才督之缚之，以至于戮之……然而起视其世，乱亦竟不远矣。（《乙丙之际箸议第九》）

这里所谓“三等之世”，就是有取于公羊学的三世说。龚自珍以为，社会发展的不同历史时期大致分属“乱世”“衰世”“治世”，而区分三世的关键在于人才的差别；衰世人才的文章、名誉、言谈举止都类似治世人才，但前者之境遇不比后者，其一旦崭露头角，就会遭遇众多不才之人的提防、束缚、羞辱乃至扼杀，这样的衰世距离乱世实则已经并不遥远。不难发现，龚自珍重点论述“衰世”，其实是想表达自己对所处现实环境的批判以及怀才不遇的愤慨。

值得注意的是，三世说原本只是公羊学家对春秋时期的阶段划分，但龚自珍将其与《礼记·礼运》所述礼乐源流结合起来，指出“通古今可以为三世”（《五经大义终始答问八》，1823），也就是把整个历史视为三世沿革的发展过程，三世说因此有了明确的历史哲学意义。与此相关，他特别强调“三世，非徒《春秋》法也”（《五经大义终始答问一》，1823），即把三世说看成并不只是《春秋》公羊学内部的纲领性规定，而是也适用于其他经典。例如《尚书·洪范》提到国家治理法则的九类范畴，其中有“八政”之说，即“一曰食，二曰货，三曰祭，四曰司空，五曰司徒，六曰司寇，七曰宾，八曰师”，也就是食物、财货、祭祀、工艺、教育、刑罚、外交、军事等八类事务；龚自珍将“八政”与“三世”配合，以为“食货者，据乱而作。祀也，司徒、司寇、司空也，治升平之世。宾师乃文致太平之事”(《五经大义终始答问一》)，即认为社会发展的不同历史时期应有不同的予以重点关注的相关事务。因此，国家应当优先发展与国计民生息息相关的食货之事，衰乱之世尤其如此，而其中的关键在于平均财物所得、避免贫富悬殊，龚自珍以为，这是“千万载治乱兴亡之数”(《平均篇》,1814—1817)。

公羊学的三世说蕴含了对社会改革的认同，龚自珍对此也有所引申和发挥。他早年曾引用《易传》所谓“穷则变，变则通，通则久”(《系辞下》)，进而主张：

> 一祖之法无不敝，千夫之议无不靡，与其赠来者以劲改革，孰若自改革。(《乙丙之际箸议第七》)

也就是说，一味墨守成规或盲从众议必致衰败，因而改革实为势所必然，而与其被别人强迫改革，不如自己主动改革。这种社会改革思想由于他认同公羊学的三世说而得以强化，同时也是基于他对历史上的兴衰更迭现象及当时的社会和朝政的种种乱象的考察。他据此认为：

> 自古及今，法无不改，势无不积，事例无不变迁，风气无不移易。(《上大学士书》)

这样的社会改革思想可以视为其历史哲学思想的一部分，也是晚清以来社会改良和变革思潮的先声。

龚自珍的三世说及社会改革思想也意味着对人的主体性的认可。他说：

> 天地，人所造，众人自造，非圣人所造。(《壬癸之际胎观第一》)

这里把天地视为众人自造，而非神灵或圣人所造，显然是对主体能动性的充分肯定。应该注意到，同样是在从刘逢禄受《公羊春秋》的嘉庆二十四年(1819)，龚自珍开始撰写《珠镜吉祥龛心课》，即其学佛习儒手记。在他看来，佛、儒两家思想并非不可兼容，比如佛家的神不灭论与《易》《诗》《礼》等儒家经典就有相通之处(《最录神不灭论》)。他曾借用佛教所谓"八万四千尘劳，皆起一心"(《发大心文》，1819—1823)，强调人的心力的巨大作用，认为"心无力者，谓之庸人。报大仇，医大病，解大难，谋大事，学大道，皆以心之力"(《壬癸之际胎观第四》)。因此，龚自珍对主体能动性的肯定，很可能受到了佛教思想的影响。不过，他认为主体的能动性在人的认知活动中还是有差别的：

知，就事而言也；觉，就心而言也。知，有形者也；觉，无形者也。知者，人事也；觉，兼天事言矣。知者，圣人可与凡民共之；觉，则先圣必俟后圣也。(《辨知觉》)

也就是说，在人的认知活动中有"知"和"觉"的不同，"知"是可见可言的人为努力，"觉"则兼有不可见不可言的天赋能力，前者为圣人与普通民众共有，后者则只是圣人才有。

与对主体能动性的认可相关，龚自珍在人性论方面特别强调后天修养的重要性：

龚氏之言性也，则宗无善无不善而已矣，善恶皆后起者。(《阐告子》)

善非固有，恶非固有，仁义、廉耻、诈贼、很[狠]忌非固有。(《壬癸之际胎观第七》)

按他的看法，人性中并无先天固有的善恶之别，人的道德观念都是通过后天修养而形成，这是对先秦的告子思想的阐发，他后来也认为其符合佛教天台宗的佛性思想。

此外，龚自珍对于"情"也发表了自己的见解。按传统儒家的看法，"情，人之阴气，有欲者也"；与之相对的则是"性，人之阳气，性善者也"(《说文解字》)。这显然是基于性善论的立场，把情感与欲望关联起来，并流露出视其为阴暗乃至罪恶的倾向。龚自珍对此颇不以为然，认为"一切境未起时，一切哀乐未中时，一切语言未造时，当彼之时，亦尝阴气沉沉而来袭心"(《宥情》)，可见情感实乃与生俱来、自然而然，不宜简单否定或消灭，而是应该予以宽宥或包容。他还认为,对于情感的自然表达,甚至不妨视为"无如何者亦受",亦即"命"(《尊命二》)。因此,他认为与其说"发乎情,止乎礼义"(《毛诗序》),倒不如说"发于情,止于命"(《尊命二》)。龚自珍的这个主张,既是对传统语境中的"命"的独特阐释,又是对人的情感乃至个性的张扬。

二、魏源

魏源(1794—1857),字默深,湖南邵阳人。魏源七岁入学家塾,十九岁就读于长沙岳麓书院,以品学兼优而知名。嘉庆十九年(1814),魏源赴京求学,经在京为官的湖湘前辈陶澍、周系英、汤金钊、李宗瀚等引荐,从学于精研汉学的胡承珙、深通宋学的姚学塽、《春秋》公羊学大家刘逢禄等名儒,并与龚自珍等交好。魏源的科举入仕之路也不顺畅,道光二年(1822)中举后长期不第,只得委身于贺长龄、陶澍等地方大员幕府,协助处理政务。道光二十五年(1845),年过半百的魏源得中三甲进士,后曾在江苏东台、兴化、高邮等地任职,深受民众爱戴,但因得罪地方大员,于咸丰三年(1853)在高邮知州任上被革职,不久又被起复,但他此时已无心仕宦,乃辞归手订著述,同时钻研佛教典籍。魏源游幕的后期适遭鸦片战争,任职高邮时又逢太平天国运动,其间都积极协助或主持地方防务,并曾参与审讯被俘的侵华英军,在战俘供词的基础上写成《英吉利小记》,这是中国第一篇系统介绍英国情况的文章,后来他遵林则徐之嘱编撰《海国图志》,此文即被收入其中;此外他还有《默觚》《诗古微》《书古微》《禹贡说》《老子本义》《圣武记》《元史新编》及诗文等著述多种,后人编为《魏源全集》。

魏源兼通汉宋经学,又精于文史,而论学特别强调"书各有旨归,道存乎实用"(《皇朝经世文编五例》),并将"实用"视为传统儒家所推崇的"王道"的应有内涵:

> 自古有不王道之富强,无不富强之王道……使其口心性,躬礼义,动言万物一体,而民瘼之不求,吏治之不习,国计边防之不问;一旦与人家国,上不足制国用,外不足靖疆圉,下不足苏民困,举平

日胞与民物之空谈，至此无一事可效诸民物，天下亦安用此无用之王道哉？(《默觚下·治篇一》)

在传统语境里，“王道”与“霸道”相对，通常会被简单化地分别对应为儒家和法家的政治主张，前者重视礼乐教化，后者强调富国强兵，自秦以法家思想为指导而崛起并统一天下，但其二世即亡，此后几乎无人再公开认同“霸道”乃至法家思想。魏源明确把“富强”纳入“王道”的内涵，纠正了人们对于“王道”的狭隘认识，这也是对宋以来的儒学往往容易流于礼义心性之空谈、忽视国计民生之实学的尖锐批评。与此相应，魏源对汉代经学尤其是西汉今文经学有更多的认同，主张先由汉代的文字训诂之学进入东汉儒者建构的典章制度之学，再进入西汉儒者所阐发的孔门微言大义之学，从而“贯经术、政事、文章于一”(《刘礼部遗书序》，又见同年所撰《两汉经师今古文家法考叙》)。魏源在这里流露出的经世济用思想，显然与龚自珍具有一致性，也有来自刘逢禄的《春秋》公羊学的影响。

魏源对道家尤其是《老子》一直有着非常浓厚的兴趣，而其出发点或着眼点也是其中的“实用”之处。在他看来，《老子》的“无为”“无欲”“无名”等思想都有助于“养心治事”(《老子本义·序》)，后来甚至认为“圣人经世之书，而《老子》救世书也”(《论老子》)，即以为儒家经典固然有经世济用之功，而《老子》一书也有救世济民之效。

魏源的注重“实用”，亦即经世济用的立场，使得他不迷信历史，尤其是不盲从圣贤和经典。他认为，医生盲从古代医书会误诊乃至伤人性命，而庸医误人与庸儒误国乃至误天下的实质是类似的。

读周、孔之书，用以误天下，得不谓之庸儒乎？(《默觚下·治篇五》)

与此相关，古代的典章制度未必符合当下的国计民生需求，今人的生活和思想世界也不完全等同于古人，盲目尊古或崇今都不合理：

执古以绳今，是为诬今；执今以律古，是为诬古；诬今不可以为治，诬古不可以语学。(《默觚下·治篇五》)

因而,时移世易,对于不符合当下国计民生需求的典章制度,就应该加以变革,有时甚至是"变古愈尽,便民愈甚"(《默觚下·治篇五》)。魏源之所以会有如此重视变革、关注民生的历史哲学和政治哲学思想,也是基于他对历史的研究,更是针对当时中国的内忧外患。与龚自珍相比,魏源更多介入和参与了当时社会及国家的一些重大事务,尤其是抗击外敌入侵和镇压太平天国运动,所以他对来自外国列强的日益严重的威胁有非常难得的敏感和认识,在第一次鸦片战争后不久就提出了"师夷长技以制夷"(《海国图志·叙》)的主张,实为洋务运动和戊戌变法思潮之先声。

对"实用"的推崇,也体现在魏源的认识论思想中。大致说来,魏源的认识论思想强调认识所得必须经得起各种现实因素的验证:

> 事必本夫心……善言心者,必有验于事矣。
>
> 法必本于人……善言人者,必有资于法矣。
>
> 今必本夫古……善言古者,必有验于今矣。
>
> 物必本夫我……善言我者,必有乘于物矣。(《皇朝经世文编叙》)

这里涉及认识活动中心灵与事实、人力与法则、古代与当今、自我与他人等二元关系。魏源的看法是颇有辩证意味的,他认为关系的双方难解难分,心灵、人力、自我等主体因素以及古代经验固然重要,而事实、法则、他人等客观因素以及当今经验更应被考量或遵循。

魏源注意到,作为认识主体的人的确会有天资的差别,但认识或学习的结果并不一定与天资成正比:

> 敏者与鲁者共学,敏不获而鲁反获之;敏者日鲁,鲁者日敏,岂天人之相易耶?曰:是天人之参也。(《默觚上·学篇二》)

在现实中,常有天资聪敏者不如天资鲁钝者的学习收获更多的情形,这里的关键就在于两者后天努力程度的差别,甚至还会有天资聪敏者因不够努力而日渐鲁钝、天资鲁钝者因不断努力而日益聪敏的情况发生。因此,认识或学习的过程和结果一定离不开天资和人为的有机结合,即"天人之参",

而后天的人为努力完全能够改变天资的自然差别。

后天的人为努力所形成的经验，是产生认识的必要条件；对于个体来说，经验又有直接经验和间接经验之分。在魏源看来，直接经验比间接经验更重要：

> 披五岳之图以为知山，不如樵夫之一足；谈沧溟之广以为知海，不如估客之一瞥；疏八珍之谱以为知味，不如庖丁之一啜。（《默觚上·学篇二》）

也就是说，翻看五岳地图就以为了解了高山，其实不如亲身走过的樵夫更知晓；谈论海阔天空就以为了解了大海，其实不如亲自看过的商旅更明白；通读各种食谱就以为了解了美味，其实不如亲口尝过的厨师更清楚。因此，魏源指出："及之而后知，履之而后艰，乌有不行而能知者乎？"（《默觚上·学篇二》）意思是说，没有亲身接触和践行的经验，是很难获得真切的知识的。

至于间接经验，如上文所述，魏源认为今人的经验比古人的经验更重要；而在今人的经验中，则是"身教亲于言教"（《默觚上·学篇二》），即来自实践的知识比来自言论的知识更确切。

在魏源的认识论思想中，还讨论了个体与群体的关系：

> 独得之见，必不如众议之参同也。（《默觚下·治篇一》）

按他的看法，个体见解必定不如经过综合参考的群体见解，若"以一己之意见质诸人人，其合者十不五六"（《默觚上·治篇一》），即以个体见解与群体见解相印证，就其中真正合乎实际情况者而论，前者往往还不及后者之一半；若把群体的智慧综合起来，甚至可能胜过圣人，即所谓"合四十九人之智，智于尧、禹"（《默觚上·治篇一》）。

此外，魏源对于人的精神现象以及鬼神也发表了自己的见解：

> 太虚之精气流动，充盈于天地间，必有入也……集于圣人，与为敻明；藏于胸中为之智；启于耳目之间谓之聪明……（《默觚上·学篇十四》）

这里显然继承了《管子》及《吕氏春秋》等先秦以来的气本论哲学传统，以为天地之间充满了精微之气，其流行、聚集而形成了人的聪明才智。若要精气聚集于人心进而发挥聪明才智的作用，需要人心处于虚空而不窒塞的状态，尤其是消除贪欲以及对外物的依赖，亦即“中无可欲则自虚，无可恃则自虚，虚则自灵敏矣”(《默觚上・学篇三》)。魏源非常重视心灵及其“虚空”之用，认为“人之心即天地之心”(《默觚上・学篇五》)，“虚空之力，能持天载地”(《默觚上・学篇三》)。这应该是对道家的“有生于无”(《老子》第四十章)的引申和发挥，有反对权威、高扬人的主体性的积极意义，同时也有神秘主义倾向。至于鬼神，魏源说：

> 以鬼神为二气之良能者，意以为无鬼也……圣人敬鬼神而远之，非辟鬼神而无之也……鬼神之说，其有益于人心，阴辅王教者甚大，王法显诛所不及者，惟阴教足以慑之。(《默觚上・学篇一》)

虽然古代对鬼神的祭祀久已有之，但儒家提倡“敬鬼神而远之”(《论语・雍也》)，许多精英士人又把鬼神视为阴阳之气的效能，而非偶像性的实体，这就可能导致否认鬼神的存在，魏源对此不以为然，认为鬼神的存在及相关学说有益于世道人心，能够弥补刑罚之不足，对王道政治和教化具有极大的辅助作用。这个看法渊源于《易传》的“神道设教”之说，具有一定的道德哲学和政治哲学意义。

如上文所述，魏源与龚自珍两人交好，各自经历及思想也有相似之处，尤其是针对当时中国的内忧外患，都提出了许多具有批判性或前瞻性的建议和主张，可惜在当时未能被广泛认可和推行，但在此后的洋务运动和变法改良运动中都引起了巨大的反响。

思考题：

1. 龚自珍是如何阐发自己的历史哲学和政治哲学的？
2. 魏源的认识论有何理论和现实意义？

第三十三章
严复的哲学

严复(1854—1921),字几道,福建侯官人。严复出生于平民之家,祖、父均为当地名医;幼时在家塾学习传统经典,十二岁时父亲去世,因家境艰难,暂弃科举之业,转而报考船政学堂并以第一名被录取,入学后主修英文及算术、几何、物理、化学、机械等与航海有关的课程,四年后以最优等成绩毕业,随后六年在军舰上实习。光绪三年(1877),严复被选派到英国皇家海军学院留学,主修航海、军事、国际关系等方面的课程,同时得以观察英国社会,也对西方的人文和社会科学多有兴趣和了解。光绪五年(1879),严复以优异成绩毕业回国,任教于船政学堂;次年(1880)应李鸿章邀约,任天津北洋水师学堂洋文总教习,此后二十年间四次参加乡试均落第。中日甲午(1894)战后,严复感愤时局,开始发表政论文章,宣扬维新变法思想,并大力购求、阅读西学书籍,同时着手翻译赫胥黎的《天演论》等著作。光绪二十六年(1900)八国联军侵华,严复避居上海,继而任职于开平矿务局(1901)、京师大学堂译书局(1902)、安庆高等学堂(1905)、编订名词馆(1909)等机构,其间翻译出版了亚当·斯密的《原富》、穆勒的《群己权界论》、斯宾塞的《群学肄言》、孟德斯鸠的《法意》、甄克思的《社会通诠》、耶方斯的《名学浅说》及《穆勒名学》等西学名著。严复反对暴力革命,对新建立的中华民国也持怀疑态度,但因与袁世凯关系密切,于民国元年(1912)担任北京大学校长,后来还曾任职于海军部编译处和参政院;1913年,参与发起组织"孔教会",提倡读经;1916年袁世凯复辟帝制失败后,隐退居家。严复的各种著述和译作,后人编为《严复全集》。

一、自由为体，民主为用

鸦片战争以后，中国所面临的民族、社会及政治危机日益严重，洪秀全(1814—1864)等领导的太平天国运动因此爆发。这场吸收了儒家的"大同"理想和基督教的某些教义及组织元素、反抗清廷统治和列强侵略的大规模的农民运动(1851—1864)，尽管最终被清廷和列强联合镇压了下去，影响却极其广泛而又深远。在太平天国运动后期，越来越多的精英士人逐渐意识到学习西方先进文化的迫切性，从而促使清廷开展了洋务运动，也开启了中国的自觉的现代化之路。洋务运动在中央和地方一直都有反对者，尤其是中日甲午战争爆发后，作为洋务运动标志性成果的北洋水师最终全军覆没，使得洋务运动也遭受重创。然而，朝野上下的人心思变之势却越发明朗，变法维新思潮愈演愈烈。正是在这样的背景下，严复开始陆续发表关于时局和中西文化的评论和译著，其中流露出多方面的哲学思想。

严复对晚清以来的中国所处的危局有着极其清醒的认识，认为"今日之世变，盖自秦以来未有若斯之亟也"(《论世变之亟》，1895)；所以他主张通过变法来使中国脱离危局、走向富强，认为"今日中国不变法则必亡是已"(《救亡决论》，1895)。关于通过变法而走向富强的具体途径，他认为"非西洋莫与师"(《原强修订稿》，1896)，亦即向已经富强的西方国家学习。他的这个看似简单而又直白的主张基于对中西文化的系统而又深入的思考，与魏源提倡的"师夷长技以制夷"(《海国图志·序》)及洋务派鼓吹的"旧(中)学为体，新(西)学为用"(张之洞《劝学篇·设学》)等都有所不同。正如他进而指出的，学习西方、走向富强的指导原则是"以自由为体，以民主为用"(《原强修订稿》)，这也是其政治哲学的基本纲领。对此，他解释道：

> 夫所谓富强云者，质而言之，不外利民云尔。然政欲利民，必自民各能自利始；民各能自利，又必自皆得自由始；欲听其皆得自由，尤必自其各能自治始。反是且乱。(《原强修订稿》)

也就是说，国家的富强无非是让国民获得利益，而这固然意味着国家应该施行利民的政策，也更需要国民拥有自我获取利益的本领；国民若要拥有自我获取利益的本领，首先必须具备自由的素质；国民若要具备自由的素质，首先应该具有自治的能力。国民若不具备自由而又自治的素质和能力，国家必定乱象丛生。

严复认为，能够自由而又自治的国民，都是在体力、心智、德行方面的优秀之人，而当时的中国人整体上在这三个方面都呈现出衰乱之势。因此，国家大政方针的关键也可以统归为三个方面，即“鼓民力”“开民智”“新民德”（《原强修订稿》）。所谓“鼓民力”，是说强健国民的身体、鼓动国民的气力，在当时的中国，最为迫切也最容易收到成效的就是禁止吸食鸦片和女子缠足（《原强修订稿》）；“开民智”，是说开启国民的心智，按严复的看法，当时最为紧迫的就是要改革教育和科举制度，废止“锢智慧”“坏心术”“滋游手”的八股之学（《救亡决论》），同时要讲习西学，尤其是西方的逻辑学（“名学”）、社会学（“群学”）以及数学、自然科学等学科的知识（《原强修订稿》）；“新民德”，是说砥砺国民的德行，在严复看来，这与宗教和教育的长期熏陶密切相关，在三者之中最难落实，对于当时的中国来说，最要紧的就是让国民形成对于时局的清醒共识，摒弃一己之私，“于以同力合志，联一气而御外仇”，在此过程中提倡并确立人人平等和社会公德的观念（《原强修订稿》）。这三个方面，其实都与教育有关，所以严复一直积极投身各类教育实践，也发表了许多对于教育的理论思考。

不难发现，严复为当时的中国所开出的走向富强之道，受到了英国的自由主义道德哲学和政治哲学的深刻影响。他结合自己对西方社会（主要是英国）及其历史文化的了解，认为晚清以来向西方学习的内容和程度其实都还比较肤浅：

> 不知吾今兹之所见所闻，如汽机兵械之伦，皆其形下之粗迹，即所谓天算格致之最精，亦其能事之见端，而非命脉之所在。其命脉云何？苟扼要而谈，不外于学术则黜伪而崇真，于刑政则屈私以为公而已。斯二者，与中国理道初无异也。顾彼行之而常通，吾行之而常病者，则自由而不自由异耳。（《论世变之亟》）

按他的看法，当时中国人热衷于向西方学习的主要是科学和技术，但这些都还属于西方文化的比较表层的内容，而对于学术的求“真”和对于社会政治事务的为“公”才是西方文化的根本和命脉所在，也是中国人更应该学习的。在他看来，中国人对此二者未尝不重视，但西方人由此而走上富强之通途，而中国人却常遭遇障碍而未能真正将其落实或践行，根本原因在于国民对于自由的自觉与否。

关于“自由”(严复有时译作“自繇”)的含义，在哲学史上有很多讨论乃至争议，而从严复的论述中，至少可以辨析出他所关注的几个要素。第一，自由一定是基于理性的自觉的思想和行为，而不是遵循本能的任意而为。在这个意义上，严复不同意卢梭《社会契约论》(又译《民约》)主张的“斯民生而自由”，因为初生的婴儿在理性的自觉程度上与禽兽其实无异，“生死饥饱，权非己操，断断乎不得以自由论也”(《〈群己权界论〉译凡例》，1903)。第二，在言论和思想层面，自由“只是平实地说实话、求真理，一不为古人所欺，二不为权势所屈而已”(《〈群己权界论〉译凡例》)。因而，自由与求“真”具有内在的一致性和相通性，即两者都以自身为目的。第三，在行动层面，“人得自由，而必以他人之自由为界”(《〈群己权界论〉译凡例》)，即自己的自由行为一定不可侵犯他人的自由。因此，自由也是基于为“公”的自我约束，亦即上文所说的自治。后面这两个要素都涉及个体与群体的关系，由此也就不难理解严复把英国哲学家穆勒(或译密尔)的名著《论自由》译为《群己权界论》的着眼点了。

据严复的考察，中国传统文化中与西方的“自由”最相似的是儒家的“恕”和“挈矩”(《〈群己权界论〉译凡例》)：前者出于《论语・卫灵公》，后者出于《礼记・大学》，而其内涵都是孔子所谓“己所不欲，勿施于人”。不过，按严复的理解，中国人一般只是把恕道或絜矩之道当作日常的待人接物之道，而西方人的自由则强调在待人接物之中凸显自我的存在及价值，所以两者只是相似，并非相同。由此不同，衍生出中西文化的各种其他差异，“则如中国重三纲，而西人首明平等；中国亲亲，而西人尚贤；中国以孝治天下，而西人以公治天下；中国尊主，而西人隆民；中国贵一道而同风，而西人喜党居而州处；中国多忌讳，而西人众讥评。其余财用也，中国重节流，而西人重开源；

中国追淳朴,而西人求欢娱。其接物也,中国美谦屈,而西人务发舒;中国尚节文,而西人乐简易。其于为学也,中国夸多识,而西人尊新知。其于祸灾也,中国委天数,而西人恃人力"(《〈群己权界论〉译凡例》)。应该说,严复所列举的这些差异未必完全符合中西文化的实际情况,但的确有助于人们更加全面、深刻地反思两种文化的异同;而且他还强调指出,文化差异未必就是优劣之分,这也应该说是晚清以来的中西文化论争中非常难得的审慎之见。

对于中国古人缺乏自觉的自由的原因,严复也有所论及。他对卢梭的"斯民生而自由"之说虽有异议,但对其社会契约论却有保留地认同,并据此反驳了以韩愈为代表的中国古代的圣王政治论和君民关系说。按韩愈《原道》的说法,"古之时,人之害多矣。有圣人者立,然后教之以相生相养之道。为之君,为之师……如古之无圣人,人之类灭久矣","是故君者,出令者也;臣者,行君之令而致之民者也;民者,出粟米麻丝,作器皿,通货财,以事其上者也";严复则认为,民众出于保卫自己的生产和生活秩序的需要,"择其公且贤者,立而为之君",刑罚、兵备等"皆缘卫民之事而后有也",所以君主及相应的国家机器并非出于天经地义之大道,而是基于公共的契约,"盖出于不得已也"(《辟韩》,1895)。他进而指出:

> 秦以来之为君,正所谓大盗窃国者耳。国谁窃?转相窃之于民而已。既已窃之矣,又惴惴然恐其主之或觉而复之也,于是其法与令蝟毛而起,质而论之,其什八九皆所以坏民之才、散民之力、漓民之德者也。(《辟韩》)

在他看来,中国自秦朝以来的历代君主都可以说是窃国大盗,历朝统治虽有宽严之别,"而大抵皆以奴虏待吾民"(《原强修订稿》),专制君主剥夺或压制了民众的自由和各种权利,又怕民众觉醒并推翻自己的统治,就制定了各种法令、编造了各种学说,来愚弄民众的才智、消散民众的气力、败坏民众的德行,从而维护其统治秩序。应该说,严复的批判的确触及乃至动摇了君主专制的历史与理论根基,具有深刻的启蒙意义。

针对中国人长期缺乏自觉的自由而造成的各种乱象,如上文所述,严复提出了"鼓民力""开民智""新民德"的解决方案,其实都与教育有关,所以他在清末民初的几年里也有过许多关于教育理论和实践的思考。此外，按照他的“自由为体，民主为用”之说，既然中国人缺乏自觉的自由，就不宜实行充分的民主，就连君主也不宜骤然废除，因为“其时未至，其俗未成，其民不足以自治也”(《辟韩》)。他进而指出，中华民国的建立事实上也并未改变先前的危局和乱象，“所谓共和、幸福，均未见也。而险象转以环生，视晚清时代若尤烈”(《砭时》,1912)。因此，他又借由对卢梭思想的评论，批判其社会契约论及后来的社会主义学说“繁重难行，行之或以致乱也”(《〈民约〉平议》,1914)。严复的这些主张，遭到了孙中山、章炳麟等革命派思想家的激烈批驳。

二、进化哲学

进化思想在西方源远流长，英国学者达尔文在1859年出版的《物种起源》中提出了系统的生物进化论，又经赫胥黎、斯宾塞等人的阐发，很快渗透到人类科学的许多领域。19世纪后期，达尔文及进化论通过来华的西方传教士传入中国，但使其产生真正广泛而又深刻现实影响的则是严复的译介和阐发。

作为一位会通中西的启蒙思想家，严复在向国人大力译介西学典籍和学术的同时，一直也没有摒弃中国传统文化，对儒家经典及其文化价值尤其尊崇有加，这是非常耐人寻味的。他认为，六经对于中国犹如“所谓日月经天、江河行地者尔”(《〈天演论〉自序》,1896)；即使是在中华民国成立之后，他也认为“中国之所以为中国者，以经为之本原”(《读经当积极提倡》,1913)；儒家经典所倡导的文化价值，比如忠、孝、节、义，实为“中华民族之特性”，并当以之为“立国之精神”(《导扬中华民国立国精神议》,1914)。大体来看，他对儒家经典的态度近于今文经学，对其中的《周易》和《春秋》之学尤其重视(《〈天演论〉自序》)；而《周易》以“变”为要义，《春秋》及公羊学也注重历史的变革，在他看来，这与进化论强调自然及社会的变化与发展颇有相通之处，所以他把进化论又称为“天演论”或“天演之学”，可见他是将其视为与《周易》及《春秋》具有类似的“天经地义”的真理性。

严复对进化论的兴趣还基于他对个体与群体之关系的哲学思考。荀子曾主张“人之生，不能无群”(《荀子·富国》)，并将“能群”视为人区别于禽兽的根本特征(《荀子·王制》)。严复对此非常认同。如上文所述,他认为自由的要义在于处理好个体与群体的关系,“学者必明乎己与群之权界,而后自由之说乃可用耳”(《译〈群己权界论〉自序》,1903)。因此,他极其看重西方的社会学,有时又称其为“群学”,认为“学问之事,以群学为要归。唯群学明而后知治乱盛衰之故,而能有修齐治平之功”(《原强修订稿》)。需要注意的是,他固然强调社会或群体的意义以及人类的“能群”,同时也重视个体的意义和价值,认为“社会之变相无穷,而一一基于小己之品质”(《〈群学肄言〉译余赘语》,1903),应该说有其辩证的合理性。

严复所译介和阐发的进化论及社会学思想,流露出了明确的历史哲学维度。甲午中日战后,他由反思中国败于日本的原因进而及于对中西文化异同的考察,认为除了上述基于自由的各种差异之外,中西文化中的历史观也大不相同:

> 尝谓中西事理,其最不同而断乎不可合者,莫大乎中之人好古而忽今,西之人力今而胜古;中之人以一治一乱、一盛一衰为天行人事之自然,西之人以日进无疆、既盛不可复衰、既治不可复乱为学术政化之极则。(《论世变之亟》)

他在这里把西方人的历史观描述为“力今而胜古”和“日进无疆”,认为其不同于中国人的“好古而忽今”及治乱盛衰的循环论,应该就已经吸收了进化论的因素。由此也可见,他所认同的进化论自始即是着眼于对社会进步和历史发展的解释,而不是仅将其视为单纯的生物进化学说。换句话说,他所吸纳的进化论其实更多地接近于以斯宾塞为代表的西方的社会进化论(或称社会达尔文主义)。正是着眼于此,他特别推崇达尔文的生物进化论中的“物竞天择”之说,按他的解释,“物竞者,物争自存也;天择者,存其宜种也”,而且“动植如此,名人亦然”(《原强修订稿》),可见他其实是要借生物界的生存竞争、自然选择、适者生存的现象,来激发当时中国人的救亡图存之心。也正是在此时,他开始翻译赫胥黎的《天演论》(选自其《进化论与伦理学》),认为该书“于自强、保种之事,反复三致意焉”(《〈天演论〉自序》),可以说是更直白地表明了他译介进化论的现实指向。

对于社会学研究本身，严复也特别强调历史的视角，认为其“用科学之律令，察民群之变端，以明既往、测方来也”(《译〈群学肄言〉自序》，1903)，亦即重视社会的历史变迁。他吸收了英国学者甄克思《社会通诠》(即《政治史》)中的观点，认为人类社会的各个族群都有大致相同的发展历程：

> 夫天下之群众矣，夷考进化之阶级，莫不始于图腾，继以宗法，而成于国家。方其为图腾也，其民渔猎，至于宗法，其民耕稼，而二者之间，其相嬗而转变者以游牧。最后由宗法以进于国家，而二者之间，其相受而蜕化者以封建。方其封建，民业大抵犹耕稼也。独至国家，而后兵、农、工、商四者之民备具，而其群相生相养之事乃极盛而大和，强立蕃衍而不可以克灭。(《译〈社会通诠〉自序》，1903)

概言之，人类社会大体都经历了图腾(渔猎)、宗法(耕稼)、国家(又称“军国”，四民备具)这三个大的发展阶段；前两个阶段之间或有一个过渡的游牧时期，后两个阶段之间或有一个过渡的封建时期；只有到了国家阶段的族群，才能够真正富强而难以被其他族群征服或消灭。据此来考察中国的社会发展，严复认为，自尧舜到周代的两千余年都属于宗法社会与军国社会之间的封建时期；此后秦朝以霸道统一天下并采取了许多政治措施，其实是力图由宗法社会迈入军国社会，但可惜二世而亡，此后两千多年的中国社会仍未真正脱离宗法社会。他在这里流露出了一定的法家思想的倾向，而其动机显然仍是希望当时的中国能够走向富强的“军国社会”。

严复对中国历史的总体和具体认知并未得到广泛的认可，但他把进化论及社会学纳入对中国社会及历史的多方面的考察，却启发了当时及后来的许多学者和思想家，尤其是推动了中国的历史学乃至人文社会科学研究的现代转型，对晚清的维新变法运动和革命思潮的兴起更是产生了直接的巨大影响。

思考题：

1. 严复是如何理解自由的？
2. 严复译介和阐发的进化论与达尔文的进化论有何异同？

第三十四章
康有为的哲学

康有为(1858—1927),原名祖诒,字广厦,号长素,又号明夷、更甡、游存叟、西樵山人、天游化人等,广东南海人。康有为生长于士大夫家庭,初承家学,后请益于简凤仪等乡前辈,又受教于大儒朱次琦,奠定了经史、文章之学的功底,且曾游思于道、佛之论。近代的广东较早对外开放通商,西学东渐之风亦更盛于内地,因而他在青少年时即得以涉猎西方的历史、地理乃至自然科学。康有为向有经世济用之志,学识广博但不喜考据之学;其一生历经洋务运动、中法战争、甲午战争、戊戌变法、辛亥革命、五四运动等历史剧变,投身政坛、学界三十余年,尤以为清末维新运动及民初孔教运动的领袖而知名。他认为在政治、思想、学术、教育等领域都进行了具有开拓意义的探索,有《新学伪经考》《孔子改制考》《大同书》《春秋董氏学》《礼运注》《论语注》《孟子微》《中庸注》《诸天讲》等多种著述,后人编为《康有为全集》。

一、托古改制说

围绕着变法维新的现实诉求,康有为建构起了自己融政治哲学、历史哲学和教育哲学于一体的思想体系,其中的核心观念和逻辑既有取于传统儒家经学,又吸收了他所接触的进化论等西学的相关因素,而其形成也有一个过程。

康有为的政治哲学和历史哲学主要出于《春秋》公羊学和《礼记·礼运》,其核心是托古改制和世界大同思想。据其自述,他在光绪六年(1880)就已研究《春秋》公羊学(《康南海自编年谱》),但这对他当时思想的影响并不显著。光绪十二年(1886),他撰写了《教学通义》,其中认为“六经出于孔子”(《亡经》),但《诗》《书》《礼》《乐》《易》“皆先王之典章,孔子修之以教学者”,“惟《春秋》则孔子因鲁史而笔削,则全为孔子自著之书”,这里对六经大体一视同仁,并尊为“周、孔之道”(《六经》),但对《春秋》已经流露出特别推重之意,视之为“孔子改制之书”(《春秋》);对于经学,他认为“莫有如东汉之盛,然已去古远甚。自是江河日下,盖不可复”(《亡经》),但他又特别尊崇朱熹,称其为“孔子之后一人而已”,“惟于孔子改制之学,未之深思,析义过微,而经世之业少,注解过多”(《尊朱》)。概言之,此时的康有为是以经世济用的立场来解读儒家经典的,而且也认同《春秋》公羊学的托古改制思想,所以既主张“师古”,又强调“善言古者,必切于今”(《教学通义》卷首),但他还没有据以形成较为清晰、完整的思想体系。

在同年所撰的《康子内外篇》中,针对当时中国面临的内外交困局面,康有为明确指出:

> 凡言治者,非徒法先王、法后王可以为治也,当酌古今之宜,会通其沿革,损益其得失,而后能治也。(《阖辟》)

这里并未述及《春秋》,倒是特别讨论了《周易》,认为《周易》以未济卦告终是大有深意,表明了“人之愿望无穷,则人之望治无已”(《未济》)。可见对于此时的康有为来说,能被用作改制变法理论依据的至少还有《周易》,并非只有《春秋》公羊学。

也是在这一年,四川学者廖平(1852—1932)撰成《今古学考》,主张用礼制来分判今古文经学,又认为古文经传曾在西汉末年遭到刘歆窜改。光绪十四年(1888),康有为在京应顺天乡试不第,遂以布衣身份向光绪帝上万言书(即《上清帝第一书》),倡议变法自强,但因受阻而未能上达;正是在本年,他读到了廖平的《今古学考》,两年后两人还曾会晤交流。光绪十七年(1891),康有为的《新学伪经考》初刻本刊行,从中不难看出他对廖平学说的吸收和发挥,而与其此前的相关主张有了明显的差别。

依此时的康有为之见,东汉以来被尊崇的古文经典,如《古文尚书》《毛诗》《周礼》《左传》等都是刘歆伪造的,即“伪经”;而刘歆伪造古文经典,则是为了帮助王莽篡夺汉朝政权、建立“新”朝，所以古文经学实为新莽一朝之学，即“新学”。他进而指出：

> 阅二千年岁月日时之绵暧，聚百千万亿衿缨之问学，统二十朝王者礼乐制度之崇严，咸奉伪经为圣法……于是扫孔子改制之圣法，而目为断烂朝报……刘歆之伪不黜，孔子之道不著，吾虽孤微，乌可以已！（《新学伪经考》卷首）

也就是说，东汉以来的近两千年里，历朝历代的士人乃至帝王都在学问及制度上以经过刘歆窜改的伪经为圣人之法典，真正体现孔子改制精神的原本经典反被视为残旧档案而湮没不彰。据康有为的说法，《新学伪经考》就是为揭露刘歆作伪事迹、廓清千年迷雾、彰显孔子之道而作；而他要彰显的“孔子之道”，亦即孔子的托古改制思想，在《孔子改制考》中有更系统的论述。

《孔子改制考》印行于光绪廿四年（1898），此时的康有为已因其变法主张及社会活动广为人知，并于本年初获光绪帝召见，此后他两次向光绪帝上书，并进呈自己编撰的《俄彼得变政记》《日本变政考》等，不久光绪帝即下诏变法；在史称“百日维新”的变法过程中，他又向光绪帝进呈了节抄本《孔子改制考》《列国政要比较表》《波兰分灭记》等。他在这些上书及进呈论著中指出，各国凡能适时去除旧弊、变法革新者都能化弱为强、转衰为盛，如彼得一世统治下的俄罗斯、明治时期的日本；凡不思进取、因循守旧者都难逃积贫积弱乃至亡国之祸，如18世纪的波兰；中国目前遭受列强的侵略瓜分之势越发严峻，国力又与各国在许多方面都存在差距，故而必须除旧布新以求富强。康有为强调，改制变法在中国其实也有着悠久的传统，他编撰《孔子改制考》正是要证明，孔子就是一位历史上真正的托古改制的圣人和教主，从而为当下的变法维新提供理论依据。

在康有为看来，中国上古的历史原本文献无征、蒙昧无考，后人关于上古的历史知识都是先秦诸子托古改制的杜撰，包括“三代文教之盛，实由孔子推托之故”（《孔子改制考·上古茫昧无稽考》）。也就是说，所谓夏商周三代礼乐政教的盛况，也是出于孔子改制的推论和托词。按他的看法，虽然孔子本来只是托古改制的诸子之一，但因其“积诸子之盛，其尤神圣者，众人归之，集大一统，遂范万世……天下咸归依孔子，大道遂合，故自汉以后无诸子”（《孔子改制考·周末诸子并起创教考》），即以孔子为诸子之教的集大成者，因而可以统一大道并垂范后世；而孔子之所以能够如此，则是由于其制作了六经：

> 六经皆孔子所作也，汉以前之说莫不然也。学者知六经为孔子所作，然后孔子之为大圣，为教主，范围万世而独称尊者，乃可明也。（《孔子改制考·六经皆孔子改制所作考》）

这里所说的六经是指刘歆以前的西汉儒者所传的今文经典，如上文所述，康有为认为这些经典后来被刘歆窜改，其结果就是孔子的“改制之义湮，三世之说微，太平之治，大同之乐，暗而不明，郁而不发”（《孔子改制考·叙》）。至此可见，康有为所阐发的孔子的托古改制之义主要见于六经，尤其是《春秋》公羊学的三世说及《礼记·礼运》的大同说，而这正是他本人的大同说的核心要素，其中显然也有对龚自珍思想的继承和发展。

二、大同说

康有为的大同说主要见于其《大同书》，据其自述，此书撰于光绪十年（1884），但其实此时他的大同思想正在酝酿之中，《大同书》的实际撰写应该是在光绪廿八年（1902）。另需注意的是，康有为在世时仅于 1913 年刊行了《大同书》的甲、乙两部，此后时有增订，但一直未定稿，全书在其去世后经其学生整理交由中华书局于 1935 年出版。可见康有为的大同说亦非一成不变，尤其是戊戌变法前后有明显转变，而这还要结合他的其余论著才可以看得更清楚。

康有为大同说的基本逻辑是将《春秋》公羊学的三世说和《礼记·礼运》的大同说结合起来，并据以解说历史发展。关于“三世”，上一章已有介绍。至于“大同”，是《礼记·礼运》借孔子之口所描述的理想社会，其中人人各安其分，和睦相处，举用贤能，友爱互助，无诡诈、纷争，其基本特征是“天下为公”;与之相对的是“小康”,其中以礼仪制度来维系君臣、父子、兄弟、夫妇等人际关系,尊重勇智之人、功劳之事,功过、赏罚分明,诡诈、纷争也由此而起,其基本特征是“天下为家”。在光绪二十三年(1897)刊行的《春秋董氏学》中,康有为对“三世”与“大同”的内涵及关系做了更为简明而有创造性的解说:

> 乱世者,文教未明也;升平者,渐有文教,小康也;太平者,大同之世,远近大小如一,文教全备也。(《三世》)
>
> 天下之道,文质尽之。然人智日开,日趋于文。三代之前,据乱而作,质也;《春秋》改制,文也……但文之中有质,质之中有文,其道递嬗耳。汉文而晋质,唐文而宋质,明文而国朝质。然皆升平世质家也,至太平世,乃大文耳。(《文质》)

按这里的描述,中国的历史是既在质朴和文明之间摇摆又不断趋向更高文明的发展,且是由衰乱世向升平世(即小康),再向太平世(即大同)的演进;在这个过程中,汉代以前是衰乱世,汉代以后一直到康有为本人所处的清代都是升平世,亦即小康时代。这套历史哲学兼政治哲学话语显然是对传统的三世说和大同说的引申和发挥,其现实指向不言而喻:若要进入太平世,亦即大同时代,就应维新变法。

然而,“戊戌变法”毕竟还是以“百日维新”的失败而告终,此后的康有为仍未放弃大同说,但其中对于历史的论断已有变化。他不无遗憾地指出,西汉推行孔学已有成效,“若推行至于隋、唐,应进化至升平之世,至今千载,中国可先大地而太平矣”。但事实上汉代以后法家之说大行,又因刘歆造作伪经致使孔学真传断绝,“昧昧二千年,瞀焉惟笃守据乱世之法以治天下”(《春秋笔削大义微言考·自序》,1901)。他在《大同书》中也明确认为“欧美略近升平”,而自己则“既生乱世”(《入世界观众苦》)。不难想见,戊戌维新的失败令康有为对中国的现实乃至历史都极其失望,所以他把两千多年来的中国历史一概视为“乱世”,认为应该向近乎“升平”的欧美国家学习,继续改制变法,以期渐进于“太平”,亦即“大同”。

可见,尽管康有为对历史及现实的认知时有转变或发展,而他对“太平之治，大同之乐”的追求则始终一贯。根据目前所见《大同书》，可以大致看出康有为心目中的这个理想图景及其绘制线索。《大同书》全书共有十个部分，第一部分题为“入世界观众苦”，论述包括人在内的众生皆有痛苦，又有去苦求乐之自然倾向，而痛苦之根源在于自然及人为的各种界限和分别，他称之为“九界”：

> 一曰国界，分疆土、部落也；二曰级界，分贵贱、清浊也；三曰种界，分黄、白、棕、黑也；四曰形界，分男、女也；五曰家界，私父子、夫妇、兄弟之亲也；六曰业界，私农、工、商之产也；七曰乱界，有不平、不通、不同、不公之法也；八曰类界，有人与鸟、兽、虫、鱼之别也；九曰苦界，以苦生苦，传种无穷无尽，不可思议。（《大同书·入世界观众苦》）

此处所说大体是指由国别、阶级、种族、性别、伦理、职业、制度、物种、身心等因素造成的各种痛苦。与此相应，救苦之道即在于破除九界，所以《大同书》的其余九部分依次题为“去国界合大地”“去级界平民族”“去种界同人类”“去形界保独立”“去家界为天民”“去产界公生业”“去乱界治太平”“去类界爱众生”“去苦界至极乐”。显而易见，此时康有为的大同说，已经超越了针对中国的改良变法诉求，具有了更普遍的历史哲学和政治哲学意义。

至于如何去除这些界限和分别及其造成的痛苦，康有为认为必须要通过去除财产的私有制而实行公有制，而其中的关键又在于去除婚姻和家庭：

> 欲去家乎，但使大明天赋人权之义，男女皆平等独立，婚姻之事不复名为夫妇，只许订岁月交好之和约而已；行之六十年，则全世界之人类皆无家矣……全世界之人既无家，则去国而至大同易易矣。（《大同书·去产界公生业》）

按这里的设想，若去除了婚姻和家庭，人们对私有财产的占有欲就会逐渐消解，与此相关的其他种种界限和分别之心也会渐趋淡化，进而实现大同也就很容易了。

通观康有为的托古改制以及大同说的思路和话语，其中除了传统儒家思想的渊源之外，显然又吸收了佛教的一些基本义理，还有基督教等西方的学术和文化资源，比如掺杂了进化论的以宗教作为历史与文明动因的思想，启蒙运动以来的自由、平等、博爱、人权等现代价值观，甚至还有社会主义及共产主义思想。不过，他对这些资源也并非完全照搬取用，而是经过了自己的阐释或改造之后的批判性综合。比如，他认同进化论对于人类文化尤其是物质文明和民主政治的促进作用，但认为其中过于凸显了竞争，而忽视了礼让，主张两者“皆不可废者也，视其时之所当耳”(《泰西以竞争为进化让义几废》,1902)；他尤其强调“进化之理，有一定之轨道，不能超度”，否则“必生其害”(《中庸注》,1901)，表明其对暴力革命的反对态度。他也肯定了在近代资本主义制度下，欧美国家的农、工、商等实业及教育事业都取得了巨大发展，“皆创数千年未有之异境”，但“于民生独人之困苦，公德之缺乏，未能略有补救也”(《大同书・去产界公生业》)。可以想见，康有为在二十岁前后就已广泛涉猎西学图书，并曾游历香港、上海，戊戌变法失败后更是在日本、东南亚、欧美等地流亡、游历十多年，对资本主义制度的功效尤其是物质文明的成就有较为切实的认识和体会，对其造成的贫富分化、劳资冲突、种族压迫、殖民斗争等也多有了解，故而他并不认为西方文明已臻于完善，而只是“略近升平”而已，他的这些认知更因第一次世界大战的爆发而得以强化。此外，他主张“去产界公生业”，虽然有取于共产主义学说，但是他以为“共产之法”仍有家国之私，“以此制度而欲行共产之说，犹往南而北其辙也”(《大同书・去产界公生业》)，认为其并非实现大同的正确道路。

然而，康有为自己所倡导的“破除九界”进而实现“太平之治，大同之乐”，究竟是否可行呢？至少从《大同书》中就可以看到，原本作为针对中国的现实困境的改良变法方案，几乎已被宣讲成了一种宗教教义，而宗教在历史上固然对世道人心乃至人类文明都起过不可替代的促进作用，但经过现代文明尤其是人本主义的洗礼和熏陶之后，仍要指望宗教来解决人类的各种现实问题，无疑是很不现实的。

三、天人说

康有为心目中的理想宗教当然就是“儒教”或“孔教”了。在《孔子改制考》等著述中,他一再提到“儒教”或“孔子之教”,并称孔子为“教主”;到了民国初年,他还推动成立了孔教会,后来又被推为会长。在他看来,宗教是维系风俗人心的枢纽,世界上不会有无宗教的国家,儒学或孔学事实上就是古代中国的宗教,只是各国宗教多主“神道”,而孔教则主“人道”而已;而且,“太古草昧尚鬼,则神教为尊;近世文明重人,则人道为重。故人道之教,实从神教而更进焉”(《孔教会序》,1912),即把作为人道宗教的儒教或孔教看作比神道宗教更符合历史发展的趋势,也更具有现代意义。他从宗教的角度来看待孔子及儒家之学或可商榷,但以“人道”为孔学或儒学之主体内容,无疑是深具哲学意义的卓识,因为其中涉及中国哲学的一个基本问题,亦即天人关系的讨论。

对于天人关系,康有为的看法大体属于通常所谓“天人合一”,但与传统的观点却是同中有异。他明确认为,“万物皆始于气”(《万木草堂口说·学术源流》,1896),“天地之本皆运于气”(《春秋董氏学·元》),“人于元气中,但动物之一种耳”(《大同书·去类界爱众生》),也就是把“气”或“元气”作为包括人在内的天地万物的本原,因而“物我一体,无彼此之界;天人同气,无内外之分”(《中庸注》);但他又曾指出:

> 若积气而成为天,磨励之久,热、重之力生矣,光、电生矣,原质变化而成焉,于是生日,日生地,地生物……天地之气,存于庶物,人能采物之美者而服食之,始尚愚也同,一二圣人少补其灵明,而智生矣。(《康子内外篇·理气》)

这里也是以“气”来解说作为物理现象的天地万物,进而用“气”来贯通人的身体和心灵,其中既有对中国传统气本论或元气论的继承,又有对西方的自然哲学思想的吸纳。

应该注意的是,康有为一直对天文学有着浓厚的兴趣,在他的很多著述中也时常可见对天文学的直接或间接的论述，而且据说他在二十八岁时就开始撰写《诸天讲》（又名《诸天书》，见《诸天讲・自序》），但直到去世前一年才最终写成，可见其用心用力之程度；而该书乍看是对古今中外天文学的集中研究，其实不然：

> 吾之谈天也，欲为吾同胞天人发聋振聩，俾人人自知为天上人，知诸天之无量。人可乘为以太而天游，则天人之电道，与天上之极乐，自有在矣。（《诸天讲・自序》）

这里的“以太”，也是来自西方自然哲学的一个概念，大致与中国哲学里的“气”相当。在康有为看来，普通人常受所在家庭、乡党、郡邑乃至地球的局限而有种种烦恼和痛苦，但若能具体了解诸天之无限，而人毕竟身处其中，则“吾地上人皆天上人也”（《诸天讲・自序》），因而可能消解和超越这些烦恼和痛苦，体验到作为“天上人”或“天人”的“极乐”。他认为，宋儒周敦颐所谓“见其大则心泰”（《通书・颜子》），即可作此解。由此可见，康有为的谈“天”，其实还是为了论“人”，亦即指向其“去苦界至极乐”的大同理想；而他的自号“天游化人”，也与此相关。

然而，对于天地宇宙的具体了解，以及了解之后的“极乐”体验，显然并非寻常人所易得，所以对于自认为已经“天游”的康有为来说，还要再去“化人”。这里涉及康有为关于“人”的另外两个相互关联的基本思想，即教育哲学和仁爱哲学。

康有为一贯重视教育。他早年就认为，“今天下之治不举，由教学之不修也”（《教学通义》卷首），所以他不仅一直身体力行地在各地开馆授徒或宣教讲学，而且在进呈光绪帝的奏折中也多次建议改革教育；后来他还指出，“太平世以开人智为主，最重学校”（《大同书・去乱界治太平》），即认为教育在大同社会也是最重要的公共事业。

教育包括“教”和“学”两个方面。人的本性有相近或共同要素，但学习却使得人人各不相同，如孔子所谓“性相近也，习相远也”（《论语・阳货》）。康有为据此指出了“学”的意义：

凡言乎学者，逆人情而后起也。人性之自然，食色也，是无待于学也；人情之自然，喜、怒、哀、乐无节也，是不待学也。学所以节食色、喜怒、哀乐也。（《康子内外篇·性学》）

夫性者，受天命之自然，至顺者也……学也者，由人为之勉强，至逆者也……顺而率性者愚，逆而强学者智，故学者惟人能之，所以戴天履地，而独贵于万物也。（《长兴学记》）

也就是说，本能及情感等出于人之性情的自然要素是不需要学习的，顺之即可。但这些要素应该受到节制，否则就会导致纷争。而节制就需要学习，这对于性情来说是逆向而行、勉强之举，只有人才能做到，这也是人区别且尊贵于其他动物的根本特征。

学习是需要智慧和思辨能力的，康有为认为这在人性中也有其依据：

人类之生，其性善辨，其性善思，惟其智也。禽兽颛颛冥愚，不辨不思。人之异于禽兽者在斯。智人之生，性尤善辨，心尤善思，惟其圣也。民生颛颛顽愚，不辨不思。君子所以异于小人者在斯。（《教学通义·原教》）

这就是将智慧及其思辨能力也视为人区别于其他动物的根本特征，又把思辨能力的强弱当作区别君子乃至圣人和小人的标准。正是由于有此区别，长于思辨者和拙于思辨者才可能产生教学关系，亦即“老者传之幼者，能者告之不能者，此教之始也。幼者学于长者，不能者学于能者，此学之始也”（《教学通义·原教》）。因此，若就“学”而言，其实就是效法，即所谓“学者，效也。有所不知，效人之所知；有所不能，效人之所能”（《长兴学记》）。

至于被学习和被效法者，也就是善思善辨者，亦即君子乃至圣人，他们之所以要“教”，则是出于仁爱之心。康有为曾说，“孔子之教，其宗旨在仁”（《南海师承记》）；又说，“仁者，在天为生生之理，在人为博爱之德”（《中庸注》）。在孟子那里，“仁”又体现为“不忍人之心”。康有为认为，“人道之仁爱，人道之文明，人道之进化，至于太平大同，皆从此出”（《孟子微·总论》，1901），即把仁爱之心或不忍人之心视为人类社会文明进化的根源。在《大同书》的开篇，他也标举“人有不忍之心”以自明心迹：

> 吾为诸天之物，吾宁能舍世界天界绝类逃伦而独乐哉！其觉知大者其仁心亦大，其爱之无涯与觉之无涯，爱与觉之大小多少为比例焉。

按此思路，人的觉知之力和仁爱之心都可以无限拓展，觉知之力拓展的极致是让自己及众生知晓诸天之无限，仁爱之心拓展的极致是让自己及众生脱离无尽之苦难，最终还是为了实现“太平”或“大同”，获得“极乐”。当然，这只有君子以及圣人才能做到，而教育就是其中不可或缺的重要实施途径。康有为说自己不愿舍弃诸天同类，显然也是以教育众生的君子乃至圣人自期、自任的。

思考题：

1. 康有为的托古改制说是如何形成的，其中对“古”的描述是否符合历史事实？

2. 康有为的大同说的基本逻辑与主要内容是什么？

3. 如何看待康有为把孔子及儒家学说理解为“人道之教”？

第三十五章
谭嗣同的哲学

谭嗣同(1865—1898),字复生,号壮飞,又署东海褰冥氏、华相众生、寥天一阁主、通梅生等,湖南浏阳人。谭嗣同出生于北京的仕宦之家,幼年曾遭父亲妾氏虐待,后又逢瘟疫,几于不治,幸而康复,但有几位亲人都在此前后病故,这些经历极其深刻地磨砺了他的心志,其任侠豪迈的气概、悲天悯人的情怀的养成,应与此相关。谭嗣同自幼受到较为全面的教育,打下了经、史、诗、文等方面的深厚基础,且兼习文武,有"剑胆琴心"之誉;又曾钻研佛典,并广泛阅读西方史地政教以及自然科学译著;由于其父仕途变迁,他得以游历各地,开阔了眼界,增长了见识,对国计民生也有了更加切实的了解。中日甲午战争后,民族危机空前严重,谭嗣同决意投身启迪民智和革新救国事业,在湖南等地创办算学社、时务学堂、南学会、《湘报》、不缠足会等团体和报刊,大力宣传西学、倡导维新。戊戌变法期间,谭嗣同应召进京,积极参与新政;不久慈禧太后发动政变,囚禁光绪帝,逮捕维新人士;他不愿出走,决心以死唤醒国人,遂被捕入狱,随后与林旭、杨锐、刘光第、杨深秀、康广仁等被杀害于菜市口刑场。谭嗣同著有《仁学》及多种诗集、文集,后人辑有《谭嗣同全集》;他的哲学思想比较集中地见于《仁学》,该书大致完成于光绪廿三年(1897),其中初步建构起了一个思想来源和具体内容都很庞杂的哲学体系。

一、仁学要义

谭嗣同的仁学试图融中学与西学、宗教与科学、唯物与唯心于一体,所以他也明确提到这个哲学体系的诸多思想来源："凡为仁学者，于佛书当通《华严》及心宗、相宗之书，于西书当通《新约》及算学、格致、社会学之书，于中国书当通《易》《春秋公羊传》《论语》《礼记》《孟子》《庄子》《墨子》《史记》及陶渊明、周茂叔、张横渠、陆子静、王阳明、王船山、黄梨洲之书。"（《仁学·界说》）他还曾以康有为的私淑弟子自居，所以《仁学》中也隐约可见康有为的大同说的痕迹。不过，既然这个体系被他命名为"仁学"，表明其首先还是从传统儒家思想生发而来。

在传统儒家的语境里，"仁"是一个核心的概念，而其意涵则是不断被拓展的。在孔子的哲学体系中，"仁"是最高的道德标准，其基本体现则是"爱人"（《论语·颜渊》），即由爱亲人而推及爱他人。到了宋儒那里，"仁"又被阐释为由"爱人"进而"爱物"，如张载所谓"民，吾同胞；物，吾与也"（《正蒙·乾称》）。按这个思路，可以说天地万物由于"爱"而关联相通。谭嗣同正是接续了这个传统，强调"仁以通为第一义"（《仁学·界说》），并引用了西方自然科学里假设的一个物质概念"以太"，将其改造为具有本体论意义的一个范畴，用以取代他先前认同的中国古代哲学里的"气"，来解释天地万物得以关联相通的统一性。他认为儒家所谓"仁"、墨家所谓"兼爱"、佛教所谓"慈悲"、基督教所谓"灵魂"及"爱人如己"和"爱敌如友"、科学家所谓"吸力"等，都体现了"以太"的具体作用（《仁学》一），《庄子·齐物论》所谓"道通为一"也可作此理解（《仁学·界说》）。

在谭嗣同看来，"通"有四个层面的义理，即"中外通""上下通""男女内外通""人我通"（《仁学·界说》）。所谓"中外通"，即消除国家之间的界限。他指出，"中外通"有取于《春秋》公羊学的三世说，且又结合对《周易》乾卦的释读而有所引申。按他的解说，《周易》乾卦蕴含了历史发展的两个三世，亦即内卦的"逆三世"和外卦的"顺三世"。其中的初九爻象征太平世，此时"无教主，亦无君主。于时为洪荒太古，氓之蚩蚩，互为酋长已耳"，相当于原始共产主义时期。九二爻象征升平世，此时"渐有教主君主矣，然去民尚未远也……于时为三皇五帝"，其实是即将迈入文明门槛的英雄时代。九三爻象征据乱世，此时"君主始横肆，教主乃不得不出而剂其平……于时为三代"，也就是确立君主专制的文明初期。这是内卦及其所象征的"逆三世"。九四爻仍象征据乱世，此时君主专制不断加强，尽管有了孔子这样的教主，也只是“知其不可而为之”“于时则自孔子之时至于今日”。九五爻象征升平世，此时“地球群教，将同奉一教主；地球群国，将同奉一君主。于时为大一统”，这是当前人类即将步入的新时期。上九爻象征太平世，此时“人人可有教主之德，而教主废；人人可有君主之权，而君主废。于时为遍地民主”，这是人类共同的未来。这是外卦及其所象征的“顺三世”（以上见《仁学》四十八）。在这套历史哲学话语中，太平世既是开端，又是归宿，而人群之间的平等互通则是其中的根本要素。

所谓“上下通”和“男女内外通”，即突破阶层、男女、宗族等界限。汉代以来，君臣、父子、夫妻等人际关系被认为具有恒常的主从差别，《周易》中所流露的阳尊阴卑思想通常会被认为是对这些关系的理论概括。但谭嗣同认为，《周易》并非简单强调阳尊阴卑，而是倡导阴阳的交感互通，进而才能产生吉利的结果，比如泰否两卦的卦名就昭示了吉凶之别，两卦的卦象也是颠倒相反的，但其吉凶的根源，恰在于泰卦是由三阳爻之乾卦在下、三阴爻之坤卦在上而构成，而否卦是由三阴爻之坤卦在下、三阳爻之乾卦在上构成（《仁学·界说》）。可见天地、人人都应交泰相通，因而其实也是平等的。

所谓“人我通”，即消解自我与他人之间的界限。谭嗣同认为，佛教基于人的慈悲之心，倡导“救人之外无事功，即度众生之外无佛法”，如此自利利他、自度度人，而其究竟即“人外无己，己外无人，度人即是度己”（《仁学》四十九），也是众生平等之义；《金刚经》所谓“无人相，无我相”，亦有此义（《仁学·界说》）。按他的思路，这与儒家基于仁爱之心而通于天地万物的思路也具有一致性。

谭嗣同进而指出，“通”体现为“平等”，“平等”的前提则是“破对待”（《仁学·界说》），而“对待生于彼此，彼此生于有我”（《仁学》十七）。因而，对“我”的妄执是产生人我、彼此对待的原因，也是造成人我、内外、男女及中外之界限或不通的根源。那么，如何破除对“我”的妄执呢？就人而言，一般都是乐生恶死、喜有厌无，所以人最难破除的就是对生死、有无的执念。对此，谭嗣同解释说：

譬于陶埴，失手而碎之，其为器也毁矣。然陶埴，土所为也。方其为陶埴也，在陶埴曰成，在土则毁；及其碎也，还归乎土，在陶埴曰毁，在土又以成。但有回环，都无成毁。（《仁学》十二）

这是用陶器与泥土的关系来比拟普通人理解的事物的成毁，思路其实来自《庄子·齐物论》。按这个思路，可以说事物的成毁是循环往复的，所以也都是相对而言的，有无及生死也是如此。倘若从自然科学的角度来看，事物都是由元素——谭嗣同称为"原质"（《仁学》十一）——构成的，而按他的看法，元素的本原是"以太"（《仁学》十一），所谓成毁、有无及生死，终究不过是"以太"的流转变化，"仁""通""平等"也只是"以太"的具体作用而已。至此，谭嗣同仁学体系的内在逻辑大体被勾勒出来，而其视死如归的思想根源也由此可见。

二、历史与文化批判

《仁学》在谭嗣同生前仅有手稿在友人之间流传，没有正式发表，其广泛传播已是在他就义之后，所以其中所要建构的哲学体系虽然大体规模已备，但具体论证却并非圆融无碍。需要注意的是，该书中还有大量批判历史与文化、力主变法与革新的论述，这些极具启蒙精神的论述的实际影响力其实更大，也可以视为其仁学思想体系的重要组成部分。

谭嗣同的批判首先指向在中国延续了两千多年的皇权政治和君主专制及其学术渊源。按他的上述三世说，自孔子时代到他本人所处的晚清都是乱世，其基本特征就是"君统"，亦即皇权政治和君主专制。在中国古代，"唯天为大"（《论语·泰伯》），皇帝被认为是得"天命"的"天子"，其对臣民的统治也被认为具有不容置疑的神圣性。谭嗣同则认为：

生民之初，本无所谓君臣，则皆民也。民不能相治，亦不暇治，于是共举一民为君。（《仁学》三十一）

既然君主是由民众推举出来的，这就意味着先有民众，后有君主，"君末也，民本也”；君主其实是为民办事者，群臣则是帮办民事者，他们都是民众的服务者，而不是高高在上的统治者；如果君臣不能有效办理民事，民众就有权废黜他们（《仁学》三十一）。但后世君主逐渐强化并神圣化了自己的统治地位，挟“天”以压制民众，民众不敢不受，久而久之，“愚入膏肓”，原本平等的相互关系变得越来越不平等；后来幸而有孔子作《春秋》，以微言大义对天子诸侯予以褒贬，力图对专制予以限制（《仁学》二十七）。按谭嗣同的看法，此后的孔学衍为两大支：一经曾子、子思而至孟子，孟子主张“民为贵，社稷次之，君为轻”（《孟子·尽心下》），发扬了孔子的民主思想；一经子夏、田子方而至庄子，庄子以寓言的方式痛诋君主专制。不过这两支未得传承，结果荀子乘隙而起，宣扬礼乐刑政以尊崇君权、钳制臣民；李斯师承荀子，进而以法家思想助秦为虐，“尊君卑臣愚黔首”的政治传统由此形成。总之，谭嗣同认为，“二千年来之政，秦政也，皆大盗也；二千年来之学，荀学也，皆乡愿也”；而不幸的是，两者又相互利用，且都托名孔子之学，实为民生之厄（《仁学》二十九）。

与对皇权政治和君主专制的批判相关，谭嗣同也批判了传统的名教思想。“名”即名称或概念，其实只是人的制作：

> 名忽彼而忽此，视权势之所积；名时重而时轻，视习俗之所尚……名本无实体，故易乱。（《仁学》八）

也就是说，“名”的能指与所指都是约定俗成或权势建构的结果，所以“名”本身并无实体性，也容易被淆乱。即以“仁”而论，也只是一个“名”，类似道家所谓“强字之曰道”（《老子》第二十五章），按谭嗣同的说法，是“不可立而犹可立者也”（《仁学》七）。当然，如上文所述，“仁”是具有本体论意义的一个范畴，以“通”为第一义，“知”（即“智”）“勇”“义”“信”“礼”等其他名称或概念的意义都与“仁”相通，并被包容在内，所以他反复说“天地间亦仁而已矣”（《仁学》五、六）。正因为如此，“仁”不会“亡”，只会“乱”（《仁学》八、九）；而“仁之乱也，则于其名”（《仁学》八），换句话说，“仁”之实质会被名教所乱，即所谓“以名为教，则其教已为实之宾，而决非实也”（《仁学》八）。

谭嗣同认为，名教乱“仁”的具体体现，就是三纲五常等观念被当成了

“孔教之精诣”，而它们其实只是“据乱世之法”(《仁学》三十)，即孔子拨乱反正的权宜之计；名教乱“仁”的直接原因，则是统治者试图以各种“名”来愚弄民众、钳制人心，使得包括“仁”在内的纲常观念成为以上制下的工具，即所谓“愚黔首之术，故莫以繁其名为尚焉”(《仁学》三十七)。按他的看法，在所谓纲常或人际关系中，只有朋友关系对于人生最无弊害而有利益，因为朋友相交总以“平等”“自由”“节宣惟意”为准则，相互之间“不失自主之权”；其他关系，如君臣、父子、夫妻、兄弟等，都应“以朋友之道贯之”，“夫惟朋友之伦独尊，然后彼四伦不废自废”(《仁学》三十八)。

基于对“仁”的本体论理解，谭嗣同也持性善论主张。在他看来，人性之“善”意味着人的情欲遵循了“条理”，“恶”只是“即其不循善之条理而名之”，所以“无所谓恶也”(《仁学》九)。他进而指出：

> 世俗小儒，以天理为善，以人欲为恶，不知无人欲，尚安得有天理！吾故悲夫世之妄生分别也。(《仁学》九)

这显然是对宋代以来的许多儒者以“天理”与“人欲”不两立乃至主张“存天理，灭人欲”的批判。

此外，亦如上文所述，谭嗣同既以“通”为“仁”之第一义，又特别主张“中外通”，所以他极力主张对外开放、互通有无。鸦片战争以来，尽管清朝起先是出于被动而打开国门，但后来毕竟还是在不断地渐进开放，尤其是经过洋务运动自上而下的影响，中外互通已经逐渐成为众多有识之士的基本共识。然而，此时仍有一些顽固守旧人士秉持“闭关绝市”“重申海禁”之论。谭嗣同主张“中外通”，显然也是对这些论调的批判。他认为：

> 通商者，相仁之道也，两利之道也，客固利，主尤利也(《仁学》二十三)。

除了“通商”之外，还应“通学”“通政”“通教”(《仁学》四)。只有“中外通”，世界才能走向“远近大小若一”的“太平世”(《仁学·界说》)。

谭嗣同特别强调，中外互通应以平等互利为前提。对于一个国家来说：

> 立一法，不惟利于本国，必无损于各国，使皆有利；创一教，不惟可行于本国，必合万国之公理，使智愚皆可授法。以此为心，始可言仁……(《仁学》四十四)。

他注意到了欧美列强对远东和近东弱小诸国的各种侵略和掠夺行径及其所造成的灾难性后果，不仅对此持坚决明确的批判态度，而且还指出，对于列强来说，这也是其“所以致衰之道”：

> 国于天地，必有与立，则信与义，其内治外交之胶粘物也。各国之强盛，罔不由于信义，天下既共闻而共见之矣。(《仁学》四十四)

国家之间的欺凌行为自然是有违信义的，而且相习既深，难免施及国内民众，于是作为内治外交之根基的信义渐被消解，久而久之，强者亦会转为病夫。

作为一位中国士人，谭嗣同对当时国家遭遇的内外交困局面更是心有戚戚，所以他极力倡导变法维新，强调中国之危局“唯变法可以救之”(《仁学》三十四)，主张“新也者，夫亦群教之公理已”(《仁学》十八)。基于对求新求变的肯定，他对老子的哲学颇不以为然，认为其“言静而戒动，言柔而毁刚”(《仁学》十九)，又“黜奢崇俭”，而“言静者，惰归之暮气，鬼道也；言俭者，龌龊之昏心，禽道也”(《仁学》二十)，都有碍于富国强兵之事。他极其激愤而又沉痛地指出：

> 欧、美二洲，以好新而兴；日本效之，至变其衣食嗜好。亚、非、澳三洲，以好古而亡。中国动辄援古制，死亡之在眉睫，犹栖心于榛狉未化之世，若于今熟视无睹也者。(《仁学》十八)

读其文章，想其行事，尤其是其慷慨就义成仁之壮举，不能不令人对谭嗣同肃然起敬。亦如上文所述，谭嗣同的论著及哲学体系并非完备无缺，比如他对中外学术和国内外民族矛盾的认知及批判就不无偏颇之处，但其中所充溢的启蒙精神却有着永恒意义，对已露端倪的革命思潮和运动也产生了直接而又深刻的影响。

思考题:

1. 谭嗣同的仁学的内在逻辑与基本要义是什么,它与孔子及儒家的仁学有何异同?

2. 如何看待谭嗣同对中国历史与文化的批判?

第三十六章
梁启超的哲学

梁启超(1873—1929),字卓如,号任公,又号饮冰室主人,广东新会人。梁启超十岁即应童子试,有"神童"之誉;十六岁入大儒阮元创办的学海堂,次年中举;十八岁结识康有为,执弟子礼,逐渐成为与康氏齐名的变法维新运动的干将乃至领袖。此后,他先后参与创办或主笔《万国公报》(北京,1895,后改名《中外纪闻》)、《时务报》(上海,1896)、《广时务报》(澳门,1897,后改名《知新报》),大力宣扬维新变法。戊戌政变后,他流亡日本,又先后创办并主笔《清议报》(横滨,1898)、《新民丛报》(横滨,1902)、《新小说》(横滨,1902)、《政论》(东京,1907)、《国风报》(上海,1910),继续积极通过舆论开启民智、提振国族意气。他在这些刊物上发表了大量的时政和学术论著,大多深入浅出、通俗易懂而又激昂慷慨,产生了极其广泛而又深远的社会影响。辛亥革命后,梁启超回国,曾先后担任中华民国政府司法总长、币制局总裁等职,反对袁世凯称帝及溥仪复辟。1918 年底至 1920 年初,他游历欧洲多国,并从事讲学和著述,曾任教于南开大学、清华大学,又曾任北京图书馆馆长。梁启超有近两千万字的多种著作,后人编为《梁启超全集》。

一、变法论

在维新变法运动期间,梁启超撰写了由一系列政论文章组成的《变法通议》,陆续发表在光绪二十二年至二十四年(1896—1898)的《时务报》和《清议报》上,引发了社会各界的关注和热议。这些文章全面、系统地阐发了他关于变法维新的政治主张,其中不乏哲理性的思考,对于理解他当时的哲学思想及其后来的变迁都很有参考意义。

梁启超认为，变法维新首先也属于变化，而变化是天地万物固有的普遍现象，与是否有人的作用无关：

> 凡在天地之间者，莫不变……上下千岁，无时不变，无事不变，公理有固然，非夫人之为也。（《变法通议・自序》）

既然人及其所在的世界一直处于变化之中，那么倘若没有变化，也就没有世界及人类了；因循守旧者动辄倡言法古，岂不知从古至今已经千变万化，所法之"古"与曾经实存之"古"也已经不知相去几许。他进而指出：

> 今夫自然之变，天之道也；或变则善，或变则敝，有人道焉，则智者之所审也。（《变法通议・自序》）

也就是说，面对天道自然之变化，人不应听其流变，而是该积极促成其向有利而非不利的方向发展，这才是明智的态度。就国家的典章制度和大政方针而言，同样会不断发生变化，但主动或被动之变的情势及结果却大不相同。梁启超强调说："法者，天下之公器也；变者，天下之公理也。"（《变法通议・论不变法之害》）当时的世界各国，有自主变革者，如日本；有被他国制约而代为变革者，如土耳其、埃及、朝鲜；有被他国吞并而代为变革者，如印度、越南、缅甸；有被列强瓜分而代为变革者，如波兰。中国也只有主动变法，才能消弭亡国灭种之祸，从而走向富强，得以"保国""保种""保教"（《变法通议・自序》）。

同治初年兴起的洋务运动，被许多人视为属于变法的范畴，但推行三十余年，仍未能改变中国的积贫积弱之势，尤其是中日甲午战后，常有人对其提出质疑。对此，梁启超认为：

> 盖事事皆有相因而至之端，而万事皆同出于一本原之地，不挈其领而握其枢，犹治丝而棼之，故百举而无一效也。（《变法通议・论变法不知本原之害》）

按他的看法，事物同出于本原，知此本原，才能抓住纲领和枢纽，从而立于不败之地，否则即会陷入纷乱境地，措施虽多却难收成效。以当时中国的变法而论，练兵、开矿、通商、银行、邮政、农务、制造等举措自有其意义，但都不是变法的本原。他明确指出：

> 变法之本，在育人才；人才之兴，在开学校；学校之立，在变科举；而一切要其大成，在变官制。（《变法通议·论变法不知本原之害》）

这里提到的培养人才、开办学校、变革科举、改变官制等主张或措施，在此前的改良思潮及洋务运动中其实已经有所涉及，只是进展缓慢，而且各自的意义及相互关系尚未被人们充分理解，梁启超如此简明扼要的阐发，使得许多人尤其是维新派很快就达成了共识：变法的最终成功必须要通过改变官制来落实，而其根本途径则在于通过变革科举和开办学校来培养人才。

事实上，戊戌变法时期及其后各个层次的新式学校的兴办，以及科举制度的变革乃至最终被废止（光绪三十一年，1905），大体也正是按照梁启超的思路在推进的。换句话说，虽然梁启超的许多变法主张由于戊戌政变而落空，但其关于改革教育、兴办学校、培养人才的倡议却在事实上得到了社会各界的认同并得以落实。与此相关，梁启超还给出了一个颇有意味的理由：

> 吾国之《春秋》三世之义，据乱世以力胜，升平世智、力互相胜，太平世以智胜。（《变法通议·学校总论》）

根据这个解释，传统所谓《春秋》“三世”可以用“力”和“智”两个要素来予以区别，亦即把社会及历史的发展过程大体分为由武力所主导的据乱世，到武力与心智相辅相成的升平世，再到由心智所主导的太平世三个阶段。在这个过程中，既然人的心智起到了越来越大的作用，那么对于心智的启迪也就有了非同寻常的意义，用他的话说，“故言自强于今日，以开民智为第一义”（《变法通议·学校总论》），而开启民智正是需要通过教育来实现的。

梁启超关于开启民智的论述涉及女学、幼学、师范、大学、学会（即学术团体）、译书等多个层面，其中的许多具体内容显然参考了西方的文化和教育制度，但也具有普遍的启蒙意义。比如他特别注意到，世界各国从西方全盛之国如美国到东方新兴之国如日本，都提倡男女平等，因而也都把女子教

育提高到与男子教育同等重要的地位,他对此表示认同并进而指出:

> 故治天下之大本二:曰正人心、广人才。而二者之本,必自蒙养始;蒙养之本,必自母教始;母教之本,必自妇学始。故妇学实天下存亡强弱之大原也。(《变法通议·论女学》)

他还据此批判了所谓“妇人无才便是德”的流俗观念,认为推及中国积弱之本,“必自妇人不学始”(《变法通议·论女学》),所以兴办女学其实也是变法维新之急务。毫无疑问,这是发时代之先声的卓越见识。

二、新民说

戊戌变法失败后,流亡海外的梁启超仍然心系开启民智及国民教育事业。流亡初期,他继续追随康有为,在《清议报》及各种场合鼓吹“勤王”“尊皇”,但他也逐渐意识到,自上而下的维新运动实有欠缺,将变法图强的希望寄托于光绪皇帝一人更不现实,只有唤醒民众,提升民众的文明程度,国家的富强才有坚实的基础。着眼于此,他取用传统儒家的“新民”之义,创办了《新民丛报》,并在其章程中明确指出,“欲维新吾国,当先维新吾民”。从光绪二十八年(1902)的创刊号起,《新民丛报》历时五年,连载了梁启超的《新民说》,系统阐发了他的“新民”思想。

“新民”是儒家经典中一个非常古老的重要概念,比如《尚书·康诰》中即有“宅天命,作新民”之说,《礼记·大学》中的“新民”(原作“亲民”)则与“明明德”“止于至善”一起被认为是大学之道的三个纲领。在儒家及中国哲学的语境中,“新民”大体属于心性论的传统,其核心内涵是指人的思想革新和道德修养,尤其重视人的主体能动性作用。梁启超取用这个概念来命名他所创办的杂志和连载的论著,表明了他对这个传统的认同。他指出:

> 新民云者,非新者一人,而新之者又一人也,则在吾民之各自新而已。(《新民说·论新民为今日中国第一急务》)
>
> 新民云者,非欲吾民尽弃其旧以从人也。新之义有二:一曰淬

> 厉其所本有而新之，二曰采补其所本无而新之。二者缺一，时乃无功。（《新民说·释新民之义》）

按他的解说，“新民”的关键在于国民的自我革新，但这并不是让国民尽弃所有而盲从他人。一个国家能够立足于世界，必独有其道德法律、风俗习惯、文学艺术等方面的精神和特质，国民应当保护、磨砺、淬炼这些精神和特质，使其永葆生命的活力。中国作为一个拥有数千年历史文明的大国，自然也是如此；与此同时，一个国家要想长久保持富强的发展态势，还必须考察和吸收其他国族的自立之道，这种必要性在国际交流尚不充分的古代表现得并不突出，但在列强并立的当前世界，则变得越来越明显，对于当时的中国也尤为迫切。在梁启超看来，这两个方面必须齐头并进、相辅相成，才能够培养和造就真正的新国民。

中日甲午战后，对于中国的救亡图存、走向富强之路，除了康有为等领导的维新运动渐成大势之外，孙中山等也在尝试发起针对清廷的暴力革命运动，只是未获成功，因而未引起广泛关注。梁启超对革命派的理论和作为都有所了解，但对其颇不以为然。比如他称革命派为“破坏家”或“瞎闹派”，称其暴力革命主张为“破坏主义”，认为其“如曰一切破坏也，是将并社会而亦破坏之也”（《新民说·论私德》）。在他看来：

> 古今建设之伟业，固莫不含有破坏之性质；古今破坏之伟人，亦靡不饶有建设之精神。实则破坏与建设，相倚而不可离，而其所需之能力，二者亦正相等。（《新民说·论私德》）

这里对建设与破坏之关系的论述无疑有其辩证的合理性。此外，按极端的破坏主义的思路，“一若惟建设为需道德，而破坏则无需道德”，他认为这是错误的（《新民说·论私德》）。他进而指出：

> 苟欲言道德也，则其本原出于良心之自由，无古无今，无中无外，无不同一，是无有新旧之可云也！（《新民说·论私德》）

他在这里其实论及道德的本体，认为其具有超越古今中外的同一性和绝对性，其中既有传统儒家心性论哲学的因素，又有西方自由主义道德哲学的痕迹。他所阐发的“新民”，首先是一种建设，且其中也包括了道德的内容；按他的思路，“新民”的道德建设不仅并不意味着要完全抛弃中国的传统道德，而且完全可以吸收其中具有超越性和永恒性的要素。

在梁启超看来，中国传统道德哲学中至少有三个相互关联的具有超越性和永恒性的要素，可为“新民”所用而不可摒弃。第一是“正本”。这里的“本”，就是上文所述作为道德本体的“良心之自由”，亦即从孟子到王阳明所说的“良知”。人只有自觉顺应“良知”或“良心之自由”的指引，才是一个真正的道德主体；但人往往会受到许多外在因素尤其是功利因素的影响，背离“良知”或“良心之自由”的要求，做出不道德或看似道德而实则不道德之事。因此，道德的“正本”不仅需要王阳明所谓的“致良知”，而且需要与功利主义保持距离，心中常想“无所为而为之”，而非“有所为而为之”(《新民说·论私德》)。第二是“慎独”。这也是《大学》《中庸》以来的儒家心性论传统中的一个重要概念，通常被视为“致良知”的具体实践工夫，梁启超对此也极为赞同，认为“千圣万哲之所以度人者，语上语下，虽有差别，顿法渐法，虽有异同，若夫本原之地，一以贯之，舍慎独外，无他法门矣”(《新民说·论私德》)。第三是“谨小”。《论语·子张》记录子夏所谓“大德不逾闲，小德出入可也”，梁启超对此颇有异议，认为普通人大多自制力不够坚强，难免随波逐流，积少成多，乃至“是并康德所谓良心之自由而放弃之也”(《新民说·论私德》)。

按梁启超的看法，虽然道德之本体具有同一性和绝对性，但其表现于外，则有公私之别；中国传统道德及道德哲学发达甚早，但大体偏于私德，公德则多有欠缺，而西方道德哲学对此却多有发明；理想的道德及道德哲学，当然应该公私并备兼善，但“道德之立，所以利群也”(《新民说·论公德》)，因而私德固为人所必备，而公德则尤为合格公民所必需；所谓“新民”，既然是要培养和造就合格的新的国家公民，自然要在保守、淬炼、磨砺中国传统道德的同时，大力取法、吸收、融汇西方公民道德。

据梁启超的考察，养成了公私道德的新的国家公民，也就具备了国家思想、政治能力、进取冒险精神、权利思想、义务思想、自由精神、自治能力、自尊思想、合群思想、生利分利能力(即经济能力)、毅力、尚武精神等素质；国家若有了越来越多这样的新国民,“对于国家之尊荣及公众之权利,为严重之保障,常凛然有介胄不可犯之色”,这就是“民气”;他认为,“民气者,国家所以自存之一要素也”(《新民说·论民气》)。这样的“民气”,若能再得到民力、民智、民德的广泛和持续滋养,必能永葆国家的长治久安。

梁启超的新民说显然也蕴含了他对“新中国”的美好期待和精心设计,与此相关的是,在与《新民丛报》同年创刊的《新小说》上,他还发表了一部名为《新中国未来记》的小说,其中更具体地介绍了他对于“新中国”的诸多设想。应该说,中国社会的实际发展并未完全按照梁启超的规划在推进,虽然他的基本政治主张由开明专制转向君主立宪乃至民主共和,但民国之后的政局还是让他越来越失望,所以他也把自己的主要精力逐渐转向了教育活动和学术研究。

三、历史哲学

梁启超的政治、教育及学术活动都有着鲜明、浓厚的史学底蕴,比如从《变法通论》及《新民说》中就可以看出他对中外历史的通达。戊戌变法失败后,他对中国通史及各种专门史做了更加精深的研究,也阐发了对于历史哲学的许多洞见和卓识。

梁启超的史学思想有着明确的现实指向,尤其是与变法维新运动和他的新民理想密切相关。因此,他首先吸收了当时世界范围内的史学及相关理论,批判了中国的传统史学,并提出了自己的“新史学”主张。早在戊戌变法之前,他就注意到了中西史学的不同:

> 史者,所以通知古今,国之鉴也。中国之史,长于言事;西国之史,长于言政。言事者之所重,在一朝一姓兴亡之所由,谓之君史;言政者之所重,在一城一乡教养之所起,谓之民史。(《变法通议·论译书》)

这里以“君史”与“民史”来分别概括中西史学,肯定并非完备之论,但至少也抓住了其中的一处关键差别,尤其是指出了中国传统史学的一个重要特色。在刊于光绪二十一年(1901)《清议报》的《中国史叙论》中,他又指出,“史也者,记述人间过去之事实者也”,而随着世界学术的发展,近世史家与传统史家的研究有了很大的不同:

> 前者史家,不过记载事实;近世史家,必说明其事实之关系,与其原因结果。前者史家,不过记述人间一二有权力者兴亡隆替之事,虽名为史,实不过一人一家之谱牒;近世史家,必探察人间全体之运动进步,即国民全部之经历,及其相互之关系。(《中国史叙论·史之界说》)

这显然是对“君史”和“民史”之别的进一步引申和发挥。按他的这个观点,可以说中国传统的绝大多数历史著述,尤其是正史,都只是记载事实的“一人一家之谱牒”,亦即上述“君史”而已,因而“虽谓中国前者未尝有史,殆非为过”(《中国史叙论·史之界说》)。

在次年发表于《新民丛报》的《新史学》中,梁启超大体延续了他对于中国传统史学的上述看法,并指出其之所以如此的几个根源。第一,“知有朝廷而不知有国家”。史家史著只是“以为天下者君主一人之天下,故其为史也,不过叙某朝以何而得之,以何而治之,以何而失之而已,舍此则非所闻也”,而读者若只读到这样的史著,当然是难以产生真正的国家思想的。第二,“知有个人而不知有群体”。梁启超在此流露出了英雄史观的倾向,在他看来,“历史者,英雄之舞台也,舍英雄几无历史”,但善为史者应当以包括英雄在内的人物作为历史的材料和时代的代表,而不是反过来让历史成为人物的画像、让时代成为人物的附属;中国传统史著以纪传为主体,使其简直成了“合无数之墓志铭而成者”;高明的史家史著应“能叙一群人相交涉相竞争相团结之道,能述一群人所以休养生息同体进化之状,使后之读者爱其群善其群之心油然生焉”,否则难以让读者生出合群思想。第三,“知有陈迹而不知有今务”。西方史家史著多抑古扬今,时代越近的历史记述越详;中国则不然,“非鼎革之后,则一朝之史不能出现”,这势必导致民气学风的日益腐败。第四,“知有事实而不知有理想”。历史的理想也可以说是历史的精神,亦即人群关系、时代变迁的规律和原因,史家史著应该通过对具体事实的记述和考辨揭示出这些规律和原因，否则历史就成了“非益民智之具，而耗民智之具也”。由这四个根源又衍生出两个弊病，即“能铺叙而不能别裁”和“能因袭而不能创作”，最终难免使得读者面对这些史著心生“难读”“难别择”“无感触”之感。总之，中国古代史学看似发达，却未能如西方史学那样对国民产生切实的助益，因而梁启超认为，“史界革命”势在必行，他的“新史学”也正是对此而发（此段据《新史学·中国之旧史学》）。

至于梁启超对包括中国史在内的历史本身的看法，显然吸收了进化论的因素。事实上，进化论也可以说是梁启超的史学乃至整体思想和学术的基本内核。比如在与《新史学》大致同时发表的《论学术之势力左右世界》中，他就曾指出：

> 凡人类知识所能见之现象，无一不可以进化之大理贯通之。政治法制之变迁，进化也；宗教道德之发达，进化也；风俗习惯之移易，进化也；数千年之历史，进化之历史；数万里之世界，进化之世界也。

按这个观点，进化是人类所能认知的所有自然和社会现象的公理和通例，历史当然也不例外，正如他所明确主张，“历史者，叙述人群进化之现象，而求得其公理公例者也”（《新史学·史学之界说》）。这意味着史学研究既要有客体，即过去现在之史料；又要有主体，即作史者和读史者心怀之哲理。他特别强调，“要之苟无哲学之理想者，必不能为良史”（新史学·史学之界说）。对于梁启超来说，他所认同的历史哲学首先就是进化论。

梁启超对进化论及其与史学研究的关系的看法，与严复颇为相似。事实上，梁启超及其师康有为在戊戌变法前夕就已读到了严复的《天演论》译稿，并对其表示高度的认同。值得注意的是，此时的梁启超还与严复讨论了《春秋》三世说：

> 据乱之世则多君为政，升平之世则一君为政，太平之世则民为政。凡世界，必由据乱而升平，而太平。故其政也，必先多君而一君，而无君。（《与严又陵先生书》）

用《春秋》三世说来解释社会历史发展乃至提倡变法维新，是包括康有为在内的晚清公羊学者的常见思路，梁启超袭用此说应属自然，但从此也能看出他后来由君主立宪到民主共和的政治立场的转变之端倪，而且流露出把《春秋》三世说与进化论相结合的思想倾向。此后，他更明确地论述了这一点，认为“三世者，进化之象也。所谓据乱、升平、太平，与世渐进是也”（《新史学·史学之界说》）。因此也可以说，《春秋》三世说是梁启超的“新史学”的一个重要的学术渊源。

在梁启超后期的史学论著《中国历史研究法》（1921）及其《补编》（1926—1927）中，同样贯彻了“新史学”的基本主张，尤其是其中的两个核心要素，即国民意识和进化观点。用他的话说：

> 史者何？记述人类社会赓续活动之体相，校其总成绩，求得其因果关系，以为现代一般人活动之资鉴者也。
>
> 今日所需之史，则“国民资治通鉴”或“人类资治通鉴”而已。（《中国历史研究法·史之意义及其范围》）

着眼于此，他对历史的目的及范围、旧史改造、历史的因果和动力、史料的搜集与鉴别、史家的修养、专史的做法等进行了更加系统、深入的讨论。

与对历史哲学的探索相应，梁启超还发表了《论中国学术思想变迁之大势》（1902—1904）、《中国地理大势论》（1902）、《清代学术概论》（1920）、《国学小史》（1920—1921）、《先秦政治思想史》（1922）、《中国近三百年学术史》（1923—1924）等大量的专门史论著，为后人留下了丰厚的思想和学术遗产。然而，他自三十岁时（1902）即开始修撰的《中国通史》，却因其病逝而未能最终完成，不免令人遗憾。

思考题：

1. 如何看待梁启超对“变法之本”的论述？

2. 梁启超“新民说”的主要内容和目的是什么，与传统儒家的“新民”思想有何异同？

3. 梁启超为什么要提出“新史学”，其主要的中外学术渊源是什么？

第三十七章
章太炎的哲学

章太炎(1869—1936),本名炳麟,又名学乘,字枚叔,后改名绛,号太炎,浙江余杭人。章太炎四岁识字,七岁从外祖父朱有虔接受清代朴学的基本训练,四年后在父章濬、兄章炳森指导下学习小学、经史、文章;二十二岁受教于大儒俞樾,系统研究经史和诸子之学,并涉猎各种西学译著。中日甲午战后,他认同维新变法。1900 年,八国联军侵华,他对清政府及保皇派不再抱有希望,剪去辫发以明志,坚定地走上革命道路;1903 年,因在《苏报》发表革命文章被判监禁三年,其间深入研究佛教尤其是唯识学经论,并推动成立反清革命团体光复会;1906 年,在监禁期满后流亡日本,加入同盟会,主持《民报》编务,继续宣扬反清革命。辛亥革命后,章太炎回国,奔波周旋于各派政治势力之间,先竭力推动共和统一,后积极倡导联省自治,但都未能成功。1924 年后,他对孙中山的联俄联共以及蒋介石的以党治国都不以为然,逐渐退出政治纷争,把主要精力用于讲学和著述。1931 年“九一八事变”后,他一边投入抗日救亡活动,一边继续从事讲学和著述,直至病逝。章太炎著述颇丰,包括大量的政论及《訄书》(改编本名为《检论》)《国故论衡》《菿汉微言》《齐物论释》《文始》等专著和文集,后人编为《章太炎全集》,另有学生整理的多种讲演集流行于世。章太炎的许多重要论著的写作历时较长,且屡经修订,表明其学术思想时有变迁,他对此曾以“始则转俗成真,终乃回真向俗”(《菿汉微言》)来概括,这其实主要是就他对孔子及儒家经学的观点而言,其中转变的关键在于他对佛教唯识学和西方哲学的吸收以及对庄子思想的阐发,以下结合其革命论、无神论、认识论等略述其要。

一、革命论

按传统学术的标准来看，章太炎与其业师俞樾一样，也属于古文经学者，因而对被视为“至圣先师”的孔子及其学说当然是尊崇的，但由于其革命实践及政治哲学的需要，早年章太炎的思想在逐渐远离改良而趋向革命的过程中，曾流露出明显的“尊荀”和相应的“订孔”倾向。比如他的《訄书》初刻本(1900)即以《尊荀》开篇，而末篇《独圣》在承认孔子为独一无二之圣人的同时，也以特别表彰荀子传承儒家经典之贡献结束；在《訄书》重订本(1904)中，他更是增加了一篇《订孔》，其中明确讲到“荀卿学过孔子”。不过，他并未根本否定孔子的地位：

> 孔氏，古良史也。辅以丘明而次《春秋》，料比百家，若璇玑玉斗矣。谈、迁嗣之，后有《七略》。孔子死，名实足以伉者，汉之刘歆。(《訄书·订孔》)

据他的说法，孔子是一位古代的杰出史家，尤因在左丘明的协助下整理出《春秋》而迥出于诸家之上，司马谈、司马迁等后世史家继承了孔子的事业；孔子之后的史家中，名实足以与之相比的，只有汉代作《七略》、提升《左传》等古文经典地位的刘歆。不难看出，章太炎在这里表达的基本上是传统的古文经学对孔子及《春秋》的看法，而与基于今文经学立场尊孔子为托古改制之“素王”、又指责刘歆伪造古文经典的康有为的观点相反对。也就是说，章太炎看似“订孔”，实为“批康”；与此相关，他的“尊荀”，也是为了批驳康有为的私淑弟子谭嗣同在《仁学》中把荀学视为皇权政治和君主专制之粉饰的观点。

具体而言，章太炎的“订孔”，其实是为宣扬反清革命、驳斥以康有为为代表的改良派的君主立宪主张服务的，这在他的《驳康有为论革命书》(1903)中被表达得更加充分。章太炎首先指出，在清朝统治下，“汉人无民权，而满洲有民权，且有贵族之权”，“徒以尊事孔子，奉行儒术，崇饰观听，斯乃不得已而为之，而即以便其南面之术，愚民之计”，康有为对此视而不见，试图“不论种族异同，惟计情伪得失”，其实是在混淆视听（《驳康有为论革命书》）。应该说，章太炎的论述多少是带有狭隘的民族主义或大汉族主义倾向的，但他指出清政权下普遍存在的阶级矛盾，又认为统治者是出于管控民众、巩固政权的需要才推尊孔子及儒学，这些却是基本实情。他后来也强调，“排满洲者，排其皇室也，排其官吏也，排其士卒也”（《排满平议》），即只是排斥满洲统治阶层，而非针对普通民众；他还指出，“西人之祸吾族，其烈千万倍于满洲”（《革命军约法问答》，1908），也可见反清与反帝其实是他的革命思想中密切关联的内容。

对于康有为提到“革命之惨，流血成河，死人如麻，而其事卒不可就”，章太炎驳斥说，“既知英、奥、德、意诸国，数经民变，始得自由议政之权”，也可知君主立宪不会“不以兵刃得之”；而且，康有为等将立宪的希望寄托于“一身之不能保”“督抚之不能制”“孱弱少用”“仁柔寡断”的“载湉小丑”（即光绪皇帝），其实只是不切实际的无可奈何之举（《驳康有为论革命书》）。在章太炎看来，君主立宪的实行既要有君主的“一人之才略”，又要有民众的“万姓之合意”；而革命之难只在发动民众，一旦民众被发动起来，由其中出现“才略如华盛顿、拿破仑者”却未必有多难；两者相较，“则无宁取其少难而差易者矣”，即宁可革命也不要君主立宪（《驳康有为论革命书》）。

针对康有为担心“中国今日之人心，公理未明，旧俗俱在”，不足以应对或整治革命之后不断出现的乱象，章太炎旗帜鲜明地指出：

> 人心之智慧，自竞争而后发生。今日之民智，不必恃他事以开之，而但恃革命以开之……民主之兴，实由时势迫之，而亦由竞争以生此智慧者也……人心进化，孟晋不已……经一竞争，必有胜于前者。（《驳康有为论革命书》）

也就是说，民众的智慧包括民主共和的观念会在革命斗争中得到开发和生长，经过革命斗争锻炼的民众完全有能力除旧布新，造就一个各方面更胜于前的新国家，包括树立起新思想和新风尚。这里也能看出章太炎所受的进化论的影响。

值得注意的是，章太炎对社会进化及革命前途并非一味乐观。比如他对民主共和尤其是代议制就有批判性的思考：

> 及设议院，而选充议士者，大抵出于豪家。名为代表人民，其实依附政党，与官吏相朋比，挟持门户之见，则所计不在民生利病，惟便于私党之为。故议院者，国家所以诱惑愚民，而钳制其口者也。（《五无论》）

按他的看法，议员及议院一旦被富豪阶层把控并成为其争权夺利的工具，则民主共和也就有名无实了，如他后来所说的"代议政体者，封建之变相"（《代议然否论》，1908）。这是对代议制可能产生的问题的警示，而且这些问题在欧美民主国家的政治生活及晚清的"预备立宪"过程中已经有所体现，因而不能简单地认为他是在反对民主共和制度本身。

为了防范和纠正革命之后的民主共和可能产生的问题，章太炎给出了四条建议："一曰均配土田，使耕者不为佃奴；二曰官立工场，使佣人得分赢利；三曰限制相续，使富厚不传子孙；四曰共散议员，使政党不敢纳贿"（《五无论》）。显然，前三者关乎民生，第四条涉及民权。关于民权，他又主张分区以治，直接选举国家元首及各级官员，并通过法律来限制、监督其权力："总统惟主行政、国防，于外交则为代表……司法不为元首陪属，其长官与总统敌体……学校者……不当隶政府，惟小学校与海陆军学校属之。其他学校皆独立，长官与总统敌体"（《代议然否论》）；概言之，大体还是遵循了欧美政体中的三权分立、司法独立、教育独立等原则。

以上所述章太炎的革命主张，基本上未出孙中山的三民主义的范畴，但就具体内容而言，除了民族主义基本一致之外，民权主义和民生主义则显然有别，相较而言，章太炎对革命之后的各方面建设事业表现出了比孙中山更多的忧患意识。之所以如此，与章太炎对进化论的特别理解密切相关：

> 若云进化终极，必能达于尽美醇善之区，则随举一事，无不可以反唇相稽……若以道德言，则善亦进化，恶亦进化；若以生计言，则乐亦进化，苦亦进化。（《俱分进化论》）

至于善恶苦乐同时并进的原因，他引用佛教唯识学中的阿赖耶识予以解释：阿赖耶识含藏了一切善恶苦乐之果的业因种子，会熏习而生一切清净和染污之法，本来就不是单向的发展；阿赖耶识固然会生出真、善、美之心，也会生出纯恶性的我慢心，亦即好胜心，其结果就是人际竞争，这也使得人类社会的进展不可能只是有善无恶、有乐无苦。

在章太炎看来，既然善恶苦乐之并存不会随着社会的进化及革命的成功而消失，那就只能用道德来推动和引导其中善和乐的因素的发展和增长。他甚至认为"道德堕废者，革命不成之原"(《革命之道德》)，而佛教的众生平等、慈悲救世之说及儒家的道德哲学正可以为此提供助益。他在辛亥革命前后特别重视《庄子》尤其是其中的《齐物论》，认为"齐物者，一往平等之谈"(《齐物论释》)，从而融庄佛于一体，又把庄子视为与周文王及孔子类似的充满忧患意识的仁者，进而"以庄证孔"(《蓟汉微言》)，终于回归孔子门庭。

二、无神论

无神论也是章太炎哲学思想中一以贯之的要义，不过倘若论其具体的背景和逻辑，则也有前后的转变。

孔子"不语怪力乱神"(《论语·述而》)，儒家思想传统中的确也有丰富的无神论因素，章太炎对此当然不陌生，但他早年主要是把中国古代的自然科学与西方的自然科学及进化论相结合，来申明其无神论。在中国古代，普通人常以为北极星静止不动，其他星体绕其运转，故以其类比人间垂拱而治的帝王，称之为"帝星"，其实主要是因为北极星是恒星中看起来最大、最亮者；章太炎进而反问说，"北极虽大，宁独无所绕乎"(《视天论》)？答案是很显然的：中国古代的天文学与西方的天文学都早已认识到北极星及其所在的北极也在围绕天球黄极运转。他又明确指出：

> 故曰知"实而无乎处"，知"长而无本剽"，则上帝灭矣！孰能言其造人与其主予夺殃庆耶？綦文理，制等杀，则暤然可见可扪者，以日为断限而已。日虽能以光热生百昌，若养气煴火之活人，犹非能以其知识为予夺殃庆也。(《视天论》)

他在这里引用了《庄子·庚桑楚》对于“宇宙”的界定，认为若知道宇宙在空间的广延性和时间的连续性方面的无限，就不会有“上帝”的观念，也不该再声称上帝具有造人及对赏罚祸福的主导权了；人们所能观测的天体运行的轨道和结构层次，仍在太阳系的范围之内；而太阳虽能以光热促使万物生长，如同空气与火使得人类生存一样，但这只是自然现象，并非有意在赏善罚恶、造福为祸。因而可以想见，所谓上帝造人之类的有神论只是神道设教之说。

章太炎还借用西方自然科学中的细菌学说，认为作为微生物的细菌既可视为动物，又可看作植物，据此可知动植物乃至自然界的事物虽有差别，但“非有一定之界限也”(《菌说》)。他进而指出：

> 然则异物化人，未有底止；人之转化，亦无既极。(《菌说》)

也就是说，从无生物发展出细菌，再发展到人乃至更高级的存在物，是一个自然进化的过程，其中正如《庄子·至乐》所谓“万物皆出于几，皆入于几”，又如王充《论衡·自然》所谓“天地合气，万物自生”，并非上帝之类的造物主的有意作为。章太炎关于物种进化的论述不乏猜测或牵强之处，但其主张自然进化的无神论倾向却是显而易见的。

否定了作为包括人在内的天地万物之主宰的“上帝”“鬼神”之类的存在，也就从根本上动摇了作为皇权政治之理论基础的“天命”：

> 拨乱反正，不在天命之有无，而在人力之难易。(《驳康有为论革命书》)

由此可见，章太炎的无神论还是为他的革命思想和实践服务的，而这在他后来的无神论探讨中还有更明显的体现。

1906年，章太炎在同盟会的机关报《民报》上发表了名为《无神论》的专题论文，其中特别提到，“唯物之说，犹近平等；唯神之说，崇奉一尊，则与平等绝远也。欲使众生平等，不得不先破神教”。他重点批驳的是基督教的神学理论。基督教神学宣称，上帝“无始无终，全知全能，绝对无二，无所不备，故为众生之父”，章太炎以为其中矛盾甚多。他驳斥说，所谓“无始无终”，就是超越时间；但基督教宣扬上帝七天创造了世界，又宣称世界有末日审判，可见世界是有始有终的；既然世界有始有终，创造世界的上帝之心即是生灭无常，而上帝本身也应生灭无常，所以上帝并非“无始无终”。关于“全知全能”，上帝若果真如此，就不该创造出作为恶之本源的魔鬼来与自己对立；而若说魔鬼并非上帝所造，那么上帝就不是“全知全能”，也不是“绝对无二”了。若说“绝对无二”，那么上帝用以创造世界的“质料”或许存在于上帝自身之中，但这就意味着万有是从上帝自身“自然流出”，也就无所谓创造了；“质料”若存在于上帝之外，则其与上帝并立，上帝亦非“绝对无二”。至于“无所不备”，上帝若确实如此，就没有必要创造人类，以增其善；上帝创造人类若是为了求善去恶，那上帝也就不是“无所不备”了。章太炎进而指出，上帝若是“众生之父”，就应该有人格，并有配偶来孕育生殖，那上帝也就不是“绝对无二”了。他最后总结说，“若万物必有作者，则作者亦更有作者，推而极之，至于无穷”，这就犯了逻辑学上的“循环论证”的错误，所以结论只能是“无神”了。此外，章太炎还批驳了斯宾诺莎的泛神论、哈特曼的神即精神论、康德的神之有无不可知论，其中多有精彩、有趣之处，也集中体现了革命派人士对于西方文化侵略的反抗意识。

关于有神论及宗教，章太炎还初步揭示了其产生的根源，认为是人对于各种奇异非常、不可思议的自然现象感到“眩不可解”，“而以为必有鬼神以司之”（《原教下》，《訄书》重订本），于是才有了对于天地、神灵、鬼怪等神秘因素的祭祀和信仰。不过，需要特别注意的是，他虽然反对各种有神论以及相关的宗教信仰，但并没有否定宗教本身，因为在他看来，“世间道德，率自宗教引生”（《建立宗教论》），所以“无宗教意识者，非人也”（《原教上》，《訄书》重订本）。

按章太炎的思路，无神论和宗教既然都应存在，那么是不是存在二者兼备的某种无神教呢？他认为是存在的，那就是他用功既久且深的佛教，因为佛教尤其是唯识学主张“万法唯识”“三界唯心”，以为一切都是人的心识变现，当然不承认也不需要有实在的神灵。因此，出于建立和增进道德的需要，“则继起之宗教，必释教无疑”（《建立宗教论》）。他强调指出：

然所以维持道德者，纯在依自，不在依他……（《答铁铮》）

也就是说，道德的基础只有奠立于人心深处而非外物，才是坚实可靠的。佛教有助于去除人的“畏死心”“拜金心”“奴隶心”“退屈心”“得色心”等消极的心理因素，自有其道德意义。至于孔子及儒家学说，原本就在历史上起过宗教的作用（《建立宗教论》），当然也有其永恒的道德价值了。

三、认识论

在认识论方面，章太炎的思想也有前后的转变。

清代乾嘉朴学的实事求是、无征不信的学风对于章太炎有深刻的影响，这在他的认识论上体现得极为明显：

诸学莫不始于期验，转求其原，视听所不能至，以名理刻之。（《征信论》）

按他的观点，人的知识首先都要经得起经验的推敲，如果人的感性经验不足以判断其真假，那就还要经过理性思辨的进一步检验。这可以说是他的认识论的总纲。

据此，章太炎特别谈到了历史知识的获得及其书写：

夫治史尽于有征。两征有异，犹两曹各举其契，此必一情一伪矣。（《征信论》）

历史研究一定要以充分的史料为依据，但若遇到关于同一对象的截然不同的史料，那就犹如诉讼双方各执一词，其中必有真伪之别。他分析说，古人著书多为凸显自己主张的合理性，所以在论述中常会扬己之长而避己之短，并相应地扬人之短而避人之长，后世治史者当推求以察。

历史研究从来都是为了给当下及未来提供参照，其中尤以康有为的“托古改制”为典型。但在章太炎看来，只要参引古史，就当如古之良史那样“一言一事，必求其征”，不可罔顾史实而空发议论，也不可师心自用而乱发议论，他因此批判了自龚自珍以来的今文经学家们的“时有穿凿”之学风，词锋显然也已指向康有为(《清儒》,《訄书》重订本)。由此可见，他的认识论其实也成了支持其革命思想和实践的有力武器。

章太炎的认识论的现实指向，在他对王阳明的“致良知”之说的批判中体现得更为充分。他认为所谓“致良知”是一个自相矛盾的说法：王阳明把“良知”视为先验之物，但这样的“良知”不可言“致”，因为可“致”之“良知”即非先验之物了(《王学》、《訄书》重订本)。当然，章太炎自己是否认有作为先验之物的“良知”的存在的。当时的政界和思想界都有人以“良知”来论证道德和政治，比如保皇派就试图把“君主立宪”说成是出于“良知”，章太炎反驳说：

> 当婴儿能啼哭时，宁知有政治？亦宁知政治中有相歧之主义？长而有所见闻，以意推校，或可或否，则既非良知矣。且人当服从良知固也，而良知所信者，未必皆正……一切悖乱作慝之事，苟出至诚，悉可以良知被饰。(《驳神我宪政说》)

如他所说，婴儿是不可能知道政治及其好坏的，长大以后也会根据自己的所见所闻来对政治现实及理论的好坏有所抉择；人固然可以服从所谓“良知”的指引，但“良知”的内容未必就是正确的，一切荒谬错乱之事都可能被“良知”真诚地认为是理所当然。应该说，章太炎在这里也流露出了其认识论的经验论倾向。

尽管章太炎强调经验对于认识的基础作用，并对先验论有所批判，但他也特别重视抽象思维和理论认识的意义。比如他很赞赏明清之际提倡“实学”的颜元，称其为荀子之后少有之大儒，但也批评“其学在物，物物习之，而概念抽象之用少”(《颜学》,《訄书》重订本)。这也可以说是对狭隘经验论之流弊的提示。

章太炎的认识论的更全面的表述见于他对概念(即“名”)的探讨。他借用佛教的逻辑学(即因明学)，阐发了荀子的认识论中关于“正名”的论述。他认为，概念的形成经历了五个阶段：一是“作意”，即意识的兴起；二是“触”，即感官与意识的内外境相接触；三是“受”，即领受内外境所给予的现象,形成感觉;四是“想”,即整理感觉印象,形成知觉;五是“思”,即运用思维,形成概念(《诸子学略说》,1906)。他进一步概括说:

> 名之成,始于受,中于想,终于思。(《国故论衡·原名》)

这里就是把认识看成是来源于经验,并视为从感性认识上升到理性认识的过程。

不过,受佛教唯识学及西方哲学尤其是康德哲学的影响,章太炎的认识论还是表现出了对先验论和唯理论的更大兴趣。他指出,“言科学者,不能舍因果律,因果非物,乃原型观念之一端”(《四惑论》,1908),若无“原型观念”的综合作用,人的认识只能停留在感觉层面,无法形成真正的科学知识。这里所说的包括“因果”在内的“原型观念”,显然正是康德认识论中的先验范畴。他进而认为,“概念法尘,由此阿赖耶识原型观念而生”,世界的现象以及人的认识由此归于阿赖耶识,乃至“舍阿赖耶识而外,更无他物”(《建立宗教论》),“是之非之,不由天降,非由他作,此皆生于此心”(《齐物论释》)。

由此可见,章太炎的认识论与其革命论和无神论相比,其中虽然也有“转俗成真”,但其“回真向俗”却更显勉强。究其原因,多少也是由于辛亥革命之后的中国政局乃至社会都未能如其所愿而发展,故而特立独行的章太炎也只能保守此心了。

思考题:

1. 章太炎的革命论的主要内容及理论来源是什么?
2. 章太炎是如何论证他的无神论的?
3. 章太炎的认识论与其革命思想和实践有何关联?

第三十八章
孙中山的哲学

孙中山(1866—1925),名文,字载之,号逸仙,“中山”是其化名“中山樵”的简称,广东香山(今中山县)人。孙中山出生于农民家庭,其父曾在澳门做裁缝和鞋匠,其兄先到檀香山务工,后经商。孙中山十岁入村塾读书,十三岁到檀香山的兄长商店里做店员,并就读于当地教会学校;光绪九年(1883)回国,又到香港的教会学校读书,并皈依基督教;光绪十二年(1886)就读于广州博济医院附设南华医学院,次年转学到香港西医书院,五年后毕业并获医生执照,随后在澳门、广州、香山等地行医。光绪二十年(1894),孙中山向李鸿章上书,主张学习西方,大力发展教育、工业、农业和商业,但未获接见,于是年底到檀香山创建兴中会,开始了革命生涯。1905 年,他在日本东京发起成立同盟会,并被推举为总理;在此前后,他奔走于国内外,不断策划反清起义。辛亥(1911)革命后,孙中山回国,被推举为中华民国临时大总统,但为避免南北战争导致国家分裂,于次年就职后不久即辞职,并推荐袁世凯继任,且推动颁布《中华民国临时约法》,以期制约;当年,被推举为新成立的国民党(由同盟会联合另几个政治团体组成)理事长。1913 年,他号召“二次革命”,联合各方力量反对袁世凯专权。1916 年,袁世凯复辟帝制失败后殒命,各派势力明争暗斗;次年,张勋拥戴溥仪复辟帝制,被段祺瑞挫败,北洋军阀的派系斗争更加明朗,孙中山联络南方军阀,发起“护法”战争,但参与者各怀私心,几年间举步维艰。1921 年,孙中山在广州被推选为非常大总统,准备北伐,并酝酿与新成立的中国共产党合作。1924 年,冯玉祥在北京发动政变,邀请孙中山北上共商国是,他扶病进京,次年 3 月 12 日在京病逝。孙中山的著述被后人编为《孙中山全集》。

一、民生与进化

孙中山首先以民主革命家的形象广为人知，其革命的思想纲领就是他所倡导的由民族主义、民权主义、民生主义构成的三民主义。三民主义最初的正式提出见于1906年底他在日本东京发表的题为《三民主义与中国民族之前途》的演讲，此前成立同盟会时拟订的宣言及《民报》（同盟会机关报）发刊词中也有所述及，同盟会宣言中的口号“驱除鞑虏，恢复中华，建立民国，平均地权”则被认为是旧三民主义的集中表述。此后，孙中山不断完善其内容，在1924年的《国民政府建设大纲》《中国国民党第一次全国代表大会宣言》以及一系列演讲中才有了新三民主义的完整论述。与旧三民主义相比，新三民主义的民族主义用“中国民族自求解放”“中国境内各民族一律平等”的主张取代了“驱除鞑虏，恢复中华”，消除了排满的大汉族主义倾向，凸显了国内各民族平等、团结和对外争取国家独立、国际平等的内容；民权主义更具体地明确了直接和间接的民权，以及五权（立法、司法、行政、考试、监察）分立的宪法原则；民生主义更全面地阐发了通过“平均地权”“节制资本”来发展生产，以满足人民的衣食住行等各方面需要。在三民主义中，民生主义尤具特色，也是孙中山革命生涯中始终特别看重的颇具哲理性的基本思想。

孙中山明确指出，“民生就是人民的生活、社会的生存、国民的生计、群众的生命”，他据此认为“民生主义就是社会主义，又名共产主义，即是大同主义”（《民生主义·第一讲》）。这表明了他对于人民生活的极大关切，以及对于社会主义或共产主义的同情的理解。他进而指出：

> 民生就是政治的中心，就是经济的中心，和种种历史活动的中心……要把历史上的政治、社会、经济种种中心都归之于民生问题，以民生为社会历史的中心。（《民生主义·第一讲》）

这里其实也是提出了一种以民生为中心的历史哲学，而在这个意义上，他又对社会主义表示异议，认为“从前的社会主义错认物质是历史的中心”

(《民生主义·第一讲》)。

不认同物质是历史的中心,并不意味着对物质文明的否定,恰恰相反,正是由于孙中山把社会历史的中心归结为民生,他高度肯定了物质文明的意义,认为“物质文明与心性文明相待,而后能进步。中国近代物质文明不进步,因之心性文明之进步亦为之稽迟”(《建国方略·孙文学说》,1919)。他在这里首先是对中国近代社会发展的现实进行解释,同时也指出了物质文明发展对于精神文明进步的基础作用,无疑有其合理性。

出于对民生的重视,孙中山意识到了民众基于生命与生活的需求而生发出的巨大力量,认为这是社会历史发展的根本动力,进而对梁启超那样过分突出英雄、天才等杰出人物作用的英雄史观或天才史观颇不以为然。一方面,他充分肯定民众心理对于社会历史发展的推动甚至是决定作用。他以美国开国总统华盛顿和法国著名军事家拿破仑为例指出:

> 一国之趋势,为万众之心理所造成,若其势已成,则断非一二因利乘便之人之智力所可转移也。(《建国方略·孙文学说》)

也就是说,民心所向即为历史大势所趋,能顺应其势者方可建立不世之功勋,华盛顿和拿破仑都是如此,所以“华、拿二人之于美、法之革命,皆非原动者”,两人的具体成就虽然有所不同,但“不关乎个人之贤否,而在其全国之习尚也”(《建国方略·孙文学说》)。孙中山在临终遗嘱里特别提到要“唤醒民众”,其苦心用意不难想见。

另一方面,孙中山也承认杰出人物在社会历史发展过程中所起的重要作用。正如他提醒后人要“唤醒民众”,既表明了民众需要被唤醒,又意味着需要有唤醒民众之人。按他的看法,能够唤醒民众的要么是先知先觉的“发明家”,要么是后知后觉的“鼓动家”,而能被唤醒的民众则是不知不觉的“实行家”(《建国方略·孙文学说》)。这里对三类人的区分略显机械,但其重点是要说明杰出人物应有杰出的心智能力,且若综合其相关论述来看,也不是意在贬抑民众之心智。比如他以无线电的发明和应用为例,认为其中离不开重要的学者和发明家所提供的科学技术知识,而制造无线电机器的工匠、提供服务的技术人员及实际使用者只要复杂或简单地学习这些知识就能顺利操作，“其最难能可贵者，则为研求无线电知识之人”，但他同时强调，系统、完整的知识也是“费数百十年之工夫，竭无数学者之才智”才得以形成，其中不能不说也有“实行家”的贡献(《建国方略·孙文学说》)。这里的分析其实是把上述两个方面辩证结合起来，很有说服力。

孙中山对中国乃至人类社会的未来始终充满信心，所以在遭遇困境之时一直矢志不渝、永不言弃，这与他的进化史观密切相关。他极其赞同达尔文的《物种起源》，认为此书问世之后，“则进化之学，一旦豁然开朗……从此各种学术皆依归于进化矣”(《建国方略·孙文学说》)。他承认包括人类社会在内的宇宙万物都是进化发展的产物，并把进化过程分为物质进化、物种进化、人类进化三个时期，其中的物质进化形成了地球，物种进化产生了人类，人类进化则以《礼记·礼运》所谓“大道之行也，天下为公”的“大同”或《春秋》公羊学所谓“太平”之世为终极目的；但他特别强调，所谓“物竞天择，适者生存，不适者淘汰”其实只是物种进化时期的原则，不适用于另外两个时期，尤其是人类进化原则更与物种进化原则不同：

> ……物种以竞争为原则，人类则以互助为原则。(《建国方略·孙文学说》)

孙中山的这个观点，凸显了作为道德主体的人类不同于其他物种的基本特征，对于认识进化论与社会历史意义应该说是颇具启示意义的。

与此相关，虽然孙中山承认民生主义与社会主义或共产主义具有一致性，认为“共产主义是民生的理想，民生主义是共产的实行”(《三民主义·第二讲》)，但他不认同把阶级斗争当成社会历史进化的原因：

> 人类求生存，才是社会进化的原因。阶级战争，不是社会进化的原因。阶级战争，是社会当进化的时候，所发生的一种病症。(《三民主义·第一讲》)

因而他对于作为阶级斗争现实形式的暴力革命，也强调其“非常”的性质，尤其是指出革命不是为了破坏，而更是为了建设，用他的话说，“革命有非常之破坏，如帝统为之斩绝，专制为之推翻；有此非常之破坏，则不可无非常之建设”，两者“必相辅而行，犹人之两足、鸟之双翼也”(《建国方略·孙文学说》)。综合中国乃至世界革命史的实际情况来看，孙中山的这个看法也不无合理之处和警示意义。

二、以太与生元

孙中山青少年时游学海外，后又学医，在此过程中“于泰西之语言文字、政治礼俗，与夫天算地舆之学格物化学之理，皆略有所窥”(《上李鸿章书》)，他学习西方文化尤其是自然科学的经历及所得是当时的其他中国思想家难以相比的。因此，他对西方的学术尤其是自然科学极其推崇，认为科学是“统系之学也，条理之学也”，“凡真知特识，必从科学而来也。舍科学而外之所谓知识者，多非真知识也”，他认为中国传统所谓“天圆而地方”“天动而地静”之类的知识只是习见而非科学(《建国方略·孙文学说》)。

进而，孙中山试图借用或吸收西方的自然科学知识，赋予中国传统哲学的某些基本概念以新的含义，由此提出了一些具有宇宙论乃至本体论意义的哲学思考，在当时的思想界颇具特色。比如他用“太极”来翻译西方自然科学里假设的一个本原性的物质概念“以太”，并据以解说世界的起源及实质：

> 元始之时，太极(此用以译西名“伊太”也)动而生电子，电子凝而成元素，元素合而成物质，物质凝而成地球。(《建国方略·孙文学说》)

这也是对上文提到的他所说的世界进化的第一时期，亦即物质进化过程的概括。孙中山如此来理解“以太”(亦即他所谓的“伊太”)或“太极”，显示出其哲学思想的唯物论倾向。

对于物种及人类的形成，孙中山也试图用类似的思路来解释：

> ……造成人类及动植物者，乃生物之元子为之也。生物之元子，学者多译之为“细胞”，而作者今特创名之曰“生元”，盖取生物元始之意也。(《建国方略·孙文学说》)

按他的说法，“生元”也就是细胞，是包括人在内的所有生物的原质和始基。这看似具有与他对“以太”的理解类似的唯物论倾向，其实并非如此。

关于“生元”的性质和特征，孙中山给出了特别的说明：

> ……生元之为物也，乃有知觉灵明者也，乃有动作思为者也，乃有主意计划者也。（《建国方略·孙文学说》）

这就是把“生元”视为具有精神属性和能动力量之物了。以人而论，他认为“人身结构之精妙神奇者，生元为之也；人性之聪明知觉者，生元发之也”（同前），这也是把人的身体结构和心智能力都看成是“生元”的构造和作用。他进而解释说，“生元之构造人类及万物也，亦犹乎人类之构造屋宇、舟车、城市、桥梁等物也。空中之飞鸟，即生元所造之飞行机也；水中之鳞介，即生元所造之潜航艇也”（《建国方略·孙文学说》）。据此，“生元”不仅是物，而且是有理性、有思想的造物者了。他进而指出，“孟子所谓‘良知良能’者非他，即生元之知、生元之能而已”（《建国方略·孙文学说》）。这又可以说是把“生元”理解成道德的主体了。按照他的这些论述，“生元”是有感知、有思想、有意志的精神性或能动性的主体，那么它与通常所谓的“灵魂”又有什么区别呢？这样的“生元”还是物质性的细胞么？孙中山对此似乎也感到难以确定，正如他所说：“生元者何物也？曰：其为物也，精矣、微矣、神矣、妙矣，不可思议者矣！”（《建国方略·孙文学说》）

综合孙中山关于“以太”及“生元”的论述，应该说不难发现其中的矛盾之处，或者说多少流露出了一定的神秘主义或唯心论意味。他对此应该也是有所察觉，所以他后来在讨论物质与精神的关系时试图给出一个更加明确和圆融的解说：

> ……总括宇宙现象，要不外物质与精神二者。精神虽为物质之对，然实相辅相成。考以前科学未发达时代，往往以精神与物质为绝对分离，而不知二者本合为一。在中国学者亦恒言有体有用：所谓体，即物质；何为用，即精神。譬如人之一身五官百骸，皆为体，属于物质；其能言语动作者，即为用，由人之精神为之。（《军人

精神教育》)

这里用中国传统哲学里的体用说来解释物质与精神的相互关系，看似清楚明白，但其实只是强调了两者的并行不悖、不可分离，而对于两者的具体区别仍然语焉未详，且其中还是呈现出更推重精神的倾向，正如他所说，“用既失，而体亦为死物矣。由是观之，世界上仅有物质之体而无精神之用者，必非人类”(《建国方略·孙文学说》)。不过，由此倒是可以隐约看出，如果说孙中山在他的宇宙论及本体论思想中更重视的是精神而非物质，那么主要还是由于他首先着眼于社会现实的需要，即为了唤醒具有革命理想和实践能力的广大民众，激发起民众的革命能动性。这一点在他的认识论中体现得更为明显。

三、行易知难说

辛亥革命之后，中华民国建立，虽然推翻了君主专制，但没有从根本上改变中国的积贫积弱状态，而且不断发生军阀纷争等新的问题，孙中山曾经的一些同志对于革命的宗旨、方略乃至中国的现状及未来的看法也时有分歧。作为革命的先驱者和民国的缔造者，孙中山对此进行了系统、深入的思考，认为革命的最终成败与国家建设前途的关键系于人心：

> 夫国者人之积也，人者心之器也，而国事者一人群心理之现象也。是故政治之隆污，系乎人心之振靡。吾心信其可行，则移山填海之难，终有成功之日；吾心信其不可行，则反掌折枝之易，亦无收效之期也。心之为用大矣哉！夫心也者，万事之本源也。(《孙文学说·自序》)

如上文所述，若不从单纯的宇宙论及本体论的角度来看，孙中山的这个观点无疑是可以理解的，他据此建立起来的认识论乃至建国方略也是自成体系和条理并有巨大的现实意义。

孙中山的《建国方略》共分三部分，第一部分就是题为“行易知难”的“心理建设”，他又称之为“孙文学说”，可见他对此极为重视；后面两部分则是“实业计划”和“民权初步”，亦即“物质建设”和“社会建设”。其中的行易知难说蕴含了孙中山的认识论，也是其哲学思想的最重要内容。

按孙中山的看法，知行问题是革命党人及国家心理建设的基础。《尚书·说命》有“知之非艰，行之惟艰”之说，由此引申出“知易行难”之论，他认为中国的革命和建设事业之所以常遭失败，主要就是受此思想的毒害。因此，他坚决反对这种论调，针锋相对地提出了“行易知难”的主张。

“行易知难”首先意味着“行”比“知”更具优先性，用孙中山的话说，也就是“不知亦能行”：

> 且人类之进步，皆发轫于不知而行者，此自然之理则……夫习练也、试验也、探索也、冒险也，之四事者，乃文明之动机也。生徒之习练也，即行其所不知以达其欲能也；科学家之试验也，即行其所不知以致其所知也；探索家之探险也，即行其所不知以求其发见也；伟人杰士之冒险也，即行其所不知以建其功业也。由是观之，行其所不知者，于人类则促进文明，于国家则图致富强也。是故不知而行者，不独为人类所皆能，亦为人类所当行，而尤为人类之欲生存发达者之所必要也。(《建国方略·孙文学说》)

他详细列举了饮食、用钱、作文、建屋、造船、筑城、开河、电学、化学、进化等十种文化现象，论证必须有大量“行”的经验，才会有科学的“知”。比如饮食，是所有正常人在日常生活中都容易践行的，但关于饮食的道理涉及生理学、医药学、卫生学、物理学、化学等专门知识，需要大量长期的饮食及相关经验的积累，这就不是普通人短时间内所易了解的了。这里其实谈到了“行先知后”和“行以致知”两个内容，包含着对认识的根基和来源的朴素而又合理的理解。

孙中山还从人类进化的角度把历史分为“不知而行”“行而后知”“知而后行”三个时期。与此相关，他把人也分为三类，“其一先知先觉者，为创造发明；其二后知后觉者，为仿效推行；其三不知不觉者，为竭力乐成”(《建国方略·孙文学说》)，大致相当于上文提到的发明家、鼓动家和实行家。按他的看法，造成这三类人的差别的原因在于：

> 凡人之聪明，惟为因其得天之厚薄不同，稍生差别。（《军人精神教育》）

可见他把人的认知能力的差别主要归结为天赋资质，但他并没有由此特别探讨认识是否还需要某些先验条件，所以与他自认为可以根本推翻传统儒家尤其是宋明理学的“知易行难”及王阳明的“知行合一”之论，还是有一定距离的。

孙中山的“行易知难”还意味着“知”固然难得，但一旦有“知”，“行”则易成，这就是他所谓的“能知必能行”。在他看来：

> 天下事惟患于不能知耳，倘能由科学之理则，以求得其知，则行之决无所难。（《建国方略·孙文学说》）

应该注意的是，“能知必能行”以及上述“知而后行”之“知”，都是这里指出的科学之“知”，否则是不能保证“行”的效果的，所以孙中山也强调，“当今科学昌明之世，凡造作事物者，必先求知而后乃敢从事于行。所以然者，盖欲免错误而防费时失算，以冀收事半功倍之效也”（《建国方略·孙文学说》）。只要掌握了充分的科学知识，并据以制订合理的方案和策略，无论事物如何精妙、工程如何浩大，都能获得最后的成功。

在孙中山看来，他的革命理想和建国方略是经得起科学和实践检验的，可以说是“顺乎天理，应乎人情，适乎世界之潮流，合乎人群之需要，而为先知先觉者所决志行之，则断无不成者也”（《建国方略·孙文学说》）。显然，中国的社会历史并没有完全按照孙中山的设想向前发展，但他的理想和方略也部分地得以实现，其间差别，耐人寻味，启人深思。

思考题：

1. 孙中山的民生史观与唯物史观有何异同？
2. 如何理解孙中山的以太论和生元说的内涵及其相互关系？
3. 如何看待行易知难说的内涵及其在孙中山的建国方略中的地位？

后　记

本书是“文史哲通识读本丛书”中的一本。这套丛书是由中国传媒大学党委书记、校长廖祥忠教授发起并在他的领导和关注下编著的，目的是为全国艺术类院校的学生提供一套学习文史哲基础知识和提升文化素养的通识教材。作为本套教材之一的《中国哲学史通识读本》，我们是本着学习、尝试和探索的心态来编著的。因为在现代学术分科中，中国哲学史还是一门较为年轻的学科。在“五四”新文化运动以前，中国哲学史的研究，基本上仍采取旧的“经学”形式，用近代史学观重新审视中国哲学发展的历史过程才刚过百年。因此，中国哲学史研究本身尚存在许多有待解决的问题，而今要编写一部通俗、简明、公允的通识教材，要比想象中困难得多。

对编著《中国哲学史通识读本》来说，之所以困难，首先在于中国哲学本身的特点：其与文学、史学最大的不同，是它的思辨性。尤其是其与西方哲学的逻辑分析也不同。逻辑分析更多地接近科学思维，而中国哲学不注重逻辑思维。如老子所说“道可道，非常道；名可名，非常名”及《易·系辞》所谓“书不尽言，言不尽意”等。照这些说法，常道不可道，常名不可名，只靠语言不能表达宇宙本体和对真理的认识，而只能靠语言的暗示或体悟言外之意。因此，中国哲学的语言文字表达具有较强的模糊性和整体性。如张载论“一物两体”时说，“两体者，虚实也，动静也，聚散也，清浊也，其究一而已”；又如程颐在回答“心有善恶否”的问题时说，“在天为命，在义为理，在人为性，主于身为心，其实一也”。这些说法，都是强调哲学范畴之间的联系和统一的一面，而忽视其差异的一面，从而造成一种模糊的整体观。儒家如此，道家也如此，佛家（禅宗）更是如此。它们悬设了一个唯有直觉才能更好地把握的“大全”或“圆满”（道、涅槃）等。

以上这些都造成语言文字表达的困难。这种思维方式的抽象性、思辨性和模糊性，用日常语言表达往往难及其义，因此也就造成理解上的困难。也正是这些困难，可以促使我们用更大的心力去理解它，以锻炼我们的思维能力和认识世界的能力，从而提升和增强我们的人生智慧。

本书是由一个学术团队完成的，其组成和分工如下：

王威威（中国政法大学人文学院教授、博士生导师）完成本书的第一、三、四、七、八、九、十章；

任蜜林（中国社会科学院哲学研究所研究员）完成本书的第二、五、十一、十二、十三、十四、十五、十六章；

邓联合（中山大学哲学系教授、博士生导师）完成本书的第十七、十八、十九、二十、二十七、二十九、三十、三十一章；

廖璨璨（武汉大学哲学学院副教授）完成本书的第二十一、二十二、二十三、二十四、二十五、二十六、二十八章；

王浩（中央美术学院人文学院教授、博士生导师）完成本书的第六、三十二、三十三、三十四、三十五、三十六、三十七、三十八章。

李中华（北京大学哲学系教授、博士生导师）完成本书的导言部分和全书的统稿和定稿工作。

编著中国哲学史通识教材，对于我们来说还是第一次。此书虽然正式出版了，但我们自知还有许多缺点和不足。故诚恳希望听到各方的批评和建议，以使此书得以修改和完善。

最后，对给予本书极大帮助和支持的中国传媒大学出版社领导和本书的责任编辑黄松毅女士，本套丛书的统筹彭明哲、江力两位朋友表达诚挚的谢意！

李中华

庚子年秋月

图书在版编目(CIP)数据

中国哲学史通识读本 / 李中华主编. -- 北京 : 中国传媒大学出版社, 2020.10
(2022.10重印)
(文史哲通识读本丛书 / 廖祥忠总主编)
ISBN 978-7-5657-2618-7

Ⅰ. ①中… Ⅱ. ①李… Ⅲ. ①哲学史—中国—教材 Ⅳ. ①B2

中国版本图书馆 CIP 数据核字(2019)第 227786 号

中国哲学史通识读本
ZHONGGUO ZHEXUESHI TONGSHI DUBEN

主 编 李中华
策划编辑 曾白凌 蔡开松
统 筹 彭明哲 江 力
责任编辑 黄松毅
责任印制 阳金洲
封面设计 拓美设计

出版发行 中国传媒大学出版社
社 址 北京市朝阳区定福庄东街 1 号 邮 编 100024
电 话 86-10-65450528 65450532 传 真 65779405
网 址 http://cucp.cuc.edu.cn
经 销 全国新华书店

印 刷 三河市东方印刷有限公司
开 本 710mm×1000mm 1/16
印 张 25.5
字 数 378 千字
版 次 2020 年10月第 1 版
印 次 2022 年10月第 4 次印刷

书 号 ISBN 978-7-5657-2618-7/B·2618 定 价 79.80 元

本社法律顾问:北京嘉润律师事务所 郭建平

电视文艺编导教程

DIANSHIWENYIBIANDAOJIAOCHENG

朱宝贺　王慧敏 著

中国传媒大学出版社

·北京·